THE THEORY AND METHOD
FOR HIGHWAY OPERATION
MANAGEMENT

公路运营管理

理论与方法

张少锦 著

人民交通出版社股份有限公司
China Communications Press Co.,Ltd.

内 容 提 要

本书以哲学视角探讨了公路运营管理的本质、特征和规律;运用逻辑推演和归纳辩证法,对公路运营管理业务认知和行为的统一及其具体内容进行系统总结、反思、提升;用常态化、高品质、优绩效的工程观,从治理体系和治理能力现代化两方面科学构建了公路运营管理的方法论和技术体系。内容包括公路运营的本质认识、运营管理体系、理论、方法,以及智能化治理和工程实践等。

全书文络清晰、逻辑严谨、创新性强,对公路运营实践和技术研究有借鉴和参考价值,亦可供高等院校土木工程、道路桥梁及渡河工程、交通工程等相关专业师生教学参考。

图书在版编目(CIP)数据

公路运营管理理论与方法/张少锦著.
—北京:人民交通出版社股份有限公司,2017.12
ISBN 978-7-114-12984-1

Ⅰ. ①高… Ⅱ. ①张… Ⅲ. ①公路—运营管理 Ⅳ. ①F540.5

中国版本图书馆 CIP 数据核字(2016)第 096024 号

书　　名: 公路运营管理理论与方法
著 作 者: 张少锦
责任编辑: 刘永超　石　遥
出版发行: 人民交通出版社股份有限公司
地　　址: (100011)北京市朝阳区安定门外外馆斜街 3 号
网　　址: http://www.ccpress.com.cn
销售电话: (010)59757973
总 经 销: 人民交通出版社股份有限公司发行部
经　　销: 各地新华书店
印　　刷: 北京市密东印刷有限公司
开　　本: 787×1092　1/16
印　　张: 17.5
字　　数: 430 千
版　　次: 2017 年 12 月　第 1 版
印　　次: 2017 年 12 月　第 1 次印刷
书　　号: ISBN 978-7-114-12984-1
定　　价: 70.00 元
(有印刷、装订质量问题的图书由本公司负责调换)

序言

运营好公路甚为重要

世纪之交的30年，我国开展了全球最大规模的公路基础设施建设，新铺筑公路360多万公里，约占我国公路网总里程的80%，其中高速公路已建成13万公里。桥梁建设更是比比皆是，从“十一五”至“十二五”10年间，建设桥梁达45万座，其中特大桥梁超过3千座。依靠“自主建设”和“自主创新”思想的指导，在“实践—认识—再实践—再认识”的基础上，路桥建设技术实现了跨越式发展，追赶上了国际先进水平。公路与桥梁工程成为展示我国技术装备力量和综合国力的一个窗口。

伴随着大量新公路新桥梁逐年投入运营，我国交通基础设施维护的高峰期日渐到来，发达国家出现的“基础设施在老化，维护与更换的速度已经跟不上其劣化速度”状况近在眼前。维护与管理已成为继大规模建设之后的全新课题。

众所周知，公路工程建成通车只是发挥其生命价值的起点，公路工程的服务期远远长于其规划与建造期，工程的效益是在服务期中发挥、积累和显现出来的。只有保证工程的质量与运营的安全，才能充分发挥其应有的效益与价值。因此，应该树立起“建造是生产力，运营管理也是生产力；建造是发展，运营管理同样是发展”的哲学思维与工程理念。

公路交通开放度很高，在长达百年的运营服务期间将背负着百亿次车辆的通行考验，“质量、安全、保畅”是重中之重，由这三者构建起的“平安交通”既来自工程本体“健康性检查、预防性养护、延续性改造”的维护，也通过“人车路系统”的社会管理与规范运营来实现。因此，在叙写公路发展成就时不能回避公路工程全寿命有效服务和公路交通安全畅行中存在着的可持续性问题。解决这些问题，需要对公路运营工作进行系统性的认识和系统化的管理，《公路运营管理理论与方法》为此提供了符合中国公路养护与管理实际的系统方法。

我与作者相知多年,他是一位土木工程师,同时又是有着哲学学术背景的“管理学博士”;他既是公路工程管理的实践者,又是工程管理理论的创新者。作为黄埔大桥建设期的总工程师兼副总经理和运营服务期的总经理,他认真总结公路工程运营管理的实践经验,致力于提炼规律性的认识,专著《公路运营管理理论与方法》就是一项具有创造性的成果。专著中注入了工程哲学思维和辩证唯物认识论的内涵,这是难能可贵的。

具体地说,作者通过自身在公路领域施工管理、建设管理、运营管理及交通行政和交通科研中的实践、认知和感悟,提出并研究了普遍适用于工程管理的预防性管理理论及实现原理和公路运营管理方法。以系统思维构建公路运营管理体系框架和具体内容,特别强调建养管并重的全过程管理、工程全寿命养护和安全管理、运营资源与信息数据的共享性管理;强调将预防性管理原则贯彻于运营管理的全过程,甚至延伸追溯至规划期和建设期。以此提出和实践了“路产管养一体化”方法、“本质安全”管理方法、“集团化”管理方法、“以点带面”管理方法,并通过开发相关的管理信息系统加以实践应用。这些新理念、新方法、新手段都具有很好的推广价值。

我以为,本专著对于促进公路工程维护与运营安全的规范化管理和创新发展具有显著的意义。

凤懋润

2017 年 8 月,北京

前言

祈望美好公路

关于管理，最主要的问题是：为什么要管？管什么？如何管？这是三个哲学问题。“为什么要管”和“管什么”是目标导向、问题导向，是矛盾论，是主体对目标和内容的认识问题，属世界观范畴；而“如何管”则是目标实现从规划、设计到组织、执行、绩效过程的技术应用问题，属方法论范畴。另外，管理的本质就是如何在实践中用好管理理论和方法去实现目标。要解决“管理本质”这一核心问题，应从以下3个方面着手：一是理论，应依照规律、特征，将复杂、深奥的问题简单化，将零散、混沌的问题系统化；二是方法，依照“表易见”“教易知”“法易为”的原则，做到易懂、易做、易用；三是对象，做到“三易”，就是要充分考虑应用方法的主体和方法应用的客体。故以为，管理哲学问题是世界观和方法论在实践上的统一。

通过对“实践—理论—实践”循环过程的思考与探索，提出并建立预防性管理理论及目标实现之原理：既吸收因果辩证及传统管理的哲学思维，又吸收了风险危机关系和可靠度等理论的精神，也利用了物联网、大数据技术，多维度考虑管理要素本构条件的人、事、物、时、空、化的感知及其信息数据之关系。基于此，本人妄言如做到预防性管理技术体系合理应用与融会贯通，确能保障管理目标的常态化、高质、高效实现，并营造出高价值之品质工程。虽不自量力，并感功力不足，且知词之不严，漏则难免，然愿望拳拳，余将竭力而求索，以祈行业发展之和谐与可持续。

任何事物的生存都有其本质、境界和合理性，任何事物的发展都有其必然的规律、方向和文化性。

创新发展的根本目的不是暴力革除旧世界，而在于通过建构、培植而演化出更加美好的新世界和普遍的幸福感，这是一种为文所化的和谐发展。“阐旧邦以辅新命”，故本书无意对现行的任何管理模式和方法提出批判，而愿意提供更加系统的管理理论、方法和手段供参考。

管理理论是认识本质、解决问题的一般原理，具有普遍适用性；管理方法是运用理论、解决问题的具体做法，具有特定的针对性。本书统筹了理论与方法，是认识要素、技术要素、物质要素的集成设计和实践过程。

"公路运营管理理论与方法"是在工程哲学思维和预防性管理理念指导下，开展公路运营管理内容、体系、理论和实现方法的研究，目的在于突出运营管理工作的系统性、关联性和共享性，强调更优质、更高效目标的常态性和实践检验所映射出理论和方法的科学性和实用性。同时，基于管理理论和方法，根据物联网、大数据管理思维，开发公路运营集成管理平台和核心业务信息管理系统，既可提升管理质量和效能，又可实现信息系统既管人、管事又管物的目标。

理论与方法必须接受广泛批判和实践检验以彰显明确之价值。本书著作过程，正逢本人主持"高速公路运营管理体系与信息集成系统研究""桥梁运营灾害监测与应急管理体系研究""高速公路运营成本评价体系研究"和"高速公路（桥梁）高品质维护及安全运营管控技术研究"期间，感谢课题组成员及课题鉴定专家、学者对书中的理论、方法、观点提出宝贵意见和建议！中南大学王孟钧、王青娥教授及唐娟娟、邱琦博士参与资料搜集、图表绘制和全书审阅工作，广州珠江黄埔大桥建设有限公司邓辉、陈希、邓志华、王勇、李纬纬、彭珊珊等业务骨干积极参与本书讨论和具体工作，中国公路学会林声博士和王晓晶、刘先森、汪国钢教授的正面启示得到具体吸收。在此表示衷心感谢！

2017 年 8 月，广州

目　录

导　论

0.1　公路之创新发展观

公路是附着于土地之上供动力汽车使用,为公众出行所需提供社会公共服务功能的构筑物。

公路是国家重要的战略资源,是影响国家政治、经济、国防、民生的基础设施。公路的发展和运营,既事关国民经济发展大局,又涉及人民群众衣、食、住、行等方面的利益。

随着收费公路的出现,我国公路行业得到飞速发展,从1988—2013年,短短25年间,高速公路通车里程从零飞跃到世界第一。但如同经济过快发展带来环境和资源过度消耗一样,高速公路的过快发展也产生了一系列问题。

如何在现有和可预见未来的基础上构建科学、合理、可行的公路运营模式和管理体系,实现行业可持续发展,成为社会关注和公路运营管理研究的重点。因此,有必要总结公路发展的历史和经验,从本质认识和问题反思中追寻行业创新发展的新道路和实现可持续发展的管理理论与方法。

0.1.1　公路发展的基本认识

0.1.1.1　我国公路发展阶段划分

我国公路发展以收费公路的出现为标志,可分成两个阶段。

第一阶段,为新中国成立至改革开放初期的计划经济体制阶段。我国交通基础设施建设基本上由中央政府统一安排和管理,公路建设投资来自国家财政,公路修建和养护主要依靠公路养路费和民工建勤,这种只依靠国家财政投资的单一模式造成了公路发展速度严重滞后。据统计,截至1985年年底,全国公路总里程94.20万km,密度为9.8km/100km^2。其中,一级公路422km,二级公路21 194km。公路的质量、等级、密度等基本指标均远远落后于一般发达国家。

第二阶段,为1984年底“贷款修路,收费还贷”的政策出台至今。随着改革开放的深入和国家经济政策的调整以及投融资体制的改革,公路建设长期以来由国家财政投资的单一模式被改变。转变为以国家财政为主投资一般等级干线公路网的非收费公路模式和以其他经济体为主投资高等级公路网的收费公路模式。这一时期,新的投资方式、经营模式和管理模式等向多元化发展,以高速公路为代表的高等级公路发展突飞猛进。截至2015年年底,全国公路总里程达到457.73万km,密度为47.68km/100km^2。其中,高速公路达到12.35万km,一级公路9.1万km,二级公路36.04万km。

公路交通作为重要的基础产业,其发展与国家政策、经济发展密不可分。一方面,经济体制改革和经济发展为公路发展提供了先决条件;另一方面,公路的发展带动了相关产业的发展,便利的公路交通优化了投资环境,为经济的快速发展做出巨大贡献。但是,通过相关统计数据分析得到,自公路养护费改燃油税,特别是取消一般收费公路之后,以一、二级公路为代表的普通干线公路和地方公路、农村公路建设发展较为缓慢,甚至出现边缘化的现象。很多地方将公路资金作为资本金投入到发展收费公路,造成公路发展出现结构性问题和普通公路出现缺养、欠养问题,并带来一定的社会矛盾。

0.1.1.2 高速公路是经济发展的必然产物

尽管高速公路投资大、技术要求高,但其通行能力大、行车速度快、安全性及舒适性高,具有一般公路无法比拟的优越性,因此,社会的迫切需求与技术的进步及经济的发展使高速公路的出现成为必然。此外,在国家政策的大力推动下,特别是在以生产总值作为考核评价指标和投资拉动的经济发展模式下,以高速公路为代表的收费公路得到了飞速发展。

0.1.1.3 收费公路发展主要问题反思

收费公路政策执行30余年来,对促进我国高等级路网建设,提高路网技术水平起到了至关重要的作用,但如同经济过快发展带来环境和资源过度消耗一样,高速公路的过快发展也产生一系列问题,需要反思和解决。

(1)本质和属性模糊

我国高速公路通车里程成为世界第一的同时,收费公路里程也成为世界第一。至2015年底,全国收费公路里程16.44万km,占公路总里程的3.6%。其中,超过98%的高速公路、61%的一级公路和42%的二级公路,都是依靠收费公路政策建成的。因此,高速公路成为收费公路的等名称,造成公众对高速公路本质和属性的模糊,再加上部分投资者、使用者、政府、社会媒体等在理解或执行政策及法律过程中造成的偏差,激化了发展过程中正常出现的矛盾,造成一定范围的社会问题。因此,需要从历史、法律、内涵、本质等方面综合分析认识公路的属性。一是公路是基础设施、公共产品,不论是“高速的”、还是“收费的”,都改变不了其“公共”和“公益”的本质。二是公路的公共和公益属性决定其运营过程必须立足服务社会、服务经济、服务民生、服务国防,特别是应对自然灾害、安全事故等突发事件过程,各经营主体应该服从大局,无条件接受政府统一指挥、调度和管理,最大限度提高抗灾救灾能力。三是高速(收费)公路是行政特许经营,既然是经营必然具有一般商品的属性,即投资回报,这种回报可以来自国家财政,也可以来自收取通行费。国家财政回报由全民承担,收取通行费回报由公路直接使用者承担,法律赋予了收费公路的第二种回报方式。近年来,一些省份非收费地方公路建设中采用的政府与企业合作的PPP(公私合营模式)经营方式则属于第一种回报方式。我国传统非收费公路与经营性项目的根本差别在于是否存在投资回报和具体承担投资对象的不同。四是主体本质为“公共”和“公益”的产品不等于免费商品,但其经营也不允许暴利,公共产品的特许经营遵从合理回报原则,“公共”体现在法律、法规规定的范围内公民自由使用,但同时公民对使用经营性质的高速公路有付费的法定义务。五是对收费公路的建设、运行质量和经营情况等,政府和经营者依法履行各自的责任和权利,共同为社会提供高水平的服务。此外,为了保证特许经营的“合理回报”原则,投资者在依法经营的同时必须为自己的投资决策和管理失误造成的风险负责,依法公开项目建设和经营情况,主动接受公众和社会舆论监督。

(2)市场导向性失衡

早期建成的高速公路主要连通城市主干线,交通流量大、造价低,因而投资回报相当可观。随着投资力度不断加大,建设步伐逐渐加快,越来越多的高速公路陆续投入运营,高速公路在总体上更好地满足了社会经济发展需要。但是,由于公路建设规划缺乏整体协调性,部分项目投资决策非理性化,导致许多高速公路一定程度上并线,后续建成项目的交通流量相对早期建成的高速公路呈现明显下降的趋势。特别是政府主导投资对经济的拉动效应,导致市场导向性失去了平衡。

此外,投入和产出两大反映经营状况的指标也出现严重的不平衡。一是受征地拆迁成本、人工成本、原材料价格和工程建设难度大幅增加等因素的影响,高速公路的建设成本逐年提高,单位造价 2015 年普遍比 2000 年前提高了 2 ~4 倍,并且银行贷款等债务性资金所占比例较大,还本付息风险进一步凸显,从上市公司的年报及交通部门每年的收费公路统计公报分析,高速公路已经从多利到微利,再向无利变化;二是由于公众对高速公路本质和属性的模糊造成一定范围的社会矛盾,为了不激化矛盾,一些政府部门无视市场经济规律及法律的严肃性,在对待公众利益和投资者利益的矛盾时不做充分分析、沟通和排解,而是采取不公平的处理方法,导致政府公信力的缺失。例如《中华人民共和国公路法》和《收费公路管理条例》规定收费公路经营为"合理回报",如果监管得当何来"多利"和"无利"呢?以汽车拥有量增长基本抵消通车里程增长因素,为何一些省份高速公路建设成本从初期的 1000 ~2000 千万/km 增长到现期 1 ~2 亿/km,收费标准却已经保持了 25 年不变呢?

(3)成本支出比例高

成本是指人们进行生产或经营活动并达到规划目标所耗费计划资源的货币表现,成本问题依附于业务的管理,没有独立于具体业务目标管理以外的成本,因此,成本问题实质上是管理问题,运营成本直接反映运营管理的水平和效益。在高速公路建设行业,由于建设期遗留的质量缺陷和投资过大等诸多问题,加之运营期经营者管理水平及技术水平参差不齐、管理模式多样、管理环节碎片化,管理普遍存在"低效率、低质量、高成本"等问题,这些问题直接反映到运营成本,无形中加大了企业经营成本及投资风险。

根据 2013—2015 年全国收费公路统计公报数据,历年来全国收费公路付现成本支出(包括养护费用、营管费用、人工费用、税务费用)约占当年通行费收入的 25%。过高的运营成本支出既是行业经营的突出问题,也是经营者、监管者和使用者矛盾的主要根源。

0.1.2 创新发展的基本认识

在传统产业发展出现问题时,通过创新、变革发展过程中的不合理因素,实现行业可持续发展。随着物联网、云计算等新技术形态的出现,"一带一路""互联网思维""大数据管理""创新发展""创新"等已经成为新经济发展和促进传统产业发展的代名词。

(1)"互联网""大数据""云计算"等,是经济发展的手段、工具,其主要表现为"互联网思维""大数据管理",依附在具体的行业业务管理活动中表现形式为"互联网 +""大数据 +"。

(2)"一带一路""创新发展"是建立在开放、共享、互联和科技进步前提下的一种发展思路,开放和共享提供发展所必需的环境和具体内涵,科技进步为创新发展提供原动力。

(3)"创新"包含技术创新和管理创新。技术创新本质上是手段、工具的发明和应用,是自然规律利用的体现,“互联网”“大数据”等均属技术创新范畴;管理创新是理论、模式的创造和运用,是主观能动意识的体现,“一带一路”“预防性思维”“互联网思维”均属管理创新的范畴。

创新发展的本质是开发新兴产业、激活传统行业,实现价值提升。技术创新是物质的,是基础;管理创新是精神的,是灵魂。只有两者相辅相成,才能转变或促进传统行业的发展。

0.1.3 公路发展的创新途径

(1)公路不论从属于交通运输行业、建筑行业或是服务行业,均属于传统行业,需要创新驱动并实现转型、升级、变革。其创新发展途径主要有三种:

途径一:内部手段的创新,即“互联网 + 公路”或“大数据 + 公路”,使管理潜能得以激活。

途径二:战略思路的创新,即“公路 + 多种经营 + 新技术手段”,从而衍生新的产业。

途径三:经营模式的创新,即变革经营模式,建立适应国家产业政策和财税政策、实现经营效益最大化的经营管理方式。

从三种途径中可以得出,实现公路行业的创新发展在于新理念、新方法、新模式的有效应用与新技术手段的跨行业融合。

(2)公路作为传统行业,其创新发展思路包含两个方面:

一是技术创新。通过总结和改进,使管理系统化,应用新技术手段使主营业务质量、效率和管理效益得到量的提升,即创新发展途径一。

二是管理创新。通过新理论、新方法的指引,建立新的运行模式,在强化主营业务质量和效率的同时,实现跨行业发展和管理效益质的提升,即创新发展途径二及途径三。

0.1.4 公路经营的创新实践

为确保公路经营实现“合理回报”,杜绝收费公路“多利”和“无利”情况,可以推广部分省份实行的“统建、统收、统还”模式,并落实好质量、安全管理终身制以杜绝工程风险,同时通过集团化、专业化管理,降低运营成本和保障工程全寿命,从而实现公路的可持续发展。针对公路发展过程中的主要问题,从创新发展的途径和思路探索其具体实践。

(1)外部协调

一是通过政府宏观层面的政策、法规、规划等解决市场经营中的供给侧矛盾,从国家发展战略层面统筹规划交通建设及管理模式、统筹跨区域资源的配置和管理、统筹交通资源的集约利用,对保障我国公路快速、持续、健康发展,加强国防交通以及应对重大自然灾害和突发事件都具有重大意义。二是强化经营者的社会责任感,使公众切实感受公路带来的快捷和安全,改变“一路一公司”模式中各自为政、互不连通、独立设计信息传递渠道和附属设施配置的做法。按照国家发展“大交通”战略,在政府主管部门统筹下,统一设施标准,预留设备端口,便于与相邻路段进行衔接。充分利用危化品运输车辆、客运车辆和货运车辆数据库与联网收费车辆等数据库对接,借助“大数据”信息管理技术,建立高效科学的道路安全管理平台,实现安全管理与应急信息资源共享,促使公路经营路段互连互通,为道路运输安全、区域公共安全及应急管理提供可靠保障。三是增加公路经营透明度,创造利于行业发展的环境,公开并适度宣传收费公路制度,合理公开收费公路各项收入及成本支出情况,使公路的特许经营接受全社会的监督。

(2)探索与创新

一是通过战略调整,利用经营公路线路资源优势,开发非交通产业和交通配套产业经营,促进非主营业务收入,平衡公路单一投资经营方式造成的亏损,即采用“公路 + 多种经营 + 新技术手段”解决。其中,“多种经营”包括区域性智能交通产品、沿线物业开发、广告出租等。二是充分利用现有政策的执行方法,尽量避免“一路一公司”经营模式,区域性采用“统建统收统还”集团经营模式,减少税务负担,增强财务抗风险能力。集团经营模式的主要特征是取消单一项目法人,建立建设和运营管理中心及财务管理中心。三是通过系统总结、继承和反思,探索如何消除运营管理效率和质量提高及成本降低的妨碍因素,建立起适合运营特点和规律的运营管理模式,提出创新管理的系统化内容及管理理论、方法、模式和手段。

0.2 公路运营需要解决的关键问题

在公路规划、建设、运营三个阶段中,规划期是项目建设必要性和可行性的论证阶段;建设期落实了规划内容,是公路要素物化为资产和本质形成的集中体现;运营期亦称为公路寿命期,是公路功能、本质属性和价值的集中体现,运营是规划和建设的目的,是公路存在的必要。在规划、建设和运营三个阶段中,运营期占据绝对的时间价值、社会价值和经济价值,因此,运营期管理具有重大的意义。

在公路运营实践中,通过理论研究和公路发展及运营管理现状研究,提出需要解决的关键问题如下:

第一,公路管理部门及经营企业做了大量有益的探索和实践,但总体处于一种随意性、零散性、局部性和工具性的状态。庞大而且高速发展的公路网运行迫切需要系统规范及协调一致的运营管理体系和管理理论及方法去解决运营安全、质量、效率和效益问题。

第二,现有公路运营管理信息存在多、散和标准不统一等状况,不能很好地满足公路网络化管理需求,必须理顺管理体制、整合各方资源、协同工作环境、充分利用现代互联网技术集成运营体系、建立互联互通的信息管理系统和平台,应用管理理论开发可靠、可用的核心业务系统,用大数据实现精准管理和共享管理。

第三,全寿命管理是行业突出的问题。如何实现公路建设与运营的有机统一,公路设计、施工和养护的有机统一,运营前期(经营期)与全运营周期管理统一,运营管理中各项业务内容、形式、格式的统一,运营项目管理与区域性管理的协调统一等主要五个方面的统一问题是关键。

以上都是运营管理须解决的关键问题,这些问题的解决取决于运营管理理论、方法、手段的构建和具体实践。因此,针对运营管理需要解决的关键问题,本书主要研究内容包括:

(1)从技术创新和管理创新两种创新发展思路中,提出内部手段创新、战略思路创新、经营模式创新三种主要创新发展途径和方法,并开展实践探索。

(2)从实践视角界定公路运营阶段养护、管理、经营的基本业务及管理内容,按照业务运行规律及相互联系和对业务管理质量、安全、效益目标的定性、定量评价,构建公路运营管理体系。

(3)基于运营管理信息数据及因果辩证相关理论,提出常态化、高质量、高效能,实现运营管理目标的管理理论和目标实现原理。

(4)为降低运营成本,提高业务管理质量和效率,建立适合公路网络化特点和运行规律的公路运营基本管理模式,并构建新模式管理的基本内涵。

(5)基于运营管理理论,在实践中科学地形成具有针对性、实用性和推广度高的运营管理方法。

(6)基于运营管理理论,按照组织架构与目标、责任、内容相统一的关系,开发"公路运营集成管理平台""公路路产养护智能管理系统""公路运营安全智能管理系统"等,实现管理信息数据相互关联功能、历史追溯功能、统计分析功能、管理性共享功能和管理性拓展功能。

通过哲学思维,从认识论视角提出解决运营管理问题的思路,如图0-1所示。

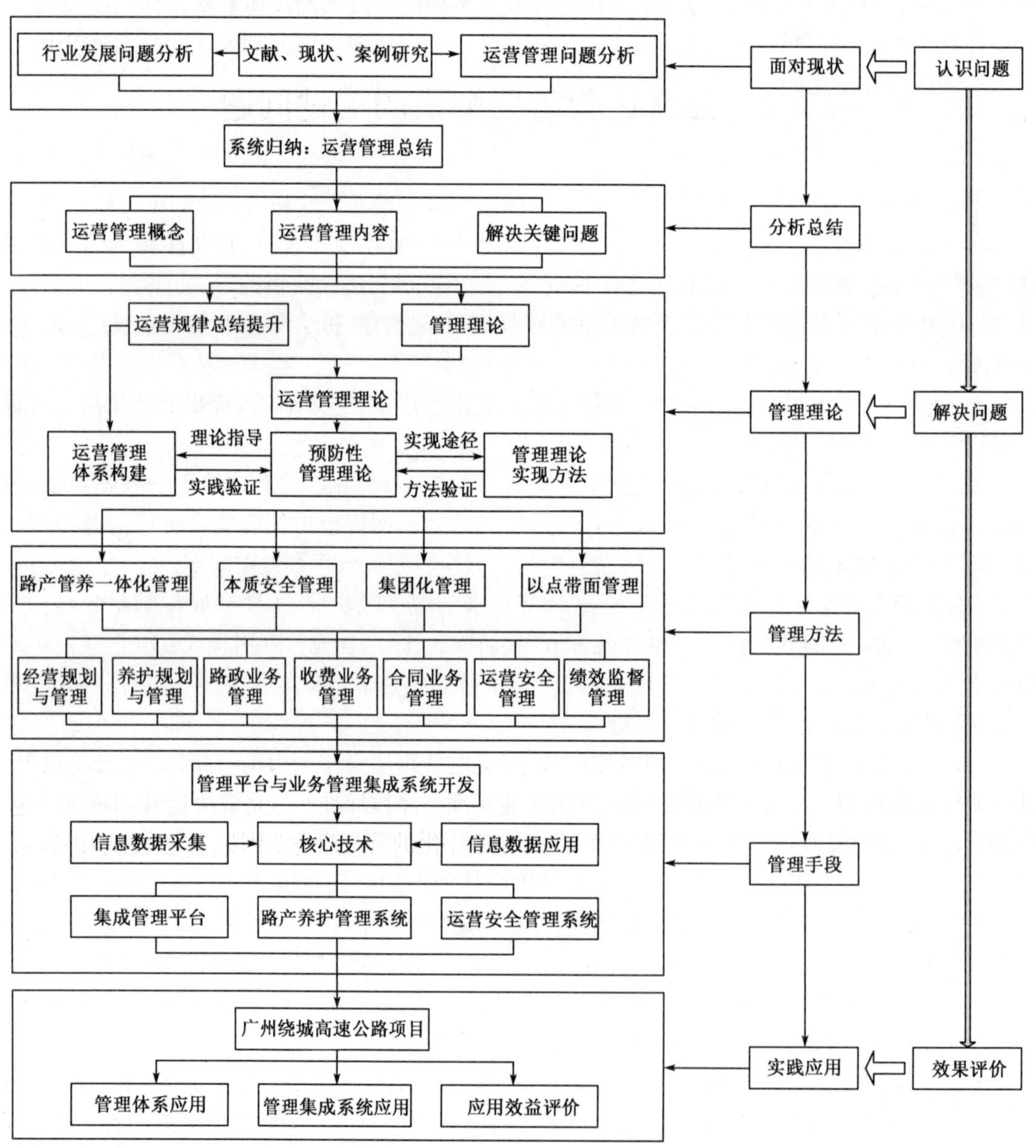

图0-1 公路运营管理内容和解决路线

0.3 公路运营实践哲学化

0.3.1 运营实践哲学化认识

公路运营作为公路工程实践活动最主要的构成部分,是"实践—理论—实践"辩证循环发展的过程。这一过程,一方面实现了碎片化的知识和管理经验、方法、技巧等技术内容的系统化和体系化,另一方面将体系化的理论知识运用指导新的实践活动。工程技术体系化过程一方面体现了专业工程知识的系统化,另一方面体现了工程管理知识的理论化。将系统化的专业工程知识与理论化的工程管理知识按照规律和相互联系进行有机结合形成工程管理技术体系,工程管理技术体系是工程实践行为哲学化的具体体现。

工程哲学的问题产生于工程的实践活动中,哲学化就是人类在工程活动过程中反复考虑带有普遍性和规律性的问题,并在大脑中进行各种思索、推敲的辩证逻辑过程[1]。因此,工程实践哲学化就是运用哲学的立场和方法,将工程活动作为被研究对象进行系统的总结、反思和规律的提升与运用的过程。从实践社会性和历史性的视角,对工程发展及其管理技术内容回顾、总结、提炼和提升的过程。就是对工程实践具有普遍性的经验与教训的扬弃过程、创新与发展的辩证思维过程。这就是工程管理知识理论化的过程。工程实践哲学化包含对工程哲学性基本问题的认识、工程管理从感性认识到理性认识的立场方法并形成管理理论与方法,以及工程管理理论与方法回到新的实践应用。

0.3.2 公路运营的哲学问题

公路运营需要理清并回答工程哲学两个基本问题。一是运营管理的本质、价值和目标是什么?这是建立运营问题世界观的范畴,包括总体世界观和个体世界观。总体世界观体现运营实践始终以人为本和天人合一的普世价值,并将高品质、高效能目标"独乐乐"化为"众乐乐",并创造更加美好的公路交通生态环境;个体世界观指运营主体在实践活动中体现奋发向上、自我超越的哲学精神去实现绩效目标。另外,世界观问题涉及价值提升和文化的继承与发扬,运营管理文化将高品质标准变成自觉的、常态化的管理活动作为构建管理理论的基础并指引着工程实践行为。二是采用什么样的方法才能实现高品质标准?这是解决运营问题方法论的范畴,必须清晰管理的本质要素和因缘关系,将碎片化的管理理念、手段、方法、经验进行系统性的总结和继承,从行业管理整体到项目管理个体的前期论证决策、设计、施工到运营全寿命全过程去构建管理的理论与方法体系。

0.3.3 运营实践的本质要素

从哲学视角,工程是具有特定文化和历史特征的科学、技术及人、事、物的集成,是蕴含人类智慧的特殊物质体,工程具有阶段性和成果性,其所强调的是一种客观存在性;工程是带有特定活动内容的"名词"。工程管理是指工程建造和运行过程的管理,是人类智慧的集中体现,工程管理具有过程性和系统性,其所强调的是一种主观能动性;管理是带有特定工作内容和活动的"动词"。

实践是人类自觉自我的一切行为,是人的主观的、感性的活动,是主观之于客观的能动的活动,是社会的活动、历史的活动[2]。公路运营实践是行为主体在运营活动过程中合理运用管理理论、经验和技巧去实现运营价值和目标的过程。运营实践本质要素主要由3个方面构成:实践主体,参与运营活动和认识活动的社会集体和个人;运营实践客体,运营活动中所指向的对象,即置以价值和目标的运营业务活动,包含专项事务、专业业务、运营项目等;运营实践物质,实践活动过程所必需的物质条件,包含材料、工具等。

0.3.4 运营实践的"点"与"面"

"道生一,一生二,二生三,三生万物"(老子《道德经》)。大道至简,"一"生规律、亦生万物,"点"为"一","规律、万物"为"面"。从运营实践本质要素构成视角出发,运营实践的"点"与"面"主要存在于主体、客体、物质3个方面。

(1)运营实践主体的"点"与"面"。个人是实践主体的基本"点"单元。对应范畴不同,"点"可以是个人、班组、部门、单位等,"面"可以是班组、部门、单位、行业,也可以是家庭、社区、各级政府乃至国家、社会等。要一个人一个点或一个集体一条线或一个社会一个面地去保证另一个人或另一个集体或另一个社会的目标价值实现,是做不到和做不好的,一个浅显的数学原理应用于管理领域,即在一定区域范围内,只有点的目标实现才能保证线和面的目标实现。因此,在实践中必须明确"点"和"面"的目标、责任和担当,并将个人的自觉担当作为一种核心文化。

(2)运营实践客体的"点"与"面"。对应范畴不同,"点"可以是专项事务、专业业务、运营项目,"面"可以是专业、项目、行业等。运营实践哲学化的过程应该跳出项目管理并从行业管理的视角对实践普遍性规律、原理进行研究,即:既要研究项目管理的工厂化问题(即标准化、流程化、可复制化等),也要研究工程管理的社会化问题(即开放性、关联性、共享性、风险性等);同时,需要从历史的视角立体回顾并进行经验的传承。只有这样,才能全面、客观地把控管理的灵魂,并通过融会贯通,才能有效指导具体的运营实践。

(3)运营实践物质的"点"与"面"。与运营实践客体的"点"与"面"相对应,其强调局部物质条件和质量对整体目标的影响,强调实践过程必须严格把控每一个物质个体指标和每一个关键环节的验算和验收。

0.3.5 工程实践和管理理论

工程实践就是工程认知和工程行为的关系[3],工程活动强调工程管理理论对于实践的依赖和服务。伽达默尔说:"一切实践的最终含义就是超越实践本身"[4]。源于工程实践的管理理论,并不仅仅是对实践经验的概括、总结和归纳,更重要的是对实践活动、实践经验、实践方法和实践成果的批判性反思、规范性矫正和精神性引导,这就是理论对实践的指导和超越,也是理论与观察、理论与现实、理论与实践、理论与创新的辩证关系[5]。

指导并促成实践自我超越的管理理论,必须具备多重特性:其一,理论的正向兼容性。工程管理理论是工程发展和认识史的积淀和结晶,是建立在工程发展历史的负性反思、评判和历史经验、成就的继承的基础上,以正向理论思维去反观现实的工程实践活动。其二,理论的时代兼容性。管理理论在对历史反思的过程中能够以对时代的普遍性、本质性和规律性的把握去批判地反思和规范地矫正现实实践活动。其三,理论的经验系统性。管理理论以系统的概念、批判归纳和逻辑思维实现了对特定条件下碎片化的经验、方法和技巧的系统总结,按照规律和相互联系的体系化过程形成系统的理论全面照亮实践活动,在实现管理价值与目标的同时引导实践活动实现自我超越。其四,理论的普遍适用性。管理理论通过实践本质要素构成及运行规律的立体化研究,从感性认识到理性认识过程形成的管理理论回到新的实践中,具有共享性和普遍的适用性以及具体方法的可复制性。其五,理论的自我创新性。管理理论结合现代化的科学技术手段实现自我超越,这种既有继承又有发展的否定之否定式超越实现了理论的自我创新,这种创新引领着工程实践活动向前发展。

0.4 公路运营管理理论与方法

管理理论是认识本质、解决问题的一般原理,具有普遍适用性;管理方法是运用理论、解决问题的具体做法,具有特定的针对性。管理统筹了理论与方法,是认识要素、技术要素、物质要素的集成设计和实践过程。按照公路运营哲学化思维,针对公路行业发展及运营管理的现状和问题,采用系统归纳法,在实践中界定公路运营的基本业务及内容,按照业务管理的规律和相互联系,系统地构建公路运营管理体系和确保常态化、高质量、高效能地实现运营目标的管理理论、方法和智能化管理手段。

0.4.1 公路运营系统化管理

从公路运营性质出发,全面分析影响运营质量和效益的内因和外因,合理界定公路运营中养护、经营、管理三项基本业务目标管理和评价的内容。

运营管理是指公路建成通车后,公路管理主体围绕实现公路功能目标,合理配置和利用各方资源,对各项运营业务开展规划、组织、协调、执行和控制的过程。公路运营管理的目的是发挥公路功能的同时实现经营目标,从公路本体价值角度体现为社会效益和经济效益,从管理主体意识角度体现为“经营好公路、服务好社会”。公路功能的发挥从公路使用者对道路硬件设施的使用和软件服务的体验中得以体现;公路经营目标通过对运营业务管理计划的有效执行和各项成本的有效控制得以体现。

公路运营管理基本业务包括路产养护、路产管理、路产经营。基本业务的管理目标均涉及质量、安全、成本三方面内容的效能评价,故将基本业务管理的目标效能分成运营安全、运营成本、运营绩效三方面管理内容。

路产养护是指为维持公路服务功能和结构质量安全对运营公路路产内容开展质量检查、检测、评价、保养和维护的过程。

路产管理是指为维护公路征地红线范围内土地和公路路产不受侵占和破坏,依法管理和维护公路权益的活动。

路产经营是指公路管理部门或投资人在特许经营范围内收取车辆通行费及道路空间出租经营等经济活动过程。

运营安全是指对路产本体结构以及对公路范围内公路使用行为和一切业务生产作业行为的安全管理或监管。

运营成本是指为实现公路运营目标开展相关业务所投入的一切费用的总和,运营成本是公路运营管理业务价值化的体现。

运营绩效是指为实现运营目标而开展的内部自我激励和外部监督评价的管理。

0.4.2 公路运营管理体系

公路运营各业务管理信息存在相互关联性、历史追溯性和数据共享性,并形成了一个有机统一的整体。公路运营管理体系是指在管理主体的统筹下,围绕公路运营管理总目标,运用管理理论及原理,将运营业务的内容、规律及相互联系构成有机统一的整体。体系根据业务内容、特征和运行规律系统地规范了路产养护、路产管理、路产经营三项基本业务的开展,并从运营绩效、运营安全的质量标准定性化,到运营成本的目标效益定量化两个视角进行管理细化和总体评价,如图 0-2 所示。运营管理体系实现了运营管理内容、技术和目标的统一。

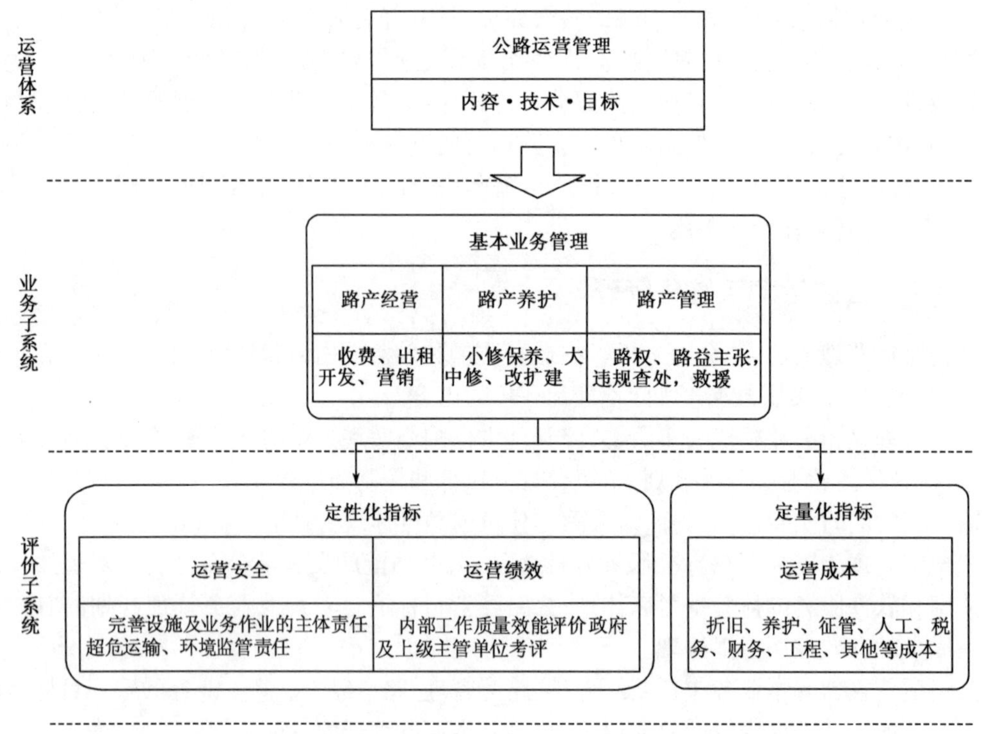

图 0-2 公路运营管理体系框架

运营业务管理内容为管理目标提供评价的指标和标准,管理目标形成的评价结果反映管理内容的效能;此外,管理内容通过管理技术实施实现了管理目标;管理目标的结果形成反馈流,通过管理技术有效运用来改进管理内容。运营管理体系的运行,如图 0-3 所示。

0.4.3 公路运营管理理论

根据公路运营管理基本规律,基于管理信息数据及因果辩证关系和预防预控思维,提出常态化、高质量、高效益地实现公路运营管理目标的理论,称为预防性管理理论。

预防性管理是指人类在实践中通过分析总结(辩证归纳法)、推导(逻辑推理、科学实验)、认知(格物致知)的思维过程,预知事件不同行为的结果(目标),排查并消除不良影响因素,有计划、有组织、有执行、有管控、有效益的管理活动(主观能动性)。根据预防性思维建立起来的一套具有系统性和普遍适用性的管理体系,称为预防性管理理论。预防性思维是一种建立在系统性信息数据基础上因果逻辑推断的能动过程,是一种避免危机、控制风险、保证常态化高质量最大可靠度的方法论。

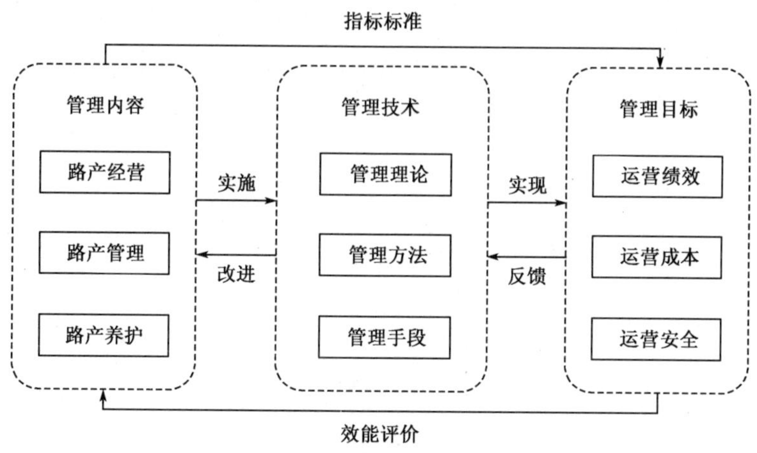

图 0-3　运营管理体系运行

预防性管理具有常态化目标、系统化思维、规范化管理、精准化治理等特点。预防性管理理论由理论内核、实施要点、系统目标、实现原理等四大部分内容组成,如图 0-4 所示。

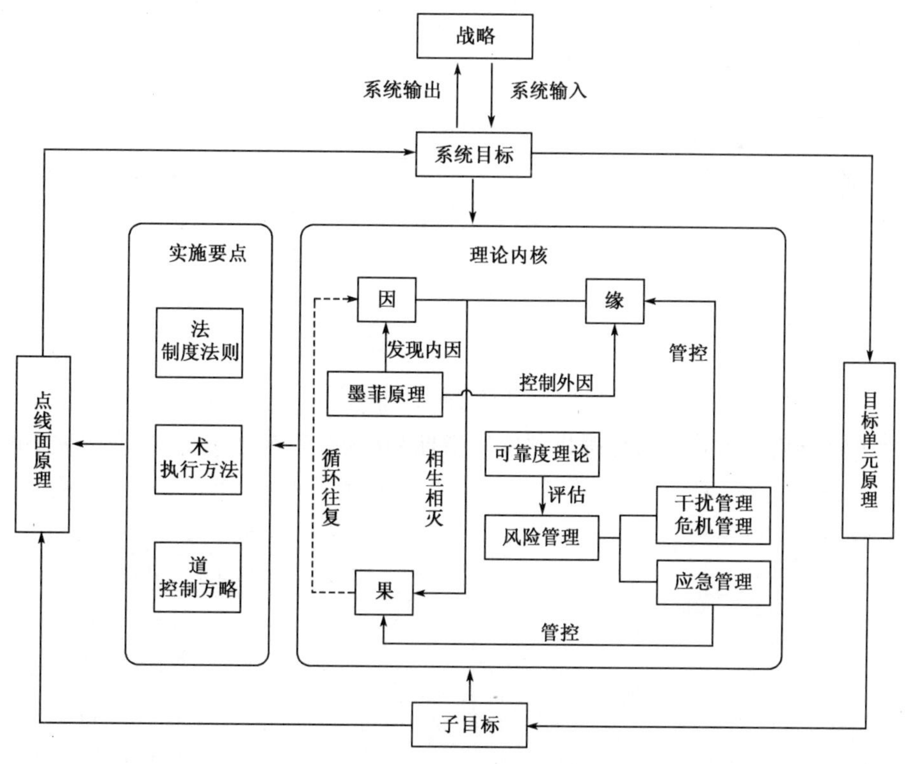

图 0-4　预防性管理理论结构

1)理论内核

预防性管理理论源于佛学的缘起论和哲学因果辩证思想,并在事物三阶段的进化过程中引入了信息论中的数据分析思想,控制论的信息反馈思想,风险管理理论的预防思想,危机管理理论的综合预控管理思想,常态管理理论的全过程、全范围内的平衡管理思想。这些思想方法集中体现了预防性管理理论是一种考虑人、事、物及时间与空间一体的因果逻辑推断的理论,是一种事先预见结果、引导因素执行的有组织活动的理论,如图0-5所示。人、事、物是预防性管理的本质要素,人是指一切与行为有关的主体或对象,事是指涉及管理业务执行的一切事件,物是指一切与事有关的物质要素。

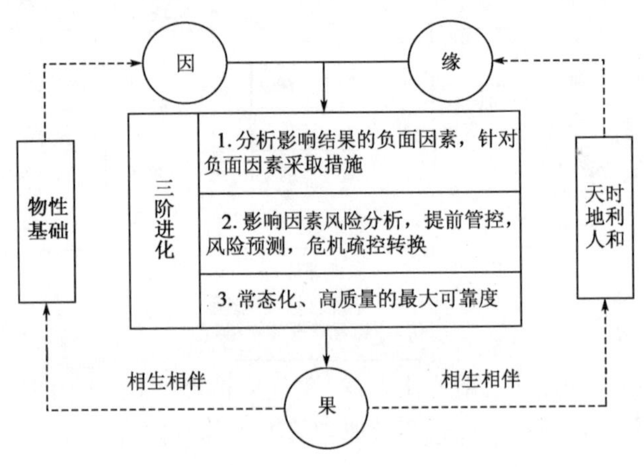

图0-5 预防性管理理论内核

2)实施要点

实施要点与中国传统文化的法、术、道管理思维相统一。“法”是指为达到某种目标而订立的执行技术标准的办法、规章之类的强制性制度,其哲学要义是“守道全法”;“术”是指执行者应用法则的方法以及管理者控制被管理者的方法和技巧,其哲学要义是“正名信实”;“道”是指管理者通过有效的监督手段和文化、伦理、价值的行为管理推动目标实现的方法,其哲学要义是“正德无为”。

3)系统目标

系统目标的实现过程是一个有组织、有计划、有层级的过程,系统目标由系统构成的子系统目标组成,系统目标由子系统目标的实现而实现。因此,要实现系统目标,首先需要理清系统目标与子系统目标的逻辑关系并进行科学的层级分解。另外,由于系统目标往往具有阶段性、长远性、宏观性等特点,不能直接作用于实践并简单实现,只能通过易于实现的子系统目标直接作用于实践,因此,子系统目标的整合实现达成了系统目标的实现,如图0-6所示。

4)实现原理

(1)目标单元原理

按照战略系统内各管理子单元之间运行的基本规律,建立治理结构、战略计划、任务目标等不同目标单元与其分级子系统之间等量的数学关系,这一关系称为目标单元原理,如图0-7所示。

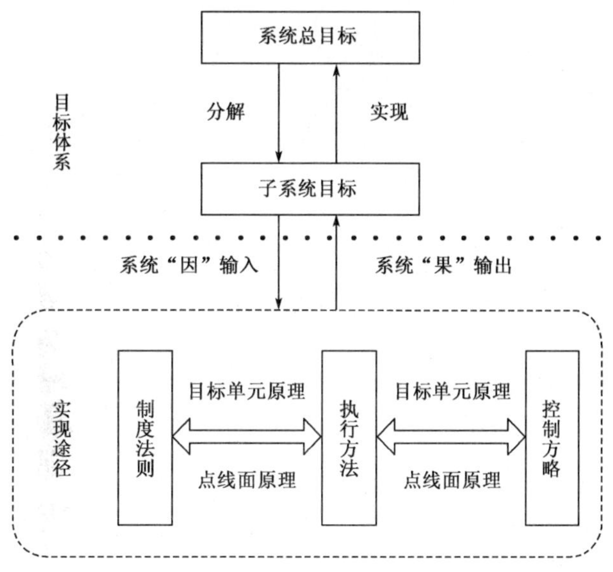

图 0-6 系统目标实现途径

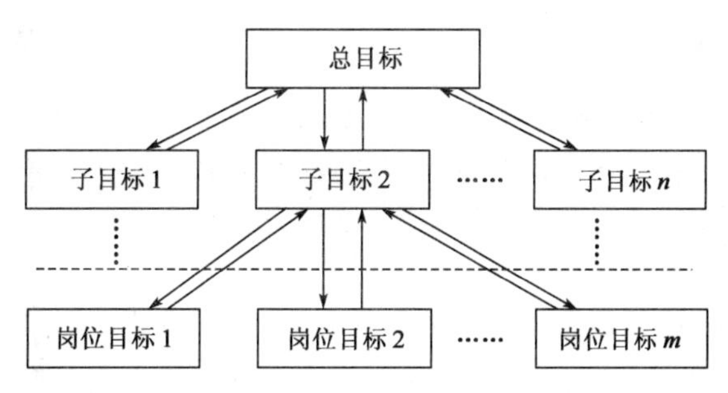

图 0-7 目标单元原理图

按照这一原理,可将整体管理目标分成三个步骤:一是将宏观的企业战略按照每位员工完成本职工作最简单、最具体、最可控的方法分解到员工自我管理中,通过员工目标单元的实现促成企业整体战略的实现;二是使每个员工明白自己的目标、责任和任务,明白无论何时何地自己都是完成岗位目标的直接责任人,而企业将为员工提供实现岗位目标直接责任人的条件;三是由上一级单元负责修正下一级单元的执行偏差,当偏差控制到目标误差范围内时进入本级单元的提交,直到战略实现。

(2)“点线面”原理

在一定区域范围内,只有点的目标实现才能保证线的目标实现,只有点和线的目标实现才能保证面的目标实现,只有每个点、每条线、每个面的目标实现才能保证全面的目标实现,这就是整个体系目标实现的“点线面”管理原理,如图 0-8 所示。管理目标实现前提是“点”目标的实现,如何实现“点”管理目标,“线”和“面”将起到明确的作用:首先,将“面”目标的目标和责任分解到“线”,进而分解到“点”,使每个“点”个人明白目标、责任和任务;其次,“面”和“线”将为“点”个人提供实现管理目标的基本理论、知识、经验和方法,并在“点”目标实现过程中提供有效监督和帮助;最后,“线”为“面”和“点”提供承上启下的连接功能。

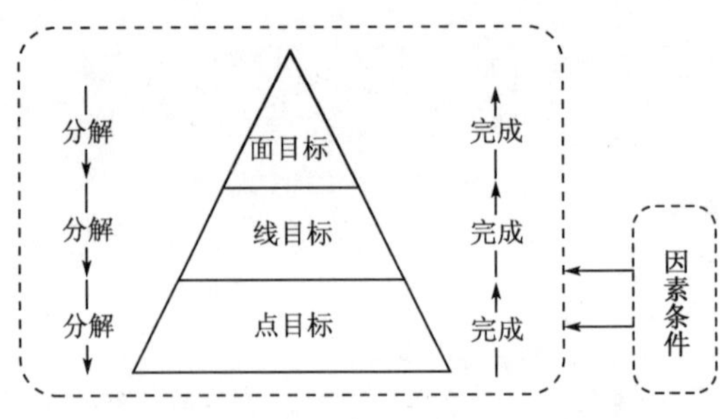

图0-8　点线面原理图

0.4.4　公路运营管理方法

公路运营管理方法是在理论指导下,按照规律、规则在运营实践中形成的具有普遍适用性的规范做法。公路运营实践过程,在预防性管理理论指导下,形成了“集团化”管理方法、“管养一体化”方法和“以点带面”管理方法等,这些具有创新特征的管理方法体现了预防预控特点和“大道至简”的哲学思维,实现了运营管理“内容·技术·目标”共同体,和企业精神文化与物质文化的无缝衔接。

0.4.4.1　“集团化”管理方法

“集团化”管理方法是指区域交通主管部门和经营单位按照规模化、专业化、智能化、精准化的思路及要求,统筹规划公路运营业务管理方式,充分利用业务管理信息数据的关联、追溯、分析、共享、拓展五大方面功能,落实权责一致、多规合一、信息共享,实现降低成本和提高质量及效率的做法。

集团化管理包括规模化、专业化和规模化加专业化三种组织管理形式。其中,规模性集团化管理涵盖运营业务所有管理及综合管理内容,其表现形式为撤并路段管理公司(或委托管理),成立区域性运营管理中心(或公司);专业性集团化管理亦称基本业务集团化管理,是指区域性交通管理部门或公路投资集团公司按照专业化管理模式成立若干专业管理中心或公司开展业务活动的方式。公路运营基本业务集团化管理模式包括路产养护集团化、路产管理集团化和路产经营集团化。集团化管理方法与“统收统还”的经营方式有机结合将产生更加明显的管理效能。

(1)路产经营集团化

路产经营集团化是指公路运营管理主体在其管辖区域内合并原有经营子公司的收费、租赁及其他商业经营业务并重新规划收费站站点布设和经营方式,利用大数据分析开展交通规划、交通组织,对重点路段、交通敏感点、特殊结构物提出交通疏导方案和运营安全条件防范方案,通过信息集成实现运营业务执行的全面管理、监督和反馈。

路产经营集团化的主要任务是:构建路产经营组织的框架,界定收费等经营业务边界;界定收费单元(站)的业务边界、内容、标准、责任;制订收费技术标准和服务标准;对收费站直接管理并对运营收费业务开展的管控;利用大数据分析开展交通规划、交通组织,对重点路段、交通敏感点、特殊结构物提出交通疏导方案和运营安全条件防范方案;对建设期收费系统建设的系统条件和技术标准提出建设性的建议。

(2)路产养护集团化

路产养护集团化,是指交通主管部门或交通投资控股(集团)公司通过撤销或合并多级重叠的养护管理机构,组建区域路产养护中心,统筹公路的养护管理工作,实现养护专业化,并且利用大数据分析开展预防性养护规划、组织,对安全隐患开展系统排查和精准治理。

路产养护集团化的主要任务是:构建路产养护组织框架,界定路产养护的边界;界定养护总承包单元的边界、内容、标准、费用、责任;制订养护技术标准,确定养护工程方案;对养护承包单位养护工作及相关承包合同执行的管控;利用大数据分析开展预防性养护规划、组织,对关键部位、重要结构、重点区域的安全隐患进行系统排查和精准治理;对建设期重要结构物的建设标准及养护设施建设提出建议。

(3)路产管理集团化

路产管理集团化是指在一定区域内组建路产维权中心(或路政支队)统筹公路的路产管理及路权维护工作,集中办理公路养护、道路开挖、跨路施工等业务所需的路政许可审批,对作业现场秩序进行监督,对各类侵害公路用地、破坏公路和设施的行为进行追查及索赔,并配合交通执法部门实施节假日及特殊事件交通疏导,对危化品、超载超限运输车辆进行重点监控及跟踪管理,提高管理效率,提升应急保障能力。

路产管理集团化的主要任务是:构建路产维权组织的框架,界定路产管理业务边界;界定管理单元(路政大队)的业务边界、内容、标准、责任;制订路产管理及路权维护标准;办理跨路、用路作业审查、审批,对路政大队公路路产维护及巡查作业现场秩序进行管控;利用大数据分析开展路产巡查、路权维护,配合交通主管部门实施特殊事件交通疏导,对危化品、超载超限运输车辆进行重点监控及跟踪管理;对建设期路产管理规范化建设标准提出建议。

0.4.4.2　路产管养一体化方法

路产管养一体化方法是指在"四个一体"管养模式和养护规划思维指导下,将"三位一体"养护管理方法与"三巡两检一控制"安全查控手段有机地结合,定期对路产养护质量和运营安全状况进行综合评估、反馈,并以此为基础开展路产养护决策并执行,如图0-9所示。

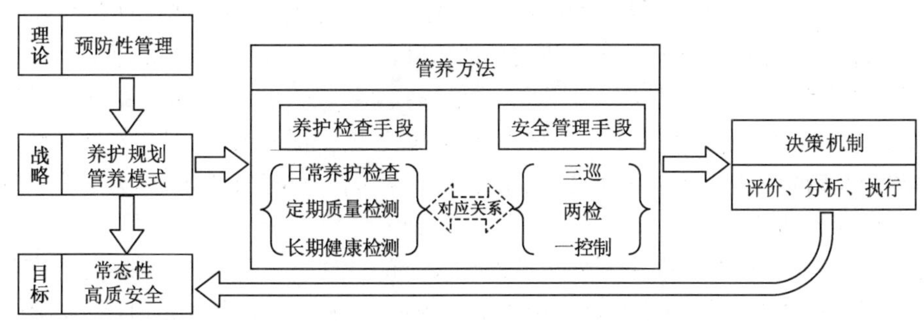

图0-9　路产管养一体化内容体系

(1)"四个一体"管养模式是按照"建、养、管一体"的管理思路,围绕养护质量和安全终身制目标,在管理单位的统筹下,形成的投资建设和运营管理责任主体一体,主体工程施工和养护维修实施主体一体,工程全寿命周期内技术管理信息和数据连续一体,养护检查、评估、设计、施工、监理、检测等业务过程的统筹协作和资源共享一体。

(2)"总体规划思维"是在预防性管理理论指导下编制并执行"养护规划与管理"的做法。

养护规划编制和执行提出运营期养护总体质量标准和各时期、各专业的养护质量标准；量化养护成本指标并提出了提高养护质量、降低成本支出的做法；提出全寿命周期的预防性养护目标和具体执行方法，做好重要结构、关键部位、风险范围和重要危险源的预防性养护和风险控制。

(3)“三位一体”养护管理是指将日常养护检查、结构健康长期监测及养护质量定期检测三项方法有机结合，并运用数据分析方法，定期对路产结构质量及运行状态进行评估和决策的过程。

(4)“三巡两检一控制”的“三巡”指管养单位利用电子设备对道路安全情况巡查、路产养护责任巡查及路产管理责任巡查；“两检”指管养单位对养护质量和运营安全检查、上级或监督部门定期对养护质量和运营安全的考核监督检查；“一控制”指管养单位对路产重点结构、关键部位、风险区域、重大危险源采取专项技术检测和安全保障措施。

0.4.4.3 “本质安全”管理方法

运营安全是按照对人、事、物3个维度多层面要素内容及记录的管理。人是指一切与运营安全有关的主体或对象，包括管理机构和执行机构及其个体单元；事是指涉及安全内容的一切事件，包括路产养护、经营及管理业务执行中违反安全规定的行为；物是指一切与安全有关的物质要素，包括安全设施、安全设备、安全物资及费用投入；记录是指履行安全主体和监管两个责任主体的安全档案，包括机构、检查、整改、教育、培训、投入、应急演练等安全制度及执行台账和安全形势分析等。“本质安全”所延伸出来的“本质要素”管理方法同样适用于质量、计划、成本等专项目标的管理。

(1)内因安全和外因安全

根据预防性管理理论，从公路本体和影响公路运营安全的本质因素划分，公路运营安全可以分为内因安全和外因安全两大类。

公路内因安全是指在正常使用荷载(一般指控制运营荷载阈值)作用下，因设计缺陷或施工不规范造成的结构质量缺陷以及养护不及时或管理不到位造成结构损伤累积和结构本身的自然老化等引起主体结构的破坏，并造成经济损失或人员伤亡。

外因安全是指在非正常荷载或不可控自然灾害或人为破坏等外部条件和突变环境激励下，引起路产结构即时破坏或因损伤导致的延时破坏。

(2)安全管理技术体系

公路安全的管理技术分为常态安全管理技术、安全应急管理技术、安全管理平台应用三大管理技术模块，各模块运行既相互独立，又相互支撑，构成一个有机整体，称为安全管理技术体系，如图0-10所示。

其中，常态安全管理技术提出了确保常态性安全的管理方法和查控手段；安全应急管理技术通过安全风险因素和诱导条件的辨识提出应对风险事件具体的方法及措施；安全管理平台应用是利用物联网手段实现常态性安全和应急反应的智能化管理。安全管理技术体系实现了内因安全和外因安全管理方法和手段的有机统一。

0.4.4.4 “以点带面”管理方法

“以点带面”就是在工作实践中，时刻抓住重点工作和问题的关键环节，并以战略思维和问题导向思维强化各种业务重点环节风险的预防预控管理。“以点带面”的“点”，一方面指

“人”,即员工,是运营管理的主体,另一方面指“物”,即重点工作,是运营管理的对象。“员工”需要强调精神文化,包括强调员工精神文化塑造的重要作用和强调常态化高质量完成本职工作对全局的决定性作用;“重点工作”需要强调制度文化和物质文化,强调重点工作管理方法对全面质量和水平提升的带动作用。落实“以点带面”必须做好以下5个方面:

(1)制度文化带面。通过编制和执行运营体系标准化内容和核心业务制度运营管理细则,提高运营管理体系和管理能力的现代化水平。管理细则包括经营规划与管理、养护规划与管理、运营合同管理、运营绩效管理、收费业务管理、运营安全管理、预算计划管理、路政业务管理等内容的执行标准。

(2)规划执行带面。通过“经营规划与管理”和“养护规划与管理”的编制和有效执行,全面提升运营核心业务目标执行和实现的把控能力和治理水平。

(3)重点工作带面。通过全国及省级公路养护质量检查、运营服务质量检查和重点专项工程计划等带动经营、养护、管理业务外业工作质量提升及内业工作的规范。

(4)敏感事件带面。通过法律诉讼、交通安全、经济审计、工程质量等案件或文件,按照“一事一档”和查原因、立整改、追责任、受教育、促提升的“五不放过”原则进行研究、反思,提升各类风险预防、管控和处置的能力。

(5)创新研究带面。开展运营管理和关键技术攻关,解决目标实现过程遇到的特殊问题。系统化的管理方法实现企业精神文化与物质文化和工作“点”与“面”的无缝衔接。

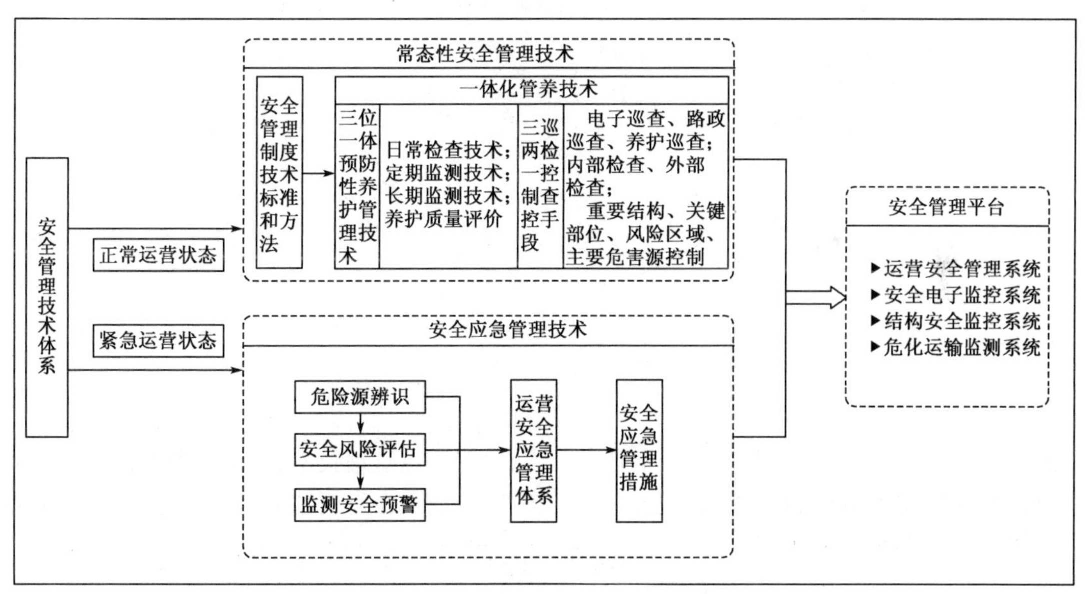

图0-10 公路运营安全管理技术体系框架

0.4.5 公路运营管理实现手段

公路运营集成管理系统是实现体系、理论和方法信息数据化管理的手段。集成管理系统以数据字典技术、信息单元技术、地理信息技术、大数据处理技术为支撑,按照数据字典编码规则,利用路产中心数据库和运营业务信息、物联网和移动互联网,构建系统设备资源的地理与管理信息模型。集成管理信息系统包括按照管理体系框架建立的管理平台和按照体系中核心业务内容、标准、程序、规则建立的管理系统。利用管理平台及其数据中心实现业务信息数据的共享和利用;利用业务管理系统规范业务管理,提升管理的质量和效能,并实现系统“既管人管事又管物”的目标。

0.4.5.1 运营管理平台的开发

根据公路运营管理体系框架和组织架构对应关系,以预防性管理理论及其原理为指导,围绕路产数据库及相关的管理信息数据构建平台模型,并开发公路运营集成管理平台,如图0-11和图0-12所示。

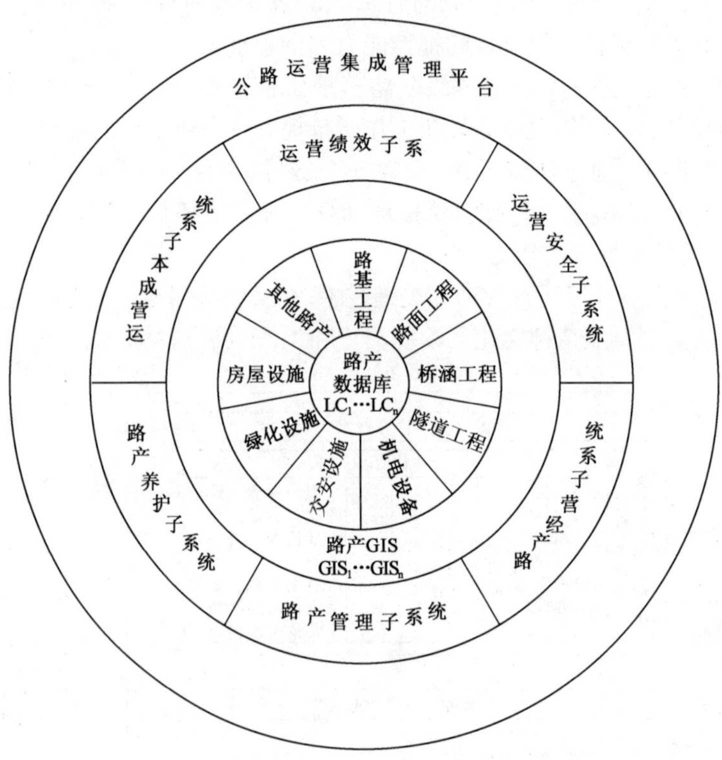

图0-11 公路运营集成管理平台结构模型

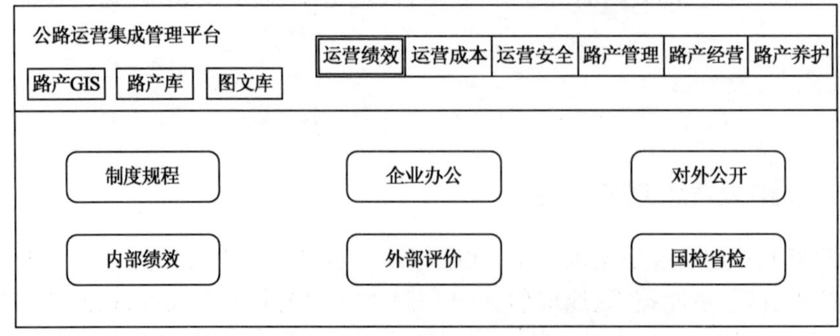

图0-12 公路运营集成管理平台主界面

各业务部门在统一的集成管理平台上进行各自业务内容管理，通过路产库的建立和各自业务范围内的信息数据采集构成运营信息数据库，通过大数据结构挖掘、数据关联、数据追溯和数据分析，实现运营管理信息数据的管理性共享和拓展功能，如图 0-13 所示。

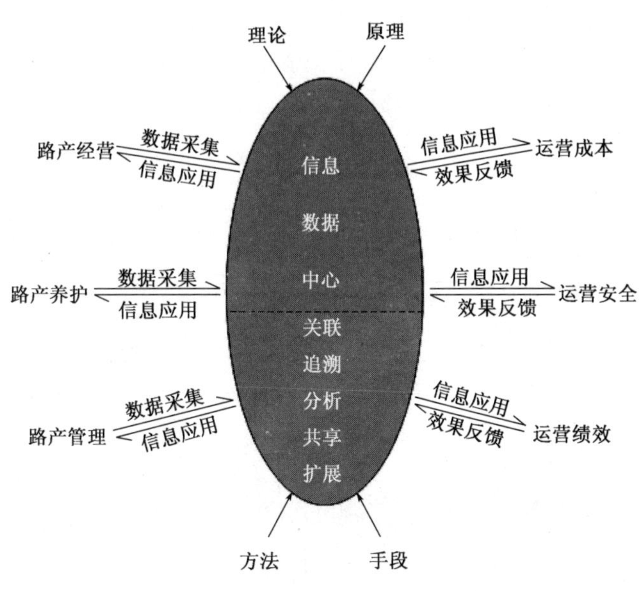

图 0-13 公路运营数据化管理蝶形图

平台及其核心业务管理系统按照统一的字典和编码法则进行基础数据标准化录入。因此，按照运营体系管理数据项目级的横向关联和区域级的纵向关联，可实现体系信息数据的管理性共享和系统从项目级向区域级拓展，为业务管理集团化的实施提供技术支撑。

0.4.5.2 公路路产养护智能管理系统

根据目标单元原理将路产养护管理单元分为数据字典单元、组织管理单元、路产信息单元、路产养护单元、移动互联单元和图文档案单元。数据字典单元、将养护所有相关的信息内容按照规范的编码原则数据化；组织管理单元按照目标、责任、内容的统一关系建立路产数据库和管理数据的相关联功能、可追溯功能、统计分析功能；路产信息单元按照公路工程专业划分将全线路产分为路基工程、路面工程、桥涵工程、隧道工程、交安设施、绿化设施、机电设备、房建设施、其他路产等九类路产信息单元；路产养护单元按照统一的字典和编码法则作为基础数据录入，按照养护规范及养护质量评价标准要求和工程全寿命期管理理念及路产管养一体化思路，从建设期工程质量信息到运营期养护信息数据的采集、抽取、分析、计算等操作，建立若干管理模块数据的对应和关联关系，体现建设和养护数据统一和全寿命管理思维，并实现养护业务的预防预控管理和重要事件的精准治理；移动互联单元利用移动终端实现了养护基本业务工作的操作和管理，如图 0-14 所示。系统实现了对路产养护工作及其档案的智能化管理。

0.4.5.3 公路运营安全智能管理系统

以公路运营安全管理技术体系为理论指导，根据预防为主、快速救援相结合的防灾、减灾、治灾方法和技术对策，将运营安全管理单元分为基础信息单元、地理信息单元、安全巡查单元、管理信息单元和移动互联单元，如图0-15所示。通过电子、路政、养护等巡查方式，对安全违规、违标及应急事件进行驱动，利用地理信息技术充分集合结构、环境等安全监测数据与执法、路政、养护及社会救援等各方资源，融合公路运营各个业务管理系统可用信息数据，实现道路安全事件快速发现、处置和救援等的目标。同时，系统与路政、养护等移动终端互联，将各类文件实时推送至移动终端，终端设备实现对安全事件处置的实时记录与反馈。另外，系统的智能化分析提供对事件统计、分析和安全形势的评价。

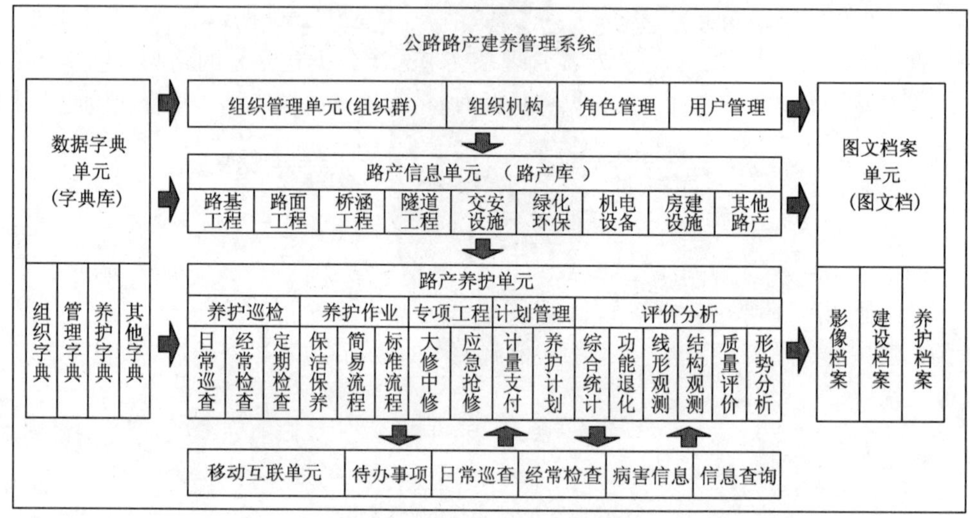

图0-14 公路路产养护智能管理系统结构

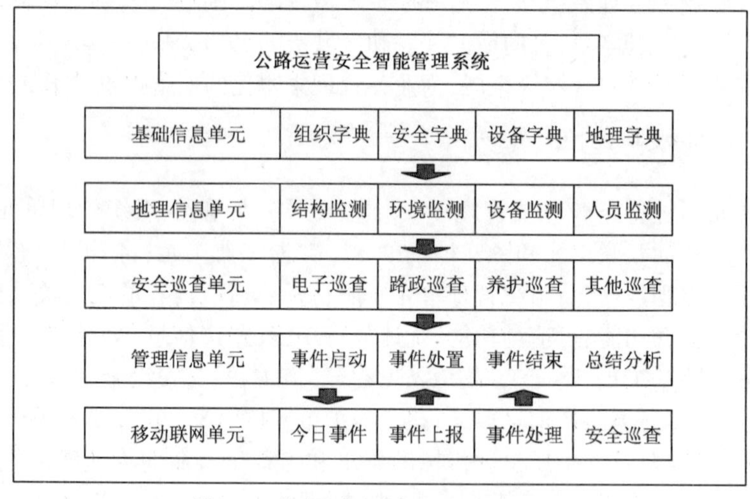

图0-15 公路运营安全智能管理系统结构

0.5 公路运营管理的未来展望

随着社会的发展、技术的进步，综合、智能、绿色、共享将成为未来交通发展的方向，公路运营管理将从效能、效率、安全、细节、品质等多方面精准定位，去适应并助推交通行业变革和发展。

(1)随着公路规模的增大及路网的完善,以及收费公路经营期末的到来,公路运营集团化管理方法及集团化管理模式必将成为未来的主导性管理模式,最大限度地提高公路运营综合管理的效能。

(2)高速公路发展过程产生的经营性问题和结构性矛盾突出,创新多种经营模式和去行政化、去债务化或将成为未来公路行业化解发展风险的主要途径。

(3)物联网与新一代互联技术和共享经济模式的发展将使全自动识别的智能化收费模式成为现实,同时,交通数据流将共享于社会管理的方方面面,最大限度提高公路服务于社会的效率。

(4)基于预防性管理思维和路产建养管理系统来采集数据建立起的路产信息管理模型和全寿命周期结构退化模型,将通过大数据分析及时、精准地解决路产结构病害和由此带来的安全问题。

(5)公路业务运行中数据化管理以及智能化管理系统的开发和运用使业务管理的分工更加明确,并将迫使任务责任主体的管理更加注重细节和特点。因此,未来社会对管理单元素质要求更高,个体元素的作用和地位也会更加突出。

(6)高性能、耐久、环保的路用材料以及材料再生技术的研究、应用和推广将成为公路绿色运营的实质内容,使公路在建立社会服务品牌的同时成为高技术、高质量的实践主体。

本章参考文献

[1] 阿尔奇·J·巴姆.什么是哲学[J].哲学园,2014,11.
[2] 马克思,恩格斯.马克思恩格斯全集[M].北京:人民出版社,2002.
[3] 毛泽东.毛泽东选集(第一卷,实践论)[M].北京:人民出版社,1991.
[4] 伽达默尔.赞美理论——伽达默尔选集[M].三联书店,1988.
[5] 孙正聿.理论及其与实践的辩证关系[N].光明日报,2009-11-24.

第1章　公路的发展与运营

公路始以公共交通而名。第一次工业革命以后,燃料动力汽车的出现使公路有了新的定义:公路是附着于土地之上供动力汽车使用,为公众出行所需提供社会公共服务功能的构筑物。公路是国家重要的战略资源,是影响国家政治、经济、国防、民生的基础设施。公路的发展和运行,既事关国民经济发展大局,又与人民群众衣、食、住、行等方面的利益息息相关。

随着收费公路的出现,我国公路行业得到飞速发展,从1988—2013年,短短25年间,高速公路通车里程从零飞跃到世界第一。然而,在快速发展的同时,也造成公众普遍对公路属性认识的模糊和对收费公路模式的质疑,因此需要重新认识和界定公路的本质属性,根据发展的历史和现状分析公路行业存在的问题并提出解决问题的基本思路。

1.1　公路概念和分类

公路是按国家颁布的《公路工程技术标准》(JTG B01—2014)修建,并经公路主管部门验收认定的城市间、城乡间、乡村间可供汽车行驶的道路,按专业构成,公路包括路基路面、桥梁涵洞、隧道、绿化环保、交通安全设施、房建设施、机电设施及其他路产。按公路网中地位划分,公路分为国道(代号G)、省道(代号S)、县道(代号X)、乡道(代号Y);按技术等级划分,公路分为高速公路、一级公路、二级公路、三级公路、四级公路和乡村等级外公路;按资金来源划分,公路分为收费公路和非收费公路。

1.1.1　非收费公路

非收费公路是指为保障群众基本出行,由各级政府财政资金投资建设的公路。非收费公路包括利用燃油税资金、由各级(地市级以上)交通主管部门的公路管理机构(公路管理局、公路段、道路养护中心)负责管养的国、省道(称省养公路)和利用地方财政资金、由地方(县级以下)交通主管部门的地方公路管理站负责管养的县、乡道(称地养公路)。

1.1.2　收费公路

收费公路是指按照《中华人民共和国公路法》和《收费公路管理条例》有关投资方式、技术等级和建设规模等规定修建,并经省级(自治区、直辖市)人民政府批准设立收费站依法收取车辆通行费的公路(含独立桥梁和隧道)。收费公路包括经营性收费公路和非经营性收费公路。经营性收费公路是指国内外经济组织投资建设或者依照公路法的规定受让政府还贷公路收费权的公路,收费时使用税务票据。非经营性收费公路是指县级以上地方人民政府交通运输主管部门利用贷款或者向企业、个人有偿集资建设的公路,收费时使用财政票据。

(1)经营性公路

经营性公路是指由国家特许法人负责组织建造和经营、以获利为目的的收费公路,包括由国内外经济组织依法受让政府还贷收费权的公路和由国内外经济组织依法投资建成的公路。经营性公路的投资来源为自由资本与市场融资,收取的通行费为企业经营收费,由企业进行管理,企业对其收益的支配除受法律、法规、规章限定、合同约定的事项和用于养护管理支出外,其他不受限制。经营性公路要依法纳税,使用由省级税务部门统一监制的通行费票据[1]。我国公路收费经营实践始于20世纪80年代末,从1992年开始,先后有广东省高速公路发展股份有限公司、江苏宁沪高速公路股份有限公司等20家公司成功地在深圳、上海和香港上市,募股筹资高速公路标志着中国在收费经营方面开始进行积极的尝试和探索;西临、武黄等高速公路按照《收费公路管理条例》先后进行了收费权转让,标志着公路经营行为与法律及市场接轨并逐渐走向成熟。

(2)非经营性公路

非经营性公路(又称政府还贷公路)是指县级以上地方人民政府交通主管部门利用贷款或者向社会资金有偿集资建设,以非获利为目的的收费公路。政府还贷公路的投资来源为政府投资与市场融资,收取的车辆通行费是国家行政事业性收费,纳入国家财政专户管理,其收费只能用于偿还贷款、集资款和必要的养护管理、收费人员经费支出,政府还贷公路不缴纳营业税,使用由省级财政部门统一监制的通行费票据。目前,政府还贷公路占收费公路的主体地位,而随着国家西部、北部开发战略的深入实施,政府还贷项目比例还会增加。收费公路发展的历程证明,发展政府收费还贷公路符合我国特定的经济环境和社会条件,符合公路所特有的经济性和公益性基础设施特点。在我国现有的经济状况和公路建设投资体制下,体现为缩短收费时间,减轻群众负担,在今后仍将发展以政府还贷公路为主体的收费公路[2]。

(3)经营性转换

早期的收费公路和私人投资修建的公路紧密联系在一起,私人投资建造公路,必然会要求向过往车辆收取一定费用来收回投资以获得合理回报,私人投资者对利润的追求在一定条件下发展了收费公路,在客观上促进了高等级公路网的建设和发展。

在实际运行中,政府还贷公路和经营性公路这两种类型的收费公路之间存在相互联系,在一定的条件下,二者可以互相转化。如政府还贷公路在转让收费权益后,便成为经营性收费公路,如一些地方政府为减少收费站点由财政出资将经营性公路购回,此种情况下,经营性公路又转变为政府还贷公路或非收费公路。随着我国法制化的建设和健全,公路经营模式的变更需要引入公众参与必要程序审批。

1.2 公路本质的认识

1.2.1 公路管理三个阶段

在公路工程规划、建设、运营三个管理阶段中,规划工作一般由国家和省级交通主管部门完成,非收费公路建设和运营一般由各地交通主管部门或公路管理机构负责;收费公路建设和运营由经营单位负责,经营期满后运营工作移交交通主管部门管理。公路经营期包括公路的建设期和运营期,如图1-1所示。一般而言,公路建设期包括设计和施工两个阶段,是指建设项目正式投入资本金到建成投产所需的时间,具体包括从建设期开始计算项目建设期融资成本费用(指银行发放贷款)并列入工程动态投资;收费公路从获得经营许可到项目融资开始称为建设前期;从项目建成投产到竣工验收完成称为建设后期。建设管理指公路前期的许可核备、招投标和建设期的设计、融资、征地、施工管理及建设后期的结算、验收等业务管理。项目建设工期指项目控制性工程开工到交工验收交付使用所需的时间。运营期指项目设计寿命期或指项目通车到寿命期结束所需时间,收费公路运营期包括经营期和运营后期,经营期是指项目通车收费到收费期满所需要的时间。运营管理指公路投入运营到寿命期结束的路产经营、路产养护、路产管理及运营安全、运营成本、运营绩效等业务管理。

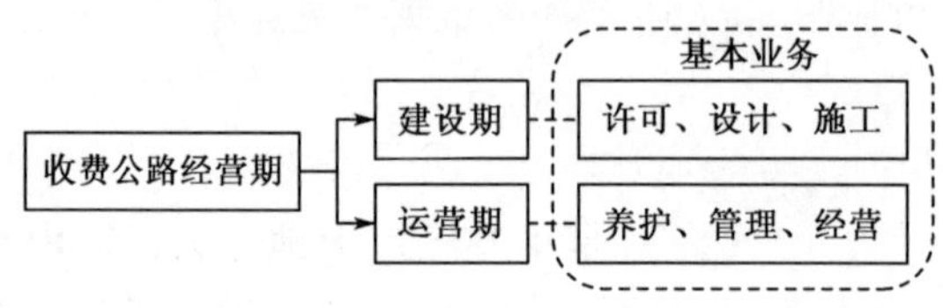

图1-1 收费公路经营期

1.2.2 公路的基本属性

公路为固定附着于国有土地上的基础设施。《中华人民共和国土地管理法》第二条规定:我国实行土地全民所有制和劳动群众集体所有制;《中华人民共和国公路法》第七条规定:公路受国家保护,任何单位和个人不得破坏、损坏或者非法占有。交通运输部发布的年收费公路统计公报显示,至2015年,非收费公路约占我国公路通车里程的96.4%,其建设和维护费用来自国家财政,说明公路作为物质存在的公共产品的公益属性;占通车里程3.6%的收费公路中,37.9%作为行政特许经营产品,62.1%作为政府还贷项目,除了在经营期特许范围内经营权具有商品属性外,收费公路所有权始终属于国有,说明收费公路作为物质存在的公共产品的基本属性和公路产品整个寿命周期内大部分时间的非盈利或不收费的公益属性,如图1-2所示。

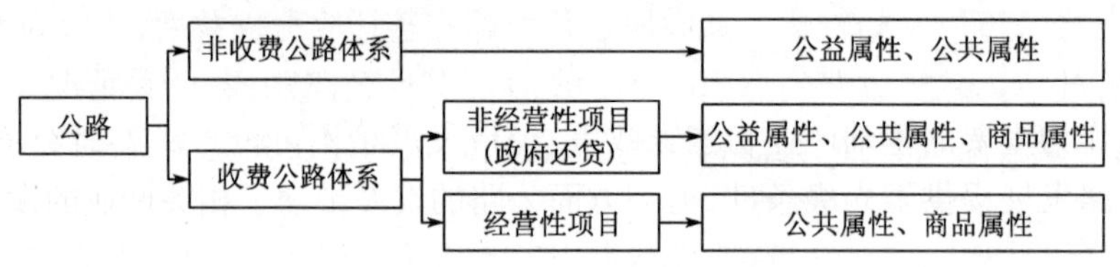

图1-2 我国公路体系划分与属性

收费公路经营期是指项目获得特许经营许可到收费期满所需的时间。《中华人民共和国公路法》第六十二条规定:受让公路收费权和投资建设公路的国内外经营组织应当依法成立开发、经营公路的企业(称公路经营企业);第六十五条规定:有偿转让公路收费权的公路,转让收费权合同约定期限届满,收费权由出让方收回;国内外经济组织依照本法规定投资建成并经营的收费公路,约定的经营期限届满,该公路由国家无偿收回,由有关交通主管部门管理。

我国95%的高速公路、65%的一级公路都是收费公路,收费公路通过企业投资经营的方式转嫁了政府财政对作为公共基础设施的公路应有的投入,并直接将建设和运行的成本转嫁到使用公路的消费者身上,在一定程度上侵占了公民应该享受的国家经济快速发展带来的便利交通出行的权利;另外,由收费公路搭建而成的主平台路网大大增加了物流成本,对作为制造大国的中国经济发展产生了一定的负面影响。因此,规划发展收费公路产业时应科学平衡好公路的企业经营效益和社会效益之间的关系。

从历史、法律、内容、现实等方面综合分析认识公路的本质属性:

一是公路是基础设施、公共产品,不论是"高速的"、还是"收费的",都改变不了其"公共"和"公益"的本质。

二是公路的公共公益属性决定了其运营过程必须服务于社会、服务于经济、服务于民生、服务于国防,特别是应对自然灾害、安全事故等突发事件时,各经营主体应该服从大局,无条件接受政府统一指挥、调度和管理,最大限度提高抗灾救灾能力。

三是收费公路是行政特许经营,既然是经营必然具有一般商品的属性,即投资回报,这种回报可以来自国家财政,也可以来自通行费的收取。国家财政回报由全民承担,收取通行费的回报由公路直接使用者承担,法律赋予了收费公路的第二种回报方式。近年来,在一些省份非收费的地方公路建设中采用的 PPP 经营方式则是第一种回报方式。我国传统非收费公路采用国家财政投入与经营性项目的根本差别在于是否存在投资回报和具体承担投资对象的不同。

四是主体本质为"公共"和"公益"的产品不等于免费商品,但其经营也不允许暴利,公共产品的特许经营遵从合理回报原则,"公共"体现在法律、法规规定的范围内公民可以自由使用,公共产品需要收费使用的情况数不胜数,公民对使用经营性质的高速公路有付费的法定义务。

五是政府和经营者对收费公路的建设、运行质量和经营情况等应当依法履行责任和权力,共同为社会提供高水平的服务。同时,为了保证特许经营的"合理回报"原则,投资者在依法经营的同时必须为自己的投资决策和管理失误造成的风险负责,必须依法公开项目建设和经营情况,主动接受公众和社会舆论的监督。

1.3 公路行业的发展

公路交通作为重要的基础产业与国家政策、经济发展密不可分。一方面经济体制改革和经济发展为公路发展提供了先决条件,另一方面公路的发展带动了相关产业的发展,便利的公路交通优化了投资环境,为经济的快速发展做出巨大贡献。因此,公路的发展与经济发展等有着十分密切的关系。

1.3.1 公路发展两个阶段

以收费公路的出现为标志,我国公路发展大概可分成两个阶段。

第一阶段,新中国成立至改革开放初期的计划经济体制阶段。我国交通基础设施建设基本上由中央政府统一安排和管理,公路的投资来自国家财政,其修建和养护主要依靠公路养路费和民工建勤,这种只依靠国家财政投资的单一模式造成了公路发展速度严重滞后。据统计,截至 1984 年底,全国公路总里程 94.20 万 km,密度为 9.8km/100km^2。其中,一级公路 422km，二级公路 21 194km。公路质量、等级、密度等基本指标均远远落后于一般发达国家。

第二阶段，1984 年我国第一个收费公路项目启动。随着改革开放的深入和国家经济政策的调整与投融资体制的改革，公路建设长期以来由国家财政投资的单一模式被打破，变为国家财政主投资一般等级干线公路网的非收费公路模式和其他经济体主投资高速公路网的收费公路模式。这一时期，新的投资方式、经营模式、管理模式等向多元化发展，以高速公路为代表的高等级公路发展突飞猛进，截至 2015 年年底，全国公路总里程达到 457.73 万 km，是 1984 年底的 4.9 倍，形成了以高速公路主干网为主体的收费公路体系和以普通干线公路网为主体的非收费公路体系。其中，高速公路从无到有，达到 12.35 万 km；一级公路 9.1 万 km，是 1984 年底的 277.3 倍；二级公路 36.04 万 km，是 1984 年底的 19.3 倍。

1.3.2 收费公路发展的四个阶段

我国收费公路的发展可以划分为探索发展、起步发展、快速发展和规范发展四个阶段。

(1)探索发展阶段

1984 年 1 月，港澳华侨捐资建成广东省中堂大桥并向过往车辆收取通行费，开创了“以桥养桥、以路养路”的收费公路先河，之后运用收费还贷方式融资修建公路的方式在广东省陆续开始推广。引进外资建设大桥在广东省的成功尝试，引起了全国交通部门以及中央有关部委的高度关注与重视，纷纷对广东省的做法进行调研和论证。同年 10 月，《中共中央关于经济体制改革的决定》首次承认我国社会主义经济是“公有制基础上有计划的商品经济”，指出我国经济体制改革的基本任务是建立具有中国特色的社会主义有计划的商品经济体制。之后，我国开始了以“计划经济为主，市场经济为辅”的实践探索，国内市场经济开始发挥极大的作用，也为我国收费公路的存在与发展提供了政策依据和经济基础。为加快公路建设，同年 12 月，国务院第 54 次常务会议上将“贷款修路、收费还贷”作为促进公路事业发展的优惠政策之一。自此“贷款修路、收费还贷”成为我国公路建设投融资政策的重要组成部分，彻底打破了单纯依靠政府财政发展公路的体制束缚，为公路事业快速发展奠定了政策和制度基础。此后，全国各地也开始了收费公路的探索实践。实践证明，收费公路是有效解决国家财政资金短缺与公路亟待发展的矛盾的重要举措，公路建设不仅带动了相关产业的迅速发展，而且优化了投资环境，为地方经济结构的调整、生产力的布局以及国有企业改革提供了条件。

1987 年 10 月，国务院发布《中华人民共和国公路管理条例》首次以法律形式明确规定“公路主管部门对利用集资、贷款修建的高速公路、一级公路、二级公路和大型的公路桥梁、隧道、轮渡码头，可以向过往车辆收取通行费，用于偿还集资款和贷款”。1988 年 1 月，原交通部、财政部、国家物价局联合发布《贷款修建高等级公路和大型公路桥梁、隧道收取车辆通行费规定》，作为我国第一个规范公路收费还贷行为的纲领性文件，公路收费有了法规依据。在收费公路政策的陆续出台、国家宏观经济的不断改革以及社会发展的现实需求下，收费公路以年平均 39% 的速度递增，至 1988 年底，我国收费公路里程达到 0.85 万 km，其中高速公路 0.1 万 km。

为解决经济发展速度过快、结构失调和通货膨胀等问题，十三届三中全会做出了“治理经济环境、整顿经济秩序、调整经济结构、深化体制改革”的决策，1989 年，我国开始了为期三年的治理整顿工作，经济增长速度得以控制，收费公路建设速度也因此有所减缓。整体来看，由于收费公路属新生事物，加之国家经济环境仍有待完善，此阶段收费公路处于探索发展阶段，收费公路总规模仍然很小。

（2）起步发展阶段

1992 年邓小平南方谈话后至 1995 年，我国 GDP 实现了年均 13% 的快速增长，证明了社会主义市场经济的优越性。1995 年，中共十四届五中全会提出的“两个根本性转变”，伴随企业、金融、财税、投资、外贸等领域改革的深入和经济环境的不断优化，以及我国证券业的逐渐形成和迅速发展，为收费公路的发展提供了有利的客观条件。

1992 年 12 月，广东省交通厅以佛开高速公路作为利用股份制修建高速公路的试点，组建广东佛开高速公路股份有限公司，以定向募集方式筹集高速公路建设资金。1993 年 6 月，公司经资产重组，注入优质高速公路资产，更名为广东省高速公路发展股份有限公司，并筹备上市，拉开了我国公路企业上市的序幕，股票融资也成为公路建设市场融资的主要渠道之一。1995 年，我国通过转让收费公路经营权来筹集资金的融资方式，即利用一次性筹集到的资金再投资新建收费公路项目，为筹集收费公路资金又开辟了一个新渠道。收费公路建设融资渠道的不断拓宽，大大缓解了公路建设资金严重不足的问题，收费公路起步发展步入了新的阶段。1997 年 7 月，《中华人民共和国公路法》正式颁布，从法律层面对收费公路存在的合理性与长期性予以肯定。

在此期间，由于高速公路依然处于探索发展阶段，“我国是否要建设高速公路?”、“我国的经济发展水平是否适合修建高速公路?”等问题曾一度成为社会经济的焦点问题。在社会对发展高速公路持疑虑态度的情况下，我国高速公路规模增长缓慢，收费公路增加主要以二级公路为主。1992—1997 年，全国新增高速公路仅 0.38 万 km，新增一级收费公路 0.68 万 km，新增二级收费公路高达 2.91 万 km。

（3）快速发展阶段

1997 年东南亚金融危机爆发后的第二年，我国启动积极的财政政策，通过刺激投资拉动经济增长，政府投资主要用于加快发展高等级公路和铁路，在此契机下，收费公路正式步入快速发展时期。1998 年，我国用于公路建设投资达 2168 亿元，高速公路比 1997 年增长约 65%，1999 年，高速公路继续以 48% 的增速实现迅猛发展，至 2000 年末，高速公路通车里程达到 1.55 万km，跃居世界第三位。

进入 21 世纪，我国经济继续保持快速增长势头，经济的快速发展，必然对公路交通提出了更高的要求。然而，尽管国家财力在不断增强，但由于我国仍处于经济转型时期，国家财政用于公路建设的投入仍十分有限，仅占公路建设所需资金的 10% 左右，公路建设资金仍主要以银行贷款、债券融资、股票融资、外资等形式为主。2001 年末，我国高速公路里程达到 1.9 万 km，位居世界第二，高速公路实现了跨越式发展。至 2008 年底，我国收费公路里程位列世界第一，达 21.25 万 km，其中收费高速公路 5.96 万 km、一级收费公路 3.31 万 km、二级收费公路 11.98 万 km。

收费公路政策使我国用了十余年时间，走过了发达国家用了半个多世纪的高速公路发展之路。在收费公路快速发展的同时，国家陆续出台了相关的法律法规来规范收费公路的发展。1999 年，交通运输部发布《关于清理整顿公路收费站点的实施方案》，旨在加强和规范收费公路的管理，制止公路“三乱”现象；2004 年，国务院《收费公路管理条例》开始实施，表明收费公路的规范治理迈向法治化；2006 年，交通运输部印发《关于进一步规范收费公路管理工作的通知》,在进一步规范收费公路发展的同时明确规定严格控制二级收费公路规模;2008 年,交通运输部印发《收费公路权益转让办法》,对收费公路经营权转让的相关事宜予以规定。

(4)规范发展阶段

我国收费公路在快速发展过程中,公路结构不合理、收费公路规模过大等问题日渐凸显,进而引发了社会各界对收费公路产业发展的普遍质疑,收费标准过高、超期收费、违规设站等问题将收费公路产业推到了舆论的风口浪尖,也使收费公路发展进入规范发展阶段。2009 年 2 月,《国务院办公厅关于转发发展改革委、交通运输部、财政部逐步有序取消政府还贷二级公路收费实施方案的通知》发布,是我国优化收费公路结构、缩小收费公路规模的重要举措。2009 年 2 月底,山东、江苏、安徽、福建、江西五个省份率先完成取消二级公路收费工作,此后中部、西部地区按步骤、分批次进行取消工作。2011 年 6 月,交通运输部等五部委联合下发《关于开展收费公路专项清理工作的通知》,通过对存量收费公路存在的各种违规收费行为予以纠正,对不合理收费公路予以清理。同时,交通运输部要求各地严格控制新增收费公路,从严审批新的一级及以下普通公路收费项目。在国家一系列控制与措施的共同作用下,收费公路规模得以有效控制。

随着国家路网的不断完善,收费公路管理日趋规范,收费公路规模得到有效控制,公路结构朝着高等级化的趋势发展。同时,随着收费公路产业的一系列规范化发展政策和国家“两个公路体系”设想规划的实施,公路行业正在向更有利于经济社会发展的方向迈进。

1.4 公路规划建设与运营

根据投融资体属性不同,我国公路分为以高速公路主干公路网为主的收费公路体系和以普通干线公路网为主的非收费公路体系。其中,非收费公路由国家或地方财政投资,由公路管理机构负责管养,是一种政府行政行为;收费公路由社会融资或政府融资,由公路经营单位负责管养,是一种社会市场行为。

1.4.1 公路路网的规划

改革开放以来,我国公路网规划分为 4 个阶段。

1981 年,原国家计划委员会、国家经济委员会和交通部印发的《国家干线公路网(试行方案)》明确,国道由“12 射、28 纵、30 横”共 70 条路线组成,总规模约 11 万 km。

1992 年,《国道主干线系统规划》明确,国道主干线系统由“五纵七横”12 条国道主干线和公路主枢纽及信息系统构成,总里程约 3.5 万 km,采用高速公路技术标准建设。

2004 年,国家发展和改革委员会印发的《国家高速公路网规划》明确,国家高速公路网由“7 射、9 纵、18 横”等路线组成,总规模约 8.5 万 km,计划 20 ~ 30 年建成。

2013 年,经国务院批准交通运输部印发的《国家公路网规划(2013—2030 年)》,明确国家公路网由普通国道和国家高速公路两个路网层次构成,规划总规模 40.1 万 km。其中,普通国道网总规模约 26.5 万 km,包括 12 条首都放射线、47 条北南纵线、60 条东西横线和 81 条联络线,覆盖全国所有县;国家高速公路网总规模约 13.6 万 km,包括 7 条首都放射线、11 条北南纵线、18 条东西横线以及地区环线、并行线、联络线等，共约 11.8 万 km，远期展望线约 1.8 万 km。

1.4.2 公路建设与运营

我国从 1989 年建成第一条高速公路起，每个阶段高速公路的建设规模和速度都远超规划，截至 2015 年年底，通车总里程 12.35 万 km，通车里程超过我国《交通运输发展“十二五”规划》的 10.8 万 km，是世界上高速公路通车里程最多的国家，如图 1-3 所示。

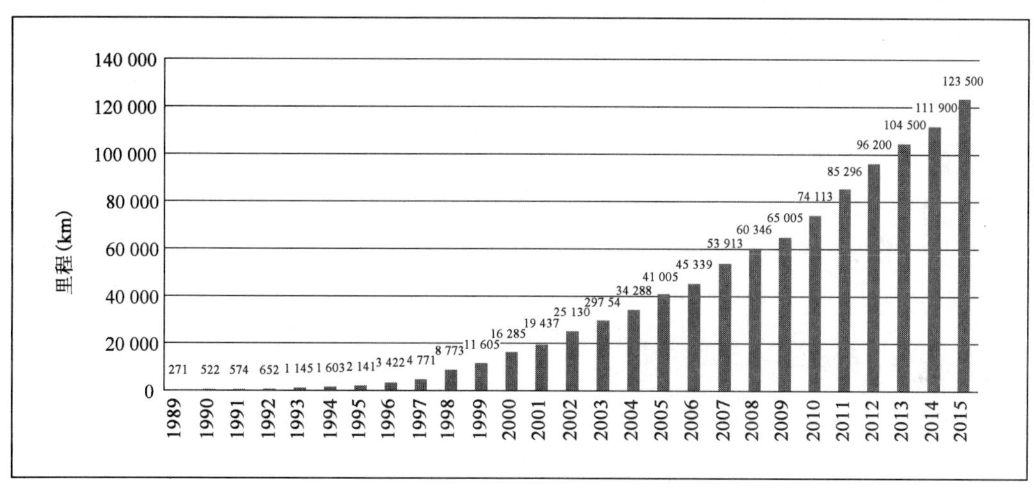

图 1-3 1989—2015 年我国高速公路建设历程

截至 2015 年年底，我国路网总里程 457.73 万 km，密度 47.68km/100km^2，不论是在通车里程和等级公路规模，还是建造技术上都得到很大的发展。从图 1-3 与我国每阶段路网规划的比较可以看到公路建设速度远超规划要求，并出现高速公路与四级以下公路通车里程大，一、二、三级公路通车里程偏小的结构性问题。另外，在规划和建设出现矛盾的同时，公路运营也出现了结构性的矛盾。近年来，在长三角、珠三角、京津唐等公路路网密度较大的地区出现了道路交通越拥堵的状况，然而，在西北部地区，一些公路运输主通道运营能力不足的问题也日趋严重。公路交通运行状况同样能反映出公路规划建设和运行管理中存在问题。

另外，在叙说公路建设和技术进步取得成就的同时，必须严肃对待建设和运营管理中存在的质量问题。据统计，至“十二五”末期，我国现有危桥占桥梁总量的 9.83%，在已经改建的危桥中桥梁平均寿命仅为 20 年，在“十一五”至“十二五”十年间，交通运输部对全国重点桥梁的检测结果普遍反映出质量和管理不规范问题。

交通运输部《关于“十二五”全国干线公路养护管理工作检查情况的通报》指出公路运行中存在的主要问题如下：一是公路事权不清晰、管理主体分散多元等问题日益凸显，公路管理体制问题有待破解；二是普通国道、省道养护资金需求增大，资金保障不到位和资金使用不规范、道路养护资金缺口大；三是一些公路建设质量较低、桥梁使用寿命期偏短，加上自然灾害多等问题造成保畅、保安全压力大；四是一些地方公路管理制度不健全或不落实的情况较多。

1.5 公路运营存在的问题

路网结构和等级公路比例结构不合理、收费公路规模和比例偏大、融资规模和运营成本高是公路经营存在的主要问题。

根据2013年交通运输行业发展统计数据:“全国高速公路通车里程10.44万km,高速公路网日平均交通量为20 998辆,日平均行驶量为229 416万车/km”。按照现有收费公路经营政策,假如收费标准每公里0.5元,计算得出:每公里每日标准车流量为1.557万车次,路费收入每年为284万元;按照当年高速公路9 082万元/km造价、银行长期贷款利率5%、收费年限25年,计算得出:年平均折旧费为363万元,年利息为454万元。可见,高速公路行业整体投资亏损情况严重。就连投资效益最好的经济和人口第一大省广东省,2013年共有85个收费路段(含4座独立特大桥),高速公路总收费里程5 009.6km,通行费总收入346.619 2亿万元,平均每公里每年路费收入为691.9万元,行业总体亏损情况也开始显现。2014年、2015年的统计公报显示行业总体亏损情况更加严重,可见高速公路整体行业金融风险日趋明显。

1.5.1 公路经营的主要问题

在收费公路发展的4个阶段中,第一和第二阶段的收费公路工程造价低,且主要连接重要城市的主干线、交通流量大,具有“流量大、造价低、投资效益好”的共同特点。从第三阶段开始,高速公路建设进入加速发展时期,越来越多的高速公路陆续投入运营,高速公路在总体上更好地满足社会经济发展需要。但是,高速公路网与社会经济发展的匹配程度正在迅速变化,通行能力增长速度远大于交通流量增长速度,高速公路网在从“瓶颈”状态逐步转变为“超前”状态,在更好地满足社会需要的同时,高速公路项目的流量,尤其是后续建成项目的流量相对早期建成的高速公路则呈现明显下降的趋势。另外,受征地拆迁成本、人工成本、原材料价格和工程建设难度大幅增加等因素的影响,高速公路项目的建设成本逐年提高,单位造价比前期高速公路提高了3~5倍。再加上国家对早期建成的收费公路进行了清理整顿,撤并一大批收费公路,使得整个行业从高利转入微利或无利。

交通运输部发布的《2015年全国收费公路统计公报》显示,截至2015年年底,全国收费公路通行费收入4 097.8亿元,支出7 285.1亿元,收支缺口达3 187.3亿元,相比2014年度亏损(1 571.1亿元)增加1 616.2亿元。统计公报显示,目前收费公路建设主要靠银行贷款等债务性资金,其比例占了七成左右,还本付息风险过大。另外,收费公路运营成本及运营管理支出也逐年扩大。当前,以经营性交通工程为代表的公路经营问题集中体现在以下几个方面。

(1)收费公路规模大比例高

截至2015年年底,全国收费公路里程为16.44万km,占公路总里程457.73万km的3.6%。其中,政府还贷公路10.21万km,经营性公路6.23万km,分别占收费公路总里程的62.1%和37.9%。

按照收费公路技术等级划分,高速公路11.7万km,一级公路2.34万km,二级公路2.29万km,独立桥梁隧道0.17万km,分别占收费公路总里程的71.2%、14.2%、13.9%和

0.7%。收费高速公路中,政府还贷高速公路 6.58 万 km,经营性高速公路 5.12 万 km,分别占高速公路总里程的 56.24% 和 43.76%。

依靠收费公路政策形成"建设—收费—还贷—再建设"的循环,收费公路里程将不断增长,收费公路里程增速比例和投资规模远远超过非收费公路,如图 1-4 所示,造成结构性矛盾。

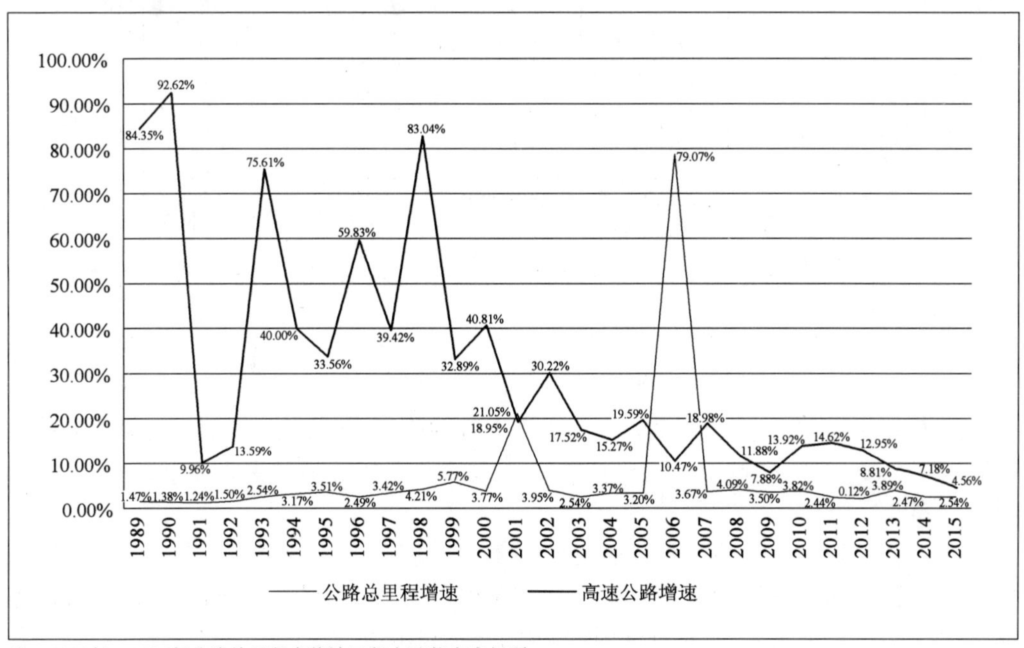

注：2001年、2006年公路总里程在统计口径上可能存在问题。

图 1-4 我国公路与高速公路发展趋势对比图

目前,我国主要依靠银行贷款筹措建设资金,导致收费公路建设规模过大,甚至超出了地方政府自身财力和资源的承受范围,同时过度超前建设增加了社会运营成本,无形中加大了地方债务风险。

(2)公路负债规模过大

统计公报显示,2014—2015 年全国收费公路累计建设投资总额由 61 449 亿元增加到 69 488.5亿元,净增 8 039.5 亿元,增长 13.1%,其中,高速公路累计建设投资总额由 55 410.7 亿元增加到 63 431.2 亿元,净增 8 020.5 亿元,增长 14.47%;全国收费公路债务余额由 38 451.4亿元增加到 44 493.7 亿元,净增 6 042.3 亿元,增长 15.7%,其中,高速公路债务余额由35 208.8亿元增加到 41 460.1 亿元,净增 6 251.3 亿元,增长 17.75%。收费公路整体上不具备足够的还本能力,债务风险较大。

(3)公路收支矛盾问题突出

2015 年度,全国收费公路车辆通行费总收入为 4 097.8 亿元,支出总额为 7 285.1 亿元,当期亏损 3 187.3 亿元。其中,还本付息支出 5 749.8 亿元,占总收入的 140.31%;养护经费支出 503.5 亿元,占 12.29%;公路及附属设施改扩建工程费用支出 188.2 亿元,占 4.59%;运营管理费用支出 527.5 亿元,占 12.87%;税费支出 296.5 亿元,占 7.24%;其他费用支出 19.5 亿元,占 0.48%。十二五期间,全国收费公路收支对比结果依次为: -323 亿元、-566 亿元、-661 亿元、-1 571.1 亿元和 -3 187.3 亿元,收支缺口进一步扩大,如图 1-5 所示。

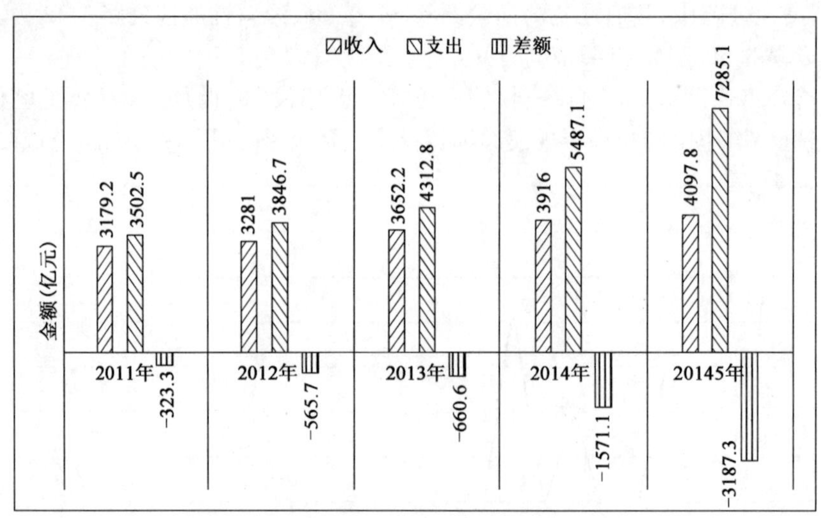

图 1-5 2011—2015 年收费公路收支情况示意图

以此分析得出:收费公路投资效益逐年出现下降的趋势,尤其是后续建成的高速公路项目受诸多因素的影响,投资成本和运营成本增加,投资效益下降的趋势更为突出,经营风险也越来越大。

在经营主体投资的公路项目上,公路运营效益是国家政策、行业规划、实施管理等问题的集中体现,因此,公路运营效益的突出矛盾,可以从经营者投资决策、建设管理、运营管理等内部因素和政策、社会、市场、政府等外部因素分析,并探讨解决方法。

1.5.2 经营的内因问题

(1)项目投资决策失误。公路建设经营者缺乏科学的投资决策机制和规范的操作规程等造成项目无法按照原来计划完成投资经营预测目标,从而使投资经营主体遭受经济损失并引发系列风险。这种风险主要表现为高投资低产出、只投入或长期投入不产出和内部项目经营过度竞争等。

(2)建设管理执行不力。公路建设投资大、路线长、单位多,其管理具有明显的社会性特征,因此要求项目建设者在管理过程中必须具有很强的执行控制能力。一些项目建设过程中由于执行力不足造成征地拆迁、建设质量、建设安全以及工期的延误和超概算等一系列问题,这给项目运营阶段的工程养护成本和财务成本控制带来巨大压力,并构成了项目投资的另一潜在风险。例如,某沿江高速公路由于项目管理不到位造成工期延长 4 年,并直接造成建安费和管理费增加约 20 亿元,因工期延长产生建设期贷款利息增加达 20 亿元,建设成本从 2.02 亿元/km 上升至 2.71 亿元/km,经核算在经营期内将难以收回投资成本。

(3)高负债率经营。负债率是指企业负债总额在资产总额中所占的比重,企业负债规模越大,利息费用支出就越多,由于收益降低而导致丧失偿债能力或破产的可能性就越大。高速公路建设投资量大、投资回报周期长、投资资本金比例偏小,按规定高速公路项目资本金不得少于总投资的 25%(2009 年之前资本金为 35%),75% 的负债比例已经属于高风险的负债规模。投资企业在没有超出预期受益的情况下,需要通过流动性贷款等方式解决运营成本支出,这种高危的负债风险使得高速公路行业融资成本增加和负债规模进一步扩大,再加上实际上经常出现资本金不到位的情况,以及项目运作资金中“拆东墙补西墙”的情况,多种不利因素的叠加将最终导致金融风险的爆发。

(4)运营成本过高。成本是运营管理水平的具体体现,投资决策、建设管理、负债经营等均对成本水平造成直接的影响,另外,运营管理模式不合理、运营业务管理水平不高也直接体现于成本水平。从统计公报及部分企业年报分析可以看出,不同项目成本比例差别较大,总体成本水平和支出比例较高,如表1-1、表1-2所示。

广州地区2013年和2014年不同路段运营成本支出情况(单位:万元)　　表1-1

路段	通车时间	2013年			2014年		
		付现成本	通行费收入	成本率	付现成本	通行费收入	成本率
项目A	1993年	12 903.21	62 764.64	20.56%	14 311.17	64 431.34	22.21%
项目B	2001年	18 052.04	79 398.31	22.74%	19 862.25	89 917.08	22.09%
项目C	2005年	8 832.74	37 164.96	23.77%	8 732.85	40 423.65	21.60%
项目D	2006年	6 435.03	30 104.35	21.38%	7 012.96	33 478.09	20.95%
项目E 广州绕城东段	2008年	5 075.98	33 063.4	15.35%	6 154.69	44 982.21	13.68%
项目F	2010年	6 890.51	26 409.77	26.09%	6 515.9	32 541.76	20.02%
项目G	2011年	5 569.78	3 235.05	172.00%	5 048.99	4 808.83	105.00%
合计		63 759.29	272 140.48	23.43%	67 638.8	310 582.96	21.78%

2014年不同区域高速公路运营成本数据(单位:万元)　　表1-2

	全国	广东省	广州地区	广州绕城东段
付现成本	8 888 157	1 112 446	67 638.8	6 154.69
通行费收入	35 494 191	3 992 232	310 583	44 982
成本率	25.04%	27.86%	21.78%	13.68%

注:付现成本指经营企业年度实际付现支付的营管成本、人工成本、养护成本的总和。

(5)税负比例高。由于公路企业经营采用当年结余、当年交税的财务核算方式,投资项目运营初期财务成本大,加上交通量小、经营收入低,项目往往需要通过流动性贷款支撑正常运营,造成负债率加大的恶性循环。因此,对于单一的公路投资项目运营初期会出现严重亏损、借债经营的情况,但是到中后期,随着路网的完善和车流量的增大逐步转亏为盈,但根据逐年核缴的税收政策,当出现盈利时需缴纳较高的利得税。

1.5.3 经营的外因问题

(1)政府行为对经营权益的损害。收费公路投资经营者通过招投标或受政府委托取得收费公路特许经营权,并与代表政府的行政机关签订行政特许经营合同或通过项目立项核备批复的方式明确特许经营,经营行为主要由《中华人民共和国公路法》、《收费公路管理条例》、《中华人民共和国行政许可法》等法律法规来规范和调整。我国特许协议具有明显的行政性,在合同履行过程中，特许行政机关享有一定的行政优益权，行政机关为了履行法定义务和职责，基于社会公共利益需要，可以采用非强制性的行政管理手段，直接变更、解除合同，而无须对方当事人的同意。如免费车、绿通车、节假日免费、ETC 收费折扣等，其减免总额约占收费总额的 8% ~12% 。

（2）收费权益未得到充分保障。《中华人民共和国公路法》第六十条第三款规定：国内外经济组织投资建设公路，必须按照国家有关规定办理审批手续；公路建成后，由投资者收费经营。收费经营期限按照收回投资并有合理回报的原则，由有关交通主管部门与投资者约定并按照国家有关规定办理审批手续，但最长不得超过国务院规定的年限。《收费公路管理条例》第十五条规定：车辆通行费的收费标准，应当依照价格法律、行政法规的规定进行听证，报省级人民政府审查批准；第十六条规定：车辆通行费的收费标准，应当根据公路的技术等级、投资总额、当地物价指数、偿还贷款或者有偿集资款的期限和收回投资的期限以及交通量等因素计算确定。对在国家规定的绿色通道上运输鲜活农产品的车辆，可以适当降低车辆通行费的收费标准或者免交车辆通行费。修建与收费公路经营管理无关的设施、超标准修建的收费公路经营管理设施和服务设施，其费用不得作为确定收费标准的因素。

根据法律规定，公路收费标准是按照合理收益、经营成本、收费年限、交通量等因素来计算，通过收费听证的形式确定。在实际操作过程中，高速公路通行费定价权和价格水平主要是一种政府的计划行为，政府部门出于公众利益考虑有时没有依法依规操作，如广东高速公路收费标准按照 0.45 元/4 车道 · km 和 0.60 元/6 车道 · km 已保持 23 年不变。

（3）背离市场规律的投资行为。由于项目审批把关不严，一些地方在高速公路融资的动机和机制上出了问题，项目所在地政府出于某种目的，行政主管部门和具体项目的负责人只考虑政治账而不考虑经济账；只考虑当前投资效益和项目带来的外部形象效应，而不考虑财务成本控制及经营管理效益等具体问题；有的甚至只管花钱，不管还贷，使得一些不符合市场经济规律、不符合国家产业政策、没有投资效益，甚至对当地经济社会发展没有多大推进作用的高速公路建设项目依然开工建设。因此，往往会有投资行为忽视高速公路建设的风险，盲目扩张公路建设的规模。

2011 年 6 月，云南省某投资公司因不能及时给银行还本付息而产生“违约风波”，尽管最后通过政府的协调得以化解，但高速公路的经营问题却一直没有得到根本的改善，甚至有愈演愈烈之势。同年 6 月，国家审计署公布的审计报告中提到，高速公路建设 90% 以上的债务余额为担保债务或救助债务。2010 年，全国高速公路债务的借新还旧率为 54.64% ，这意味着高速公路建设是属于典型的“拆东墙补西墙”模式，而不是通过完善新建公路的造血功能来达到减轻债务的目的。统计显示，2013 年广西高速公路总里程为 3 197km，通行费收入总额为 84.8 亿元，高速公路管养费用总额为 31.3 亿元，支付贷款本息为 63.6 亿元，高速公路运营亏损 10.1 亿元。由于高速公路投资主要通过银行贷款解决，企业自筹的比例一般占 25% ~35% ，只有个别达到 40% ，负债提高、银行贷款比重逐年增加、新建成和即将建成通车的高速公路项目收益较差，导致还贷能力偏低，通行费收入不足以支付银行贷款利息，更谈不上偿还贷款本金。因此，现行收费政策下的还贷风险和融资成本的加大，导致出现经营难、融资难的局面。

（4）多样化经营方式产生的矛盾。现阶段，我国高速公路管理模式分为事业管理型、企业管理型和事业单位企业化管理型。经营模式包括自主经营（一路一公司）、委托经营、合并经营 3 种形式。另外，虽然高速公路的大部还是由政府通过企业的形式投资修建，但总体呈现出投资主体的多元化特性。这种投资主体、管理模式、经营方式多样化的特征与路网管理一体化的管理要求相矛盾，对高速公路服务、应急救援等功能的发挥产生不利的影响并造成一定的资源和成本浪费。

(5)公路投资转嫁了社会矛盾。20 多年来，特别是 1997 年东南亚金融危机爆发以来，中国一直推行以政府主导投资驱动为引擎的经济模式，公路投资作为政府可预测、可直接控制的投资方式，成为政府应对经济和社会矛盾的主要方式，金融危机促进了公路的大投资。近年来，为应对经济下行压力和解决钢铁等行业的产能过剩等问题，全国各地开展了新一轮的公路大投资，造成部分地区公路产能过剩，收费公路资产泡沫化呈现，从而加剧了公路的经营风险。

随着我国道路规模的不断扩大，以及联网收费等高技术手段的深入推广，公路正在从彼此分离、互不贯通的零散状态向整体性、网络化发展。逐渐联结成网的道路将路网内各运营主体、管理主体，以及其他利益相关者更加紧密的联结在一起。面对新形势和解决新问题就需要创新发展的观念、思维和技术。

1.6 本章小结

在政府主导和投资拉动经济发展的大背景下，公路的经营发展过程存在问题和困难。总结影响公路运营效益的因素，如表 1-3 所示，提出合适的解决办法。

影响公路运营效益的因素　　表 1-3

	内部因素	外部因素
1	项目投资决策失误	政府行为对投资经营权的损害
2	建设管理执行不力	收费权益未能得到充分保证
3	高负债率经营	背离市场规律的投资行为
4	运营成本过高	多样化经营方式的矛盾
5	税负比例过高	公路投资转嫁社会矛盾
6	内部安全等其他不可控风险	外部安全因素等其他不可控风险

(1)经营者要化解外部因素造成的经营风险。首先是在政策层面要统筹和规范投资和经营管理模式，在具体操作层面要完善项目投资评估制度和科学决策机制；其次是经营主体应加强内部管理，降低经营成本、控制费用支出，依法依规经营并按照法律需求完善历史资料档案；再有就是利用政策获取财政补助和开发沿线资源，以抵消行政决策行为所带来的企业投资风险。

(2)经营者要化解内部因素造成的经营风险。首先是建立合理的经营模式，强调责权利一致和建养管一体；其次是加强投资风险和经营风险管理，强调投资目标、经营目标责任追究制度；再有就是加强内部管理，降低经营成本，强调经营者不仅花钱还需还钱的管理责任，同时，合理利用国家财税政策，通过债转股等形式降低财务成本。

总之，影响公路行业发展和运营效益的因素不论是来自外部问题还是内部问题，只要影响因素存在就将会影响到相应目标的实现，在某种程度上还会造成其他问题的叠加，并最终形成经营风险,这些风险将影响到行业的可持续发展。因此,有必要从战略层面建立科学、系统的管理体系,从专业管理的角度去化解或降低运营风险。

本章参考文献

[1] 刘智勇.当前我国收费公路发展问题研究[D].郑州大学,2007.
[2] 汪娟.武汉市收费公路债务问题研究[D].武汉理工大学,2007.

第 2 章　公路运营管理体系

我国高等级公路因改革开放和经济发展而快速发展，但是，如经济过快发展带来的环境和资源过度消耗一样，高速公路的过快发展也产生了一系列问题。因此，如何在现有和可预见的将来，在满足我国经济社会发展需求同时，构建科学、合理、可行的决策机制、运营模式、管理体系，实现行业可持续发展，成为行业研究和社会关注的重点。

从第 1 章的分析可以发现，现有公路行业，特别是收费公路的发展和运营确实存在一些深层次的矛盾，这些矛盾既存在于外部环境，又存在于内部具体的业务管理之中，要排解这些矛盾，需要从国内外公路运营历史的经验、规范的内容和创新的方法等多方面的综合分析和构建系统的管理体系入手。

2.1　国外公路运营管理

公路起源于欧洲，公路的建设、运营理论、标准和规范亦起源于欧洲。高速公路运营管理代表公路运营管理最高标准和水平，因此以国外高速公路的运营管理作为本节“国外公路运营管理”分析的内容。

2.1.1　高等级公路的发展

在国外，以高速公路为代表的高等级公路建设始于 20 世纪 20 年代的欧洲，以德国和意大利为先，主要作用为刺激经济和服务战争。由于高速公路具有舒适快速和交通运力大等优点，在二次世界大战以后，随着战后经济的复苏和各国经济实力的增强及技术的进步，人们逐渐认识到高速公路在军事和经济发展中的重要作用，西方多数经济发达国家因此制订发展计划，并开展大规模的高速公路建设。

进入 21 世纪，除中国大规模建设及一些新兴发展中国家少量建设外，发达国家高速公路建设基本处于停滞状态。目前，世界上已有 80 多个国家和地区拥有高速公路，通车总里程已超过 30 万 km[1]。

2.1.2　公路经营管理方式

国外高速公路管理模式基本上都经历了几十年的演变过程，管理模式在演变过程中趋于合理和稳定，特别是欧美发达国家现在所使用的高速公路历史都比较悠久且路况依然良好，这些国家修建高速公路时注重程序、尊重事物的发展规律，道路在修建时能保证质量，运营管理时又能采用先进技术，所以总的来说国外高速公路管理比较规范，运营管理水平比较高。

1）经营管理模式

从国外高速公路管理体制和管理模式来看，高速公路的建设与运营基本上实行一体化管理,运营阶段的交通管理基本采用交通与警察合署办公、协作管理的方式进行,涉及道路行政和执法管理工作的各项职能分别由不同的组织或机构共同承担,并由最初的分散管理逐步走向了制度化、法制化的集中管理[2]。其基本管理模式有:

(1)国家直接管理模式

国家直接管理模式是指由中央政府负责规划并直接出资建设和管理。这种管理模式采用情况很少,占高速公路通行里程比重低,基本上是中央政府或者联邦所有的少数不收费高速公路采用。如法国10%的高速公路由国家直接投资建设和直接管理,其余90%通过特许经营方式修建;意大利国家所有的不收费高速公路占12%,并由国家公共事务工程部管理。

(2)国家授权地方管理模式

国家授权地方管理模式是指由中央政府统一规划,由地方政府负责建设和管理。如美国洲际公路,遵循公路规划由联邦公路局负责,公路建设和运营管理由各州自行负责的原则。在公路建设上,联邦政府出资90%,州出资10%。公路的运营由各州具体负责,统一执行联邦法律,联邦政府在各州成立派出机构,负责业务指导和管理监督。

(3)国家授权特许经营模式

特许经营模式是由政府通过直接授权或通过招标选择经营主体,通过与经营主体签订特许经营合同,由经营主体负责高速公路的投资、建设、养护和运营管理,特许经营单位主要通过公司投资、金融机构融资、发行公债、国家项目预付款和地方政府补助等形式筹集建设资金。如法国等欧洲国家通过采取特许经营管理,有力地促进了高速公路的快速发展。

(4)集权式的特殊法人管理模式

特殊法人是指由中央集权性质的半民半官的特殊法人。日本最具代表性,日本的高速公路普遍采取收费模式,以道路公团的组织形式开展建设和管理。公团分总部、地方局及事务所。公团的负责人由国家国土建设省任命,国土建设省同时负责公团的预算和项目审批。

2)收费管理方式

较早拥有高速公路的发达国家,其收费公路里程少、费用低,采用的收费方式也比较先进,基本采用不停车系统收费,因此他们在收费管理方面存在的问题和矛盾并不突出。比如美国约10万km高速公路,收费公路仅约8 000km;德国约1.24万km高速公路全部免费;主要为收费公路国家的意大利,通行费征收标准为78里拉/km(折合约为人民币0.42元);法国通行费征收标准为0.3法郎/km(相当于人民币0.5元)。

因此,国外目前对高速公路运营管理的研究主要从主动管理的角度入手,着重研究高速公路现代化的管理手段和管理理念。以美国、欧盟和日本为代表的交通运输发达国家,在进行收费公路的研究时,主要研究收费站的设计标准、规范、通行能力、收费介质、收费系统结构和收费站的交通运营效益。

3)其他经营管理

在国外,大部分国家高速公路为非收费公路,公路服务区运营为公路管理单位的主要经营收入来源;而对于收费高速公路,公路经营公司主营收入由高速公路的收费和服务区收入组成。在高速公路服务区、广告等道路资源的经营上,欧美发达国家大部分采用市场化的商业运作模式。在管理体制及行业监管上,整体由政府一级高速公路安全管理部门统一规划、统一行业管理;在所有权上,按照投资主体不同有中央政府、地方政府、私人企业等多种形式;在运营权上,大部分采取的是公司化特许经营及少量的自营的、市场化、多元化的经营运作模式,基本上做到了所有权和运营权相分离的高效率状态。在服务区的布局规划和功能定位上,以市场和社会需求为导向,因地制宜地建设加油、维修、洗车、停车、餐饮、住宿、超市等服务设施,以满足驾乘人员基本的服务需求。

2.1.3 公路养护管理情况

20 世纪后期,西方发达国家将重点从高速公路建设转移到运营管理和养护管理上,他们一般将公路养护工作划分为常规性维护、阶段性维护、紧急事故维护三大类。在公路养护管理上大力推进了公路养护的全面市场化,将公路的养护生产任务交由有资质及独立法人主体的养护公司来负责,并按市场规则进行合作与管理,形成了一套科学合理的公路养护管理体系,该体系有如下特点:

(1)法律体系比较健全

德国、英国、美国、日本等专门制订了相关法律、法规,这些法律、法规的核心内容涵盖公路的规划、建设、养护和特许经营等方方面面,法律也明确了各级公路管理机构的权力及义务。这种立法形式,有利于分清各级政府在路网管理中的职责,同时对公路管理机构的工作制度以及任务和目标进行了明确的规定。由于制度分明,大大降低了管理过程中可能出现的人为因素。另外,这些法规制定得十分具体,可操作性极强。由于法律规范明确了各级政府交通部门及公路管理机构的相应职责,因此不存在管理部门之间因事、因权限不清而引发的矛盾冲突和推卸责任情况。公路管理部门主要通过法律途径来对在工作中出现的问题进行监督和裁决,公路管理部门以职能部门的身份,在法律职责的范围内推进工作的有序进行。

例如,美国的国道网归属联邦政府公路管理局宏观管控,将具体养护工作委托给州及地方公路部门负责,即区域分管模式,一律按地理位置及行政区域划分并实施统一管理,划分好分管区域后,由所属区域的管理机构通过外包形式,将养护工程发包给养护公司。英国通过三级公路养护的管理体制,明确了负责干线公路管理的各级管理机构的责任:第一级,由隶属国家运输部的公路管理养护局编写全国统一的公路养护合同文件,负责对全国所有公路实施养护管理,便于规范养护代理按照具有法律效力的合同所规定的程序来办理招标和评标的工作;第二级,属于各区的公路养护,由隶属于运输部的区公路局负责,其同时还负责协调与地方养护的代理关系;第三级,辖区内的干线公路,由当地政府负责的辖区干线公路养护代理部门负责。

(2)公路管养资金来源明确

依照国际高速公路管养的一般惯例,道路养护成本的标准额定占当年公路资产总价值的2.5%。西方发达国家对于公路管养的费用,根据管理权限,直接由其对应层级的政府财政或经营企业来解决。如德国的公路维护是根据道路等级划分,联邦政府筹集资金进行高等级公路的建设和维护,州政府则负责一般等级的公路建设和维护,并受联邦政府的指导和监督。日本《道路公团法》为养护费用投入和计划的编报提供了法律支持。

(3)养护市场化、专业化程度高

发达国家拥有专业程度及机械化程度较高的公路管养单位,其市场化机制也比较成熟,公路管养的生产效率较高。如美国早已实行养护工程的市场化改革,美国的道路养护公司不仅拥有较高技术的人员和先进的专业装备,在作业过程中,也采取全程机械化的操作方式,大大提高了维护效率,实现了公路的市场化、机械化维护。西班牙实行公路管理部门和公路维护部门分离，养护作业通过市场竞争机制委托给社会上专门的维护部门或组织来完成，不但维护效果明显，维护效率也大为提高。

2.1.4 智能交通发展情况

智能交通(ITS)技术是当前最为主流的技术，主要包括：先进的交通服务信息系统(ATIS)、车路协同系统(CVIS)和智能车辆系统。ITS是将先进的信息技术、传感技术、控制技术和计算机技术等有效地集成运用于整个交通运输管理体系，从而建立起的一种在大范围内全方位实时、准确及高效的综合运输系统，其核心是利用现代信息技术对传统的运输系统通过云工具进行改造，从而形成智能化、联网化的新一代交通运输体系[3]。ITS的主要功能有：智能交通数据采集，分析所采集数据，并将信息反馈给系统管理员或驾乘人员。有了智能交通信息，当遇到突发事故时，系统管理员或驾乘人员可以快速响应、应急处理，达到改善交通条件的效果。欧美各国在高速公路网络基本建成后，在充分满足运输发展和经济社会发展需要的基础上，将重点转向交通维护系统的安全性、高效性和衔接性，使高速公路网络达到量与质的优化。

(1)先进的交通信息服务系统(ATIS)

ATIS是采用先进的通信技术、信息技术，采集、传输、处理、分析、发布相关的交通信息，从而在整个出行过程中，为出行者提供高质量的实时交通信息服务，使整个出行过程舒适、方便、高效。ATIS正从单方面智能化信息服务应用(ETC、电子导航、车辆驾驶辅助等)向更高层次的合作性交通信息服务应用演进。

目前，车载自组织(VANET)成为新的研究热点，其通过车辆间通信(V2V)和车辆与路侧单元间通信(V2I)为驾驶人提供实时可靠的交通信息和应急交通诱导信息，在降低交通事故、提高交通通行效率和减轻交通拥堵等方面具有其他无线网络或有线网络不可替代的优势。

美国、日本、欧洲率先开展VANET的研究与应用，许多国家和地区都启动了相关的大型科研项目(如美国的ITS，日本的Ahsra，欧洲的CTC、NOW和SEVECOM)，并已制定相关的通信标准。国际著名的汽车制造商和零部件供应商也都积极开展VANET的研究与应用工作。欧盟关于VANET的部分项目信息，如表2-1所示。

欧盟关于VANET的部分研究项目信息表 表2-1

项 目 名 称	项目研究内容
无线本地危险警告系统(WILLWARN)	道路的安全性预防性安全技术和应用
CarTALK2000	基于车—车之间信息交互的辅助驾驶系统
欧洲先进驾驶辅助系统(ADASE)	增强车辆行驶安全性；减少交通事故；避免车辆碰撞

(2)车路协同系统(CVIS)

CVIS基于无线通信、传感检测等技术进行人—车—路多源信息获取，通过车—车、车—路信息交互与共享，实现车辆和道路基础设施之间的智能协同与配合，达到优化利用系统资源、提高道路交通安全、缓解交通拥堵的目的。其应用范围广泛，在提高交通运输效率、缓解交通拥堵、减少尾气排放等方面发挥重要作用。世界各国在车路协同技术方面均投入了大量的人力物力，取得了一定的进展和成果，研究重点主要集中于车—车/车—路通信技术、车路协同交通安全技术、车路协同交通控制技术等方面。美国、欧盟、日本各国研究项目，如表2-2所示。

美国、欧盟、日本各国 CVIS 相关研究项目发展历程　　表 2-2

项目所在地区	项 目 名 称
美国	1997 年,加州自动公路系统(AHS) 1998 年,智能车计划(IVI)、协同式自动公路系统(CVHAS)及车路协同(VII,2007 年更名为 IntelliDrive)计划 2012 年,车联网测试平台 2014 年,推动车车通信技术在轻型车上的应用
欧盟	2001 年,启动 eSafety 计划 2004—2010 年,先后推出 PReVENT、SAFESPOT、CVIS、COOPERS 项目 2011 年,启动 DRIVE C2C 项目
日本	1991 年,开始研发 VICS 系统 2001 年,开始安装使用 ETC 2004 年,提出 SmartWay 项目 2011 年,ITS Sport System 在全日本高速上开始使用

(3)智能车辆系统

智能车辆主要运用了现代传感、网络通信、智能计算与自动控制等技术,是一个集信息感知、规划决策和控制执行等功能于一体的综合系统。智能车辆是智能交通系统的关键载体,广泛涵盖了以主动安全为导向的辅助驾驶和自动驾驶功能,并可显著提高道路通行能力,促进节能环保等,其研究重点主要是复杂环境感知、运动规划与决策控制、V2X、高精度定位与导航等关键技术。

美国、日本、欧洲等国家和地区在车辆自动驾驶、辅助驾驶系统等方面的研究起步较早,其国内的很多汽车厂家与科研机构都进行了深入研究。其中,美国以创造应用环境为主,包括支持自动驾驶技术的研究、相关法律政策的制定以及基础设施的建设;欧盟依托历次框架计划项目对自动驾驶开展了长期的资助,开发了一系列试验车型(如 Cyber Cars 系列、HAVE - IT 等);日本则依托优势资源,发挥大型车企的主体作用,鼓励其开展国际研发合作。各国关于智能车辆系统的主要项目单位及名称,如表 2-3 所示。

美国、欧洲、日本各研究机构关于智能车辆系统项目信息表　　表 2-3

项 目 单 位	项 目 名 称
美国卡内基梅隆大学	基于 PALPH 视觉导航的 NavLab - 5 系统(1995 年)
德国联邦国防大学	基于视觉监测道路和障碍物的 VaMP 系统
意大利帕尔玛大学 VisLab 实验室	太阳能辅助动力源无人车
日本丰田公司	公共汽车自动驾驶系统(2000 年)
谷歌公司	基于激光测距仪、GPS、视频摄像头、车载雷达、微型传感器等技术的自动驾驶汽车

综合而言,各国智能交通建设的重心各有不同。美国由联邦公路管理局统一管理智能交通建设,同时与相关业务分管部门协作,制定了一系列国家智能交通系统的建设规划,目的是提高交通运行效率、实现道路使用安全,同时加强相互合作与协调,重视能源节约与环保工作。德国高速公路智能交通系统实现人、车、路有机融合,首先提出了以人为本的理念,以人为中心将路况信息实时提供给车乘人员;其次,实现车辆的智能化,汽车是提供信息和发布信息的重要工具,可以视为一个移动办公室;再者是将道路行为数据建设为一个综合信息平台,使交通

管理智能化,最终满足车乘人员的需要。欧洲的其他国家高速公路监控系统的建设较为完善,如 TANA 系统采用了先进的监控、检测设施,实现了对高速公路的实时监控,给公路运营管理带来了安全保障和社会经济效益。日本则以突破智能交通关键技术为主要研究重点,以车企或科研机构为科研主力。

2.2 我国公路运营管理

2.2.1 公路管理体制

在我国,一般按照运营管理业务内容的重要程度来组织公路管理方式。通常情况下非收费公路体系以公路养护业务为主导来组织公路行政管理机构,其管理机构名称有公路管理局、公路总段、道路养护中心、公路管理站等,其运营资金来源于燃油附加税或地方财政(部分地方公路),并由省级财政对省级交通主管部门或各级地方财政对各级公路部门统一支拨,这是我国现行体制下传统的公路运营管理模式。而收费公路体系以经营业务来组建公路建设和运营管理机构,其管理机构以公路(交通)建设、公路运营、公路投资(集团公司)等企业的形式出现,其运营资金主要来源于车辆通行费。非经营性收费公路受政府部门监管,经营性收费公路受投资企业股东和上级主管部门监管,并可自主计划和支拨,其运营管理模式一般包括一路一公司、委托经营和区域经营三种形式,这是我国传统公路管理模式下的重要补充。

1)非收费公路运营管理模式

非收费公路运营管理也称传统的公路运营管理或公路养护管理,是一种以公路养护为主要业务组成的公路管理机构。现阶段,我国非收费公路运营管理模式大多数仍沿用养路费时代的管理方式,即由公路管理机构负责公路的运营管理,其组织形式主要由省、市、县三级公路局(或公路段)构成,负责对国家干线公路网(主要是国省道)的运营管理,对县道及乡道则由地方公路管理站负责管理,如图 2-1 所示。

2009 年 1 月 1 日,属于行政事业性收费的养路费改为燃油附加税,公路运营管理资金从公路部门自收自支的行政事业性收费变为国家统一燃油税并由财政部门按计划拨付。所以,传统公路运营管理模式也开始发生变化,特别是近年来,随着我国经济的快速发展和城市化步伐的加快,一些地方公路与城市道路功能也出现了重叠,因此,各地政府通过机构体制改革来适应这种变化,使道路的规划和运营管理能够衔接、统一。

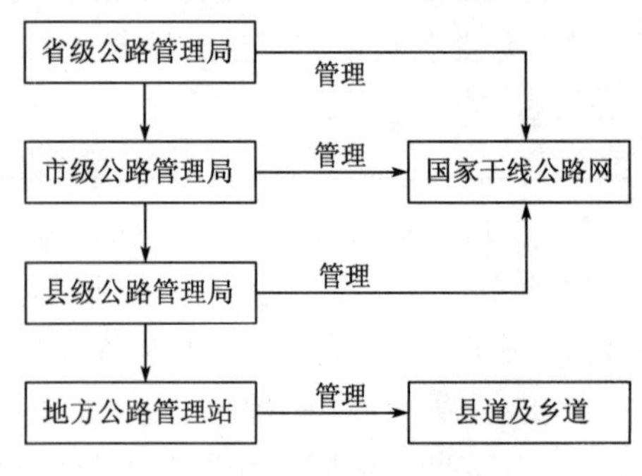

图 2-1 传统非收费公路管理模式

一是将公路管理部门的职能与市政部门的城市道路管理重组并按照公路运营业务功能的划分重新组建新的管理组织,如道路养护局、养护分局、交通执法局(路政局)等。

二是自 2000 开始,探讨采用运营管理专业化管理模式,如图 2-2 所示,成立道路养护中心、道路执法中心等开展专业化、规范化管理。但在实际执行过程中,仍然出现一些问题和矛盾,如养护与路政、路政与执法的矛盾;道路养护中心仍然和传统运营管理模式一样设置若干非生产性的非专业部门,使专业化管理的效能得不到充分的发挥。

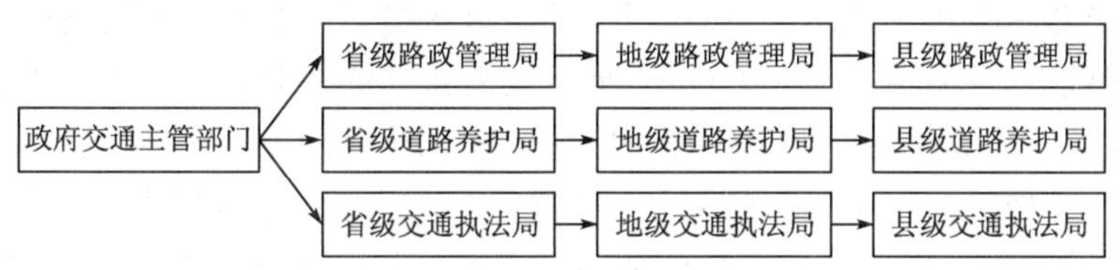

图 2-2 非收费公路专业化管理模式

因此,为了更加明确责任目标,提高管理效率,降低运营管理成本,必须突破传统的运营管理方法,构建适应于我国公路交通发展规模、技术现状和社会及市场的目标明确、职责明确的专业、高效、规范的运营管理模式。

2)收费公路运营管理模式

收费公路按照《中华人民共和国公路法》、《中华人民共和国公司法》和《收费公路管理条例》的要求,由投资主体掌握公路经营权并成立经营公司,各级政府交通主管部门依法对经营企业的投资建设和经营活动实施监管。收费公路运营管理按照收费组织形式将运营分"一路一公司"、"委托管理"、区域运营三种模式。

(1)"一路一公司"模式

"一路一公司"模式是指公路经营者组建专门的项目公司对收费公路项目进行建设和运营。"一路一公司"是一种建设、经营、管理、养护一体的管理模式,它是在收费公路建成后由原负责建设的机构过渡形成。这种模式集所有权和运营权于一体,责任主体明确,建设和运营管理有机衔接,各路段管理公司按照自己的方式独立经营,管理自成体系,形成独立公路经营企业,政府主管部门只对其行使有限的行业管理或指导。这种模式在收费公路发展初期对降低工程建设造价和经营成本具有较好的适用性。随着收费公路网的逐渐形成,这种模式容易造成投资方过分强调经济效益,造成规划不统一,主线收费站过多、过密,影响收费公路通行效率;另外,这种模式管理分散、资源得不到共享,造成工程建设资源的浪费;同时,对单一经营公司,所有权与经营权不分,容易出现机构臃肿、人员冗杂、费用庞大。这种模式在投资主体多样化的地区和以独立项目为投资对象的项目中普遍采用。

(2)委托管理模式

委托经营管理是指收费公路建成后,项目经营公司作为委托人,以支付管理费的方式委托专业的运营管理公司对收费公路进行管理。委托管理模式将公路建设及所有权与运营业务分离,是一种建、养、管、收分离的管理方式,其主要目的是降低收费公路管理费用、降低运营成本、提高项目经济效益。委托经营的优势体现在:一是有利于整合资源,提高资源综合利用率;二是有利于运营主体集中精力研究各项运营管理业务,提高运营管理水平,实现专业化、规模化管理;三是有利于做好各路段之间的沟通协调工作,有利于在更广的范围内做好交通引导,实现交通信息共享。但此种模式下,所有权与运营业务分离,需要建立起所有方和运营方的相互信任机制、增加双方协调工作量;另外,容易造成责任主体的不明确,并造成建设和运营管理脱节,对出现问题可能得不到及时解决。这种模式在以管理机构负责投资建设的收费公路、投资不大及管理能力较弱的项目或相同投资主体(或投资集团内)项目中采用。

(3)区域化运营模式

随着高速公路路网规模的不断扩大、联网收费的普及,多元投资主体形成的分散管理模式越来越不适应公路网络化发展需要,规模经营的需求变得十分迫切。根据规模经济理论,连接成网的收费公路才能更大地发挥它的性能,推行规模化经营是降低公路运营成本、规范经营管理、提高运营效率和服务质量的有效保证。区域规模化运营包括区域综合运营业务的管理和运营专项业务的管理,在现阶段以区域综合运营业务管理居多,其实质是合并集团系统内的“一路一公司”,通过撤并路段公司降低财务税务成本,同时,通过节省多公司管理中非生产人员成本而降低了人工成本和管理成本,如各省交通(投资或控股)集团公司的运营管理中心(或分公司)。区域综合运营管理形式中分公司和集团公司依然出现组织结构重叠的问题,各单元目标的管理不够明确,这种大而不专的情况与运营效能目标存在一定的冲突,为了解决这一问题,提出区域运营专项业务管理模式,如各省各地区交通(投资)集团公司中成立收费管理中心、道路养护中心等负责专业的运营管理工作。

尽管区域综合经营模式取消原项目法人公司,因而不利于项目独立的市场运作,但它总体有利于发挥路网整体功能,有利于提高服务水平,有利于专业化管理,有利于降低运营成本,区域规模化经营模式是收费公路运营管理新的方向。

总之,收费公路运营三种模式都有特定的时代背景及其优缺点,如表2-4所示。

收费公路三种运营模式对比 表2-4

模式	“一路一公司”经营模式	“委托经营”模式	区域规模化经营模式
背景	高速公路路网没有形成;局部交通流量比较充足;融资政策相对优惠	高速公路路网不断完善;高速公路管理走向市场化、专业化	高速公路路网规模的不断扩大;联网收费的普及,市场化逐渐成熟
优点	责任主体明确;所有权与经营权一体,建设和运营管理有机衔接	整合资源,节约成本,提高经济效益;提高营运管理水平,实现专业化管理;提升各路段之间的协调性	降低高速公路运营成本、规范经营管理、提高运营效率和服务质量
缺点	管理分散,各自为政,淡化高速公路公益属性;建管不分,不利于建设、运营两阶段的专业化管理	责任主体不明确,出现问题解决不及时;建设和运营管理易脱节	管理目标庞大,分解困难,不易实现均衡,管理机构重复

2.2.2 公路经营管理

我国公路的经营一般指公路经营或管理单位围绕公路路产进行的收费管理、服务区管理和其他商业经营活动。

1)经营管理模式

公路经营管理主要方式是由省高速公路管理局、区域高速公路公司、高速公路项目管理办公室或省(或地区)高速公路投资集团、高速公路公司、高速公路项目部等多法人并行管理或监管,并与政府交通主管部门或公路管理机构的职能管理相结合的管理模式。主要经营管理模式有:

(1)按管理权限分为集中型和专线管理型。集中型主要是指省、市级成立收费公路投资经营管理机构;专线管理型是指对特定跨区域的收费公路成立专门管理机构。

(2)按投资核算和管理机构性质分为有事业单位管理的事业管理型、事业编制企业管理的准企业管理型和企业公司法人制的企业经营型。事业管理型实行收支两条线管理,通行费收入全额上交上级主管部门,经营费用根据年度计划由上级主管部门审批划拨;事业单位企业化管理型在机构设置及经费使用上基本沿用事业管理型体制,在财务核算上借助公司核算方法的某些优势,并根据核算方式的侧重不同,形成准事业型或准企业型的管理;企业经营型采用企业公司核算方法,在经济上实行独立核算、自负盈亏,企业实行董事会领导下的总经理负责制,虽然行政上受上级单位或董事会、监事会领导,但本身是较完善的经济实体。

(3)按管理范围分为建管一体型和专建、专管的建管分离型。

高速公路经营业务主要集中在收费、服务区、路产出租等管理,现阶段在全国范围内对经营业务的管理没有专门的法律、法规和统一的规范标准,因此各省市根据自身特点和需求组建自己的管理机构,并根据实践经验出台相关的管理办法。

2)收费管理方式

我国高速公路从一开始就采取收费政策。收费方式采用开放式和封闭式两种方式,在高速公路发展初期和现在西部部分省份,主要采取开放式的人工配合系统的收费;而大部分地区现阶段主要采用封闭式,以半自动收费方式为主、ETC 不停车收费方式相结合的省域联网收费,即收费具体业务管理、收费作业和系统建设按统一标准由各路段公司负责,联网中心负责收费分账工作。随着技术进步和高速公路交通量的不断增长,智能化的不停车收费方式将成为一种发展趋势。

3)服务区等其他经营管理

服务区管理是公路服务的组成部分,为了给司乘人员提供"统一、规范、优质、高效"的服务,服务区从初期高速公路运营的独立分散经营逐步过渡到"整体性规划、统一性管理、一体化经营"方式,并在实践中积极探讨适合于公路服务特征的服务区管理形式,服务区分为开放式服务区和封闭式服务区。

开放式服务区是在服务高速公路车辆和司乘人员的同时,服务于当地地方交通及社会需要,此类服务区不仅具有封闭式服务区的全部功能,而且为开放式,设置配套收费设施,使进出服务区的车辆实现各行其道,建成后,不论是高速公路车辆还是社会车辆都可以享受到服务区的现代化服务。开放式服务区必须在地方道路方便达到的地方设置,如四川省部分高速公路根据服务区区位特点和地方经济及自然环境采用开放式服务区。封闭式服务区功能设置与开放式服务区相似,但只服务于高速公路上的车辆和司乘人员,我国东南部及中部地区交通量较大的高速公路基本采用封闭式服务区。

2.2.3 公路养护管理

根据公路法规及公路养护管理工作制度,我国公路养护采用"统一领导,分级管理"制度。国务院交通主管部门负责全国公路养护管理工作的行业管理与监督;各级交通主管部门(或公路管理机构)主管本行政区域内的公路养护管理工作;收费公路经营单位具体负责组织实施收费公路的养护管理工作。非收费公路的国省道养护资金来源于燃油附加税,县道及其他公路由省级交通主管部门根据实际情况作出明确规定,养护作业主要采用管养一体或管养分开两种方式组织实施。收费公路养护资金来源于收费公路经营收入，养护作业主要采用管养一体方式组织实施，由于我国公路管养主体多样性，特别是收费公路投资模式、投资主体存在多样性，因此造成了养护管理形式的多样性和管理水平的不稳定性。

利用财政资金进行公路养护计划及预算的编制、计划的实施管理和养护工程决算等属于行政管理范畴，养护计划实施过程的质量、进度、安全等具体目标落实属于养护作业管理。管养分离就是指将公路养护业务的行政事业管理和养护作业管理职能分开，明确行政管理部门和养护作业主体的工作职能和职责。管养一体就是指公路主管部门或公路管理机构以同一管理主体对公路养护预算、计划、组织、执行、验收等具体业务的统一管理。收费公路养护资金来源于收费公路经营收入，其计划和预算管理等与计划实施过程均属于企业管理而不存在行政事业管理，因此也不存在管养一体与管养分开之说。国内公路养护业务开展过程对具体养护作业主要采用三种方式实施。

（1）自主化养护模式。自主化养护模式是管养一体的具体表现，是传统的公路养护普遍采用的管理模式，也是以施工为主营的公路经营投资企业普遍采用的模式。在两个体系公路养护中表现为两种情况：一是养护行政管理部门和养护实施单位（包括县级养护管理机构及其道班、公路养护中心及其分中心等）同属一个行政母体单位，养护行政管理的内容由养护管理部门负责，养护作业专业队伍和具体养护生产由养护实施部门直接落实，养护费用按照预算计划和验收情况向养护实施单位直接划拨；二是养护管理部门和养护实施单位（养护公司、公路养护中心等）同属一个母公司，养护管理的内容由养护管理部门负责，养护作业专业队伍和具体养护生产由养护公司直接落实，养护费用按照预算计划和验收情况向具有独立法人资格的养护公司直接划拨或按实际发生支付。由于这种模式的养护管理单位与养护作业单位是一种经济共同体或行政隶属关系，因此缺乏有效的第三方监督。

（2）市场化养护模式。市场化养护模式是管养分离的具体表现，也是经营性收费公路（特别是"一路一公司"模式）的公路养护普遍采用的管理模式。这种模式是公路管理单位或收费公路经营企业通过公开招投标、邀标、拟标等方式选择专业化的养护公司来承包公路的养护作业任务。在市场化养护模式中，养护管理单位与作业单位是一种合作的合同关系，其基本特点：一是公路行政管理单位或公路运营企业成立养护业务管理的部门负责养护工作预算计划的编审、设计和技术的审查、养护作业招标、养护质量与安全的监管验收、养护档案的管理等；二是养护作业承包单位在合同约定的承包期间内按照养护规范和质量评定标准完成养护检查和养护作业的工作内容；三是聘请第三方定期开展主要结构物质量检测和安全评价，并视具体情况设置养护监理。

（3）专业化养护模式。专业化养护模式结合了自主化养护和市场化养护模式的优点，通常存在于三种情况：一是对于本身没有施工力量的公路管理单位或收费公路经营集团，通常情况下对养护小修保养工作及技术不复杂、装备要求不高的大中修工程采用自行养护模式，对技术复杂的大中修专项工程则采用招投标方式选取专业施工单位实施；二是传统公路养护体制改革，公路养护从自行养护模式往市场化模式过渡，养护作业队伍从事业单位身份向企业身份转变过程中同时进行了专业化改造，并以养护企业身份承包与专业一致的原来公路的一般性养护任务，对于特殊结构和设备的养护工作则通过招标形式选择专业承包单位；三是公路管理主体根据路产专业分工按照市场化选择专业养护承包单位。

养护作业采用的三种模式各有优缺点和适用性，如表 2-5 所示。

公路养护作业管理模式比较 表2-5

模式	自主化养护	市场化养护	专业化养护
优点	(1)传统管理模式容易理解、容易适应,充分利用原有养护设备、场地和技术力量; (2)作业单位熟悉公路沿线各种情况,在养护工程中更具有针对性; (3)责任主体一致,管理上具有便利性,减少管理中间环节,解决问题进度快; (4)减少税收支出,降低养护成本	(1)减少管理养护人员、机械设备的费用开支;业主只需配备少且精的专业人员做技术上的管理、监督和检查,减轻了业主的事务性工作; (2)符合市场化发展趋势,能充分调动专业承包公司的生产积极性,提高工作效率; (3)按项目专业分类,分别由专业单位负责对应工程的养护,能确保各养护项目能按技术规范进行施工,保证了工程质量,减少返修	(1)发挥一般性养护自主作业的优势,同时,一定程度减少管理养护人员、机械设备的费用开支; (2)通过引入竞争机制,采用社会资源解决特殊专业养护及维修,有利于提高工作质量和效能。 (3)具备创新环境,能够较好解决养护管理中存在的问题和出现的矛盾
缺点	(1)容易造成机构的臃肿,专业设备使用效率低,使用成本高; (2)缺乏市场竞争,吃大锅饭,容易产生惰性,不利于关键技术问题的解决; (3)缺乏创新环境和创新动力,不利于提高养护技术水平	(1)完全按合同进行管理,在面对突发事件容易造成协调中的问题; (2)不利于管理单位全面掌握养护问题和质量状况,对公路发挥社会职能造成影响	(1)保留一定的养护作业机构,养护作业界面需要明确划分; (2)养护管理与作业一体、管理与作业分开两种形式共存,须明确各自责任
适用性	非收费公路;经济较落后地区收费公路;部分政府还贷项目;自己具有养护施工力量的投资项目	经济发达地区的非收费公路和收费公路;单一经营收费公路项目	非收费公路;集团化经营收费公路

2.2.4 路产路权管理

路产路权管理也称路产管理,通常称为路政管理,包括公路路产行政管理权和公路运行管理的执法权。目前我国路产管理分成非收费公路路产管理和收费公路路产管理,根据不同地区的道路规模、经济水平、管理文化等不同,公路管理模式也存在不同,大致分为统一管理型、加强管理型、属地管理型三种类型。

(1)统一管理型

以省为单位建立统一规范的公路行政执法机构(除交通警察外),省交通主管部门相对集中公路的行政权和执法权,把路政、运政、稽查等行政职责合并统一担负起来,按照分工协作、职责统一、快速反应的原则建立"三级管理,四个层次"的行政执法管理机构,如图2-3所示。

其特点为:省级公路的行政执法机构统一管理和领导全省公路行政执法力量,统一和规范执行业务;公路交通执法人员编制按公路里程、等级、流量、车道数等参数定编;按照机构定编安排经费,收费公路采取先从公路过路费收入提取百分比逐步过渡到财政拨款来解决。

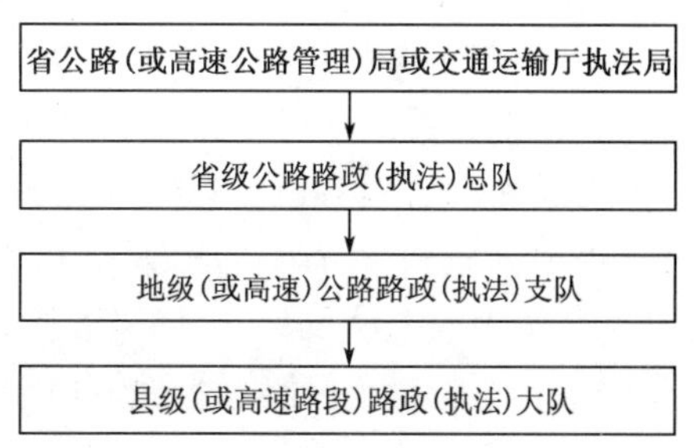

图2-3 公路统一管理型结构

(2)加强管理型

这是一种针对高速公路的路政管理模式。这种模式结合各省实际的管理模式，主要考虑对公路管理机构主骨架的连续性，并照顾到全省高速公路管理的统一性，能充分保证主干道的连续和畅通，并能够很好地规范高速公路的整体运行，有效避免了属地管理的弊端。

在这种管理模式下，省高速公路主要由行政执法机构进行统一管理。同时，行政执法机构还要负责协调各地市非收费公路路政业务属地管理，划清责任，各负其责，并对其进行指导和监督，如图2-4所示。

其特点为：省级公路的行政执法机构统一管理和领导全省公路行政执法力量，统一和规范执行业务，指导、监督、协调各地高速公路行政执法工作，路政、运政、稽查等具体业务开展由各高速公路管理机构负责。公路交通执法人员编制按公路里程、等级、流量、车道数等参数定编；高速公路路政支队、路政大队统一受省高速执法机构的领导，其经费来源采取先从公路过路费收入提取百分比或由高速公路经营单位直接支付来解决。

(3)属地管理型

这是传统的普通非收费公路路政管理模式。这种模式由省级路政部门负责指导地级市、县级公路划界和公路行政业务管理。各地市、县公路执法部门仅负责本辖区的公路执法管理，如图2-5所示。

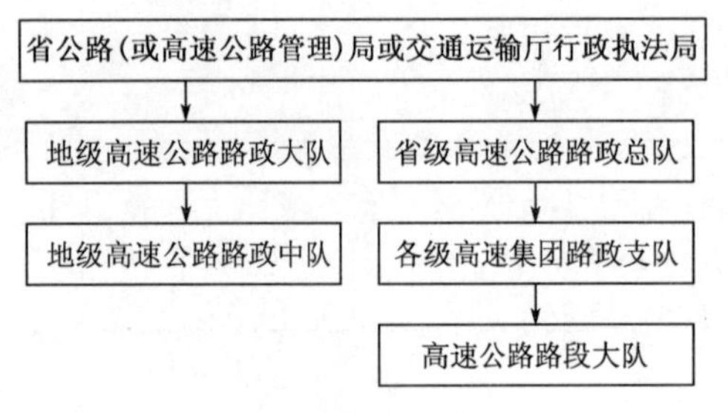

图2-4　公路加强管理型结构

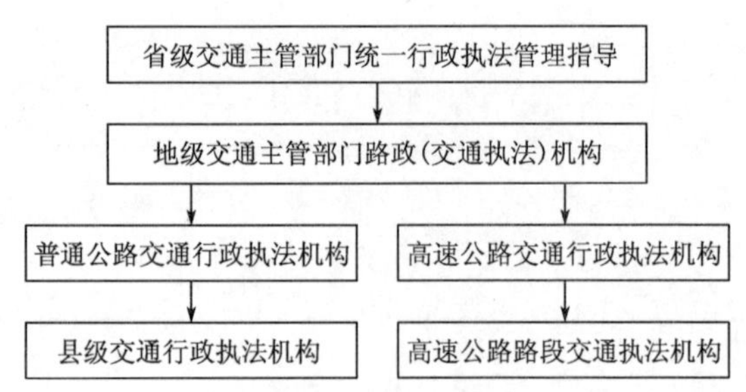

图2-5　公路属地管理型模式

由于高速公路线路往往跨越多个地区，且路产路权与属地并非隶属或关联关系，这种管理体制不仅不利于协调指挥，而且还会迟滞高速公路的发展。对于企业来说，这种体系效能低，也不够精简，因此，这种模式并不适用于高速公路。

路政管理三种管理模式，属地管理对行政和执法业务进行区域切块管理并不适应于公路行业的规模化发展，特别是对跨地域的高速公路管理。而统一管理和强化管理模式均实现路政业务的统一，这种统一管理模式可确保政令畅通、职责明确，达到协调统一、规范高效的目的。以上三种模式的具体做法是：

一是对非收费公路路产管理。按照传统公路管理模式由省级公路管理机构（或交通主管部门）全权负责。基本做法是由省公路管理局（交通运输厅或交通委员会）成立公路路政总队（或路政处），各地级市公路管理局成立路政支队（或处、科），县级公路管理局成立路政大队（或所），实施三级行政管理，人员属于行政事业单位编制。个别省份将路产行政管理权和公路运行管理的执法权分开，将执法权划归综合交通执法局管理。

二是对收费公路路产管理。由于各地发展情况、文化习惯、机构编制等具体情况，顶层管理大部分沿用非收费公路做法，但基层的具体情况存在不同。

情况一：由省级公路（或高速公路）管理机构或交通主管部门派驻单位全权负责路产管

理。基本做法是由省公路管理局成立公路路政总队(或路政处),各地级市公路管理局或投资集团主体成立路政支队(或处、科);收费公路项目按照规模情况成立路政支队(下设若干大队)或路政大队,支队机关成员及大队长直接属于省总队编制,其他一线的路政人员则属于企业编制。这些地方包括江苏、四川、上海、黑龙江、天津、河北、山东、辽宁、江西、贵州、广西、新疆、河南、湖南和云南等大部分省份,但具体做法有些不同。

情况二:由省级交通主管部门负责管理。这种类型主要是公路所在地的交通主管部门负责路政管理,如海南、浙江等。

情况三:参考"大部制"的做法。由省级交通主管单位成立执法总队,执法总队统一负责路政管理、运政管理、路费征稽和交通安全管理工作,如重庆市。

情况四:由省级公路(或高速公路)管理机构负责路产行政管理,由各级综合交通执法局负责公路运行执法管理。这种做法具体是路政业务由收费公路经营企业负责,涉及行政审批事务由省级路政管理部门负责。这些地方包括北京、福建、广东等。

2.2.5 交通安全管理

1986 年的改革从原则上赋予了公安机关统一负责全国城乡道路交通管理的职责,从而实行道路交通安全由公安部门负责,其他道路交通管理的事情主要由交通部门负责的"两家共管"体制。这次改革的特点在于,主要针对道路交通安全路面执法主体予以明确统一,在一段时期内对高速公路的交通秩序起到了积极作用。但是,在一些地方公安部门和交通管理部门存在权责不清,出现部分管理权限相互交叉而相互影响干扰的现象,这给公路的交通管理带来管理上的障碍。尤其是近年来随着经济的发展,行驶在公路上的超限运输车辆和危化品运输车辆越来越多,交通事故也越来越多,这都可能对公路造成损害或带来潜在安全隐患。另外,公路工程质量和养护质量问题以及交通安全设施的不完善也给公路运营带来安全隐患。现阶段公路交通安全存在的主要问题有如下 3 个方面。

一是公路路政管理体制不清。公路行政部门、交通执法和交通警察各部门之间存在职能交叉、分工和管理职责不明确、多头管理的现象。主要表现在财权和事权不对称,造成管理模式效率低下;管理边界模糊、多头执法,造成相关部门协调联动困难等。

二是公路路政管理法律法规不完善。由于路政、交警执法过程存在法律规定的不同和职能交叉的问题,造成案件处理或执行效果的不同,如超限和超载是两个不同的概念,所以在管理上也不同。

三是路政管理基础工作有待提升。包括界定路产路权概念边界、合理增加路政经费和设备的投入、提高路政管理队伍专业化素质等。

2.2.6 管理现状小结

随着《中华人民共和国公路法》《收费公路管理条例》及相关规范性文件和标准的出台,公路运营阶段的业务操作及管理技术得到很大程度的发展和规范。公路建造和运营的不停车收费、区域联网收费、智能管理系统等技术的不断创新,使我国公路交通事业得到快速发展,建设和运营水平得到快速提高。但由于较长时期重建轻养和重建轻管思想的存在,加上运营管理权分散,管理主体各自为政,造成管理水平和技术水平参差不齐。现有的运营管理普遍存在"效率不高、质量不一、成本较高"的问题。"十二五"全国公路养护检查结果通报文件中指出:

部分地区公路行业管理与企业运营管理的关系不明确,经营企业主体多元、运营方式多样、管理水平差别较大,“重收费、轻养护、重效益、轻管理”等现象不同程度存在[4]。另外,随着通车里程的增加和投资模式、经营主体、管理形式的多元化以及公路路产结构加速老化和功能退化,在实现公路运营管理科学化、高效化、系统化过程碰到前所未有的问题。

因此,如何总结经验、利用先进技术、统筹资源、消除现行运营管理中存在的问题和妨碍发展的因素,系统地建立起适合公路运营特点和运行规律的管理体系,成为迫切需要解决的问题。

2.3 运营管理内容的系统归纳

现阶段,我国公路运营仍然普遍存在着管理模式多样性、管理方法随意性、管理内容碎片化、管理效率低效化等问题,突出的道路养护质量问题、收费服务质量问题、交通安全问题等均从某一个侧面上反映出公路从规划、建设到运营管理中存在的问题。因此,有必要从运营管理的现状、本质入手,通过专业分析、总结和研究,构建科学的管理技术体系去解决这些问题。

2.3.1 基本概念

公路运营管理是指公路建成通车后,按照“运营好公路,服务好社会”的总体要求,公路管理主体围绕实现公路全寿命安全及服务功能和经营效能等目标合理配置和利用各方资源对各项运营业务开展规划、组织、协调、执行、控制的过程。

公路运营管理的目的是发挥公路功能和保障安全,同时实现经营目标,从公路本体价值角度体现出社会效益和经济效益,从管理主体意识角度体现为“运营好公路、服务好社会”的宗旨。全寿命安全通过运营管理主体对路产主体结构在设计和施工阶段遗留质量缺陷和安全隐患的查验、消除,以及全寿命周期(运营期)内对路产的养护质量和使用安全有效的管理或监管得以体现。公路功能的发挥从公路使用者对道路硬件设施的使用和软件服务的体验中得以体现,具体表现为公路高质量的“优美、安全、文明、快捷、舒适”标准。优美,是指提供高标准的道路硬件水平,包括:道路质量、桥隧美学、道路环境、周边协调等;安全,是指提供高标准的道路安全条件,包括:安全设施、结构安全、环境安全、安全应急等;文明,是指提供人性化的经营和管理服务条件,包括:收费服务、路政服务、养护作业、站容站貌等;快捷,是指提供满足设计的通行能力条件,包括:交通指引、交通疏导、路况指标、维修作业等;舒适,是指提供整体和谐的运营环境,包括:内外和谐、路车和谐、景观和谐、节能环保等。公路经营目标通过对运营业务管理计划的有效执行和各项成本的有效控制得以实现。

公路运营阶段主要包括公路养护、公路路政、公路经营3个方面的管理。从专业性管理的角度,公路运营管理业务一般包括路产养护、路产管理、路产经营、运营安全、运营成本、运营绩效等。其中基本业务包括路产养护、路产管理、路产经营,基本业务的管理目标均涉及质量、安全、成本三方面内容的评价,因此,将基本业务管理的目标成效分成运营安全、运营成本、运营绩效三方面管理内容,如图2-6所示。

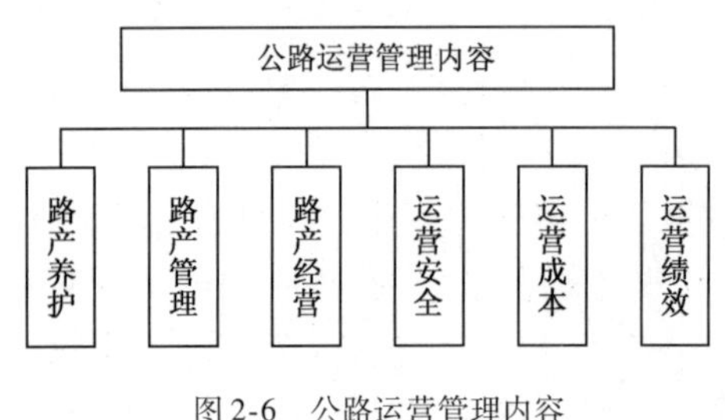

图2-6 公路运营管理内容

路产养护是指为维持公路服务质量功能和结构安全对运营公路工程内容开展质量检查、检测、评价、维护、完善的过程，路产养护一般包括小修保养和专项工程（包含大中修、新改建、应急抢修工程）。路产管理是指为维护公路征地红线范围内土地和公路工程不受侵占和破坏，依法管理和维护公路权益的活动，路产管理一般包括道路空间的保护，管线、线路穿越的许可和监管，违规占用路产的查处，路产占用和伤害的赔补偿等。路产经营是指公路管理部门或投资人在特许经营范围内收取车辆通行费及道路空间出租经营等经济活动过程的管理，路产经营一般包括收费管理、服务区管理、场地经营出租管理等。运营安全是指对路产本体结构以及公路范围内公路使用行为和一切业务生产作业行为的安全管理或监管，运营安全一般包括道路安全设施的完善和管理、路产结构安全监控、养护作业安全监管、交通安全监管和救援、安全应急体系的制订演练和指挥管理等。运营成本是指为实现公路公共目标而开展相关业务所投入的一切费用的总和，运营成本是公路运营管理业务价值化的体现，包括折旧成本、养护成本、征管成本、人工成本、税务成本、财务成本、工程成本及其他成本；基本业务包括计划预算管理、财务管理、票证管理等。运营绩效是指为实现运营质量和效益目标而开展的内部自我激励和外部监督评价的管理，运营绩效一般包括国检省检、上级单位考核、内部考评和评价等。

公路企业正常运营还必须保证企业（集团）的党、工、团及人力资源和后勤保障等事务的高效运转。当然，这些工作需统一并服务于主体业务的管理。

2.3.2 路产养护

公路路产是指公路工程项目决算认定列入费用的所有实体工程和固定资产设备及红线范围内建设用土地，是指与公路运营管理相关的公路资产的总称。按照公路工程专业划分和概算预算定额与工程管理的习惯，公路路产包括路基工程、路面工程、桥梁涵洞工程、隧道工程、交通安全设施工程、绿化环保工程、机电设备工程（收费、通信、监控、供配电等）、房屋建设设施工程、其他路产（土地红线、养护设备、办公设备等）九部分。

路产养护是指为发挥公路社会服务功能，保障公路路产质量和工程结构耐久安全，根据公路养护规范对路产开展日常质量检查和保洁保养，对路产结构运营质量状况开展经常性质量检查、定期质量检查及专项质量检查，并按照公路工程养护质量评价标准开展定期质量评价，依据质量检查评价开展预防性养护决策和维护作业组织的活动。路产养护一般包括小修保养、中修、大修、新改建工程及应急抢修工程。公路养护的目的是维持公路服务功能和使用寿命，保障结构运行安全，养护管理分为两个层次，一是对路产进行日常保洁、保养和经常性检查、维护；二是对结构物及其部件开展定期检查、检测、评价，并对质量缺陷进行功能性恢复，即大中修加固改造。在养护作业市场化管理过程中，养护管理一般包括小修保养和专项工程，并采用养护工程技术规范及清单格式管理。其中，小修保养按照合同约定质量标准和要求采用总价合同承包方式，专项工程按照公路工程建设管理要求采用清单式的单价合同管理。

路产养护作业具体参照交通运输部颁布的养护规范、评定标准及具体项目养护规划与管理、养护招标技术规范和养护维修手册进行。其中，养护规划与管理主要解决养护的模式、养护时效及养护质量和成本标准问题，养护规划一般在项目竣工验收之前编制完成，以后每 5 年修订一次；养护技术规范主要解决基于合同条件的养护清单内容所必须达到的养护质量、安全、环保目标要求以及投入的人工、材料、设备及质量标准和费用保障问题，养护技术规范在每期养护招标之前编制或修订完成并作为养护招标文件主要的合同内容;养护维修手册即工程保养维修具体操作的说明书及指南,主要解决养护如何做的问题,即各种养护的作业操作规程,养护维修手册一般在项目交工验收后投入使用时编制完成,并在使用过程中适时修改。

2.3.2.1 路产养护规划与管理

具体内容见第4.5.2节“养护规划与管理”。

2.3.2.2 养护技术规范

养护技术规范是养护招标和养护合同的主要构成部分,是具体养护作业规格、标准、验收、支付等内容的统称。

养护技术规范主要内容包括养护工程量清单、设计文件、技术规范三部分。

第一部分的工程量清单是根据路产单元划分原则(第5.2.1节:公路路产数据的采集)和养护技术规范要求,将路产单元按照小修保养和专项工程两大部分设计清单结构。其中,小修保养包括保洁保养、小修维护、路产巡检三方面的工作内容,按公路工程标准施工招标文件工程量清单增设第800章“小修保养清单”,清单子目名称原则上以第5.2.1节路产单元的三级单元列入,小修保养一般按清单总价承包,按月或季度计量的方式管理;专项工程包括预防性养护工程、中修工程、大修工程和改扩建工程及应急抢修工程,专项工程必须进行专项设计或专项实施方案。其中,预防性养护和大中修工程增设第900章“养护专项工程”,改扩建工程量清单对照范本第100至700章列入具体的施工工程数量,专项工程按单价合同承包方式管理养护工程量清单。养护工程量清单格式,如表2-6所示。

养护工程量清单 表2-6

清单 第100章 总则						
细目号	细目名称	单位	数量	单价	合价	备注
101-1	保修费	总额				
⋮						
第100章 合计 人民币元						
…						
清单 第800章 小修保养						
细目号	细目名称	单位	数量	单价	合价	备注
801	保洁保养	总额	1			清单细目号子项与第5.2.1节中三级路产单元对应
801-1	路基	总额	1			
801-1-1	路堑	公里				
⋮						
801-8	机电设施	总额	1			
801-8-1	监控设施	总额	1			
801-8-1-1	摄像机	个				
⋮						
802	小修维护	总额	1			

续上表

清单 第800章 小修保养						
细目号	细目名称	单位	数量	单价	合价	备注
802-1	路基	总额				清单细目号子项与第5.2.1节中三级路产单元对应
⋮						
802-8	机电设施	总额	1			
⋮						
803	路产巡检	总额	1			
803-1	路基	总额	1			
⋮						
803-8	机电设施	总额	1			
⋮						
第800章 合计 人民币元						

清单 第900章 养护专项工程						
细目号	项目内容	单位	数量	单价	合价	备注
901	预防性养护工程	总额	1			清单第三级细目号为专项工程具体施工内容
901-1	路基	总额	1			
⋮						
901-8	机电设施	总额	1			
⋮						
902	大中修工程	总额	1			
902-1	路基	总额	1			
⋮						
902-8	机电设施	总额	1			
⋮						
第900章 合计 人民币元________元						

第二部分的设计文件是指第一部分专项工程的设计图纸或设计方案，设计图纸格式及内容深度与公路工程施工图设计相同。

第三部分的技术规范是根据第一部分工程量清单内容达到合同目标所必需的技术、设备、材料投入，施工或作业技术要求，质量验收标准和计量支付标准等内容进行详细的规定。

2.3.2.3 养护维护手册

养护维护手册是依据项目的地质、环境、结构等特点和养护难点及要点对路产具体分项工程（原则上包括路产三级单元的全部内容）的保养及维修操作工艺标准和流程顺序等进行详细的规定说明。养护维修手册主要内容包括总则、概念术语、项目概况、重点难点、工程设计、工程施工、保养维修、养护安全、养护档案、技术参考等。

（1）总则，主要内容包括养护的目的、手册使用范围、养护内容及要求、技术质量、安全原则、路产单元的划分等。

(2)概念术语，主要涉及养护管理、作业、方法、手段等通用或专用概念的定义和界限界定。

(3)项目概况，主要内容包括养护项目的地理、地质、环境、气候、水文等基本信息，养护组织结构及管理方法，养护要素及资源、设备等。

(4)重点难点，主要包括项目的特殊结构、关键部位、风险范围和质量安全风险源等内容管理。

(5)工程设计，指路产设计所涉及的结构特点、建造材料、力学条件等，一般与路产设计和竣工文件相对应，根据设计特点提出养护技术要求。

(6)工程施工，指工程建设工艺、步骤、方法、手段与工程设计内容相对应，根据施工特点提出养护技术要求。

(7)保养维修，指根据项目的环境要素、重点难点以及设计和施工特点对路产库三级单元路产内容的保养及维修操作的工艺、流程、标准、质量、安全、评定等进行详细的规定。

(8)养护安全，对养护作业的安全提出明确要求和具体管理规定，同时明确安全协调配合的内容与安全应急管理。

(9)养护档案，按照养护规范标准化要求建立养护档案，包括养护日常检修、经常性检查、定期及专项检查档案，保养维修档案，结构物"一物一档"资料，专项工程实施档案及结构参数变化观测档案等。

(10)技术参考，主要包括设计、施工、设备材料供应单位联系信息，设备系统使用说明书，养护管理涉及的技术标准、规范参考书等。

2.3.3 路产管理

路产管理通常称为路产路权管理或路政管理，是主张公路路产法定权利权益的通称，是指为维护公路运营质量，对公路使用、交通条件和环境因素进行监管，并依法保护公路红线范围内空间、结构物及设施不受侵占和破坏的活动。公路路权包括所有权、经营权和管理权，由于公路的基本属性决定路产管理具有政府的行政职能，而对收费公路，由于路产权益普遍归属于经营单位，因此，路产管理又具备企业经营管理的性质。在我国公路运营管理现状章节中对此问题作了分析说明。因此，路产管理的实质是公路管理部门或公路经营者为了维护公路路产不受破坏侵占，依据法律法规维护公路权益的活动。路产管理由路政部门负责，并与交通警察部门实行联动联勤，路政部门通过每四班次排列，三班24小时值岗，实现对路产和路权的全天候监管，如图2-7所示。

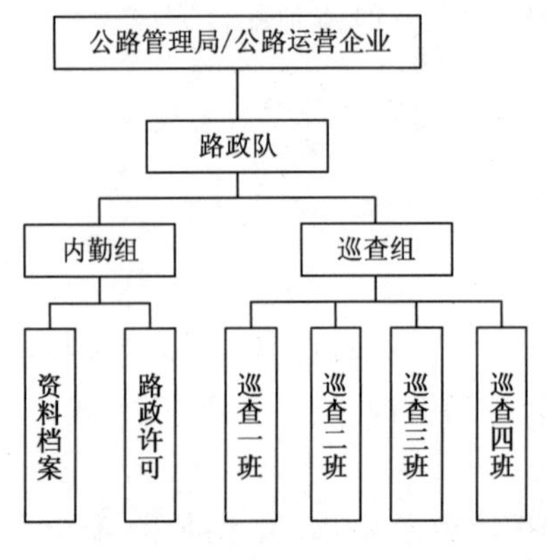

图2-7　路产管理基层组织结构

路产管理的基本业务包括公路空间维护，即公路征地红线的保护管理及不准建筑区域的监管；按照一事一档的管理要求对横跨、穿越公路的非公路路产管线与构筑物建设的许可和实施行为监管；对违规占用和建设的巡查查处、拆除和处罚；对交通事故等路产损坏损伤行为的调查、取证和赔补偿工作的审办；对超重、超载、超宽和危化品运输车辆的监管或查处；对各类路产自然损坏、恶劣气候造成的损坏，及时通知养护部门。路产管理内容，如图2-8所示。路产管理操作参照各地出台的路政工作操作工作指南。

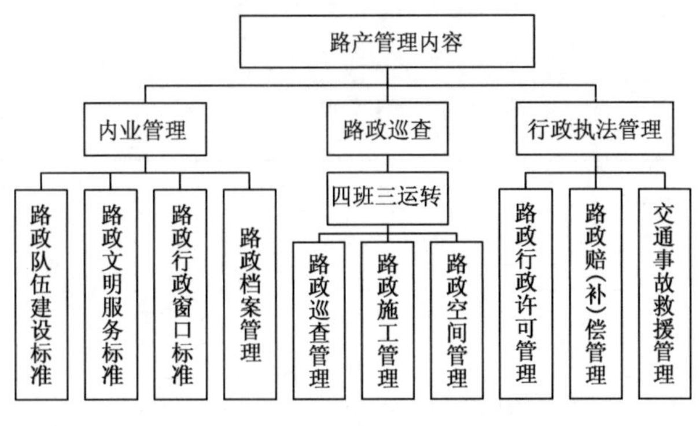

图 2-8 路政管理内容

2.3.3.1 内业管理

内业管理主要包括路政队伍建设标准、路政文明服务标准、路政行政窗口标准和路政档案管理四方面的内容,其中前三项内容由各省级交通主管部门或路政总队规定及监督执行,路政档案则按路政工作规范化要求由运营单位按时完成路政巡查和路政行政执法过程管理的具体内容。

2.3.3.2 路政巡查

路政巡查主要指路政队全天候对路产使用、交通环境及道路特殊自然环境开展定期和不定期的巡查并形成履责巡查台账。路政巡查重点内容包括道路施工作业、道路空间占用、超重、超宽、超载及危化车辆的整治,路面障碍物及违规行人、停车的管理等。结合安全管理“三巡两检一控制”的相关规定,道路空间的巡查应保持一定的密度,对路面交通安全运行条件巡查每班次不小于 1 次,沿线各桥下空间的巡查每周应不少于 3 次,桥下空间重点监管位置的巡查每天应不少于 1 次,路政队队长跟班巡查每月应不少于 2 次。

2.3.3.3 行政执法管理

路政行政执法管理主要包括对占用道路开展施工的路政行政许可管理;对道路占用或交通事故损坏及其他道路侵占和破坏的赔偿、补偿管理;道路交通事故及其他事故的救援或协助配合救援等,行政执法管理根据具体情况需要路政总队、支队、大队三级体制配合完成。

2.3.4 路产经营

路产经营是指公路投资者以公路资产、权益为对象,根据公路法律、法规和市场经济规律,开展公路经济活动的总称。通常情况下,路产经营是指公路建成后,公路投资主体对公路的收费和出租业务及权益,交通组织和交通服务工作进行规划、组织、协调、实施、评价的活动过程。一般包括收费管理、交通营销、路产出租、交通附属产业开发等四方面内容。

2.3.4.1 收费管理

收费管理是收费公路运营管理的重点工作之一,是公路经营实现经济效益和社会效益的综合体现。收费管理是公路经营者对各种收费要素和收费条件进行综合规划和组织,并对收取车辆通行费行为所进行实施、评价等工作活动过程。收费管理包括收费标准的确定、收费业务管理和收费服务绩效评价等，如图2-9所示。

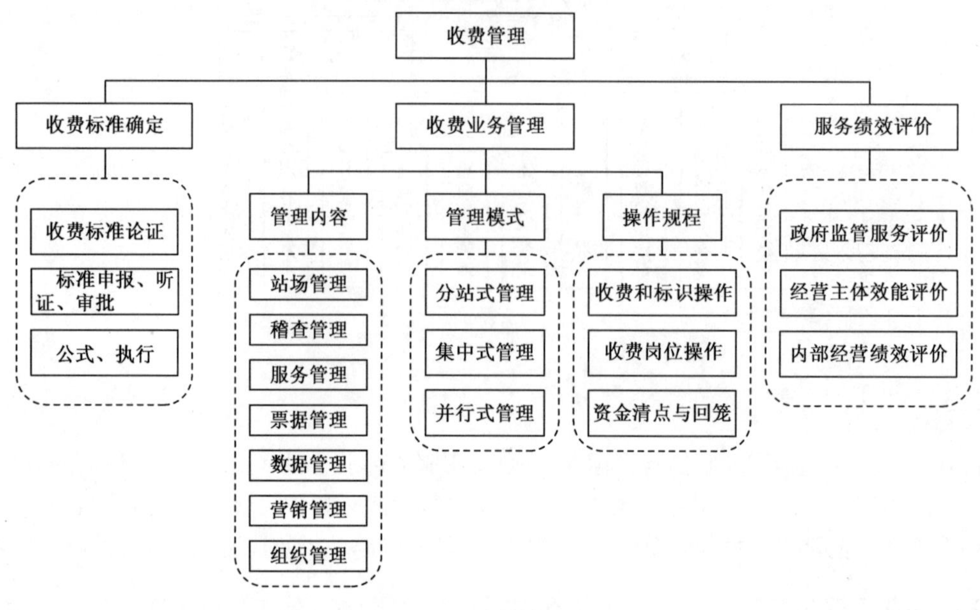

图2-9　收费管理内容

主要内容包括：

(1)收费标准的确定。主要工作内容包括收费标准的论证报告、经营期建设及运营成本的核算、收费价格标准听证和收费标准的审批。

收费标准论证报告是指经营单位委托独立第三方按照法律、法规和收费项目的行政许可合同、工程的许可文件、设计文件、结算和审计报告，按照投资和运营成本、交通量预测、收费年限和投资合理回报原则进行经济效益和社会效益评估并提出收费标准报告。

经营成本核算是指物价管理部门按照项目许可合同和许可批复文件，依照物价成本审核的标准和要求，核算建投和运营成本构成的合理性。

收费价格标准听证是指物价部门依照物价法规定的程序，组织通行费标准比选方案的公众听证会，一般听证代表有社会公众和运输企业代表、人大代表和政府相关部门代表等。

收费标准审批是指政府计划、交通、物价、法规等部门的核批收费标准。

(2)收费业务管理。主要工作包括管理内容、管理模式和操作规程。这些内容全国各省各地根据不同收费管理形式出台相关的文件及标准。

(3)服务绩效评价。服务绩效评价包括政府监管服务评价、经营主体效能评价和内部经营绩效评价三方面。其中，政府监管服务评价是指交通主管部门依法对收费服务质量开展监管性检查评价，对未达到要求者采取行政措施，使其规范管理；经营主体效能评价是指经营项目投资者或上级主管单位依照经营管理目标和计划，对经营效能开展管理性检查评价，对未达到管理目标的经营者采取绩效措施，使其改进质量和效益；内部经营效能评价是指经营单位将经营管理目标层层分解，并按内部管理的考核机制，确保各层面任务目标的完成以达到总体目标的实现。在三种绩效评价方法中，政府监管服务评价侧重于项目的社会效益评价，经营主体效能评价侧重于项目的经济效益评价，内部的绩效评价既考虑项目社会效益的发挥，又兼顾项目的经营效益，是将监管和管理两种标准作为内部目标管理的依据。

收费业务具体管理见第4.5.3节“收费业务管理”。

2.3.4.2 交通营销

交通营销是指公路经营者根据经营规则和年度收费计划，针对交通量预测的交通流影响因素所开展的交通流引导活动。交通营销工作包括公路路网敏感点交通流的分析、引导和维护工作；主动改进提高道路服务水平和通行能力活动；通过网络媒体和信息广播等手段开展精准广告营销；主要交通流形成点的交通促销等。

2.3.4.3 路产出租

路产出租是指道路红线范围内一切路产及线路、土地、场地的经营管理，主要包括服务区的经营管理、广告出租管理、线路管道出租管理、办公场地的出租管理、其他经营业务管理。路产经营和出租必须符合《中华人民共和国公路法》和《公路安全管理条例》的要求。

2.3.4.4 交通附属产业开发

公路的非主营业务除了路产出租外，还包括交通附属产业的经营开发，具体业务有收费公路非征地红线范围内的物业开发，智能交通相关的系统软件开发推广和硬件的研究制造等，交通附属产业开发所涉及的经营收入属于特许经营之外的市场经营活动，是属于公路经营企业转变经营结构的范畴。

2.3.5 运营安全

公路运营安全是指公路范围内一切路产本体结构安全及路产使用行为安全和一切业务生产行为安全的总称。运营安全管理是指公路功能实现过程对路产结构本体寿命和使用环境及经营、养护等业务作业过程一切违反安全生产法规、操作规程、质量标准等行为的巡查、查处、整改和有效救援的过程。主要工作内容包括：

(1)路产结构本体的安全管理，主要针对桥梁、隧道、防护工程、排水工程等影响安全的内外因素监督和管理。

(2)公路安全设施的完善和管理，主要安全设施包括公路交通标志标线、公路行车安全保护设施和救援辅助设施、桥梁的助航和防碰撞设施、隧道的消防及救援设施等。

(3)公路养护作业、收费作业等业务开展的安全管理和监管，路产占用、出租作业的安全监管等。

(4)公路使用行为的安全管理或监管，主要使用行为包括危化车辆监管，超重、超载、超宽车辆的监管，一切违规行驶车辆的监管等。

(5)依法依规开展运营安全风险评估，建立安全管理机构和安全应急保障体系，组织应急演练等。

运营安全管理具体见第4.3节“本质安全”管理方法和第4.5.5节“运营安全管理”，5.6节“公路运营安全智能管理系统开发”。

2.3.6 运营成本

成本管理中涉及法定成本和企业成本两个子概念。法定成本是指人们进行生产或经营活动达到法律规定目标效果或经批准的规划目标所耗费计划资源的货币表现,法定成本一般指周期内法定标准投入费用的总和,在收费公路中采用法定成本核算方式确定收费标准。企业成本是指企业进行生产或经营活动并达到计划目标所耗费资源的货币表现,企业成本一般是指当年企业投入生产和管理费用的总和,在公路日常经营活动中采用企业成本计划和考核。在本质上,成本是具体业务管理绩效量化的程度,是业务管理效能的真实体现,成本管理是业务定量化管理的具体体现。另外,成本管理依附于具体业务的管理,没有独立于具体业务目标管理的成本。

公路运营成本是指为实现公路功能和经营目标开展相关业务所投入的一切费用总和,包括路产养护、路产经营、路产管理等基本业务和质量、安全、进度等目标实现所投入的人力资源和物质资源。按照财务预算管理的相关办法和规定,运营成本包括:

(1)折旧成本,经过审计部门审定的公路工程决算投资按经营期限折算的路产折旧费用,计算方式包括年限平均法或工作量法,经营单位普遍采用工作量法。折旧成本工作量以当年的车流量占经营期车流总量的比例计算总投资摊销。

(2)养护成本,指完成路产养护工作任务,实现养护目标投入各种资源折算费用总和,包括因养护作业所投入的人工、材料、设备及税收、保险等费用的总和。计算标准包括养护定额、施工预算定额及其编制办法。

(3)征管成本,指开展路产经营活动和路产管理、与相关业务行政管理完成经营目标任务所产生的各种管理费用总和,包括设备配置、路政管理、安全设施及办公、差旅、水电、保险等支出。

(4)人工成本,指公路经营单位为完成运营工作六大业务管理所投入人力资源费用的总和,包括经营企业所有行政、后勤、收费人员的工资、保险、公积金等费用支出。

(5)税务成本,指公路经营单位向税务部门直接缴纳的营业费、增值税、印花税、利得税等一切税费的总和。

(6)财务成本,指运营期内,为建设公路或购买运营权而发生的融资利息及其他融资而产生的金融费用支出。

(7)工程成本,亦称资产成本或投资成本,指核定公路总投资费用以后由于路产内容的升级、改造或扩建所投入的专项工程费用,包括收费系统的改建、路线的技术升级、立交和收费站场的扩建等,工程成本列入固定资产投资在余下经营期内摊销。

(8)其他成本,指上述七类成本以外的其他所有费用支出。

对不同经营期经营性和非经营性路段八项成本支出情况进行统计比较,可以得出:不同路段成本支出比例不同,存在偏差较大;成本支出比例大,反映不同业主对成本控制和业务管理存在不同;成本控制存在一定的空间,解决此类问题需综合统筹[5]。

运营成本管理的基本内容包括预算计划管理、财务管理和税务管理等。预算计划管理包括经营规划的编制执行和年度成本计划的编制与执行。

运营成本管理具体见第 4.5.1 节“经营规划与管理”和第 4.5.4 节“合同业务管理”。

2.3.7 运营绩效

运营绩效是路产养护、路产管理、路产经营等业务管理成果和效能评价、反馈、激励、提高的过程。绩效成果指标主要体现在质量和安全,绩效效能指标主要体现在成本和效率。因此,运营绩效管理是指为实现运营质量、安全、进度、成本等目标,在内部和外部两个层面开展多维度、多因素的工作评价、激励和提高的过程。其中,内部绩效评价包括经营者对企业员工和业务部门的考核评价,并以此作为员工绩效薪酬激励及职位提升的主要依据。一般情况下,企业对员工考核为每季度考核一次,企业对部门考核为每年度考核一次。外部绩效评价一般包括政府主管部门所组织的公路基本业务质量检查评价和经营企业上级主管单位多维度综合效能检查评价。其中,政府交通主管部门检查分为五年一次的公路养护质量国家级检查和两年一次的公路养护质量省级检查;上级主管单位检查为每年一次的经营综合效能检查评比和运营服务质量综合评比。

2.3.7.1 绩效组织及功能

公路运营单位采用分层级的绩效评价体系,根据组织架构层性质设置不同类别的绩效评价方法,有条不紊地层层执行。如实践项目公司经营班子是公司运营的直接指挥者,其管理效益由董事会和上级主管单位进行年度考评;经营班子负责考评各部门经理的管理效益,每季度考评一次;各部门经理直接负责部门内部班组组长的工作绩效考核,每月考核一次;班组长直接负责组内成员的工作绩效考核,每月考核一次。上层级对下层级考核具有监督和纠错责任,以确保考核评价的公平、合理、有效。公司绩效评价体系示意图,如图2-10所示。

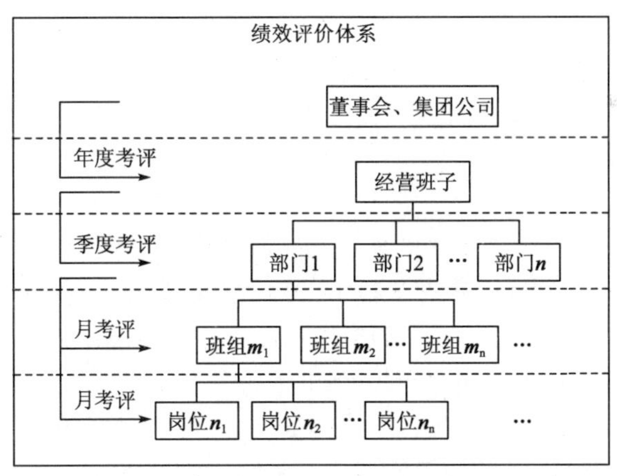

图2-10 绩效评价体系图

通过绩效监督管理系统的实施,一是促进企业整体目标实现,提高整体运作能力与竞争力;二是加强部门之间的沟通与协作,提升团队士气、降低内耗、理顺部门关系、达成团队业绩;三是帮助每个员工提高工作绩效与工作胜任力,建立适应企业发展战略的人力资源队伍;四是促进管理者与员工间的沟通与交流,形成开放、积极参与、主动沟通的企业文化,增强企业凝聚力。

2.3.7.2 考核的目的和原则

绩效考核工作是企业基本经营业务管理和人力资源管理的基础，是企业精神的集中表现。绩效考核的结果是确定员工晋升、岗位轮换、薪酬福利和奖惩等人事及福利决策的客观依据，同时也是员工职业生涯发展规划与教育培训的客观依据，是企业文化建设及和谐企业创建的前提。

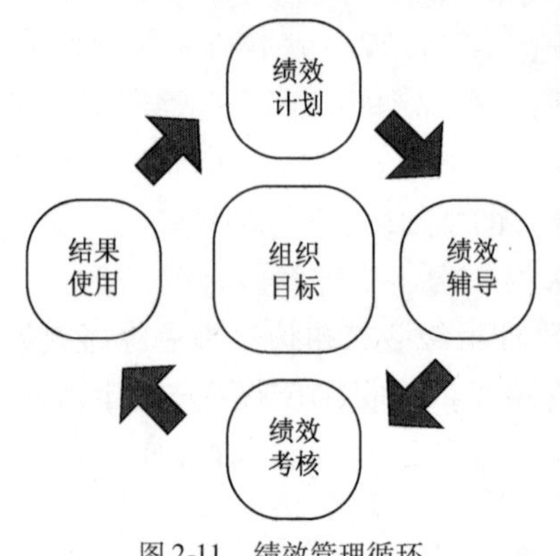

图 2-11 绩效管理循环

绩效考核的过程通常被看作一个管理循环，这个循环分为 4 个环节，即：绩效计划、绩效辅导、绩效考核与绩效反馈，如图 2-11 所示。

绩效考核遵循公开性、公正性、公平性、权责一致性、常规性、发展性六大原则，考核企业全体员工的工作成效。

运营绩效管理具体见第 4.5.6 节“运营绩效管理”。

2.4 运营管理体系构建与运行

2.4.1 体系构建原则

(1)系统性原则

系统性原则强调在构建公路运营管理体系的过程中，按照运营业务管理内容的完整性和专业性与业务管理内容规范、内容执行规范、执行格式规范的规范化和标准化要求，以及相关管理理论和原理，处理好体系整体与各专业业务管理以及各业务管理之间的相应关系，注重关键部位和重要环节最优性。

(2)控制点原则

“点、线、面”是公路运营管理工作的集成和分解，“点、线、面”思维是一个既具单向性又具全面性的一种思维。首先，在运营管理实践中，“点”最重要的功能在于表明位置和进行聚焦；其次，“点”与“点”之间连接形成“线”，或者点沿着一定方面规律性的延伸可以成为线，“线”强调方向和外形，在公路运营管理中线可以理解为每一个工作组，将每一个独立的控制点连接在一起，形成运营管理线；第三，平面上三个以上点的连接可以形成面，同时，平面上线的封闭或者线的展开也可以形成面，“面”强调形状和面积。公路运营管理由点成线、构面，进而封闭形成运营管理体系，就可以全面的控制和管理公路运营具体业务。因此，运营管理体系构建的一个重要目的是提高整个系统“每个控制点”的安全性能，进而实现整个运营系统的安全性。

(3)目标性原则

任何一项管理活动都必须围绕管理的目标开展合理有效的组织。公路运营围绕管理这个总体目标开展组织，这种组织形式对应管理组织结构，将总目标单元分解为业务子系统目标单元，并进一步将子系统目标单元对应组织结构形式分解为阶段性的点目标单元。因此，公路运营管理从本质上是围绕目标体系的因果和关联关系所开展的组织活动，是一种常态性“有计划、有组织、有执行、有管控、有效能"的目标任务循环闭合管理。

(4)关联性原则

公路运营管理主体围绕公路路产(管理对象)开展业务和多专业的管理。尽管每项业务开展的组织和管理主体有所不同,其自始至终围绕路产这一共同的对象,并且各业务管理要素之间相互交叉,因此,各项业务之间将存在高度的关联性,如路产养护、路产管理在运营安全的管理要素中存在高度关联性,它们也都同时与运营成本高度关联。另外,根据因果关系的普遍性联系,通过对原因条件的信息数据互相联系、有效组织和有效推进以达到预期目标。

(5)追溯性原则

运营管理始终追求运营业务管理内容及形式与建设管理内容及形式的统一性和连续性,同时,始终建立具体的、特定对象的信息及量化管理数据的连续性。关联性原则为公路运营数据信息化管理提供了系统逻辑框架,信息数据的可追溯性为管理工作责、权、利统一性和公路运营全过程管理提供了量化指标支撑。公路路产管理历史数据的可追溯管理分析为精准预防、精准治理和全寿命管理提供坚实基础。

(6)共享性原则

运营管理业务之间以及项目运营和区域运营的管理方法、模式、手段在具体应用过程具有可复制性。在公路运营管理中,预防性管理思维及其管理方法贯穿整个运营管理的具体业务实施过程,并以运营管理的基本业务管理的方法和手段进行相互贯通、相互借鉴、相互促进,这些具体内容丰富了预防性管理的内涵,并在具体的实践中实现与管理总体目标的无缝对接。

2.4.2 管理体系框架

分析公路运营管理的基本业务内容、特征、运行规律和根据业务开展的相互联系,采用系统归纳法构建公路运营管理体系。运用系统归纳法,可以得出如下结论:①路产养护、路产管理、路产经营是公路运营管理的基本业务,其管理价值共同反映为运营经营收入和运营成本支出,其中:路产经营业务主要反应运营收入,路产养护业务主要反应运营支出,与路产管理一起共同构成公路通行的保护条件,其在成本反应上是一种路产结构功能退化和功能修复的费用支出以及路产损害的赔偿平衡;②运营安全、运营绩效、运营成本是公路运营管理的评价指标,其中:运营安全、运营绩效属于定性指标,反应公路运营的质量、安全、服务功能等目标与执行标准、水平的比较;运营成本属于定量指标,反应成本规划水平、预算计划和预算执行情况与执行标准的比较,即预算与结算的一致性比较。公路运营管理体系是指在管理主体的统筹下,围绕公路运营管理总目标,运用管理理论及原理将运营业务的内容、规律及相互联系,构成有机统一的组织整体,如图2-12所示。公路运营管理体系实现了公路运营管理业务内容、技术、目标的关联性、一致性和统一性。

运营管理体系系统地规范路产养护、路产管理、路产经营三项基本业务的开展,并从运营绩效、运营安全的质量标准定性化到运营成本的目标效益定量化两个视角进行管理细化和总体评价。

2.4.3 管理体系运行

运营管理体系是一个有机整体,整体的各部分之间存在逻辑关联。从图2-12可知,公路运营管理体系分为两级,一是业务级,即管理内容;二是评价级,即管理目标。管理内容为管理目标提供评价的指标和标准,管理目标形成的评价结果反映管理内容的效能。此外,管理内容通过管理技术实施,从而达成管理目标;管理目标的结果形成反馈流,通过管理技术来改进管理内容。运营管理体系的运行方式,如图 2-13 所示。管理技术是管理主体在业务内容开展过程中有效运用规律、业务规范、标准和技术,来实现管理目标的方法和技巧,管理技术包括管理理论、方法和工具手段,是解决问题,实现目标的方法论。

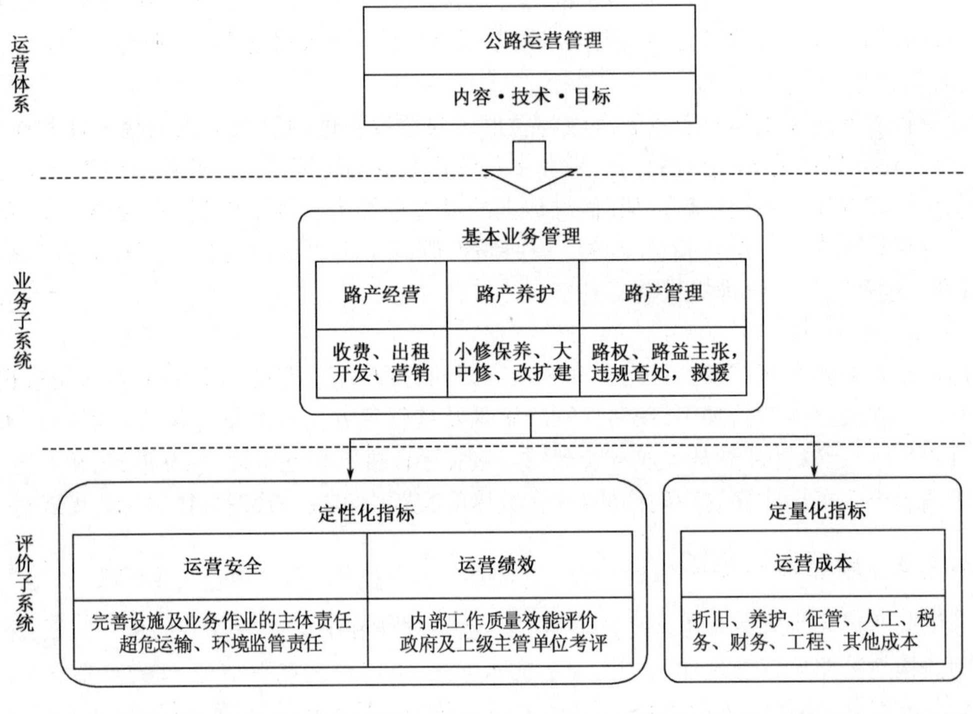

图 2-12 公路运营管理体系框架

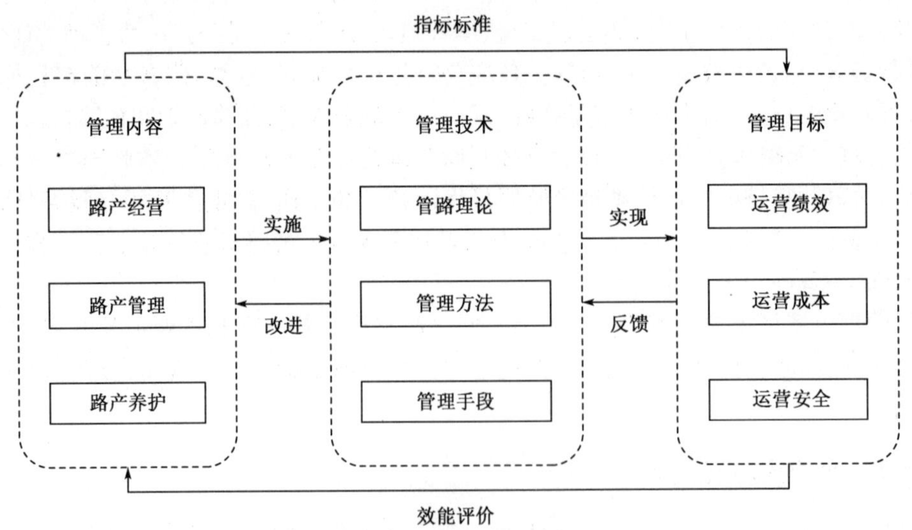

图 2-13 运营管理体系的运行图

运营管理体系的运行依赖于子系统之间的联系与配合，同时也依赖于子系统内部的有序运转。通过公路运营管理体系及各子系统的运行，建立了管理内容、管理目标与运行责任相统一的管理主体，即运营管理组织结构，如图 2-14 所示。

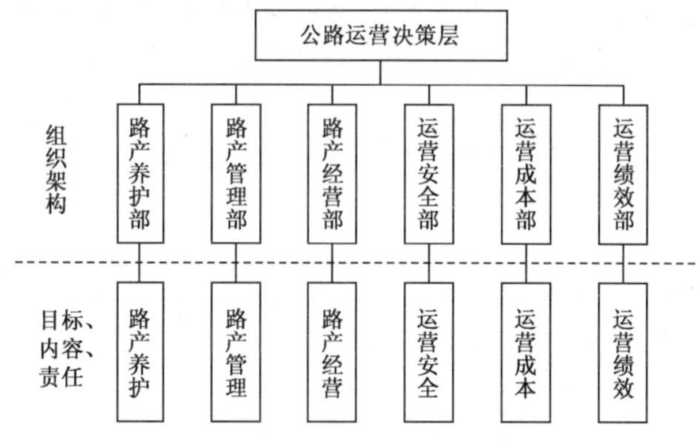

图 2-14　运营管理基本组织架构

(1)路产养护子系统的运行

路产养护子系统运行组织是公路养护管理机构或经营企业的“路产养护部”，路产养护部是养护规划、预算计划、养护技术标准编制和实施管理的部门，养护管理采用的是“三位一体”养护体系和路产养护智能管理系统。“三位一体”养护管理体系是指将日常养护检查、定期质量检查、长期健康监测有机结合起来，并开展养护评价决策的一种管理模式。其中，日常养护管理是养护管理的主要方式，定期检测是全面掌握结构安全状况和评价技术状况的主要途径，长期健康监测是实时掌握结构物运营状态和安全状况的重要手段。路产养护子系统和路产养护智能管理系统的运行，可以常态化、高质高效实现路产养护计划和养护目标。

(2)路产管理子系统的运行

路产管理子系统运行组织是交通主管部门及其授权的公路管理机构或代表政府部门行使公路行政管理权的路政单位或运营企业路产管理部门，子系统运行根据路政管理的法律、法规及各项制度的制定和执行，落实路产管理中内业管理、路政巡查、行政执法等各项具体业务内容的管理，常态化、高质高效地实现路产管理目标。

(3)路产经营子系统的运行

路产经营子系统运行组织是经营企业的“路产经营部”，路产经营是公路运营管理企业建立的收费、经营和管理部门。在子系统运行过程中，管理部门根据收费业务管理的具体内容及要求，开展包括收费目标和收费管理模式的确定；收费票证、数据及收费资金管理；收费稽查(监控)管理；收费站与人员管理；收费服务与质量管理及其他商业性经营等工作。即路产经营子系统的运行通过运营组织，围绕经营管理目标，对各项工作内容的各要素进行决策、计划、组织、指挥、控制和激励。

(4)运营安全子系统的运行

运营安全子系统的运行组织是管理单位的“运营安全部”，运营安全部履行公路运营企业的安全责任，并负责运营过程所有涉及安全事物的监管，其运行方式是将运营安全总目标通过层层分解成安全子目标，通过子目标安全促成总目标的安全。具体是将运营安全总目标分解到各个部门，再由各个部门分解到各类员工的岗位安全子目标上，如路产经营安全目标、路产养护安全目标、路产管理安全目标等。各业务部门依据一部多责、一岗双责及相关安全管理制度，做好本部门以及个人管理和监管业务的安全工作，以此来保证整个公路的安全运营。

(5)运营成本子系统的运行

运营成本子系统运行组织是“运营成本部”或“计划财务部”，运营成本部统筹运营企业成本的预算计划和财务管理工作，在系统运行中，运营成本部统筹经营收入和费用支出，负责确定目标成本、编制成本计划，进行成本控制、成本考核与分析等，并对成本管理活动进行协调指挥，由各业务部门配合实施，并进行反馈，以有效的促进成本管理，确保运营成本子系统的有序运行。

(6)运营绩效子系统的运行

运营绩效子系统运行组织是“运营绩效部”或“综合事务部”，运营绩效部统筹外部和内部的考核评价工作，其具体运行主要包括 4 个方面，分别为制度环境、人力资源管理、后勤服务保障以及企业文化建设。制度环境是运营绩效子系统运行的根本内因，人力资源管理是运营绩效的具体体现，后勤服务保障是运营绩效物质因素的最大化，企业文化建设是运营绩效的精神动力。四大模块的共同运作，构成了运营绩效子系统的有序运行。

2.5 本章小结

通过研究国内外公路运营管理的现状，分析了不同管理方式的特点，紧密结合我国的具体实际，系统地提出了公路运营管理的内容并定义了各业务管理。同时，根据运营管理各业务内容、业务特征、业务运行规律和业务运行的相互联系，采用系统归纳辩证法构建了公路运营管理体系，通过体系子系统的运行，建立了与内容、目标、职责、效能相统一及相对应的运营管理基本组织结构，解决公路运营及其管理所缺乏系统性认识，没有统一标准和系统性管理方法的问题。

(1)运营管理的目的是发挥公路功能同时实现经营目标，从公路本体价值角度体现为社会效益和经济效益，从管理主体意识角度体现为“经营好公路、服务好社会”的宗旨。

(2)运营管理系统化内容包括路产养护、路产管理、路产经营、运营安全、运营成本、运营绩效六大业务的管理，各业务具有明确的管理内容和标准。

(3)运营管理体系是由六大子系统业务管理内容组成的一个有机整体，整体的各部分之间存在逻辑与数据关联，并相互配合运行。

本章参考文献

[1] 蒋绍云. 高速公路项目投资决策要点研究[D]. 北京:对外经济贸易大学,2005.

[2] 张培军. 我国高速公路运营管理体制研究[J]. 中外企业家,2016(6X):114-115.

[3]《中国公路学报》编辑部. 中国交通工程学术研究综述[J]. 中国公路学报,2016,6:52-60.

[4] 交通运输部文件(交公路〔2016〕101 号).

[5] 广东省交通科研课题“高速公路运营成本体系研究与评价”. 广州珠江黄埔大桥技术有限公司等.

第3章 公路运营管理理论

管理是组织或个体主体针对特定的事项或事物客体,对所拥有或可利用的资源和环境要素进行有效的计划、组织、执行和控制,以达到预设目标的过程。这一过程,需要对管理要素及其应用的规律、特征等知识进行系统认知,并将复杂深奥的问题简单化,将零散、混杂的问题系统化。这便是理论的构建。

第2章通过对公路运营管理现状的研究提出了运营管理的系统化内容,并根据各业务管理的规律及相互关系构建了运营管理体系;在体系构建过程中,采用了系统归纳法,在系统目标管理过程中提出了预防性管理的理念。但要真正实现公路运营中的资源共享、信息互通以及工程全寿命周期的质量、安全、效能等目标和解决行业可持续发展等问题,需要科学的方法论进行针对性指导。

3.1 预防性管理理论

"预防"在《辞海》中的解释就是预先防备。预防一词很早就已成为中国军事、哲学和医学中的重要术语。例如,南朝《世说新语·言语》:"身不能以道匡卫,思患预防,喟叹之深,言何能喻";宋《辩兵部郎官朱元晦状》:"陛下原其用心,察其旨趣,举动如此,欲何以为!诚不可不预防,不可不早辨也"。现代社会,预防的外延得到进一步扩展:"预"含事先、提前、预见、预期之意,其结论来源于实践、观察、思考、辨析、推论;"防"则是根据"预"得出的结论,对可能出现的不合理情况提出解决的方法论,同时采取应对手段和措施。在管理实践中,为了实现预想的结果,人们通常情况下需要采取主动干预的管理手段,通过创造实现条件和消除可能造成失败的各种因素,使事情在预期的轨道上正常发展,这是一种预防性的管理思维。

预防性管理(Preventive management)是指人们在实践中,通过总结、推导、认知的思维过程,预知事件不同行为的结果,通过有效的组织、创新,并采取一定的手段、措施,消除导致不良的因子,以达到预期目标,实现价值提升的主观能动的管理活动。以预防性管理思维为核心而建立起来的一套理论体系称为预防性管理理论。揭示预防性管理内涵的过程包括5个方面。

一是本质认知过程。通过现状分析、系统归纳、逻辑推理和科学实验过程认识事物的本质和发展规律。

二是建立因果关系。通过系统认识,建立事物的预期结果与实现条件之间的逻辑关系,构建管理关系。

三是开展数据分析。通过系统收集事物的历史信息数据及相关类似事物信息和发展的过程信息,建立管理信息数据库并进行大数据分析,预测事物的发展方向。

四是实现预期目标。通过目标实现及其内因、外因分析,按管理关系建立管理主体和客体与因果条件的时间、空间、环境等多维度的关系,精准实现管理目标。

五是强化目标价值。通过先导性的管理和正向文化建设,建立以价值提升为导向的主观能动方法,常态化、高质高效、高可靠性地实现管理目标。

因此,预防性管理理论是一种建立在大数据环境下的因果逻辑推断理论,是一种事先预见结果,排查并消除不良引导因素的有计划、有组织、有执行、有控制、有效能的管理活动,是一种避免危机、控制风险、保证常态高质的最大可靠度的理论。预防性管理是"格物致知",是"道法自然",是"观阴阳之开阖以命物",是有的放矢的执行。

预防性管理理论结构包括4个模块:理论内核、实施要点、系统目标、实现原理。预防性管理理论结构,如图3-1所示。

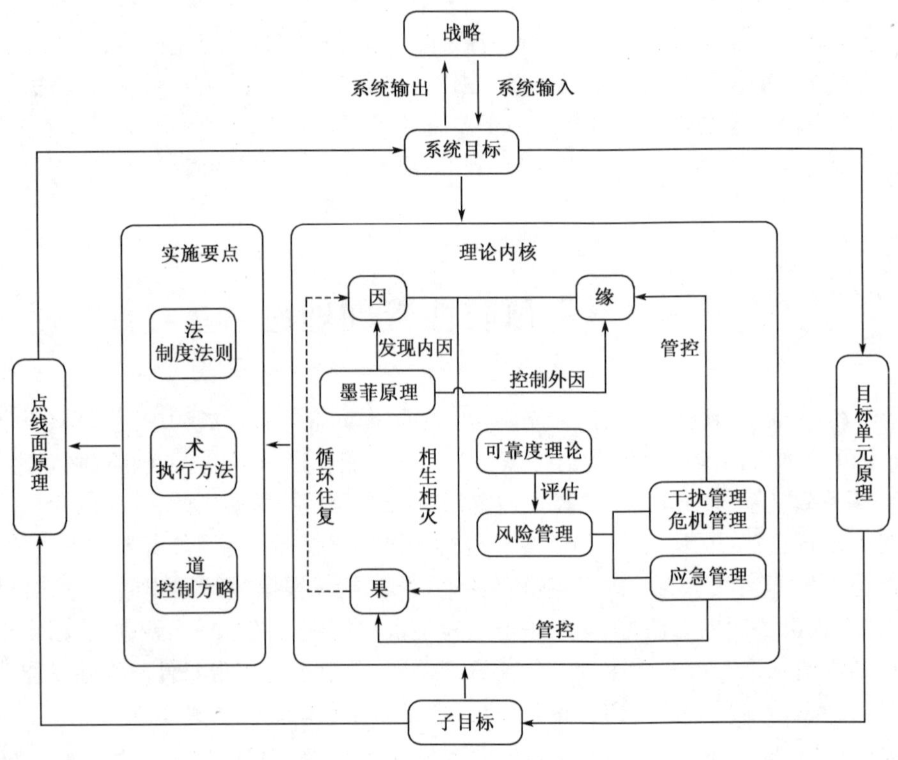

图3-1 预防性管理理论结构

3.1.1 理论内核

预防性管理理论的基础是因果辩证关系,通过文献调查与例证分析,可以找到许多相似事件的共性,包括诱发原因、影响程度、处理方式等,从而评估相似事件的可控程度,提前实施管理控制,以达到规避风险的目的。墨菲原理是预防性管理理论的向导,它以悲观主义的观点警示管理者谨慎对待职责,同时给出预防性管理理论解决问题的思路,发现不可控的内因,并积极控制可控的外因,以达到控制风险的目的。风险管理理论贯穿整个预防性管理理论,其成熟的管理模型与管理技术为风险因素的过程管控提供理论和技术支撑。理论与实践之间存在区别,实践过程需要作为组织的集体来完成,这个过程要依靠组织制度、组织结构等加以保障。因此,在预防性管理理论执行的过程中,管理者的作用至关重要,需要对组织结构进行可靠度分析,评估其风险管理的能力,及时发现薄弱环节并处理,从源头控制和规避风险。

预防性管理理论以“缘起论”为理论根源,提出产生结果的直接原因或内在原因是结果构成的物性前提,产生结果的间接原因或外在动因是天时、地利和人为条件,进而以“墨菲原理”、风险管理、危机管理、可靠度理论为技术支撑,提出三阶段进行的管理思路,以目标单元原理和点线面原理为理论指导,同时根据目标主体自身历史纵向的数据信息和类似横向的数据信息进行数据信息分析和管理,突出主动预防和事前控制的基本思想,从而保证理论本身具有丰富的思想内涵和可靠的实践意义,如图3-2所示。

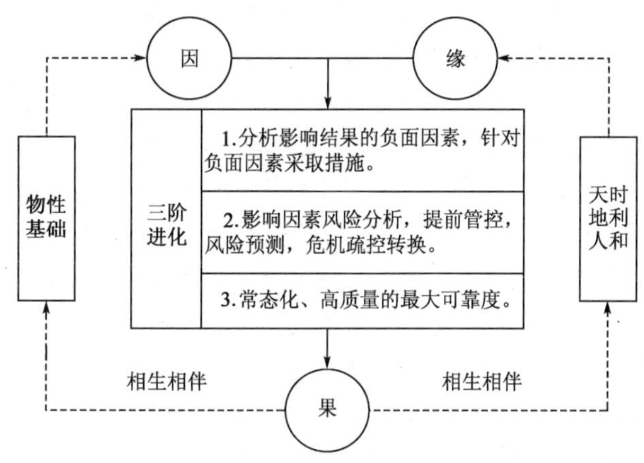

图3-2 预防性管理理论内核

在事物三阶段的进化过程中引入了信息论中的数据分析思想、控制论的信息反馈思想、风险管理理论的预防思想、危机管理理论的综合预控管理思想、常态管理理论的全过程、全范围内的平衡管理思想。这些思想思维方法集中体现了预防性管理理论是一种考虑人、事、物及时间与空间一体的因果逻辑推断的理论。人、事、物是预防性管理的本质要素,人是指一切与行为有关的主体或对象,事是指涉及管理业务执行的一切事件,物是指一切与事有关的物质要素。

3.1.2 实施要点

预防性管理具有严密的辩证逻辑思维,其概念中包含了事前谋划、事中控制、事后评价的全过程控制的管理理念,其管理过程依赖于科学的制度法则、有效的执行方法和完善的应急机制,并在总结创新、执行疏导、效果控制相结合的管理文化指导下,形成了“一以贯之”的系统方法论。预防性管理在因果关系转化过程中包含着制度法则、执行方法、控制方略三个层面的基本内容,与我国传统文化社会管理之“法”、“术”、“道”哲学思维相吻合。

(1)法

“制度法则”是为达到某种目标而订立的执行技术标准的办法、规章之类的强制性制度,即“法”。其哲学含义是“守道全法”。“法”道讲求守道、公利、公开、连续、易学、易行。“法者,编著之图籍,设之于官府,而布之百姓者也”(韩非子:《难三篇》)。立法原则,“因天命、持大体”“守自然之道”“因道全法”,在立法权的行使过程中,要遵循和顺应宇宙万物运行的根本规律,即“天命”和“道”,使“法”得以健全和完善,尽量令所制订的法追求“公利”而不“逆人心”;法令制订做到简洁易懂、切实可行,“表易见”“教易知”“法易为”(韩非子:《用人篇》)。“制度法则”包括法律、法规、办法及标准、图纸、规范等,它预先告知事件的目标、是非、要求和后果。制度是立规矩、定方圆,是实施管理的基础,制度执行必须坚持原则,做到泾渭分明;法则是自然规律和技术成果的结晶,是制度的实化和具体化,是预知和执行的基础支撑。

(2)术

“执行方法”是执行者应用法则的方法和管理者控制被管理者的方法和技巧,即“术”。其哲学含义是“正名信实”。“术”道讲求正名、信实、无形、技巧。制度法令应保持稳定性、连续性,切忌“朝令夕改”“法也者,常者也”(韩非子:《忠孝篇》),执行过程一方面强调责权利的统一,“凡治天下者,必因人情,人情者有好恶,故赏罚可用。赏罚可用则禁令可立,而治道具矣”(《韩非子·八经》);另一方面强调责位名实的统一,“因任而授官,循名而责实,操生杀之柄,课群臣之能者也,此人主之所执也”(《韩非子·定法》);同时强调“信赏必罚”“令出必行”,强化监督。“执行方法”包括决策、执行、创新,是实施管理的核心。决策是对预知结果进行判断并采取措施,《黄帝内经》指出:“善治者治皮毛,其次治肌肤,其次治筋脉,其次治六腑,其次治五脏”,“夫病已成而后药之,乱已成而后治之,譬犹渴而打井,斗而铸锥,不亦晚乎”,准确的决策可以收到事半功倍的效果;执行是按照制度法则对具体事件或决策的事项加以实施,执行力有赖于实施者具备良好职业修养,即解决问题纵深的专业性和解决横向联系、协调其他业务的责任心;创新包括外部类似成果的借鉴吸收和内部发展战略的技术攻关与应用,创新源于忧患,创新必须具有前瞻性,“生于忧患死于安乐”,创新是预防性管理的协调器和源动力。

(3)道

“控制方略”是管理者通过文化、伦理、价值的行为管理而实现目标的方法,即“道”,其哲学含义是“正德无为”。“道”讲求疏导、控制、正德、无名、无为。“法”与“术”最大的区别是,“法莫如显,而术不欲见”。“法”强调公开、应明文公布;“术”则应当潜藏胸中,择机使用,不轻易示人。“道”强调目标实现过程中管理者应做到恩威并济、执行疏导与效果控制并重,强调“为政以德,譬如北辰,居其所而众星拱之”(《论语·为政》),追求“道常无为而无不为”(《老子·道德经》),使执行者追求高质量目标成为常态化的活动。“控制方略”体现在有形的绩效、无形的监督和风险的应急。其中,风险应急包括风险辨析和应急响应,是在树立高质前提下的常态化管理和风险危机意识。风险辨析通过对整个管理过程任何物质和精神形态中可能出现超出允许误差的因素分析,找出关键要素并采取有效预防措施,从而避免风险的出现;应急响应是任何管理不可或缺的重要环节,也是风险辨析的有效补充,它主要解决自然不可抗力、外部灾变、职业道德缺失等可能产生的安全危机,其出发点是预防为主,力求做到无急可应、有急能应。

“法”就是将管理内容按照一定的规律和执行法则,变成系统的管理“字典”。“术”就是管理者实行法则和执行者依照法则用好管理“字典”。“道”就是通过“法”和“术”的学习和融会贯通形成的伦理观、安全观、质量观和管理文化。“法”是治理体系的根本,“术”是治理能力的体现,“道”是实现运营管理现代化的集中体现、文化表现。

3.1.3 系统目标

系统目标分两个部分——战略层与目标层:战略层关注运营的全局性,通过系统输入与系统输出实现与目标层的联系;目标层关注运营的局部性,通过两个基本原理实现总目标与子目标的联系。

系统目标的实现过程是一个有组织、有计划、有层次的过程,系统目标由系统构成的子系统目标组成,系统目标理所当然由各子系统的目标实现而实现。因此,要实现系统目标,首先需要理清预防性管理的层次特征、系统目标与子系统目标的逻辑关系并进行科学分解,从而理顺预防性管理理论运行的基本逻辑。

系统目标分解为子系统目标,系统总目标是由子系统所期望实现的结果。总目标通过战略、总体规划的形式来体现,具体表现为企业的愿景、指导方针、实现思路、实现途径、要素分析、保障方法等。但总目标往往具有阶段性、长远性、指导性、宏观性等特点,不能直接作用于实践,也难以简单实现,因此需要把总目标"化繁为简""化整为零",将总目标分解为易于实现的子系统目标,直接作用于实践指导。另外,子系统目标需要通过整合重新还原为系统总目标,这样才能实现分解目标的意义。因此,目标体系的建立是实施预防性管理的关键环节。关键要建立系统输入和系统输出的路径和方式,以保证系统目标分解和集成的过程不偏离、不违背初始意愿。这个环节体现了控制的重要性。按照预防性管理理论的因果辩证关系,建立起目标实现的基本途径与方法,如图3-3所示。

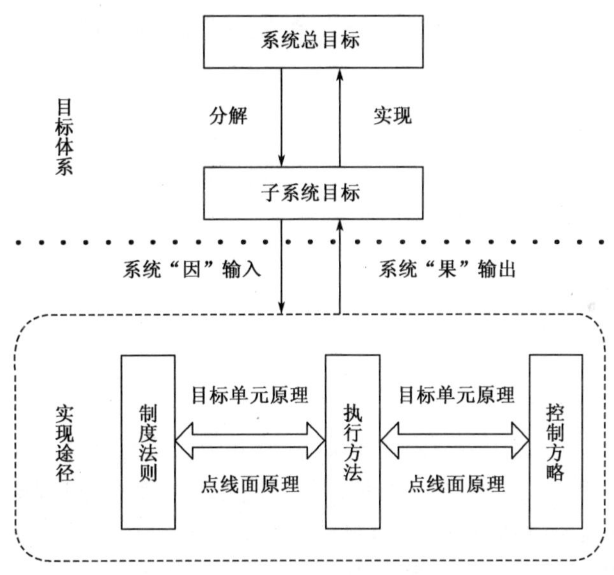

图3-3 目标体系实现途径

3.1.4 实现原理

总体战略通过系统的规划分解为各专业或各管理部门的系统目标,系统目标通过目标单元的层层分解建立了与子目标的对应关系,子目标通过理论内核建立与之对应的内因条件和外因条件,并落实条件因素的轨迹要点,在充分考虑目标实现的主体、客体、时间、空间等关系要素的基础上,经过目标单元原理和点线面原理的有效运行,层层实现各阶段、各层级的目标和整体战略,如图3-4所示。

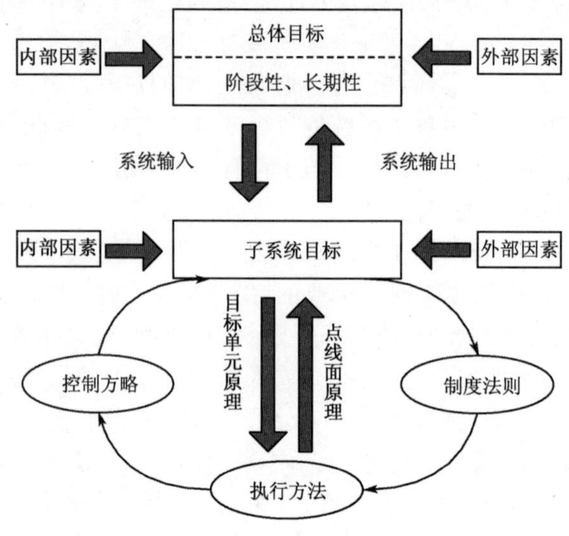

图 3-4　预防性管理理论实现原理

3.2　实现系统目标的原理

目标单元原理将企业总体战略通过层层分解为岗位任务，将目标体系分解为员工目标，通过企业最基本单元（员工单元）任务的完成和个人目标的实现促成企业总体战略目标的实现过程，就是实现系统目标的“目标单元原理”和“点线面原理”。目标单元原理和点线面原理体现了“大道至简”的管理哲学思想。

3.2.1　目标单元原理

1）目标单元原理的概念

目标单元原理的主旨思想是将系统总体目标根据子系统分解成若干具体目标，将每一项目标视为独立单元，依赖单元目标的完成促成总体战略的实现。按照战略和目标计划分解的逻辑关系，以及管理体系中组织架构完成目标主体的分工，将目标任务分为与组织架构相匹配的多层级目标单元，并建立不同目标单元之间等量的数学关系。这一关系称为目标单元原理，如图 3-5 所示。

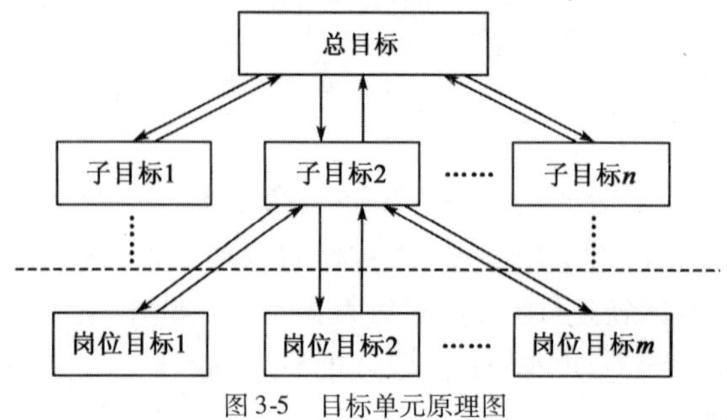

图 3-5　目标单元原理图

按照这一原理,企业的宏观战略首先分解为公司目标单元,进而分解为员工目标单元,也就是将宏观的企业战略分解到每位员工(从董事长到一线生产工人)完成本职工作最简单、最具体、最可控的员工自我管理中。也就是企业赋予员工目标单元的实现将促成公司目标的实现和企业整体战略的实现。

按照目标单元原理,企业及其决策者的首要工作就是创造员工完成工作目标和实现梦想的条件(物质文化、制度文化)、培植员工积极工作和勇于创新的正气(精神文化),由此产生的正能量将促成员工目标单元和总体战略的实现。这种正气和正能量构成标杆体系文化的实质内涵,并支撑企业充分融合于社会的发展与进步中。

2)目标单元管理技术

战略目标的实现需要建立完善的内部管控机制,并对外部工作进行有效协调,这种机制的建立包括制订科学战略计划、配套战略治理架构及完成组织任务目标。其中战略计划处于核心地位,战略计划具有企业计划的客观性、任务目标具有内外任务的双重性、治理架构具有架构职责的界限性。

为了保障战略目标实现的最大可靠性,按照可靠度理论,战略目标单元可分为架构治理、战略计划、任务目标三个独立单元,则总体战略的实现分解成各子单元目标的完成。这种将管理体系分成若干子系统(具体业务),总体战略根据子系统分解成若干具体目标,将每一项目标视为独立单元,通过各项管理子单元相互之间有效运行和子单元目标的完成来实现总体战略目标的方法,称为目标单元管理技术,如图3-6所示。

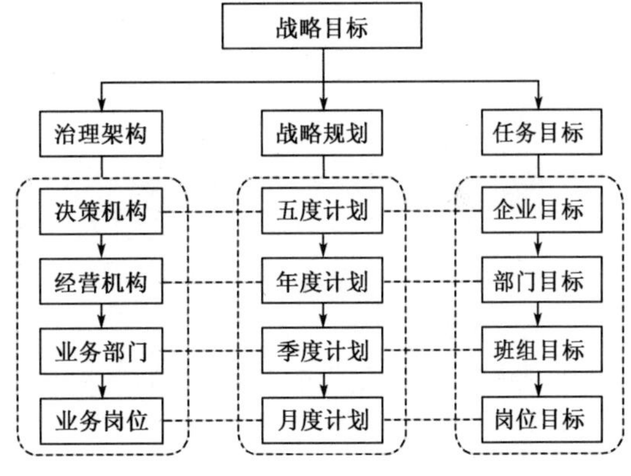

图3-6 目标单元管理技术框架

治理架构分解及任务目标分解是以并联形式为主的战略实施子系统,根据其组织架构特点及逻辑框架,可以构建一个简单的数学模型来阐述战略目标实现的可靠性与目标单元原理的关系。用$R_s(t)$表示系统的可靠度,$R_i(t)$表示第i个单元(子系统)的可靠度,n表示单元(子系统)数量,由并联系统的关系可知,计算的数学函数为:

$$R_s(t) = 1 - \prod_{i=1}^{n}[1 - R_i(t)]$$

子系统分解层次越多,总体目标可靠度越大。相对于串联系统,并联可明显提高系统可靠性,但当并联单元(子系统)增多时其可靠性增加程度带来的总体边际效益在递减。

3)目标单元原理的运行

将企业的目标和责任分解到部门、班组,进而分解到每个员工,使每个员工明白自己的目标、责任和任务,明白无论何时何地自己都是完成岗位目标的直接责任人;同时,企业、部门、班组将为员工提供实现岗位目标的基本理论、知识、经验和方法,并在岗位目标实现过程中提供帮助,企业、部门、班组时刻都是员工的第一责任人。为保障目标单元等量关系的可靠性,由上一级单元负责修正下一级单元的执行偏差,当偏差控制到目标误差范围内时进入本级单元的提交,直到战略实现,如图3-7所示。

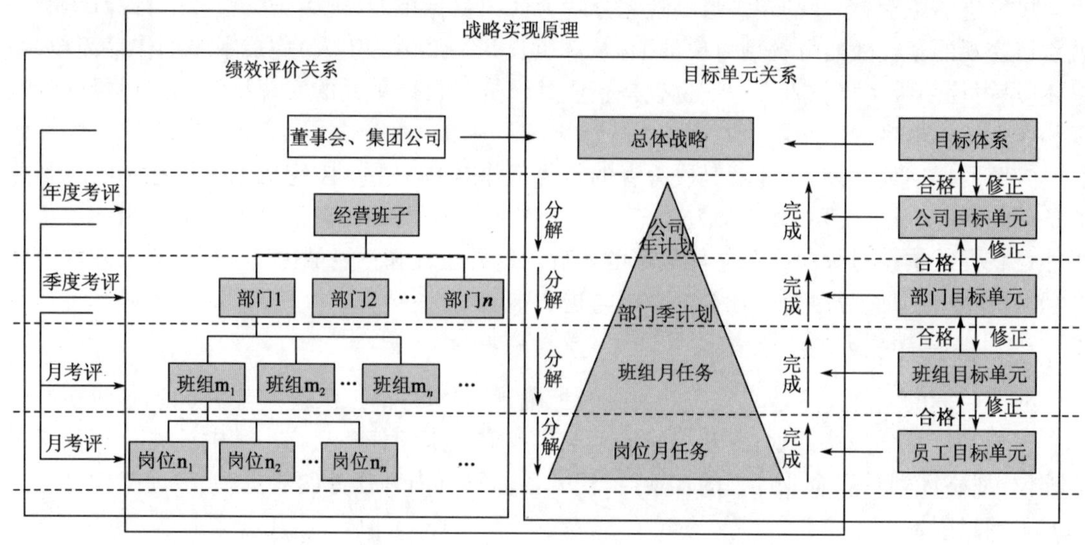

图 3-7　目标单元原理运行框架

(1)绩效考评体系

①董事会或上级集团对下级企业进行年度考评;

②下级企业经营班子对部门进行季度考评;

③部门对班组和岗位进行月度考评。

(2)战略实现

①总体战略或子系统目标分解为每年度计划,年度计划分解为部门季度计划,进而分解为班组和岗位任务;

②岗位任务的实现促成班组任务的完成和部门目标计划的实现,部门计划实现促成公司目标的实现;

③上一层组织负责修正下一层组织目标执行偏差,下一层最终提交的是满足可靠度要求的目标成果。

(3)目标体系

①董事会或上级主管单位批准、确定总体战略;

②企业经营班子根据总体战略编制各年度计划;

③部门根据企业年度计划分解成各部门季度计划;

④部门计划分解到班组的月任务;

⑤将班组任务对应分解到岗位。

4)目标单元原理运行方法

要有效推行目标管理法,必须首先对该方法的运用进行筹划,从整体上考虑企业为什么要实行目标管理法、要解决哪些问题及目标管理法的执行步骤等问题。

一般来说,目标管理法在过程上主要分为三个重要阶段,即计划、执行、考核。

计划阶段即设定目标过程,是目标管理法的初始阶段,同时也是非常重要的阶段。该阶段强调企业员工的全员参与,其目的是让员工真正领会目标,以获得员工的支持和理解,从而保证目标管理的有效实施。

执行阶段主要解决如何完成目标问题，即寻求达成目标的手段与方法。为了实现组织的最终目标，组织领导人必须对执行阶段的关键环节进行控制，如规定工作程序、明确办事原则、加强监督制约等，同时指定专门人员对目标执行阶段实施控制。考虑到该过程要靠大家完成，因此受主观影响较大。尤其是遇到部门目标与组织目标发生冲突时，必须由组织最高领导人出面协调解决，从保证组织整体目标考虑适当调整部门目标或修改组织目标，以确保组织目标的有效实现。

考核阶段主要是对目标管理法的实施结果进行最终检查和评价，为目标管理法的持续改进打下基础。同时，在筹划过程中，要清楚地知道目标管理法的成功使用必须具备的几个前提条件，即企业管理基础工作要满足目标管理法的要求。

实施目标单元管理法应具备以下几个基本条件：

第一，企业基础管理工作扎实。表现为主要业务工作有程序可循、考核有标准可依，产品设计和工艺标准化程度高，职工上岗前经过培训，各项管理制度健全，不能使控制落空。同时，大量的协调工作必须有人去做，以保证企业整体目标的完整性。控制和协调必须紧密围绕企业总体目标开展，要有利于企业目标的实现。当部门目标与企业目标出现差异时，企业领导要及时出面纠正。当部门在执行目标中发现问题时，企业领导应及时出现并做好解释和协调工作。

第二，人力资源的有效利用。管理者工作的好坏，取决于其工作努力程度。目标管理法能否有效实施，还要看企业是否能把具备不同能力的人用在比较恰当的位置上并进行有效的管理，因为目标的实现过程要靠人去完成。在企业中，有的员工工作积极性很高，但学识水平、经验或办事能力有限，造成其心有余而力不足，无法适应目标管理法所规定的岗位要求，影响了目标的完成；而有的员工工作潜力很大，他会克服一切困难去促进目标的实现，但由于其缺点也非常明显，同时受传统用人观念的影响，这些人很少被重用。如何合理用人，是目标管理法能否成功的关键，尤其是企业高层管理人员的选聘更为重要。

第三，管理效能的有效性。传统管理采取比较粗放的形式，对管理效能的衡量方法往往注重形式，常采用考核表，主要看管理者个人的品行，看其是否努力工作而不重视管理成绩产生的方式。在目标管理制度下，对管理者的工作职责和管理工作所要达到的目标均有明确规定，代替了繁琐并具有官僚主义色彩的考核表，只需将管理者应达成的目标与其实际成果相比较，管理业绩便一目了然。

第四，发展与提高的有效性。目标管理法的最高要求是促进企业的发展和各项业务的提高。在目标管理法的方式下，对每一位管理者或一般员工都有工作职责和所要达成目标的规定，这就促使每个人都必须主动工作、努力工作，不能寄希望于别人的救助，或把不应该授权的决断责任推给别人。因此促进了员工对工作积极思考的良好风气，同时也提高了员工队伍的整体素质。通过目标完成情况的对比，也能显示员工的优缺点，给评价员工能力提供了一种方法。

3.2.2 点线面原理

(1)点线面原理的概念及内涵

点的有序排列组成线，线的组合形成面，通过点线面三者的有机组合将形成牢固的几何体，这种参照几何原理形成的目标组合控制方法称之为“点线面原理”。

要一个人(一个点)、一个集体(一条线)、一个社会(一个面)，去保证另一个人、另一个集体、另一个社会的目标是否完成,是做不到和做不好的。在一定区域范围内,只有点的目标完成才能保证线的目标完成,只有点和线的目标完成才能保证面的目标完成,只有每个点、每条线、每个面的目标都完成才能保证全面目标的完成,这就是单元目标实现的“点线面原理”。根据这一原理,员工目标单元的实现将促成公司目标的实现和企业整体战略的实现。因此,培养每一个单元目标的能力和责任意识,并使其根植于每个人心中,如同吃饭、睡觉一样成为常态的自觉行为,是常态化高质量完成目标的根基。

点线面原理可以是二维的横纵结构,可以是三维的空间结构,可以是考虑时间参数的四维空间,还可以是考虑成本参数的五维空间结构,以及考虑循环发展的六维空间结构。而空间结构的选择取决于目标体系实现的需要和参数数据的完备性、系统性。

(2)点线面原理的运行

“点”个人所对应范畴不同,“线”和“面”可以是班组、单位、系统、行业,也可以是家庭、社区、各级政府乃至国家和全社会。管理目标实现前提是“点”目标的实现,如何实现“点”的管理目标,“线”和“面”将起到明确的作用。首先,将“面”目标的目标和责任分解到“线”,进而分解到“点”,使每个“点”个人明白目标、责任和任务;其次,“面”和“线”将为“点”个人提供实现管理目标的基本理论、知识、经验和方法,并在点目标实现过程中提供有效监督和帮助;最后,“线”为“面”和“点”提供承上启下的连接功能,这条“线”就是与“点”个人具有直接利害关系并承担其教育义务和管理责任的家庭、学校、单位,如图 3-8 所示。

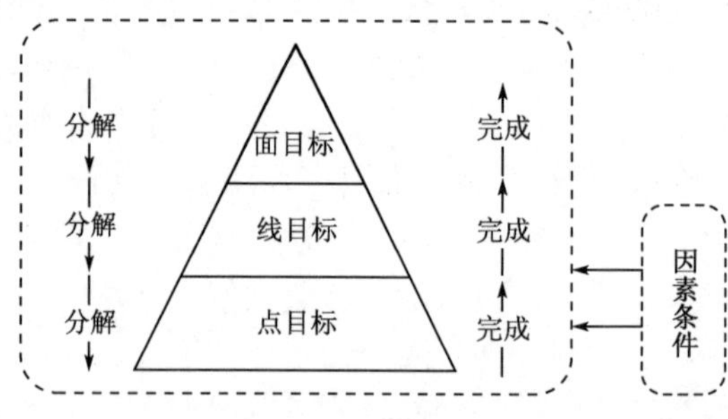

图 3-8　点线面原理

“点”个人按照“线”集体和“面”社会提出的目标要求和提供的知识及帮助,在目标实现过程中不断学习、总结、自省、参悟,得到能时刻保障自身目标和周边人和物目标实现的经验并使之成为常态化的自觉行为。

3.3　预防性管理实现途径

预防性管理是建立在大数据前提下的因果关系理论。标准内容目标高质、高效实现的常态化;目标、任务、因子、方法的系统化;内容规范、程序规范、格式规范的标准化;行为主体、环境、时间的可靠性是预防性管理的基本特征。遵循预防性管理基本特征,系统完整地利用因果条件相关数据进行管理是预防性管理目标实现方法。预防性管理基础是信息数据的获取,信息的质量和信息的系统性、完整性决定预防性管理质量和效率。预防性管理实现方法包括数据化管理、字典化管理、常态化管理、创新性驱动四大管理方法。

3.3.1 数据化管理

数据化管理方法是通过对管理事件事前、事中原始数据信息和相关量化指标数据，以及同类事件相关信息的收集、存储、分析等技术手段得到有价值的数据信息，并利用数据成果开展预防性管理的做法。

原始数据一般是各种类型的结构化、半结构化（或称之为弱结构化）及非结构化的海量数据，需要进行分析、推断与转化等加工处理，才能获得可用数据。同时，预防过程还必须不断地对信息进行更新，实现信息采集的连续、稳定与标准化。现代数据管理通常采用大数据技术，它具备关联性、可追溯、可复制、可查询的特点，可以从各种类型的数据中快速获得有价值信息，其关键技术一般包括：大数据采集、大数据预处理、大数据存储及管理、大数据分析及挖掘、大数据展现和应用（大数据检索、大数据可视化、大数据应用、大数据安全等）[1]。大数据管理是实现了管理信息的数据化管理，其根本目的是实现精准预防、高效预防、精准治理的目标。

1）大数据采集

大数据采集一般分为大数据智能感知层和基础支撑层两方面。大数据智能感知层主要包括数据传感体系、网络通信体系、传感适配体系、智能识别体系及软硬件资源接入系统，实现对结构化、半结构化、非结构化海量数据的智能化识别、定位、跟踪、接入、传输、信号转换、监控、初步处理和管理等，必须着重攻克针对大数据源的智能识别、感知、适配、传输、接入等技术；基础支撑层提供大数据服务平台所需的虚拟服务器，以及结构化、半结构化及非结构化数据的数据库及物联网络资源等基础支撑环境，重点攻克分布式虚拟存储技术，大数据获取、存储、组织、分析和决策操作的可视化接口技术，大数据的网络传输与压缩技术，大数据隐私保护技术等。

2）大数据预处理

主要完成对已接收数据的辨析、抽取、清洗等操作。抽取：因获取的数据可能具有多种结构和类型，数据抽取过程可以帮助我们将这些复杂的数据转化为单一的或者便于处理的构型，以达到快速分析处理的目的。清洗：对于大数据，并不全是有价值的，有些数据并不是我们所关心的内容，而另一些数据则是完全错误的干扰项，因此要对数据通过过滤“去噪”从而提取出有效数据。

3）大数据存储及管理

大数据存储与管理要用存储器把采集到的数据存储起来，建立相应的数据库，并进行管理和调用。重点解决复杂结构化、半结构化和非结构化大数据管理与处理技术。主要解决大数据的可存储、可表示、可处理、可靠性及有效传输等几个关键问题。开发可靠的分布式文件系统（DFS）、能效优化的存储、计算融入存储、大数据的去冗余及高效低成本的大数据存储技术；突破分布式非关系型大数据管理与处理技术，异构数据的数据融合技术，数据组织技术，研究大数据建模技术；突破大数据索引技术；突破大数据移动、备份、复制等技术；开发大数据可视化技术。开发大数据安全技术。改进数据销毁、透明加解密、分布式访问控制、数据审计等技术；突破隐私保护和推理控制、数据真伪识别和取证、数据持有完整性验证等技术。

4)大数据分析及挖掘

大数据分析技术是指改进已有数据挖掘和机器学习方式的技术,用以开发数据网络挖掘、特异群组挖掘、图挖掘等新型数据挖掘技术,突破基于对象的数据连接、相似性连接等大数据融合技术,以及突破用户兴趣分析、网络行为分析、情感语义分析等大数据挖掘技术。而数据挖掘就是从大量的、不完全的、有噪声的、模糊的、随机的实际应用数据中,提取隐含在其中的、人们事先不知道的、但又是潜在有用的信息和知识的过程。

从挖掘任务和挖掘方法的角度,着重突破:①可视化分析。数据可视化无论对于普通用户还是数据分析专家,都是最基本的功能。数据图像化可以让数据自己说话,让用户直观地感受到结果。②数据挖掘算法。图像化是将机器语言翻译给人看,而数据挖掘就是机器的母语。分割、集群、孤立点分析还有各种各样五花八门的算法让我们精炼数据,挖掘价值。这些算法一定要能够应付大数据的量,同时还具有很高的处理速度。③预测性分析。预测性分析可以让分析师根据图像化分析和数据挖掘的结果做出一些前瞻性判断。④语义引擎。语义引擎需要设计到有足够的人工智能来从数据中主动地提取信息。语言处理技术包括机器翻译、情感分析、舆情分析、智能输入、问答系统等。⑤数据质量和数据管理。数据质量与管理是管理的最佳实践,透过标准化流程和机器对数据进行处理可以确保获得一个预设质量的分析结果。

5)大数据展现与应用

大数据技术能够将隐藏于海量数据中的信息和知识挖掘出来,为人类的社会经济活动提供依据,从而提高各个领域的运行效率,大大提高整个社会经济的集约化程度。在我国,大数据将重点应用于以下三大领域:商业智能、政府决策和公共服务。例如:商业智能技术,政府决策技术,电信数据信息处理与挖掘技术,电网数据信息处理与挖掘技术,气象信息分析技术,环境监测技术,警务云应用系统(道路监控、视频监控、网络监控、智能交通、反电信诈骗、指挥调度等公安信息系统),大规模基因序列分析比对技术,Web 信息挖掘技术,多媒体数据并行化处理技术,影视制作渲染技术,其他各种行业的云计算和海量数据处理应用技术等。

3.3.2 字典化管理

字典化建设是管理体系现代化的具体表现。根据目标单元原理,将管理对象按照管理业务特征和具体的范畴,将管理内容分解为若干信息单元,每个信息单元按照目标实现途径和有关规则,将具体业务的管理内容编成可操作的管理字典,这种利用专项业务字典开展管理的方法称为字典化管理方法。

(1)字典化管理的基本内容

管理字典包括业务管理细则、标准、指南等,字典化管理方法包含编字典、用字典和主动用好字典三方面内容,与预防性管理实施要点形成对应。在管理实施过程,以预警预控、权责一致原理为依据,以规范化、合理化为准则,明确目标管理中组织架构的执行和控制主体的责任及义务,形成了目标管理合同化、管理内容格式化、内容执行程序化、执行手段信息化的一整套管理方法[2]。

合同化管理以事前控制理念为指导,通过制订详细规范的管理办法,明确目标管理中执行和控制主体的责任和义务,并将管理办法纳入合同专用条款强制执行。合同化管理将公路运营管理全过程置于“合同法”等法律范围内,实现了项目管理从“依办法”到“依法律”的质的飞跃。

格式化管理以精细管理理念为指导，对于目标管理中执行和控制主体的业务关系及其管理内容，全部采用统一的表格和格式进行管理。格式化管理作为一种规范化的管理手段，在实施过程中，既要考虑局部管理的优化，又要兼顾各管理部门及全局的管理效率，以统筹的眼光审视和解决问题，使管理职能具体化、格式化，显著提高了管理效率。格式化管理实现了管理目标、管理内容及管理业务的规范化和精细化。

程序化管理以职权一致理念为指导，将管理流程和工作标准按一定规则固化下来，形成执行程序范本。程序化管理以实施细则为依据，实现了执行业务内容定单位、定部门和定岗、定人、定时、定责的管理。

管理字典是自然规律和技术成果与管理方法的结晶，是管理细则、标准、指南等制度内容的系统化、规律化和具体化，是预知和预防性执行的基础支撑，是管理效率和质量的根本保障。

(2)字典化管理的表现形式

字典化管理，一方面通过管理制度标准化的内容、格式、程序的编制和执行来表现，另一方面则通过统一的管理信息标准化的编码原则、数据内容、格式、流程的数据字典的编制和数据化管理来表现。

管理数据转化为有价值信息数据进行管理是数据化管理的基本特点，在信息和数据交错和转换过程中必须按照预定的编码原则，按照规律和逻辑关系将管理基本单元转化为可以进行系统识别的字典信息，并在大量管理信息中提炼有价值数据。

在管理内容和管理信息字典化过程中，明显地体现了预防性管理的系统性、关联性和针对性、主动防备性的特点。

3.3.3 常态化管理

“常”与“变”是中国文化和中国哲学的重要思想内涵，它指出了事物存在的不同形式或运动的不同形态所建立起既对立又联系的辩证关系。常，为永恒、固定不变之意。《玉篇》：“常，恒也”，《正韵》：“久也”，有恒常、经常、不变的意思。变，为变更、变化之意。《说文》：“变，更也”，变更就是改常、易常，《诗・七月》孔颖达疏：“变者，改常之名”。常与变的形成与发展在《周易》、《孙子》等名著中有充分论述，在《黄帝内经》更是充分体现，荀子从体常与尽变的联系中指出常与变对立统一是“体常不变而能穷尽事物的变化，事物的变化又以体常为本”。“体常”指依据事物的本质、规律和行为法则，事物的发展过程存在无数的可变因子，在因子变化和处置过程中推动着事物向前发展，这种发展在变革为新事物之前始终表现为守恒状态，这种状态就是事物发展的相对稳定性。常态化管理就是依循规律、坚守原则，自觉处置影响事务来实现高质量目标的持续性行动。“体常尽变”或“守常处变”的管理之道在中国延续两千多年，在现代管理实践中仍具有普遍的指导意义。

公路行业不论属于交通运输业还是属于土木建筑业或经营服务业，均属于传统产业，因此决定行业的变革和公路运营管理将是一个“守常处变”的循序渐进过程，是一种通过不断处置问题及不良因子过程中实现自我改进式发展。

“守常”就是掌握规律，坚持法则。“经营好公路、服务好社会”的宗旨意识，“创新、向上、文明、和谐”的企业精神，“执行疏导、效果控制、防治结合”的管理文化，“认真负责、积极工作”的工作态度，“重点管理，全面保障”的管理思路，常态化地高质量、高效益完成了路产养护、经营、管理等各项运营业务计划目标等，这些都是运营实践的规律和必须坚守的本质，是运营管理之常。

“处变”就是解决问题，处置影响因子。部分员工心理和意识上存在懈怠表现为工作不积极、不认真、责任不足等内部问题；危化品、超限、超载等违规车辆运输等外部环境造成的安全风险；自然老化和使用环境条件变化等造成结构物病害；经营环境及路网变化等对主营业务收入的影响等，这些都是运营实践中出现和必须解决的问题，是运营管理之变。

既知常，何守常？既知变，何处变？必须做到不忘本质，稳步前行。就是通过对运营业务管理计划的有效执行，实现对各项成本的有效控制；就是要充分发挥公路功能并常态化地高质量、高效益地完成运营管理目标。

3.3.4 创新性管理

创新发展的本质是开发新兴产业、激活传统行业，实现价值提升。事物的矛盾总在不断变化，这种变化也推进事物不断向前发展。在发展道路上，现有的技术和方法并不能完美的解决事物发展中存在的旧问题和不断出现的新问题，因此，创新研究是预防性管理中必要的环节。要解决不断出现的矛盾，只有通过不断探索创新，在实现管理目标的同时推动价值功能的提升，这种依靠已知信息，不断突破常规，发现新事物、新方法的过程就是创新。创新带来事物本质性改变，实现了新价值，推动了事物的向前发展，因此，创新发展成为预防性管理理论新的方向和生命线，并成为预防性管理又一明显的文化特征和预防性管理的新常态。

(1)创新是预防性管理的协调器

创新形式包括外部类似成果的借鉴吸收和内部发展战略的技术攻关与应用，创新源于忧患，创新是具有前瞻性的探索过程。“生于忧患死于安乐”，创新是预防性管理的协调器，创新能够有效协调和解决管理过程中出现的问题，创新是一个组织永远具有生命活力，立于不败之地的制胜法宝。

(2)创新是发展的源动力

创新是预防性管理内在的动力源，创新通过对固有事物的经验总结、对固有事物的认识、对理论知识成果的学习和吸收，开展前瞻性的探索，针对新矛盾提出新的技术和方法，促进了生产力的进步和事物的发展，如图3-9所示。

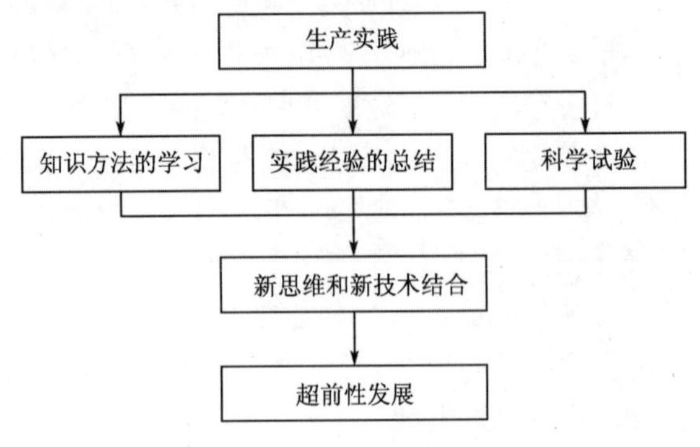

图3-9　创新发展方式

(3)管理创新和技术创新

创新是通过自然和社会规律的发展实现技术和方法的突破，创新分为技术创新和管理创新。技术创新是在生产实践中通过总结、发现、改进等方式和技术活动,改进现有工艺、手段、方法和创造新产品,使生产质量、效率和管理效益得到量的提升的过程。管理创新一是在实践中通过新的管理要素或引入要素组合使管理更加系统、高效,并保障目标结果的可靠性;二是通过新理论、新方法指引,建立新的运行模式,在强化主营业务质量、效率的同时实现跨行业发展和管理效益质的提升。技术创新是物质的、是基础,管理创新是精神的、是灵魂,只有两者相生相伴,才能改造或促进传统行业的发展。管理创新为技术创新提供导向性需求,将技术创新的成果转化为有价值的产品。

3.4 本章小结

针对公路行业发展及运营管理中存在的问题,根据问题导向的哲学思维提出了解决问题的预防性管理理论和实现方法。预防性管理是一个具有普遍适用性的工程管理理论,是一个依靠信息数据,考虑管理主体及客体与时间、空间关系和条件参数的因果辩证理论。

(1)预防性管理是指人们在实践中,通过总结、推导、认知的思维过程,预知事件不同行为的结果,通过有效的组织、创新,并采取一定的手段、措施,消除导致不良的因子,以达到预期目标、实现价值提升的主观能动活动。

(2)预防性管理理论结构包括理论内核、实施要点、系统目标、实现原理4个模块。系统目标实现以理论内核为支撑,以数据化管理、字典化管理、常态化管理、创新性管理为途径,分为战略层和目标层,通过"目标单元"和"点线面"两个基本原理的有效运行实现总目标与子目标的联系。

(3)以数据化管理、字典化管理、常态化管理、创新性管理为代表,预防性管理实现方法从内容、格式、程序、方法等方面规范路产经营、养护、维权等基本业务管理,通过制度保障业务开展过程中预算、质量、安全、效能等重点工作的落实,通过实施要点的控制,实现系统目标。

本章参考文献

[1] 林子雨.大数据技术原理与应用(第1版)[M].人民邮电出版社,2015.
[2] 王孟钧等.公路工程建设执行控制体系理论与应用[M].人民交通出版社,2008.

第 4 章　公路运营管理方法

管理方法是组织或个体主体运用管理理论和原理,完成管理任务,实现管理目标而进行的手段、方式、行为的总称。管理方法既强调依法、依规的规范性,更强调易懂、易教、易用的实效性。

上面章节中,通过公路运营管理概念的定义和内容的系统性界定,并以业务内容的运行规律和相互联系构建了运营管理体系,解决了公路运营缺乏系统性认识所带来的管理问题。另外,以预见性思维和因果逻辑关系建立起来的预防性管理理论、原理和实现方法,为运营管理实践提供了系统的方法论支撑。如何通过理论与实践的充分结合,去解决公路经营全寿命周期内的质量、安全和效能等系列问题,需要运用符合运营发展规律的一套管理方法和实现手段。

4.1　集团化管理方法

随着公路路网规模的不断扩大、区域性和全国性联网管理的推行,多元投资主体形成的分散管理模式越来越不适应公路网络化发展需要。为降低运营成本,提高业务管理质量和效率,建立适合公路网络特点和运行规律的“大数据 + 集团化”运营管理模式成为公路发展的必然趋势。“集团化管理”是基于预防性管理理论实现方法与大数据信息技术的概念提出的,是信息大数据在互联网应用的基础上,站在战略的角度将多种目标和因素进行通盘考虑,以实现科学、规范、高效的系统化管理,其目的是让公路运营管理实现“高效率、高质量、低成本”。

(1)集团化管理的概念

我国公路交通在快速发展和庞大的就业市场情况下提出了规范化、规模化、专业化的管理要求,开展非收费协作体系运营管理模式的自然演变过程,也对收费公路行业整体亏损和运营管理成本居高不下、管理效率偏低的现状提出了同样的要求。大数据信息化管理手段为保证实现规模化前提下的专业化、规范化管理目标提供了有效的技术支撑,并将有效提升管理的质量和效益;同时,利用专业信息数据对管理中出现的问题实现精准治理。这种利用数据信息技术实现公路运营规模化、专业化、规范化和精准化管理的方式和行为称为集团化管理方法。

具体而言,公路运营集团化管理方法,就是利用先进的互联网手段,将各岗位、各部门所掌握的数据信息,如路产信息、物料信息、管理信息、技术信息等运营管理信息汇集到云端存储,利用大数据技术手段对资料进行汇编整理,并加载到相应的数据库中进行分析、管理,实行统一调配和权限管理。实现运营管理信息数据化、规模化、专业化、精准化的“四化”管理目标,并让运营管理架构中每个管理单元都可以集中精力做他们最擅长的专业工作,在优化整个企业的资源配置和各种管理资源共享过程中提升总体管理效能。

(2)集团化管理的实现条件

集团化管理实现的技术支撑是管理信息数据的有效利用,涉及数据字典、信息单元、集成分析技术等。

①大数据集团化管理的最佳条件是具有共同管理主体。非收费公路以行政区划分公路管理机构管理区划内的公路运营。收费公路按照经营权(可委托、合并)共同主体责任运营管理,一般为各省或地级市交通(投资)集团。

统一管理编码:即统一的路产信息编码(字典)和管理信息编码(字典)。统一编码是管理数据信息化的前提,也是大数据分析利用的前提。

统一执行标准:统一专业管理必须执行统一的规章、制度和标准,做到管理内容规范、内容执行规范和执行格式规范。

规范公路资产内涵:公路资产包含公路经营范围内所有有形资产和无形资产的总和,其中有形资产包括公路实体财产和土地资源,无形资产指公路经营收益的预期增长等。

②公路运营正在探索走集团化管理道路,非收费公路通过强制改革将公共养护作业由原来的事业化的道班管理模式过渡到企业化的养护市场模式,从而为养护管理集团化创造了规模化、专业化条件,而收费公路通过内部资产(路段)合并,在系统内统一将业务管理或通过经营权转让或委托运营管理等形成从管理到养护收费等具体生产业务管理,为集团化管理创造了条件。

(3)集团化管理的目标和意义

公路运营集团化管理的目标是:落实权责一致、多规合一、信息共享,实现公路经营的统贷、统建、统还,降税负、降成本和提高质量、提高效能。

集团化管理的具体表现形式为撤并集团内部子公司,并将专业管理重组、理顺组织架构,从而去除内部重复无效的机构或部门,解决客服大而不专、重而不稳的高耗低效和多种责任主体不到位的问题。其意义表现在如下方面:第一,节约人力资本,实现资源共享,提升资源利用效率;第二,降低企业内部交易成本,提升管理质量;第三,提高管理效率,实现管理系统化、专业化、规范化。基于“大数据”信息技术手段提出集团化管理概念,进而提出公路投资、建设、管理和经营的集团化。集团化管理实现了管理资源的充分共享,它是未来公路运营管理发展的方向,是解决我国公路行业未来发展所面临的专业管理不专业及管理效能低、成本高等问题的有效途径。

集团化管理包括规模化、专业化和规模化加专业化三种组织管理形式。其中,规模性集团化管理涵盖运营业务所有管理及综合管理内容,其表现形式为撤并路段管理公司(或委托管理),成立区域性运营管理中心(或公司);专业性集团化管理亦称基本业务集团化管理,是指区域性交通管理部门或公路投资集团公司按照专业化管理模式成立若干专业管理中心或公司开展业务活动的方式。公路运营基本业务集团化管理包括路产养护集团化、路产经营集团化和路产管理集团化。

4.1.1 路产养护集团化

路产养护集团化管理,是指各地交通主管部门或交通投资控股(集团)公司通过撤销或合并多级重叠的养护管理机构,组建区域路产养护中心,统筹公路的养护管理工作,实现养护专业化;同时,利用大数据分析开展预防性养护规划和养护组织,对关键部位、重要结构、重点区域的安全隐患进行系统排查和精准治理，如图 4-1 和图 4-2 所示。

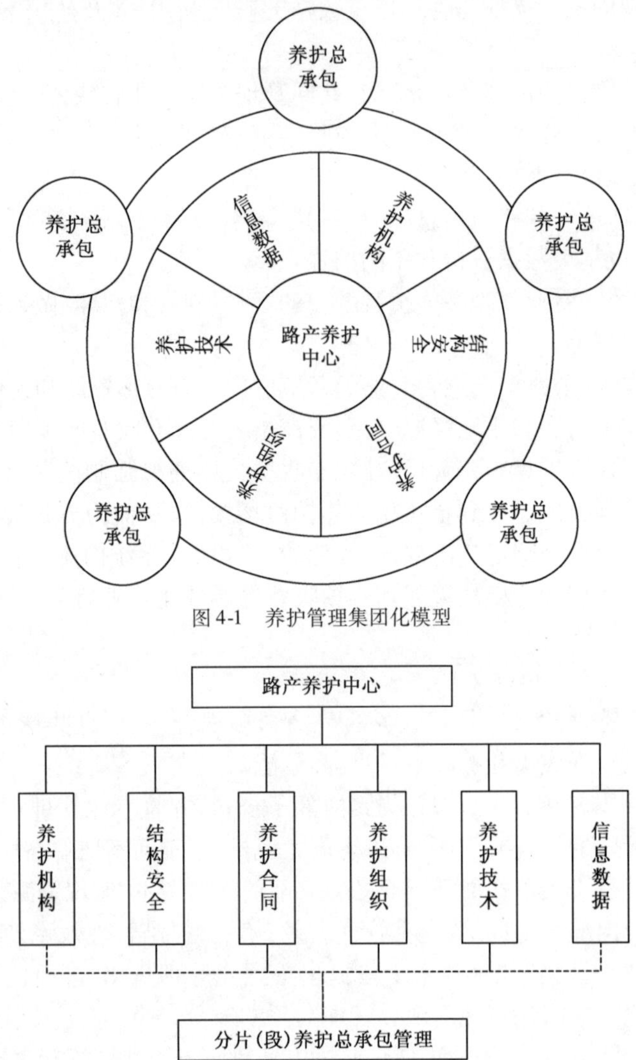

图 4-1　养护管理集团化模型

图 4-2　路产养护中心职能

集团化管理方法通过集团公司撤并原有子公司，组建路产养护管理中心或养护专业工作组，由集团公司直接领导，实现养护专业化。经撤并的每个投资主体项目的路产养护信息作为一个单元，共同构成集团养护管理基础，对集团内的养护业务工作实行统一的管理，而每个单元养护预防管理工作和成本核算工作独立，同时按比例分摊总体管理成本。

(1)路产养护中心构建目的：

①统一管理模式；

②统一技术标准；

③统一养护规划；

④统一预算计划；

⑤统一组织实施；

⑥统一检测验收；

⑦统一后期评价。

(2)路产养护中心的主要职责：

①构建路产养护组织框架，界定路产养护的边界；

②界定养护总承包单元的边界、内容、标准、费用、责任；

③制定养护技术标准，确定养护工程方案；

④对养护工作及相关承包合同执行的管控；

⑤利用大数据分析开展预防性养护规划、组织，对关键部位、关键结构、重要区域、重点危险源的安全隐患进行系统排查和精准治理；

⑥对建设期重要结构物的建设标准及养护设施建设提出建议。

公路属于线状工程，地理跨度大，路况多有不同，因此养护问题及养护方式各不一样。此外，各运营管理公司对养护技术的探索与创新能力不一，养护效率不一致，而养护工作和公路安全与通行能力有极大关联，养护问题既具时效性又具长远性，因此，养护集团化管理可以解决养护的专业性问题。同时，利用养护大数据分析和管理手段使各种养护问题都可以获得及时有效的处理。集团化的路产养护作业可以采用经营单位自行养护和外部养护两种形式，外部养护最优采用养护设计和养护作业“一站式”养护总承包模式执行。

4.1.2 路产经营集团化

路产经营集团化是指公路运营管理主体在其管辖区域内合并原有经营子公司的收费、租赁等经营业务并重新规划收费站站点布设，利用大数据分析开展交通规划和交通组织，对重点路段、交通敏感点、特殊结构物提出交通疏导方案和运营安全条件防范方案，通过信息集成实现运营业务执行的全面管理、监督和反馈，如图4-3和图4-4所示。

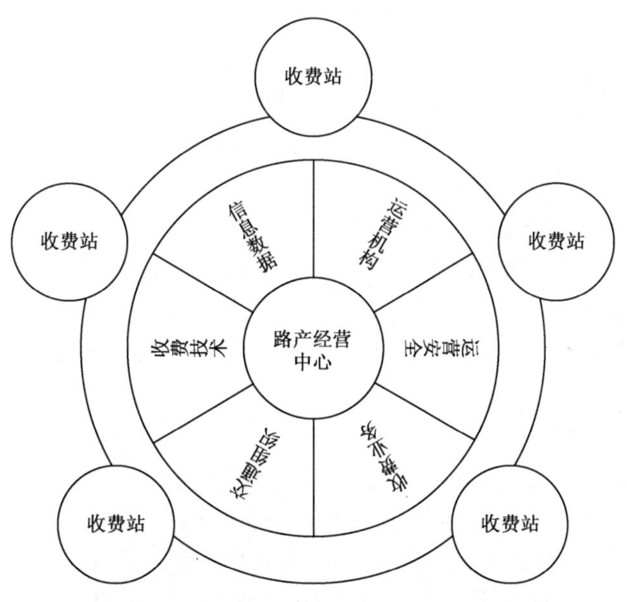

图4-3 收费管理集团化模型

在路产经营集团化管理中，每个投资主体以项目经营管理信息为单元构成集团经营管理集，从而对集团内所有收费项目业务实行统一管理，而每个单元经营管理成本按比例分摊。收费业务一般由经营单位自行组织实施,具体业务工作以收费站为单位,收费站主要工作包括收费服务、收费安全、现场稽查、站容站貌、票务等方面管理。

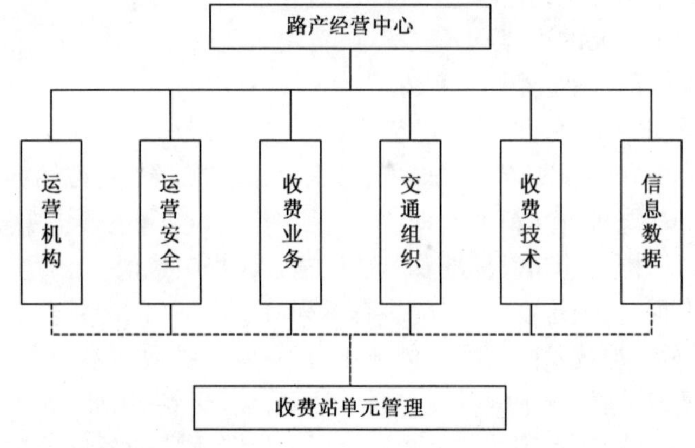

图 4-4　路产经营中心职能

(1)路产经营中心构建目的:

①统一交通组织;

②统一收费组织;

③统一收费许可(论证);

④统一技术(设施)标准;

⑤统一服务标准(水平);

⑥统一数据分析;

⑦统一收入核算。

(2)路产经营中心的主要职责:

①构建路产经营组织的框架,界定收费及其他经营业务边界;

②界定收费单元(站)的业务边界、内容、标准、责任;

③制定收费技术标准和服务标准;

④对运营收费业务开展的管控;

⑤利用大数据分析开展交通规划、交通组织,对重点路段、交通敏感点、特殊结构物提出交通疏导方案和运营安全条件防范方案;

⑥对建设期收费系统建设的系统条件和技术标准提出决策性的建议。

4.1.3　路产管理集团化

路产管理集团化是指在一定区域内组建路产管理中心(或路政支队)统筹公路的路产管理及路权维护工作,集中办理公路养护等业务所需的路政许可审批,对各类作业现场秩序进行监督,对各类侵害公路用地、破坏公路和设施的行为进行追查及索赔,并配合交通执法部门实施节假日及特殊事件的交通疏导,对危化品、超载超限运输车辆进行重点监控及跟踪管理,提高管理效率,提升应急保障能力,如图 4-5 和图 4-6 所示。

(1)路产管理中心构建目的:

①统一队伍建设;

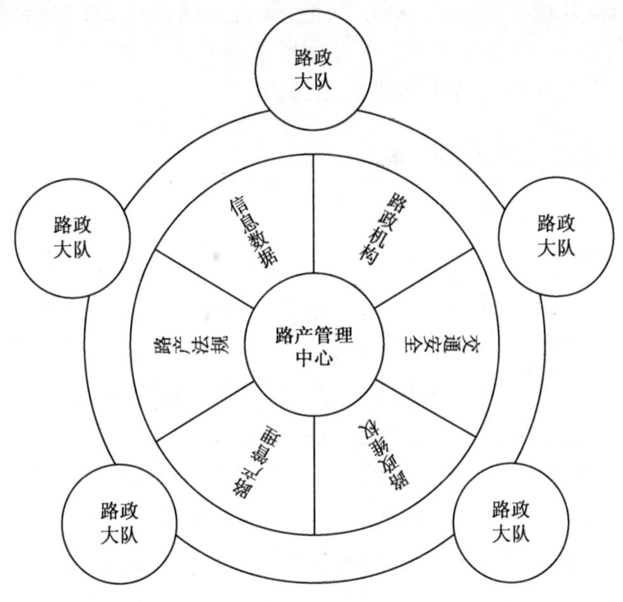

图4-5　路产管理集团化模型

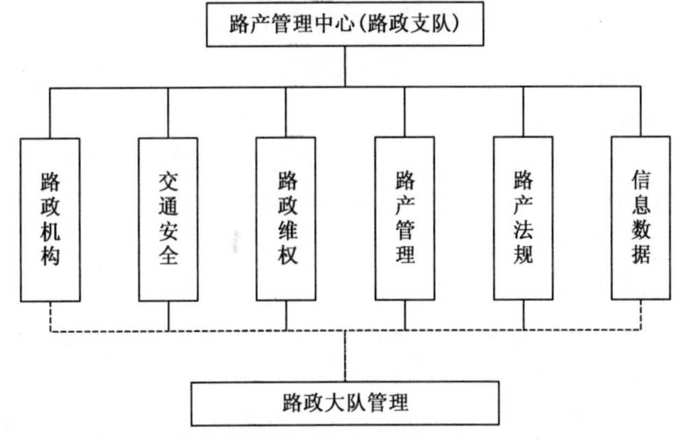

图4-6　路产管理中心职能

②统一管理要求；

③统一巡查制度；

④统一许可审批；

⑤统一交通疏导；

⑥统一赔补偿标准；

⑦统一应急保障。

(2)路产管理中心的主要职责：

①构建路产维权组织的框架,界定路产管理业务边界；

②界定管理单元(路政大队)的业务边界、内容、标准、责任；

③制定路产管理及路权维护标准；

④对公路标志标线的设置标准和质量、路产维护、路政许可审批及各类施工作业现场秩序进行管控；

⑤利用大数据分析开展路产巡查、路权维护,配合交通主管部门实施特殊事件交通疏导,对危化品、超载超限运输车辆进行重点监控及跟踪管理;

⑥对建设期路产管理规范化建设标准提出建议。

4.1.4 运营管理模式实例分析

4.1.4.1 项目背景

委托运营管理(或合并运营管理)是在公路路网不断完善和收费联网等新技术不断发展的情况下,为实现资源合理配置和降低经营成本,在适当的地域范围内,将不同收费公路路段集中委托其中(或合并成为)一家公司管理的模式。这种管理模式是对传统“一路一公司”管理模式的突破,也是实现集团化管理的初级阶段。

2012 年 7 月,广州交通投资集团(简称“广交投集团”)决议,在征得广州珠江黄埔大桥建设公司(简称“大桥公司”)三方股东同意的基础上,将广州新化快速(简称“新化”)、广州广明高速(简称“广明”)在项目建成后,委托大桥公司统一管理。对此,大桥公司召开经营班子会议,并开展相关调研,认为统筹管理合理、可行。之后,由大桥公司经营班子股东代表向股东口头汇报并形成初步接管意见;广州交投集团相关部门与大桥公司及新化、广明项目多次协商并开始方案的制订。2013 年 3 月,大桥公司董事会 2013 年第一次会议要求“大桥公司继续研究,提出具体方案后报董事会召开专题会议研究决定”。经比较、分析、研究,提出本方案。

4.1.4.2 项目基本概况

(1)广州绕城公路东段

国道主干线广州绕城公路东段(含珠江黄埔大桥,简称“东二环”),线路全长 18.694km,折算 6 车道高速公路收费里程 58km,由大桥公司负责建设和运营管理。项目起于黄埔区火村,与广州北二环高速公路及广深高速公路相接,终点与广珠东线高速公路及广明高速、新化快速公路相接。

全线设两个收费站,分为北片区(下辖笔村站)和南片区(下辖草堂站)。草堂设管理中心一处,笔村设生活区一处。项目于 2008 年 12 月建成并通车。

(2)广州新化快速项目

广州新洲至化龙快速路全线长 12.5km,起点与新港东路及广州环城高速公路东环线连接,向南跨越珠江后航道官洲河水道、沥滘水道,穿越长洲岛,经番禺新造镇,终点于番禺化龙镇金山大道与广珠高速公路化龙至坦尾段连接。

新化全线设 4 个收费站,由北往南分别为新洲、长洲、新造、兴业,另预留管理中心一处。项目于 2014 年 12 月建成化龙至长洲(大学城)段并通车。

(3)广州广明高速项目

广明高速公路广州段全长 30.8km(一期通车里程为 23km),路线起点位于广州市番禺区化龙镇复甦村北侧,接番禺区金枫大道,自东向西依次途经广州市番禺区化龙镇、石基镇、南村镇、钟村镇、佛山市顺德区陈村镇,终点位于佛山市顺德区陈村镇吴家围,接广珠西线高速公路,并与广明高速佛山段相衔接。同时它还连接着平南高速公路、东二环高速公路、广珠北线、南沙港快速路、迎宾路、新光快速路、市广路、105 国道和东新高速公路等多条南北纵线。

广明高速公路全线共设9个收费站,分别是复甦、化龙、双岗、七星岗、朱山岗、隔岗、钟村、金山、吴家围,另预留服务区一对、管养中心一处。项目于2015年12月建成并通车。

4.1.4.3 可行性

一是政策可行。该管理模式是未来发展的趋势,符合高速公路发展的政策环境,符合各方股东的实际利益。

二是技术可行。在新化和广明两项目设计和施工阶段统筹考虑运营管理,通过对机电设备及收费和养护设备等资源整合与共享,可以确保3个项目正常和高效运转。

三是管理可行。以大桥公司为主体的管理团队,经过5年的营运管理实践,已具备统筹管理的能力和要求,在组织协调和人力资源管理方面日趋成熟,这将减少统筹管理带来的压力风险。

4.1.4.4 必要性

(1)有利于节省管理成本。合并收费后,管理机构由原来三家变为一家,管理人员及管理费用、办公费用将大大降低。预计新化开通后可节省资金不少于246万,广明开通后可节省资金不少于769万,如表4-1、表4-2所示。

新化委托管理规模化效应节省费用估算表(单位:万元) 表4-1

序号	项　目	2012年大桥公司实际发生数	新化委托管理后增加费用	合计	东二环分摊比例	委托管理后大桥公司实际承担费用	委托管理后大桥公司节省金额
		1	2	3 = 1 + 2	4	5 = 3 × 4	6 = 1 − 5
1	职工薪酬	1 046.33	465.03	1 511.36	59.93%	905.76	140.57
2	经营费用	357.67	157.07	514.74	59.93%	308.48	49.19
3	草堂管理中心折旧	140.57	0	140.57	59.93%	84.24	56.33
4	合计	1 544.57	622.10	2 166.67		1 298.48	246.08

注:1. 涉及分摊的经营费用含保险、折旧、修理、摊销、业务招待、差旅、办公、水电、咨询、制服、排污、交通协调、安全应急等;不含租赁、税费、诉讼、审计、董事会、残疾人就业基金。

2. 东二环分摊比例 = 东二环路段长度 ÷(东二环路段长度 + 新化路段长度)= 18.694 ÷(18.694 + 12.5)。

新化、广明委托管理规模化效应节省费用估算表(单位:万元) 表4-2

序号	项　目	2012年黄埔大桥实际发生数	新化委托管理后增加费用	广明委托管理后增加费用	合计	大桥公司分摊比例	委托管理后大桥公司实际承担	委托管理后大桥公司节省金额
		1	2	3	4 = 1 + 2 + 3	5	6 = 4 × 5	7 = 1 − 6
1	职工薪酬	1 046.33	465.03	325.52	1 836.89	30.15%	553.82	492.51
2	经营费用	357.67	157.07	80.83	595.57	30.15%	42.38	98.16
3	草堂管理中心折旧	140.57	0	0	140.57	30.15%	42.38	98.19
4	合计	1 544.57	622.10	406.35	2 573.02		775.77	768.80

注:1. 涉及分摊的经营费用含保险、折旧、修理、摊销、业务招待、差旅、办公、水电、咨询、制服、排污、交通协调、安全应急等;不含租赁、税费、诉讼、审计、董事会、残疾人就业基金。

2. 东二环分摊比例 = 东二环路段长度 ÷(东二环路段长度 + 新化路段长度 + 广明路段长)= 18.694 ÷(18.694 + 12.5 + 30.8)。

(2)有利于提高路费收入。广明、新化开通后,三个路段相互连接,直接沟通穗东南片区与西北片区、粤深珠地区与佛肇地区的交通,合并管理后,可以通过有效的交通组织促进东二环交通量的增长。预计在大桥公司原来预测增长率基础上每年可提高 2% ~5% 的交通量(增加收入 600 ~1 500 万元),如图 4-7 和表 4-3 所示。

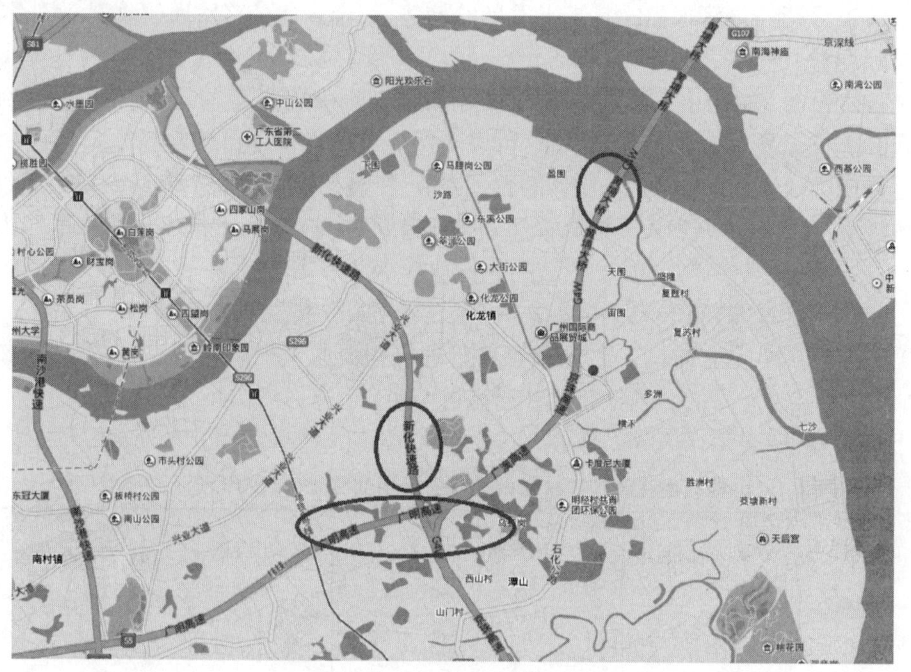

图 4-7　东二环—新化—广明交通组织图

东二环不同车型交通量及收入预测(编制时间:2013 年 5 月 7 日)　　表 4-3

年份	车型(量/日)					合计	年度通行费预测(万元)	增长率
	一类	二类	三类	四类	五类			
2013	13 927	591	3 464	692	3 634	22 307	28 000	
2014	14 098	501	3 423	756	4 388	23 166	29 078	3.85%
2015	14 416	445	3 457	798	4 750	23 865	29 956	3.02%
2016	14 998	391	3 551	857	5 219	25 016	31 400	4.82%
2017	15 752	335	3 681	928	5 777	26 472	33 228	5.82%
2018	16 809	274	3 875	1 020	6 484	28 462	35 726	7.52%
2019	17 868	202	4 062	1 117	7 239	30 489	38 270	7.12%
2020	18 851	118	4 225	1 214	8 007	32 416	40 689	6.32%

注:1. 表中的车流量为收费车流量,不包含绿通车及军警车道免费车流量。
2. 表中的通行费不包含政策性免费金额。
3. 2014 ~2020 年的数据是以 2013 年的数据为基础,参考 2009 年交通部的 OD 数据以及考虑广明、新化高速修建和开通的影响因素进行计算。

(3)有利于提高资源利用率。合并管理后,适当增加经营和养护技术力量,并通过三家公司养护等设备资源的整合,可以形成相互之间有效的补充,既可提高设备的利用率,也能有效提高养护水平和应急抢险能力。

(4)有利于综合协调能力的提高。合并管理后,对外协调的力度将进一步加强,内外救助及应急救援将形成合力。

(5)可以降低施工期造成的不利影响。合并管理后,方便运营公司介入新化、广明的运营前期工作,通过有效协调,可最大限度降低因新化、广明施工对东二环运营的影响,也能促成新化、广明尽快步入运营管理的正轨。

(6)有利于锻炼队伍和塑造品牌。合并管理后,可以挖掘管理队伍潜力,更有利于研究营运管理业务,提高营运管理水平,实现专业化管理,形成运营文化品牌,提高社会效益。

4.1.4.5 责任划分

各路段公司负责各自路段经营风险。大桥公司管理机构对东二环项目运营管理各项业务负直接管理责任,广州交投东南运营管理部(为大桥公司原有管理机构,管理机构经大桥公司股东同意后报广交投集团批准组建)对广明、新化项目运营管理各项业务负直接管理责任。

按照经济、高效、互利、责任明确的目标,制订管理模式及执行原则。

(1)广明、新化以书面文件形式委托大桥公司统一管理,并与大桥公司签订委托管理协议书。委托合同书由大桥公司协调大桥公司股东及广明、新化投资公司制定,由广交投集团审定后执行。

(2)由广交投集团授权委托广州交投东南运营管理部全权负责新化、广明项目运营管理,包括收费和路政等生产人员的招聘及管理,运营计划的制订、执行以及对外合同关系,运营管理过程财务支付管理等。

(3)广明、新化收费标准申报以及建设期质量缺陷维修、工程结算支付与还贷付息、竣工验收、经营风险等由原项目公司负责。

(4)委托合并管理后,管理机构设大桥公司草堂管理中心,大桥公司按季度收取新化、广明委托及综合办公经费。养护及相应路段生产人员费用由各路段公司负担,管理过程各路段账户分设,独立制定计划与资金支付。

(5)监控应急中心统一设置于大桥公司草堂管理中心,新化、广明公司各自负责设备和场地建设所产生的费用。

4.1.4.6 实施方案

1)方案优点

据调研,委托合并运营管理的模式与广东省内类似项目运营管理形式相比具有一定的优势,如表4-4所示。

新化、广明委托管理与广珠北段委托管理方案比较 表4-4

序号	方案内容	东二环—新化、广明方案	京珠东线—广珠北段方案	与北段对比
1	受托方	大桥公司	京珠东线公司	
2	委托方	新化、广明公司	广珠北段公司	
3	机构设置	大桥公司(广州交投东南运营管理部)按一套管理机构管理3个项目	各公司独立设置管理机构	内部决策无须外部沟通协调

续上表

序号	方案内容	东二环—新化、广明方案	京珠东线—广珠北段方案	与北段对比
4	委托管理方式	管理层委托，大桥公司作为受托方负责收费经营、路政、道路等全部运营业务的统筹管理	业务层委托，广珠东线公司作为受托方主要负责收费、路政、车辆救援及其他相关工作。北段公司负责养护、财务等业务	经营模式责任明确，资源配置效益更高
5	人员配置	全体人员由大桥公司（广州交投东南运营管理部）统一招聘	管理人员各公司名义独立招聘配置；一线人员（含收费员、路政员及后勤人员）以受托方公司名义招聘配置	利于优化组织架构，减少管理人员配置，人力资源共享，降低人工成本，分享规模化管理效益
6	财务管理	受托方统一管理运营业务及相关财务工作；各公司独立设置财务账户、银行账户	独立管理，其他相同，人员不可兼容	财务管理清晰
7	固定资产	设一个管理中心，所属资产共享，折旧分摊	各设管理中心，各方全部配置办公及相关设备	减少固定资产投资，实现资源共享，达到资源利用最大化
8	费用	管理费用、管理中心固定资产折旧费按约定比例由各公司据实分摊；营运费用（包括一线人员工资、收费业务费用及路产养护费等直接费用）各自区分，由各公司账户列支	管理费用、管理中心固定资产折旧费各自区分，由各公司独立核算；营运费用以委托费用的形式，由受托方自负盈亏	管理费用、管理中心固定资产折旧费统一在受托方核算，年终按谈判定好的分摊规则和实际发生金额，由各方公司承担，账务清晰，公平公正，共同分享规模化效益。营运费用各自独立核算，合理规避流转税
9	委托业务产生税费	仅管理费用分摊部门纳税，营运费用各自入账不需纳税	营运费用（即委托费用）全额纳税	减少纳税环节，节省大量纳税额
10	业务协调	免去与委托方路段的沟通协调	需要双方密切协调	更利于做好更广的范围内各路段之间的沟通协调工作，利于做好与路段周边政府、交警等单位的沟通
11	交通组织	统筹运营能最大限度做好交通组织，并实现交通信息共享	交通信息共享需要协调	更利于在更广的范围内做好交通引导，交通信息共享，引车上路
12	委托监管	由双方公司董事会及上级主管部门通过年度预算核定、执行考核的方式进行	委托方项目公司对受托方项目公司的营运管理进行检查、考核路费收入及其他路产、路权营运管理指标的落实	同套班子管理，只由董事会及上级主管部门考核监督，减少监管环节
13	法律责任	管理机构负管理责任，所有社会、经济责任由各公司承担	管理机构负管理责任，因管理不善引起的经济责任由受托方公司承担	法律责任更加明晰，规避了受托方的法律风险
14	委托管理期限	长期（因委托方不设置管理中心，管理中心、监控设施资产共享）	一签一年	更利于长期规划、稳定经营

2）组织架构设置

（1）岗位设置、人员调整总体情况（列入管理费用分摊部分），如表4-5所示。

岗位设置、人员调整总体情况（列入管理费用分摊部分）　　表 4-5

<table>
<tr><th rowspan="2">部　门</th><th rowspan="2" colspan="2">职务（岗位）</th><th rowspan="2">岗位类别</th><th colspan="3">岗 位 人 数</th><th rowspan="2">计算依据及注释</th></tr>
<tr><th>东二环</th><th>新化</th><th>广明</th></tr>
<tr><td rowspan="2">经营班子</td><td colspan="2">总经理、书记</td><td>管理</td><td>2</td><td></td><td></td><td rowspan="2">大桥公司现架构：书记兼工会主席、副经理</td></tr>
<tr><td colspan="2">副总经理、总经理助理</td><td>管理</td><td>2</td><td></td><td></td></tr>
<tr><td rowspan="3"></td><td colspan="2">工会主席</td><td>管理</td><td></td><td></td><td>1</td><td>副书记、工会主席等编制根据需要确定</td></tr>
<tr><td colspan="2">总工程师</td><td>管理</td><td></td><td>1</td><td></td><td></td></tr>
<tr><td colspan="2">总会计师</td><td>管理</td><td></td><td>1</td><td></td><td></td></tr>
<tr><td rowspan="11">综合事务部</td><td colspan="2">经理</td><td>管理</td><td>1</td><td></td><td></td><td></td></tr>
<tr><td colspan="2">副经理</td><td>管理</td><td>1</td><td></td><td>1</td><td>人事、后勤</td></tr>
<tr><td colspan="2">党群管理员</td><td>管理</td><td>1</td><td></td><td></td><td>专职党群管理员</td></tr>
<tr><td colspan="2">人力资源管理员</td><td>管理</td><td>1</td><td></td><td></td><td>人力资源、劳动培训</td></tr>
<tr><td colspan="2">文书管理员</td><td>管理</td><td>1</td><td>1</td><td></td><td>负责档案管理、劳资、文秘工作</td></tr>
<tr><td colspan="2">行政管理员</td><td>管理</td><td>1</td><td></td><td></td><td>行政、法务</td></tr>
<tr><td colspan="2">后勤管理员</td><td>管理</td><td>2</td><td></td><td></td><td>后勤、车辆管理</td></tr>
<tr><td rowspan="4">后勤</td><td>驾驶员</td><td>后勤</td><td>8</td><td>2</td><td></td><td rowspan="4">列入管理费用分摊</td></tr>
<tr><td>值班员</td><td>后勤</td><td>7</td><td></td><td></td></tr>
<tr><td>厨工</td><td>后勤</td><td>5</td><td>1</td><td></td></tr>
<tr><td>勤杂工</td><td>后勤</td><td>2</td><td></td><td></td></tr>
<tr><td rowspan="6">计划财务部（设新化运营组、广明运营组）</td><td colspan="2">经理</td><td>管理</td><td>1</td><td></td><td></td><td>总会计师兼</td></tr>
<tr><td colspan="2">副经理</td><td>管理</td><td></td><td>1</td><td>1</td><td></td></tr>
<tr><td colspan="2">计划管理员</td><td>管理</td><td>1</td><td></td><td></td><td></td></tr>
<tr><td colspan="2">会计</td><td>管理</td><td>1</td><td>1</td><td>1</td><td></td></tr>
<tr><td colspan="2">出纳</td><td>管理</td><td>1</td><td>1</td><td></td><td></td></tr>
<tr><td colspan="2">票据管理</td><td>管理</td><td>1</td><td>1</td><td></td><td></td></tr>
<tr><td rowspan="6">运营安全部</td><td colspan="2">经理</td><td>管理</td><td>1</td><td></td><td></td><td></td></tr>
<tr><td colspan="2">副经理</td><td>管理</td><td>1</td><td></td><td></td><td></td></tr>
<tr><td colspan="2">监控应急中心主任</td><td>管理</td><td>1</td><td></td><td></td><td></td></tr>
<tr><td colspan="2">收费管理员</td><td>管理</td><td>1</td><td></td><td>1</td><td></td></tr>
<tr><td colspan="2">数据分析稽查员营销策划</td><td>管理</td><td>1</td><td>1</td><td></td><td></td></tr>
<tr><td colspan="2">安全主任</td><td>管理</td><td>1</td><td>1</td><td>1</td><td></td></tr>
<tr><td rowspan="3">监控应急中心</td><td colspan="2">稽查队长</td><td>生产</td><td></td><td>1</td><td>1</td><td rowspan="3">列入管理费用分摊</td></tr>
<tr><td colspan="2">稽查员</td><td>生产</td><td></td><td>1</td><td>1</td></tr>
<tr><td colspan="2">监控管理员</td><td>生产</td><td>8</td><td>5</td><td>3</td></tr>
<tr><td rowspan="3">养护工程部</td><td colspan="2">经理</td><td>管理</td><td>1</td><td></td><td></td><td></td></tr>
<tr><td colspan="2">副经理</td><td>管理</td><td></td><td>1</td><td>1</td><td></td></tr>
<tr><td colspan="2">养护工程师</td><td>管理</td><td>3</td><td>1</td><td>1</td><td>路桥养护工程师（中级以上）</td></tr>
</table>

续上表

部门	职务(岗位)	岗位类别	岗位人数			计算根据及注释
			东二环	新化	广明	
养护工程部	合约工程师	管理	1		1	
	科研秘书	管理	1			
	资料、档案管理员	管理	1			
机电工程部	经理	管理	1			
	副经理	管理	1		1	
	系统管理员	管理	2	1	1	
	内勤	管理	1			
	机电维修工	后勤	2			列入管理费用分摊
	电子技术工	后勤	2			
路政大队	大队长	管理	1			
	副大队长	管理	1	1	1	
	内业管理员	管理	1			
	路政许可管理员	管理	1			
	设施管理员	管理	1			属大队部人员
经营班子人数			4	4	4	
管理人员人数			36	49	60	不含收费站管理人员,不含经营班子
后勤人员人数			26	29	29	
一线生产人数			8	15	20	
合计人数			74	99	119	

(2)不列入分摊部分(按配齐计列):路政及收费站,如表4-6所示。

路政及收费站岗位设置、人员调整总体情况(不列入分摊部分)(按配齐计列)　　表4-6

部门	职务(岗位)	岗位类别	岗位人数			计算根据及注释
			东二环	新化	广明	
路政大队	路政员	生产	10	8	10	
大桥北片收费站(笔村、官田收费站)	站长	管理	1			负责北片区收费站管理
	副站长	管理	1			
	站长助理	生产	1			
	管班长	生产	1			
	票管员	生产	1			
	收费班长	生产	8			
	收费副班长	生产	7			
	收费员	生产	77			
大桥南片收费站(草堂、化龙匝道、化龙主线)	站长	管理	1			负责南片区收费站管理
	副站长	管理	1			

续上表

部门	职务(岗位)	岗位类别	岗位人数			计算根据及注释
			东二环	新化	广明	
大桥南片收费站(草堂、化龙匝道、化龙主线)	票管班长	生产	1			
	票管员	生产	3			
	收费班长	生产	12			
	收费副班长	生产	10			
	收费员	生产	54			
新化思贤中心站(247人)	站长	管理		1		负责新化快速整个中心站的管理
	副站长	管理		1		
	站长助理	生产		1		
	票管班长	生产		1		协助处理中心站行政事务工作
	票管员	生产		4		
	收费班长	生产		16		
	收费副班长	生产		8		
	收费员	生产		213		
广明化龙中站(412人)	站长	管理			1	负责广明高速整个中心站的管理
	副站长	管理			2	
	站长助理	生产			2	
	票管班长	生产			1	
	票管副班长	生产			1	
	票管员	生产			10	
	收费班长	生产			32	
	收费副班长	生产			16	
	收费员	生产			339	
收费站管理人员人数			4	6	9	
一线生产人数			185	436	847	
合计人数			189	442	856	

(3)计划财务管理

根据委托管理费收取办法初步归纳3个方案(推荐方案一)如表4-7所示。

计划财务管理方案比较 表4-7

方案	管理模式	计划编制及管理	管理费分与取	考核形式	优点	缺点
一	委托大桥公司统筹运营管理,成立广州交投东南运营管理部	委托营运管理总承包。大桥公司计划编制和管理形式不变,东南运营部编制并执行管理广明、新化项目计划	大桥公司收取委托业务管理费和管理机构人工成本及管理成本费用。养护和收费经营成本(包括生产人员人工成本)计划独立	广交投集团和大桥公司董事会监督和考核	项目公司之间减少生产人工成本及办公成本资金往来产生的税费,有效合法避税,公司之间责任明确	人力资源管理存在一些差别

续上表

方案	管理模式	计划编制及管理	管理费分与取	考核形式	优点	缺点
二	委托大桥公司统筹运营管理，成立广州交投东南运营管理部	委托营运管理总承。大桥公司计划编制和管理形式不变，东南运营部编制并执行管理广明、新化项目计划（不包含人工成本）	大桥公司收取委托业务管理费用及所有人工成本费用。新化、广明养护与经营成本计划独立	广交投集团和大桥公司董事会监督和考核	人力资源及费用全部由大桥公司统一管理，效率高、思路清晰。公司之间责任明确	项目公司之间人工成本费用资金往来产生税费，生产管理公司之间存在一些交叉
三	全面委托大桥公司统筹运营管理	计划编制和管理全部由大桥公司负责	大桥公司收取生产经营及养护全部费用	广交投集团和大桥公司董事会监督和考核	管理清晰易理解，项目公司之间资金往来最大，利税最大。公司之间责任明确	税费大，经济效益相对较低。公司之间业务管理存在一些交叉，管理责任需要进一步协调、明确

注：1. 按照推荐的计划财务管理模式，以广州交通投资集团的名义设置广州交投东南运营管理部与大桥公司合署办公，即大桥公司一套人马、两块牌子。该部负责广明、新化项目运营计划的编制、管理以及运营专用账户（由市高公司设置）和资金的管理，并承担广明、新化项目运营管理责任。

2. 所有生产类员工由大桥公司统一招聘，统一分配到东二环、新化、广明三项目，其中东二环生产类员工（包括收费站长、票证、收费员、后勤人员以及路政员等）由大桥公司签订劳动合同，广明、新化生产类员工由运营管理部签订劳动合同，成本费用在各项目计划中列支。

3. 三项目主体员工均执行大桥公司人力资源管理制度、劳动管理制度等。

（4）路产运营管理

①按照大桥公司现行模式，即部门、站、班形式管理收费经营工作，其中部门统筹管理，站级计划到项目。

②东二环管理形式不变，广明、新化项目以项目名义等联网，公司设置分账专户，收取通行费直接进入项目账号，日常管理 3 个项目独立分开。

③涉及经营问题按照谁产权谁收益的形式搞好工作，三路段按计划开展营销工作。

④3 个项目运营管理执行大桥公司运营管理制度及考核办法等。

（5）路产养护管理

①路产养护分土建工程养护和机电工程养护，分别由路产养护部及其机电信息中心负责业务管理，并实行养护作业总承包方式。

②路产养护计划分不同项目独立编制，其中东二环项目计划由大桥公司董事会审定，广明、新化项目计划由广交投集团审定，计划执行采用市场招标选定养护单位外包的形式，养护费用由各自公司独立账号支付。

③3 个项目路产养护执行大桥公司养护制度和具体实施细则。

（6）运营安全管理

成立统一安全管理机构，负责运营过程一切安全生产工作的统筹和管理。

①安全应急中心设置于大桥公司草堂管理中心，应急中心日常管理费用和人员成本由 3 个公司按比例分摊。

②安全应急中心由营运安全部负责管理，安全应急中心负责 3 个项目收费监督、路产运营、

路产养护作业安全监督、道路交通状况电子巡查以及应急反应启动和突发事故的协调指挥。

③3个项目按照各自特点分别编制安全应急方案。

(7)路产路权管理

①设大桥公司路政大队,下设3个中队分别执行3个项目的路产管理及路权维护。

②路政大队管理人员及办公经费由3个项目按比例分摊,路政员及生产设备费用列入各公司计划。

4.1.4.7 管理方式的更优化

本专题方案涉及委托运营和集团化管理的内容、方案和实施,既能较大幅度地降低运营管理成本,又能集中技术力量强化养护、收费、财务、安全等基本业务的质量管理,若合并或委托更多项目并实行路产运营集团管理,将实现更专业化的管理并通过简化非生产性的部门和人员进一步节省更多的运营管理成本。

4.2 路产管养一体化方法

日常养护检查、定期质量检测、长期健康监测是全面落实路产结构养护安全和养护质量管理的检查方法。这种在"四个一体化"管养模式和养护规划思维指导下,将"三位一体"养护管理方法与"三巡两检一控制"安全查控手段有机地结合,定期对路产养护质量和运营安全状况进行综合评估、反馈,并以此为基础开展路产养护分析决策、执行的方法,称为路产管养一体化方法。路产管养一体化方法是在预防性管理理论及原理的指导下,围绕管养目标统筹了养护检查方法、安全查控手段、质量安全综合评价、养护决策执行等方面具体内容,因此,路产管养一体化方法又称预防性管养方法或预防性养护技术。其中,养护检查方法与安全查控手段的子项之间存在对应关系,两者相辅相成,形成一体,共同解决路产质量和安全问题,实现路产全寿命目标,如图4-8所示。

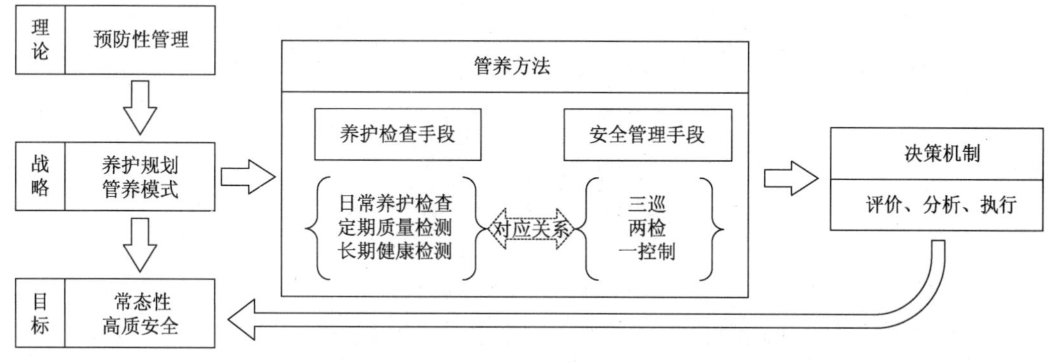

图4-8 路产管养一体化内容体系

路产管养一体化方法包含"四个一体化"管养模式、养护规划思维、"三位一体"养护管理方法、"三巡两检一控制"安全查控手段等重要内容,它们形成有机统一的整体,相互关联、共享和作用,并为路产结构安全和全寿命周期的运行安全提供强力保障,如图4-9所示。

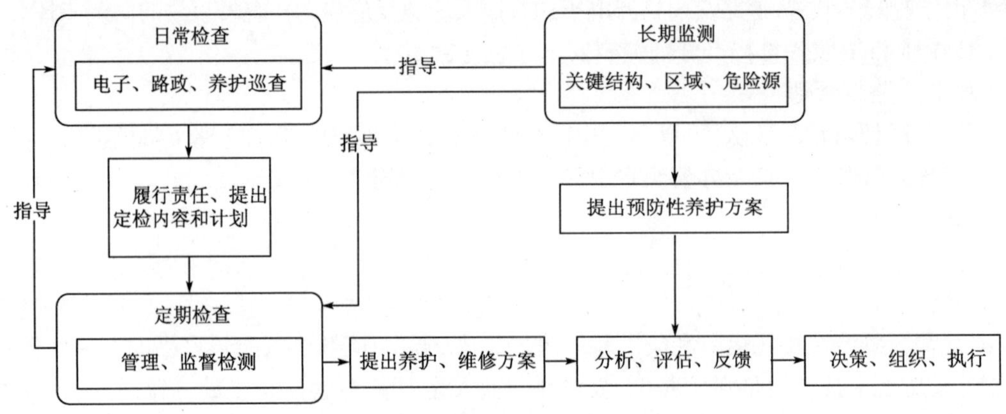

图 4-9　路产管养一体化方法的运行

4.2.1　“四个一体化”管养模式

公路运营“四个一体化”管养模式按照“建、养、管一体”的管理思路，围绕养护质量和安全责任终身制目标，在管理单位的统筹下，由养护主体单位牵头、协调相关专业生产单位形成养护资源共享联合体，实现养护检查、评估、设计、施工、监理、检测等业务过程的统筹协作和资源共享，如图 4-10 所示。

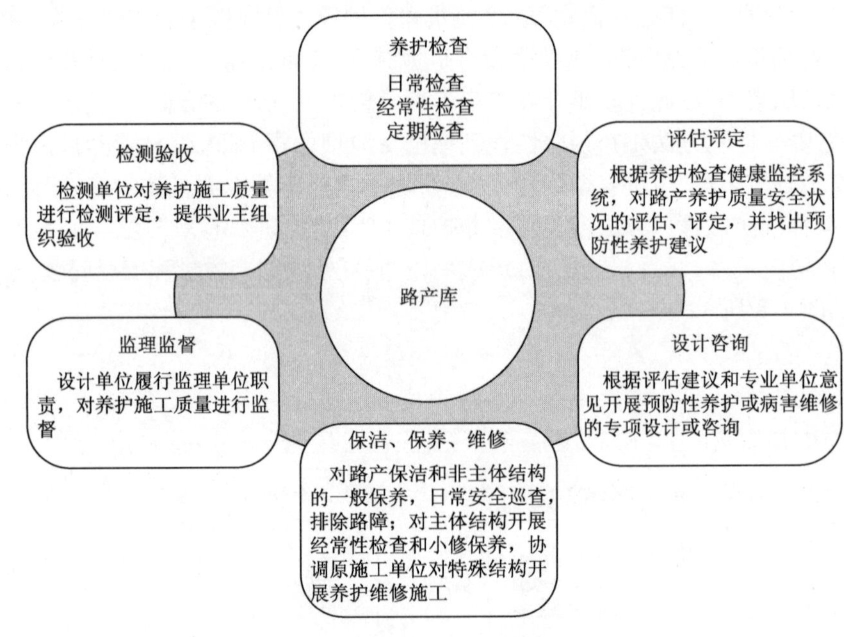

图 4-10　养护资源一体化

“四个一体化”管养模式综合考虑多项影响因素，整合资源统一管理，其目的是减少或消除管理中的接口和界面，节约管养资源，提高管理效能。“四个一体化”结合路产养护和管理工作，内容包括“建设运营一体化”“施工养护一体化”“信息数据一体化”“养护资源一体化”等 4 个方面。

(1)建设运营一体化

“建设运营一体化”指工程建设和运营管理责任主体一体，确保公路整体规划与实施过程中管理模式、管理方法等关键环节的管理决策和制度的连续，对确保工程全寿命具有明确意义。

(2)施工养护一体化

"施工养护一体化"指主体工程施工和养护作业或维修实施主体一体，按照质量终身制要求，从全寿命周期角度，在主体工程建设施工招标阶段，将主体工程日后养护和维修作业工作一并招标，将工程质量控制转化为施工主体自觉的自我管理。

(3)信息数据一体化

"信息数据一体化"是指公路从规划、建设到运营养护全过程的工程技术信息、管理信息的集成和数据化，并利用信息管理系统实现路产结构物及运营安全的有效预防和治理。

(4)养护资源一体化

"养护资源一体化"的养护资源包括养护管理和养护作业的一切要素，通过养护管理单位的提前规划和主动协调，将属于养护工作的设计、检测、评估、施工等资源进行集成统筹并实现共享，以发挥资源的最大效益，达到降低成本、保障质量和安全的目的。

4.2.2 养护规划思维

养护规划思维是指养护管理单位通过分析、协调、集成公路养护的一切资源，对公路全寿命的养护工作进行全面的规划，并以此指导养护工作的执行。

养护管理单位编制和执行运营期路产养护规划，提出运营期养护总体质量标准和各时期、各专业的养护质量标准；量化养护成本指标并提出了提高养护质量、降低成本支出的做法；提出全寿命周期的预防性养护目标和具体执行方法，做好重要结构、关键部位、风险范围的预防性养护和风险控制。

养护规划思维从全寿命周期养护成本核算理念出发，建立预防性养护制度。预防性养护是指养护部门通过养护历史数据分析和路产质量及管理现状，在公路结构良好或是发生病害的初期，即采用一系列经济有效的预防性养护策略和维修措施，阻止病害进一步扩大或向更深层次发展，从而提高公路质量、推迟中修或大修期限、降低高速公路全寿命周期的养护成本，预防性养护是一种路产结构加固延寿技术，其基本特征是在路产功能或结构性能开始退化时采取的主动补强技术。比如当路面结构未破坏但存在微车辙、损伤的路段要及时进行表面处理，采取精细固封抗滑或结构性薄层罩面等预防性养护措施。预防性养护强调计划性、针对性、主动性和预防性，它改变了原有的粗放养护模式，是进行系统性、有计划性的节约费用和提高效益的一种策略。

4.2.3 "三位一体"养护管理方法

"三位一体"养护管理[1]是指将日常养护检查、结构长期健康监测以及质量定期检测有机结合起来的一种养护管理方式，其中日常养护检查是养护管理的主要方式，结构长期健康监测是实时掌握结构运营状态和安全状况的重要手段，定期检测是全面掌握结构安全状况和评价技术状况的主要途径。通过路产运营质量三种检查方法及数据的分析，实现定期对运行质量状况的综合评估、反馈，并以此为基础制订路产养护计划及标准。

日常养护检查包括日常检查和经常性检查，是"三位一体"养护管理的基础。日常养护检查可为制订结构定期检测方案提供依据。除按照养护手册、养护技术规范要求例行检查外，还应该结合结构定期检测评定结果、健康监测系统实时监测数据，对照日常检查存在病害的关键部位，有针对性地开展维修养护工作。

定期检查包括定期质量检查和专项质量检查,是"三位一体"养护管理中质量评价评定的核心和依据,该工作反映检测时结构的整体力学行为和结构缺陷情况,用以指导、检验日常养护工作。通过定期检测校验,可以在结构运营初期校正健康监测系统,保持其可靠性。

定期检查与日常检查作用关系,如图4-11所示。

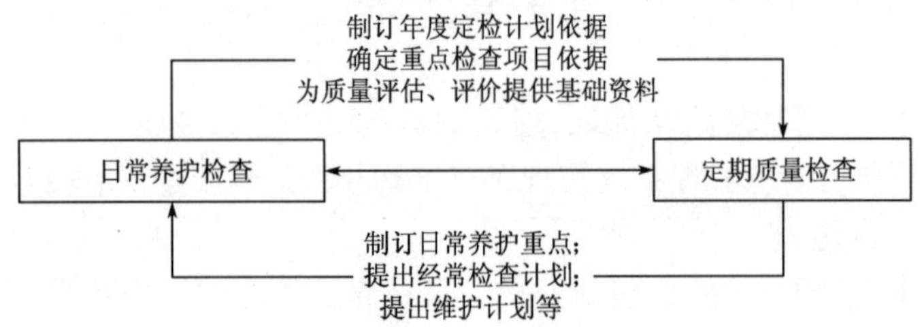

图4-11 定期检查与日常检查作用关系图

长期健康监测是通过安装在关键结构部位的各类型传感器,实时感知各部件的受力与变形情况,对结构的运营情况和安全状态进行评估,对潜在的安全隐患进行及时预警。结合结构质量定期检查,通过对长期健康监测系统的数据分析,提出结构预防性养护建议。

三位一体养护管理方法的运行机理,如图4-12所示。

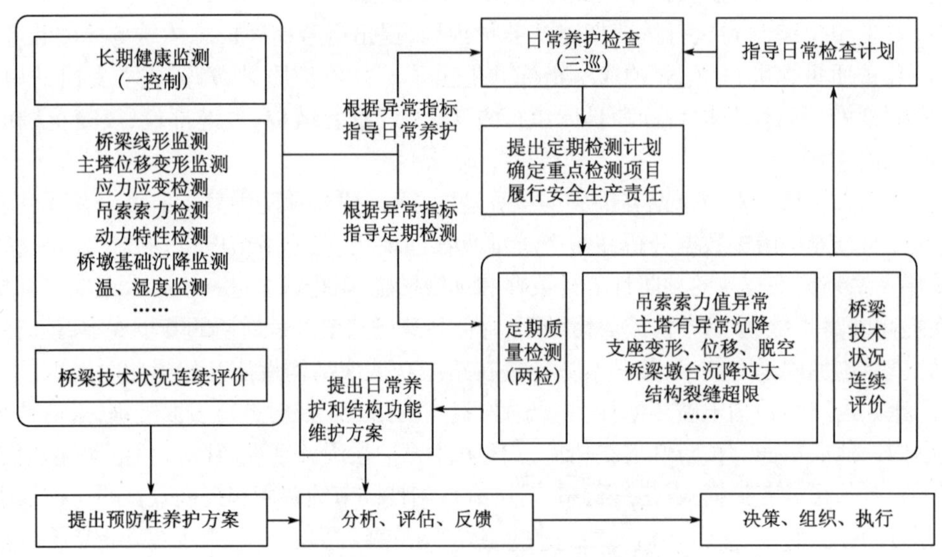

图4-12 "三位一体"(悬索桥)养护管理方法运行机理

4.2.4 "三巡两检一控制"安全查控手段

"三巡"指管养单位的监控应急中心和安全监管部门利用高清视频和流媒体技术对道路安全风险点和危险源的不间断巡查和监管;路政部门根据工作规程规定的频率不定时对现场交通安全、周边环境安全、养护作业安全等进行现场巡查,发现隐患及时排除;养护作业单位根据养护规范和养护手册规定的频率不定时对运营环境、养护质量、构建设施等进行现场巡查,发现隐患及时排除。

"两检"指管养单位的养护工程部门对养护作业单位的养护质量和运营安全进行经常性的管理检查和管养主管单位或监督部门定期组织对养护质量和运营安全的考核监督检查。

"一控制"指管养单位根据安全风险评估内容及责任要求对路产重点结构、关键部位、风险区域、重大危险源按照"五不放过"原则建立"一事一档"管理,同时对关键结构部位采取专项技术和安全保障设施,确保结构主体运营的高度安全。

"三巡两检一控制"是配合"三位一体"养护管理方法制定的一种安全管理手段,如图 4-13 所示。

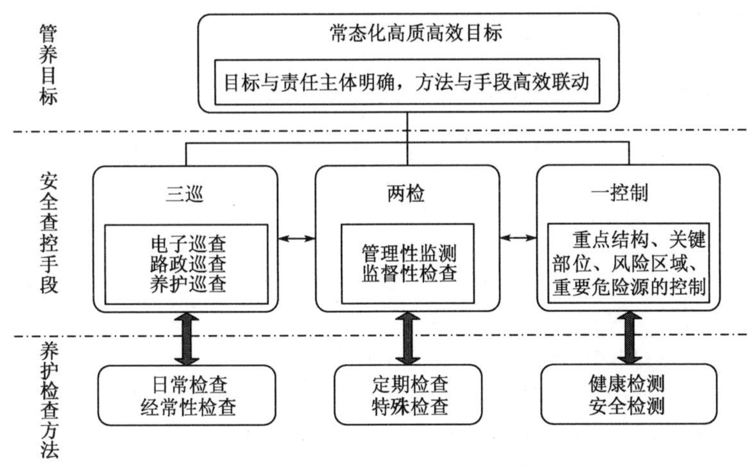

图 4-13 养护检查方法与安全查控手段有机结合

4.3 "本质安全"管理方法

《中华人民共和国安全生产法》第三条"安全生产工作应当以人为本,坚持安全发展,坚持安全第一、预防为主、综合治理的方针,强化和落实生产经营单位的主体责任,建立生产经营单位负责、职工参与、政府监管、行业自律和社会监督的机制",提出安全生产的方针、责任、管理机制等关键问题。同样,公路运营必须毫不动摇地坚持安全管理方针,并从公路运营安全的本质认识上以安全目标为导向,系统地提出安全管理的方法。

4.3.1 "本质安全"的认识

"道生一,一生二,二生三,三生万物"(老子《道德经》)。"一"生规律、亦生万物,一个人只有做好自身安全并不妨碍他人安全才能保证自身和他人的安全,只要人人安全则社会安全。因此,以"大道至简"哲学思维培养每一个单元目标安全观,使目标安全意识根植于每个人心中,如同吃饭、睡觉一样成为常态的自觉行为,这是安全目标高质量完成的根基。

从安全目标"点线面"管理原理可以得出:确保公路运营安全既要强调落实安全生产管理方针,更加应该强调每个人在安全生产中的责任、主体作用,强调公民的安全意识、自救及救援时效是安全生产的第一要素。这个安全生产的真理当然成为确保公路运营安全的真理,应该成为全社会每个公民对安全本质的认识。

运营安全针对人、事、物 3 个维度多层面要素内容及记录进行管理。人是指一切与运营安全有关的主体或对象,包括管理机构和执行机构及其个体单元;事是指涉及安全内容的一切事件,包括路产养护、经营及管理业务执行中违反安全规定的行为;物是指一切与安全有关的物质要素，包括安全设施、安全设备、安全物资及费用投入；记录是指履行安全和监管两个责任主体的安全档案，包括机构、检查、整改、教育、培训、投入、应急演练等安全制度及执行台账和安全形势分析等。“本质安全”所延伸出来的“本质要素”管理方法同样适用于质量、计划、成本等专项目标的管理。

为确保公路运营安全，必须从本质上系统认识导致运营安全隐患的原因，按照本质安全哲学思维有针对性地提出保障管理方法和技术措施。

4.3.2 内因安全和外因安全

根据预防性管理理论，从公路本体和影响公路运营安全的本质因素划分，公路运营安全可以分为内因安全和外因安全两大类。

(1)内因安全

公路内因安全是指在正常使用荷载(一般指控制运营荷载阈值)作用下，因设计缺陷或施工不规范造成的结构质量缺陷，以及养护不及时或管理不到位造成结构损伤累积和结构本身的自然老化等引起主体结构的破坏，并造成经济损失或人员伤亡。造成内因安全的因素主要包括：设计标准满足不了运营使用的荷载标准(在我国，约10%、桥龄超过30年的桥梁设计荷载标准偏低)；设计理论不完善或设计计算不准确造成的本体结构缺陷；施工操作不规范、新工艺不成熟、现场监管不到位导致的结构性病害；在不良使用运营环境中，由于先天性缺陷加之养护不及时造成混凝土碳化、钢筋锈蚀、冻融破坏等耐久性问题；不良自然条件造成设计和使用条件变化导致病害；运营过程在使用荷载作用下造成结构损伤累积和疲劳失效等。典型的内因损毁事故有：1999年重庆綦江彩虹桥整体垮塌事故和2001年四川宜宾小南门大桥吊杆断裂事故等。

(2)外因安全

外因安全是指在非正常荷载或不可控自然灾害以及人为破坏等外部条件和突变环境激励下，引起路产结构即时破坏或因损伤导致的延时破坏。造成外因安全的因素主要包括：使用损害，如超载交通、事故碰撞、危化品爆炸、火灾等；自然灾害，如地震、水灾、风灾等；人为破坏，如战争、暴恐、偷盗；突变环境，如超负荷运行、极端气候、不良环境等。近年来，随着我国经济快速发展，超重超载运输、危险品运输、船舶撞击成为最突出的外因安全和内因安全的诱导因素，典型的外因损毁事故有：2007年包头市民族东路高架桥桥面倾斜垮塌事故和2007年广东南海九江大桥运沙船撞击桥墩致上部结构整体垮塌事故等。

长期以来，发生在公路上的安全事故往往是内因安全因素和外因安全因素同时存在，即以外因安全造成的事故或多或少存在公路本身质量缺陷的内因问题，而以内因安全造成的事故或多或少存在因超载运输造成结构损伤积累的问题，两者的主次矛盾可以互相转化。但是，存在于内部的质量问题和管理不规范问题是根本现实。因此，公路管理单位和管理者应该认清造成安全事件的本质，以科学的态度构建安全管理技术体系并落实好各项具体措施，才能从根本上消除安全隐患，保证公路的运营安全。

4.3.3 运营安全管理方法

按照公路养护管理工作制度，我国公路养护和安全实行统一领导、分级管理，即各级交通主管部门负责管辖区域内公路养护和安全管理工作的行业管理与监督；各级交通主管部门

（或公路管理机构）和公路经营单位负责本行政区域内收费公路养护和安全管理工作；公路养护作业单位按照合同条款直接承担相应安全责任。

针对内因安全因素与外因安全因素，基于预防性管理理论和安全目标的"点线面"管理原理，明确运营安全管理责任主体，提出落实公路运营安全生产责任的具体管理方法。

（1）安全管理的基本方法

公路管养一体化技术理顺了体制、统一了标准、协调了行动，创造了利于公路运营安全的使用环境。为了有效地解决内因安全问题，一方面，通过加强公路建设质量管理，消除各类质量通病与隐患，并紧紧把住交（竣）工验收环节，消灭设计和施工造成的结构病害；另一方面，通过强化运营期的养护和管理，预知并及时发现和消灭一切可能造成安全危害的使用因素：即通过"三位一体"预防性养护管理技术，解决公路建造结构本体和养护质量的内因安全问题。通过"三巡两检一控制"安全查控技术，解决公路运营荷载和使用环境的外因安全问题。

（2）安全管理技术体系

根据预防性安全管理理论，将公路安全的管理技术分为常态安全管理技术、安全应急管理技术、安全管理平台应用三大管理技术模块，各模块运行既相互独立，又相互支撑，构成一个有机整体，称为安全管理技术体系，如图4-14所示。其中，常态安全管理技术提出了确保常态性安全的管理方法和查控手段，常态安全管理的对象为非应急性安全事件，是指违反安全管理规定并未造成事故或损失、损害的事件，此类事件占运营安全管理事件的比例一般超过95%，但此类事件若未及时发现和处置往往会发展成应急性事件。安全应急管理技术通过安全风险因素和诱导条件的辨识提出应对风险事件具体的方法及措施，应急性安全事件是指包括违反安全规定或不违反安全规定，但已造成事故和损害的事件，或者依据分析判断可能造成事故的大概率事件或较大损害事件。应急性安全事件按照"运营安全管理"分4大类，28种判别方法和应急措施。安全管理平台应用是利用物联网手段实现常态性安全和应急反应的智能化管理。安全管理技术体系实现了内因安全和外因安全管理方法和手段的有机统一。

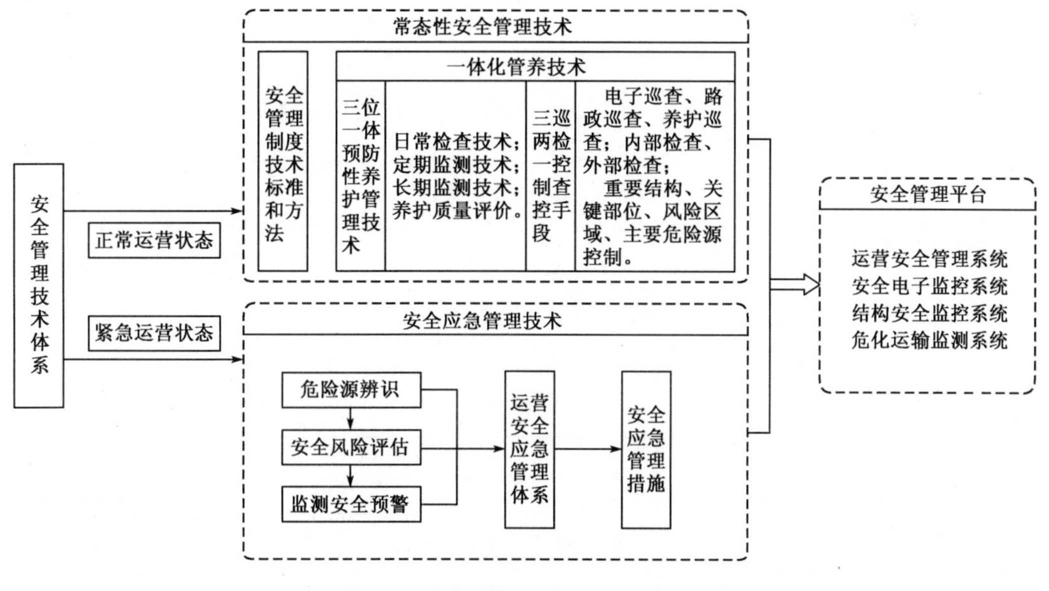

图4-14 公路运营安全管理技术体系框架

(3)安全应急管理

根据内因安全因素和外因安全因素及应急管理措施,建立风险事件识别条件和应对措施的对应关系。实践项目应急响应分类对照,如表4-8所示。

广州绕城东段(珠江黄埔大桥)应急响应分类对照表 表4-8

风险类别	风险事件	识别条件	监控中心应对措施
自然灾害	雨	雨水如线,雨滴不易分辨(小到中雨)	通过电子可变情报板发布警示信息:雨天路滑,小心驾驶
		雨如倾盆,模糊成片(大到暴雨)	通过电子可变情报板发布警示信息:路段限速60km/h;通知路政进入风险区域警戒
	风	风速10.8~13.8m/s	通过电子可变情报板发布警示信息:大风天气,路段限速80km/h
		风速13.9~20.7m/s	报告值班领导,通知值班经理坐镇监控应急中心指挥,路政进入风险区域警戒;同时通过电子可变情报板发布警示信息:大风天气,路段限速60km/h
		风速20.8~24.4m/s	值班领导坐镇监控应急中心指挥,通知路政就位做好封桥准备,同时通报交警;通过电子可变情报板发布警示信息:大风天气,路段限速40km/h
		风速24.5m/s以上	值班领导坐镇监控应急中心指挥,协调交警实施封闭大桥,视情况封闭路段进出口匝道;同时通报相关联网路段及电台
	雾	能见度100~200m	提请交警、路政加大巡逻力度;通过电子可变情报板发布警示信息:前方有雾,开灯慢行
		能见度70~100m,且持续时间5min以上	提请交警、路政加大巡逻力度,要求路政进入风险区域警戒;通过电子可变情报板发布警示信息:大雾天气,路段限速60km/h;通知值班经理坐镇监控应急中心指挥,密切关注气象动态并及时报告值班领导
		能见度50~70m,且持续时间在10min以上	值班领导坐镇监控应急中心指挥,通知路政就位做好封桥准备;同时通报交警,通过电子可变情报板发布警示信息:大雾天气,路段限速40km/h
		能见度50m以下,且持续15min以上	值班领导坐镇监控应急中心指挥,协调交警实施封闭大桥,视情况封闭路段进出口匝道;同时通报相关联网路段及电台
	滑坡或坍塌	路基、高边坡坍塌	报告值班领导,通知值班经理和养护部门;根据险情对交通安全的影响情况,立即通知交警和路政;同时通知养护队抢险,并在电子可变情报板发布警示信息:前方坍塌,注意行驶
结构事故	车辆撞击	黄埔大桥斜拉桥斜拉索、悬索桥主缆或吊索受到撞击;广深高速公路跨线桥、广深铁路跨线桥、黄埔大桥北引桥等桥梁跨既有道路的桥墩或梁体受到撞击	通知值班经理和养护部门,同时向值班领导报告,并根据专业指导要求通知交警、路政分流或封闭桥梁
	船舶撞击	黄埔大桥斜拉桥、悬索桥桥墩或钢箱梁受到撞击	通知值班经理和养护部门(由其视情况协调航道管理部门),同时向值班领导报告,并根据专业指导要求通知交警、路政分流或封闭桥梁
	火灾	黄埔大桥斜拉桥、悬索桥钢桥面或龙头山隧道内火灾	值班领导坐镇监控应急中心指挥,通知"119"、交警、路政、值班领导、值班经理和养护部门;通知公司消防车现场救援,并视现场情况通知"120"、拯救队和养护队协助救援,同时在电子可变情报板发布警示信息:前方事故,注意行驶

续上表

<table>
<tr><th>风险类别</th><th colspan="2">风险事件</th><th>识别条件</th><th>监控中心应对措施</th></tr>
<tr><td rowspan="9">交通事故</td><td colspan="2">交通障碍</td><td>大型路障、车辆故障、交通阻碍</td><td>通知路政,视现场情况通知交警、拯救队和养护队协助救援,并将处理情况报告值班经理</td></tr>
<tr><td colspan="2">火灾</td><td>除黄埔大桥斜拉桥、悬索桥钢桥面或龙头山隧道以外的路(桥)面</td><td>值班经理坐镇监控应急中心指挥,通知“119”、交警、路政和养护部门,同时向值班领导报告;视现场情况通知“120”、拯救队和养护队协助救援,同时在电子可变情报板发布警示信息:前方事故,注意行驶</td></tr>
<tr><td rowspan="4">道路交通事故</td><td>轻微事故</td><td>一次造成轻伤1~2人,或者财产损失机动车事故不足1 000元,非机动车事故不足200元</td><td rowspan="2">通知交警、路政和值班经理,并视现场情况通知“120”、“119”、拯救队和养护队协助救援,同时在电子可变情报板发布警示信息:前方事故,注意行驶</td></tr>
<tr><td>一般事故</td><td>一次造成重伤1~2人,或者轻伤3人以上,或者财产损失不足3万元</td></tr>
<tr><td>重大事故</td><td>一次造成死亡1~2人,或者重伤3人以上10人以下,或者财产损失3万元以上不足6万元</td><td rowspan="2">报告值班领导,同时通知交警、路政和值班经理及“120”、“119”、拯救队和养护队协助救援,同时在电子可变情报板发布警示信息:前方事故,注意行驶</td></tr>
<tr><td>特大事故</td><td>一次造成死亡3人以上,或者重伤11人以上,或者死亡1人,同时重伤8人以上,或者死亡2人,同时重伤5人以上,或者财产损失6万元以上</td></tr>
<tr><td rowspan="3">危险化学品交通事故</td><td>一般事故</td><td>造成人员受伤或者危险化学品轻微泄漏,需临时中断事故现场交通</td><td>报告值班领导,同时通知交警、路政和值班经理及“120”、“119”、拯救队和养护队协助救援,同时在电子可变情报板发布警示信息:前方事故,注意行驶</td></tr>
<tr><td>重大事故</td><td>造成人员死伤或者剧毒化学品泄漏影响周边环境;易燃、易爆危险化学品燃烧、爆炸;高速公路交通中断,需实施局部交通组织分流;事故造成水源等环境遭受一定程度污染,邻近居民生活受到影响</td><td rowspan="2">报告值班领导,同时通知交警、路政和值班经理及“120”、“119”、拯救队和养护队协助救援,同时在电子可变情报板发布警示信息:前方事故,注意行驶</td></tr>
<tr><td>特大事故</td><td>事故造成多人死伤或者剧毒化学品泄漏造成多人死亡、中毒,需疏散高速公路周边居民;易燃、易爆危险化学品燃烧、爆炸危及高速公路周边居民安全;高速公路交通中断,需实施跨区域交通组织分流;事故造成水源等环境污染严重,危及临近居民生命安全</td></tr>
</table>

续上表

<table>
<tr><th>风险类别</th><th>风险事件</th><th>识别条件</th><th>监控中心应对措施</th></tr>
<tr><td rowspan="5">人为事件</td><td>一般事件</td><td>行人、非机动车辆驶入</td><td>报告值班经理，同时通知交警、路政，并视现场情况通知“110”、拯救队和养护队协助处理</td></tr>
<tr><td rowspan="3">暴恐事件</td><td>炸弹袭击</td><td>报告值班领导，立即报送“110”；同时通知“119”、交警、路政和值班经理，并视现场情况通知“120”、拯救队和养护队协助救援，同时在电子可变情报板发布警示信息：前方事故，注意行驶</td></tr>
<tr><td>车辆遭临近车枪击</td><td>报告值班领导，立即报送“110”；同时通知交警、路政和值班经理，并视现场情况通知“120”、拯救队和养护队协助救援，同时在电子可变情报板发布警示信息：前方事故，注意行驶</td></tr>
<tr><td>桥梁关键部位（缆索、锚碇）遭纵火袭击</td><td>报告值班领导，立即报送“110”；同时通知“119”、交警、路政和值班经理，并视现场情况通知拯救队和养护队协助救援，同时在电子可变情报板发布警示信息：前方事故，注意行驶</td></tr>
<tr><td>网络事件</td><td>监控系统遭黑客入侵</td><td>报告值班领导，立即报送“110”；同时通知值班经理</td></tr>
</table>

4.3.4 运营安全智能管理系统

安全管理平台应用是利用物联网技术实现常态性安全的管理手段，安全管理平台包括区域级平台和项目级平台。其中，项目级平台一般包含运营安全智能管理系统、环境安全电子监控系统、路产结构安全监控系统及危化运输安全检测系统等。

公路运营安全智能管理系统将公路运营期间任何违反安全管理规定的一般安全事件和启动安全应急的安全事故均纳入系统进行管理，智能管理系统的开发及应用见第 5.6 节“公路运营安全智能管理系统开发”。

4.4 “以点带面”管理方法

“以点带面”是“点线面原理”的实践运用，它强调最大程度发挥“点”的主观能动性和影响力，带动其他同位面的“点”并凝聚成线，最后形成完整的“面”，以达成经营目标。以点带面体现的是“重点管理、全面保障”的管理思维。

公路运营管理目的是发挥公路功能同时实现经营目标，从公路本体价值角度体现为社会效益和经济效益，从管理主体意识角度体现为宗旨意识和管理思路，这是运营管理的出发点和基本面。

“以点带面”的“点”指“人”、“事”、“物”，一方面指“人”即员工、是运营管理的主体，另一方面“事”指重点工作、“物”指运营管理的物质对象。“员工”强调精神文化，强调员工精神文化塑造的重要作用，强调常态化高质量完成本职工作对全局的决定性作用；“重点工作”强调制度文化，强调完成重点工作的标准、规矩和管理方法对全面质量和水平提升的带动作用；“物质对象”强调主体对美好生活追求过程的自然性需求，同时强调完成重点工作所必需的关键技术和工、料、机保障。落实以点带面必须做好 3 个坚持。

4.4.1 坚持四个方面重点带动

一是制度建设带面。通过运营体系标准化内容、运营企业治理核心制度（即“管理细则”）

的编写和执行，规范包括路产经营规划与管理、路产养护规划与管理、路政业务管理、合同业务管理、收费业务管理、运营绩效管理、安全管理、预算计划管理等业务内容的执行标准。内容参见第4.5节“公路运营核心业务管理”。

二是规划执行带面。促进和保障主营业务收入无论何时都是企业生存和发展的第一战略，合理规划各项成本支出和降低费用支出是企业生存和发展战略的基本保障。通过运营期路产养护和运营期财务盈利能力两个核心规划的编制，量化了企业业务管理的具体内容，明晰了问题和风险，实施精准管理。

三是重点工作带面。通过全国及省级公路养护质量检查，运营服务质量检查、重点专项工程计划等带动收费、养护、路政业务外业质量提升和内业工作的规范；通过法律诉讼案件、交通安全案件、经济审计案件、工程补强案件等按照“一事一档”和“五不放过”原则的研究、反思，提升各类风险预防、管控和处置的能力。

四是创新研究带面。通过开展技术研究和管理创新解决运营实践中碰到的问题和困难，整体提升企业的运营效能。培育企业创新文化，使其自然融化于企业每个员工的意识和行为之中，对企业员工精神、员工素质的提升，以及企业的生存和发展起到至关重要的作用。

4.4.2 坚持自觉执行和有效控制相结合

在目标单元原理中，强调个人目标单元在管理体系中的核心作用，强调个人目标实现过程常态化高质量自觉执行的重要性，并将此定格为预防性管理的文化内涵，这种目标单元实现过程中自觉性的主观能动过程称为自觉化执行。

自觉化执行是一套通过主动提出问题、分析问题、采取行动、解决问题的行为方式来实现目标的系统流程。执行是按照制度、标准、细则实施具体事件或决策事项，执行力有赖于实施者具备良好职业道德，即解决问题纵深的专业性和解决横向联系、协调其他业务的责任心。因此，每个管理主体在执行中必须自觉地对预知结果进行判断并主动按流程采取措施。

有效控制是指通过事前预防、过程追踪、事后考核，及时发现和纠正项目执行过程中的错误与偏差，以确保计划落实和预期目标的实现。控制是落实控制主体对计划执行全过程管理和监督，控制能够确保项目按照规划的时间进度表去实现目标。通过不断地监督和跟进，就能够有效地暴露出规划和实际行动之间的差距和问题，并迫使管理者采取相应的行动来协调和纠偏整个工作的进展，以期完成阶段性和整体性的目标。管理者采取一系列控制措施保证执行单元贯彻执行组织制定的制度和操作规程，是组织各项目标顺利实现的关键问题和灵魂，也是自觉达成个人目标单元的内容及总体目标单元的全部内容。

通过自觉执行和有效控制的有机结合，定期自觉地修订运营期经营规划、运营期养护规划、路产养护维修手册、企业治理核心制度等文件，并落实好贯彻和执行的工作。

4.4.3 坚持主动预防和排除风险相结合

在运营管理实践中，主动应用好路产管养一体化方法和方法中具体的管理内容，贯彻和执行好“优美、安全、文明、快捷、舒适”的“五星服务”路产经营管理和“有计划、有组织、有执行、有管控、有效益”的“五有行为”运营绩效管理，对重点工作按照“五有行为”和“查原因、立整改、追责任、受教育、促提升”的“五不放过”原则建立起“一事一档”管理机制等。这种通过采取先见性手段消除影响目标实现的不利因子的管理方法，称为运营管理的主动预防思维。

以问题导向思维强化风险预防，落实好信息数据的有效利用和管理性共享，排除并解决好业务管理过程中可能影响常态化目标实现的风险。通过物质和精神两个文化的建设，强化绩效考核和责任追究制度，做好员工工作作风的预防预控；通过提高运营管理服务质量和加强主动服务、精准营销和敏感点交通流维护，做好经营收入风险点的预防预控；通过关键结构、风险区域等的重点监控，细化并落实好安全隐患的整理、汇总、告知、督办和备案的程序管理，做好运营安全风险的预防预控；通过落实好一站式养护，重点把控梁桥、隧道、防护等主体结构工程及路面预防性工作，做好路产养护风险点的预防预控。

4.5 公路运营核心业务管理

制度法则与执行方法和控制方略的有机结合，是运营体系管理的核心内容，通过运营目标实现质量标准的定性化到目标效益的定量化，体现预防性管理理论的精神和管理主体责任、管理内容与目标的统一。

在公路运营管理实践中，各运营主体需要根据自身的特点与管理理论及原理的有机结合提出符合自身特点的管理方法。本节提出的运营核心业务管理的一般方法，涉及特定对象的内容均以广州“东二环”项目（第6章）的运营管理实践为例。

4.5.1 经营规划与管理

公路运营经营规划与管理，广义上是对经营期内所有相关的资产负债、经营利润、现金流量、所有者权益变动等经营情况及财务状况进行分析、策划，制订全面长远发展计划，并对经营目标开展工作，结合实际情况进行适度调整，以达到经营目标的过程。狭义上是围绕经营期内的收入、成本、利润及资金状况等经营要素，按年度编制全经营期规划报告，并以此为依据开展管理工作助力经营目标实现的过程。本节主要从狭义管理上对收费公路项目的经营进行论述。

4.5.1.1 公路运营经营规划

公路运营经营规划，就是预测经营期内的公路运营经营收入、经营成本、经营利润，以及取得预期目标所要进行的工作。其中，经营收入和经营成本是基础，经营利润是在经营收入和经营成本预测基础上的延伸，即盈利能力预测，如表4-9所示。

公路经营规划项目表　　表4-9

项　目	内　容
经营收入	公路运营经营收入包括通行费收入、沿线场租收入、服务区油站分成收入等，其中通行费收入在大多数情况下占比都超过95%，其他业务收入比重很小，本章节主要围绕通行费收入展开论述
经营成本	根据《高速公路公司财务管理办法》规定，高速公路运营公司在公路通行期间发生的与公路经营有关的支出，计入营业成本。鉴于目前大多数公路运营经营收入主要是通行费收入，本章节主要围绕公路运营为取得通行费收入，维护公路畅通所发生的成本费用展开论述
经营利润	即盈利能力，反映公路运营经营成果

1）经营收入预测

经营收入预测分两步走，首先对交通量进行分析预测，然后再预测通行费收入。

(1)交通量分析预测

①预测模型

多元线性回归方法是交通量预测中经常采用的方法。多元线性回归的预测流程图,如图4-15所示。

②相关影响因素预测

主要影响因素为××公路所在城市历年的人口、GDP和车辆保有量。

预测主要采用线性回归方法、指数平滑法、增长率法、弹性系数法以及灰色预测模型等方法,对各种指标利用多种模型和方法进行预测,然后进行加权平均,得出较为合理的结果。考虑到简单平均组合预测的结果对于特定的某个预测方法的选择并不敏感,并且简单平均组合预测能表现出很好的稳定性,对于预测方法较少、预测精度相差不大的几种预测方法的组合,能得到较好的预测结果,所以采用等权平均组合预测方法(EW方法)进行组合预测。

对于人口发展预测,可以采用一元线性回归模型和灰色预测模型等方法进行。根据对以往国内生产总值和汽车保有量历史数据的分析,采用三次指数平滑模型和一次线性回归模型对国内生产总值和汽车保有量进行预测。

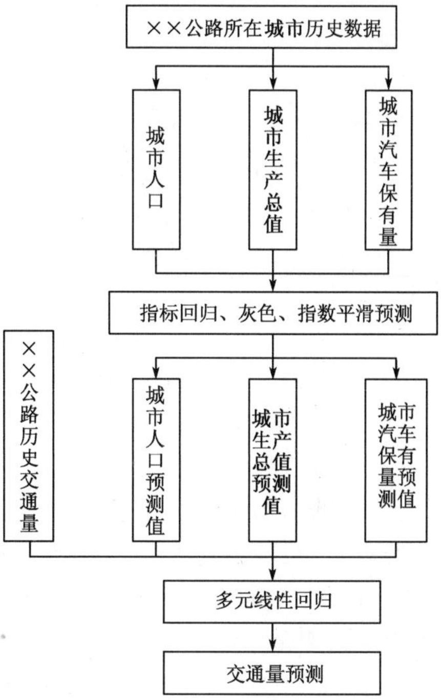

××公路所在城市历史数据
城市人口
城市生产总值
城市汽车保有量
指标回归、灰色、指数平滑预测
××公路历史交通量
城市人口预测值
城市生产总值预测值
城市汽车保有量预测值
多元线性回归
交通量预测

图4-15 多元线性回归预测流程图

③收费公路交通量预测

由上述已知的历史数据来进行多元线性回归预测,自变量选取城市人口、城市生产总值和城市汽车辆保有量,预测值选取年平均日交通量(各站年平均日总和)。

根据交通量预算模型,预测的交通量结果中全路段的交通量是按各路段交通量加权平均得到,并对免费交通量占比进行统计,得出收费交通量占总交通量的占比。

④误差分析

对交通量而言,所取样本为小样本,则其预测值的置信区间可如此给出:

对样本估计值 $\hat{Y}$ 构造其 t 统计量,令

$$\Delta Y=\hat{Y}_0-Y_0$$

$t=\Delta Y/\hat{\sigma}_{\Delta Y}$ 具有 $n-2$ 个自由度。

如选择 $1-\alpha$ 的置信度,则有

$$P\{-t_{0.5\alpha}<t<t_{0.5\alpha}\}=1-\alpha$$

$$P\{-t_{0.5\alpha}<\Delta Y/\hat{\sigma}_{\Delta Y}<t_{0.5\alpha}\}=1-\alpha$$

因此 Y_0 的置信区间为

$$\hat{Y}_0-t_{0.5\alpha}\hat{\sigma}_{\Delta Y}<Y_0<\hat{Y}_0+t_{0.5\alpha}\hat{\sigma}_{OY}$$

取 $\alpha=0.10$，则置信度 $1-\alpha=0.90$，这样就可以算出其对应的置信区间；以对应的置信区间两端为预测的上下限，就得到保守值和乐观值。通过分析影响未来交通量的因素可知，相对于预测值来说，近期误差较小，但远期误差稍大，因此，在处理预测值误差时，采取以下误差函数：

$$y_o=y^*\times(1.015)^t$$

$$y_c=y^*\times(0.985)^t$$

其中：y^*—回归预测值；y_o—乐观预测值；y_c—保守预测值；t—年数序号（即令 t = 预测年份数 - 预测开始年份数）。

⑤各路段车辆未来年均日交通量

应用多元回归模型和定义的误差限，可以计算各路段未来年平均日交通量预测乐观值与保守值结果。

影响交通量变化的因素十分复杂，既有路网变化、政策变化、经济发展、自然条件等外部因素，也有路况条件、经营方法等内部因素，因此，在实际预测交通量变化时，往往采用类比分析法进行，或以类比分析来修正预测参数。

(2)通行费收入预测

通行费收入预测相关因素包括：预测的总交通量（辆），免费车辆占总车辆的比例（%）、路段收费标准（元/标准车公里、元/标准车次），计算公式如下：

通行费收入 = 预测的总交通量 ×（1 - 免费车辆占总车辆的比例）× 路段收费标准，对应预测交通量计算每年的通行费收入预测表格式，如表 4-10 所示。

各路段路费收入预测表（单位：万元）　　表 4-10

年份	分段 1	分段 2	……	分段 n	合计
路段长（km）					
运营第 1 年					
……					
运营第 n 年					
合计					

2）经营成本预测

公路运营经营成本主要包括：折旧（摊销）成本、人工成本、养护成本、征管成本、财务成本、税务成本、工程成本和其他成本。各项成本预测的内容和方法如下：

(1)折旧（摊销）成本

折旧（摊销）成本是指核心资产折旧（摊销）成本。就是将因获得核心资产而发生的总支出，按照规定的方法和估计，在运营期内合理地计提分摊的成本。核心资产，即路产或收费权，根据会计核算处理方法，当核心资产归为固定资产核算时，相应计提折旧成本；当核心资产归为无形资产核算时，相应计提摊销成本。核心资产总额一般参照公路项目竣工决算审计批复金额。

实际工作中，计算折旧（摊销）成本的方法主要包括年限平均法和工作量法，方法一经确定，不得随意变更。

①年限平均法

是指将应计提核心资产折旧(摊销)成本,均衡地分摊到预计使用寿命内(收费公路指经营期内)的一种方法,计算公式如下:

年折旧(摊销)率 =(1 - 预计净残值率)÷预计使用寿命(年)×100%

月折旧(摊销)率 = 年折旧(摊销)率÷12

月折旧(摊销)额 = 路产造价或收费权购入价格×月折旧(摊销)率

②工作量法

是根据实际工作量计算每期应计提核心资产折旧(摊销)成本的一种方法,计算公式如下:

单位工作量折旧(摊销)额 = 路产造价或收费权购入价格×(1 - 预计净残值率)÷预计总工作量

年折旧(摊销)额 = 当年工作量×单位工作量折旧(摊销)额

根据核心资产组成内容的属性,选择相应的成本计算方法,如表4-11所示。

核心资产折旧(摊销)成本计算方法分类 表4-11

序号	类　别	计算方法
一	路产造价	年限平均法或年限平均法同工作量法混合
1	公路及构筑物	年限平均法或工作量法
2	安全设施	年限平均法
3	通讯、监控、收费设施	年限平均法
4	房屋建筑物	年限平均法
5	其他设备	年限平均法
二	收费权购入价	年限平均法或工作量法

③计算公式说明

路产造价是指为建造公路项目支付的总价,包含公路及构筑物、安全设施、通信监控收费设施、其他设备(办公生活)、房屋建筑物等。

收费权购入价格是指为取得公路项目经营收费权支付的总价。

预计使用寿命是指路产或收费权的有效经营期限,各部分有对应的使用期限,如表4-12所示。

核心资产各部分预计使用寿命年限 表4-12

序号	类　别	使用年限
一	路产造价	
1	公路及构筑物	收费经营许可年限,一般为25年
2	安全设施	15年
3	通讯、监控、收费设施	10年
4	房屋建筑物	20年
5	其他设备	5年
二	收费权	收费经营许可年限,一般为25年

当月工作量是指每一自然月度在公路上通行的收费车流量。

预计总工作量是指整个经营期限内，在公路上通行的收费总车流量，一般依据项目工程可行性批复中的车流量预测数，在运营期间实际收费车流量发生较大变化，也可以聘请符合资质条件的中介机构重新预估。

预计净残值率是指核心资产达到使用年限后(已足额计提折旧摊销)，处置该核心资产所能收回的金额占其原值的比例。鉴于运营期结束后，公路将被无偿移交政府公路主管部门的特性，预计净残值率一般取值为0。

(2)人工成本

人工成本是指企业雇佣人员生产而产生的全部费用，如表4-13所示。

人工成本基本项目及说明 表4-13

项　目	说　明
工资总额	是指以货币形式向职工发放的工资、奖金、津贴、补贴等各种劳动报酬。在主管部门审定的人员编制和上年当地城镇职工平均工资限额内核定。同时保持一定的年度增长率
社会保险	是指企业按照法律法规为职工缴纳的养老、医疗、生育、工伤、失业等基本社会保险。其中，养老保险按14%计提，失业保险按0.9%计提、工伤保险按0.7%计提、医疗保险按8%计提、生育保险按0.85%计提(以当年本地区社会保险缴费比例为准)
福利费用	是指为职工卫生保健、生活、交通等所发放的各项补贴和非货币性福利等。以工资总额的14%为上限，按实列支
教育经费	指公司为职工学习先进技术和提高管理水平而支付的费用。以工资总额的2.5%为上限，按实列支
工会经费	指按规定用于工会开展工作和活动的经费。按工资总额的2%提取划拨工会
劳动保护费	是指按照规定标准发放的劳动保护用品的购置费及修理费，工作服装费，防暑降温费，在有碍身体健康环境中施工的保健费用等
住房公积金	企业按照法律法规为职工缴存的住房储金。按照《住房公积金条例》的有关规定以工资总额的8%～12%计提
其他职工薪酬费用	包含辞退福利、援企稳岗补贴等工资费用

影响人工成本的因素包括岗位编制、人员职级、工资标准等，如表4-14所示。

人工成本影响因素及说明 表4-14

项　目	说　明
岗位编制	公路项目运营企业岗位编制分为管理、生产和后勤三个类别
人员职级	人员职级即人员职务级别，是指按组织结构、管理层次和命令链构成的员工职务档次
职级薪酬标准	职级薪酬标准，是每个职级对应的薪酬标准。年薪系数为1的六级员工基本工资起薪点参照所在地区的最低工资标准

(3)养护成本

养护成本，是指为保持公路设计服务水平，维持正常运营通行所需的各项生产性支出和管理性支出的总和，养护成本包括所有路产养护与维修的成本支出。

按照养护工程性质、技术复杂程度和规模大小，公路养护分为小修保养、中修工程、大修工程、改建工程四类。其中，改建工程按照公路工程基本建设项目程序执行，通常其成本测算和管理不纳入养护成本范畴。详参第4.5.2节“养护规划与管理”。

(4)征管成本

征管成本,主要是指在公路运营过程中因征收通行费收入和行政管理而产生的各项费用支出,如表4-15所示。

征管成本具体项目及说明 表4-15

项　目	说　明
保险费	是指为保障公路运营、资产安全而产生的保险支出。包括:营运保险费、车辆保险费、其他财产保险
修理费	是指经营办公设备、管理中心及生活区生活设施维修支出。包括:车辆修理费、其他财产修理费用
业务招待费	是指业务招待产生的支出
差旅费	指公司职工因公出差的交通、住宿等费用
办公费	指公司开展日常经营管理工作所发生的支出。包括:办公用品、车辆费用、通信费用、会议费、杂项
外购动力费	是指为维持公司各种设备正常运行,对外采购水、电、油、气等资源的支出,含车辆燃油费用
租赁费	是指需要租借经营办公场所设备时产生的支出
诉讼费	是指为诉讼(起诉或应诉)事项产生的支出
聘请中介机构费	指公司验资、年度决算、所得税汇算清缴的查账、审计支出,及因公司管理需要产生的律师、专利、ISO认证等支出
咨询费	指公司向有关咨询机构进行科学技术经营管理咨询所发生的各项费用,包括聘请经济技术顾问、法律顾问等支付的费用
董事会费	指公司最高权力机构及其成员为执行职能而发生的各项费用
营销费	是指为提高路段知名度,实现引车上路、促进收入,开展相关宣传指引工作而产生的支出
联网收费服务费	是指配合公路通行费收入区域联网要求,实现数据拆分而产生的支出,包含:按照通行费电子分账服务机构核定的标准缴交的费用;各级管理机构和路段公司之间的分摊费用
票卡制作费	是指通行费收入发票印刷支出及IC卡购置支出
安全应急费	是指为保障公路安全畅通,履行安全职责而开展相关工作的支出
低值易耗品、固定资产、无形资产采购支出	是指与公路运营管理有关的各种设备器具的采购支出
其他费用	是指上述项目以外的与公路运营管理有关的合理支出

征管成本包含的费用支出项目繁杂,计算方法主要分为以下两类:

①根据董事会和上级主管部门审定的限额,按实计算。包括业务招待费、差旅费、会议费、营销费用等。

②根据经营管理实际情况,按市场单价乘以预计业务量计算。包括保险费、修理费、办公费(除会议费)、外购动力费、租赁费、董事会费、联网收费服务费、票卡制作费、安全应急费、低值易耗品、固定资产、无形资产采购及其他费用等。

(5)财务成本

财务成本,主要是指运营期内,为建设公路或购买运营权而发生的融资利息支出及其他融资产生的金融费用支出,如表4-16所示。

财务成本具体项目及说明 表 4-16

项　目	说　明
利息费用	指企业短期借款利息、长期借款利息、应付票据利息、票据贴现利息、应付债券利息、长期应付引进国外设备款利息等利息支出(除资本化的利息外)减去银行存款利息等收入后的净额
汇兑损失	指企业因向银行结售或购入外汇而产生的银行买入、卖出价与记账所采用的汇率之间的差额,以及月度(季度、年度)末,各种外币账户的外币期末余额按照期末规定汇率折合的记账人民币金额与原账面人民币金额之间的差额等
金融机构手续费	指发行债券所需支付的手续费(需资本化的手续费除外)、开出汇票的银行手续费、调剂外汇手续费等,但不包括发行股票所支付的手续费等
其他财务费用	如融资租入固定资产发生的融资租赁费用,及融资顾问费等

公路运营中涉及的财务成本主要为利息费用,计算方法如下:

$$当年应付利息=对外融资余额\times当年占用天数\times年利率\div360(天)$$

融资利息费用核算表,如表 4-17 所示。

融资利息费用核算表 表 4-17

贷款编号	贷款银行	起始日	截止日	天数	对外融资余额	年利率	当年应付利息	备注
1	2	3	4	5 = 4 - 3	6	7	8 = 5 × 6 × 7 ÷ 360	9
合计								

(6)税务成本

税务成本,是指公路运营过程中,按照税法规定缴纳的各种税费,如表 4-18 所示。

税务成本具体项目及说明 表 4-18

项目	计 算 方 法	说　明
营业税	应纳营业税额 = 应税营业(销售)额 ×3% 应纳教育费附加额 = 应纳营业税额 ×3% 或 2% 应纳城市维护建设税额 = 应纳营业税额 ×7% 或 5% 或 1%	营业税是国家对提供各种应税劳务、转让无形资产或者销售不动产的单位和个人征收的税种。截至 2016 年 5 月 1 日前,高速公路运营企业按照营业额或交易金额的大小乘以 3% 的税率按月计算缴纳营业税
增值税	(1)一般计税方法:只要符合一般纳税人资格的企业均可选择一般计税方法 应纳增值税税额 = 当期销项税额 - 当期进项税额 销项税额 = 含税车辆通行费 ÷(1 +17%)×17% 进项税额:指纳税人购进购物、加工修理修配劳务、服务、无形资产或者不动产,支付或者负担的增值税额 (2)简易计税方法:试点前开工且符合一般纳税人身份的企业、小规模纳税人身份的企业可以选择简易计税方法,减按 3% 的征收率计算应纳税额,一经选择,36 个月内不得变更 应纳增值税税额 = 含税车辆通行费 ÷(1 +5%)×3% 应纳教育费附加额 = 应纳增值税税额 ×3% 或 2% 应纳城市维护建设税额 = 应纳增值税税额 ×7% 或 5% 或 1%	增值税是国家对销售货物或者提供加工、修理修配劳务以及进口货物的单位和个人就其实现的增值额征收的一个税种。其附加是按照高速公路运营企业缴纳营业税金额或增值税金额的一定比例计算,包括:教育费附加,分为城市教育费附加和地方教育费附加两种,城市教育费附加按营业税税额/增值税税额的 3% 计缴,地方教育费附加按营业税税额/增值税税额的 2% 计缴;城市维护建设税,按纳税人所在区域不同分为 7%、5%、1% 计缴

续上表

项目	计算方法	说明
房产税	应纳房产税额 = 房产原值 ×（1 − 30%）×1.2% 或 12% 或 4%	是以房屋为征税对象，按房屋的计税余值为基数，乘以税率按年计算缴纳
土地使用税	应纳土地使用税额 = 应税土地的实际占用面积 × 适用单位税额（一般规定每平方米的年税额，大城市 1.5 元至 30 元；中等城市 1.2 元至 24 元；小城市 0.9 元至 18 元；县城、建制镇、工矿区 0.6 元至 12 元。）	是指在城市、县城、建制镇、工矿区范围内使用土地的单位和个人，以实际占用的土地面积为计税依据，依照规定由土地所在地的税务机关征收的一种税赋。土地使用税根据实际使用土地的面积，按税法规定的单位税额交纳
车船使用税	应纳车船使用税额 = 年应纳税额 ÷ 12 × 应纳税月份数	是以车船为征税对象，向拥有车船的单位和个人征收的一种税
印花税	应纳印花税额 = 合同金额（账册、证照数量）× 适用税率	是对经济活动和经济交往中书立、领受具有法律效力的凭证的行为所征收的一种税
企业所得税	企业应纳所得税额 = 当期应纳税所得额 ×25% 应纳税所得额 = 收入总额 − 准予扣除项目金额	是指对中华人民共和国境内的企业（居民企业及非居民企业）和其他取得收入的组织以其生产经营所得为课税对象所征收的一种所得税。根据 2008 年 1 月 1 日起施行的《中华人民共和国企业所得税法》规定，一般企业所得税的税率为 25%，公路运营企业也执行该税率

（7）工程成本

工程成本，是指运营公路无法满足实际的功能需求，在原设计之外对路产进行技术升级或扩建而增加的工程费用投入，如收费系统、监控系统、部分线位调整等技术升级以及收费站场、互通立交等扩建或新增工程。工程成本包括工程实施所需的设计、建造、监理、验收等费用，计算方法按照公路工程基本建设程序及定额标准测算，工程费用纳入新增工程项目固定资产投资，并在经营期内摊销。

（8）其他成本

其他成本，是指上述七项成本以外的费用支出。

3）经营成本预测报表

根据上述内容，形成公路运营经营成本预算报表体系，如表 4-19 所示，实际工作中可以根据管理需求，按月度、季度、年度填报汇总。

公路运营经营成本预测总表 表 4-19

序号	项目	运营期第一年	…	运营期最后一年	累计
	1	2	…	n	n + 1 = 2 + … + n
一	折旧（摊销）成本				
二	人工成本				
三	养护成本				
四	征管成本				
五	财务成本				
六	税务成本				
合计					

4)经营效益预测

通过进一步处理经营收入、经营成本数据,可以得到公路运营经营利润,即公路运营盈利能力,形成公路运营经营效益预测报表体系,如表4-20所示。

公路运营经营效益预测 表4-20

序号	项　目	运营期第一年	…	运营期最后一年	累　计
	1	2	…	n	$n+1=2+\cdots+n$
一	经营收入				
二	经营成本				
三=一-二	经营利润				

对投资者的分配能力还体现在累计可分配现金。累计经营利润反映了公路运营的最终成果,并为行业管理者、投资者提供了参考依据。

历年经营效益分析反映公路运营在经营期内的经营成果和财务状况发展趋势,分为以下几个阶段:

第一阶段,亏损经营阶段。公路运营初期,由于公众认知度较低、周边路网不完善等原因,经营收入处于低水平,同时经营成本中的财务成本处于经营期的最高水平,导致亏损经营。该阶段管理重点在于加大营销力度促进通行费收入,合理控制经营成本。

第二阶段,利用税费抵扣政策,年度经营利润转亏为盈阶段。进入该阶段,公路运营已渡过最艰难的时期,基本达到收支平衡,这个阶段可以利用无支付的折旧成本资金归还贷款本金,财务成本开始下降。此时管理重点在于继续引车上路,组织通行费收入,同时利用好5年利润平衡政策减少税费支出,合理控制经营成本和加强财务及资金管理,全力做好还贷工作。

第三阶段,累计经营利润转亏为盈阶段。进入该阶段,公路运营到达较佳状态,经营收入覆盖经营成本后的富余资金较多。此时管理重点在于继续组织好通行费收入,合理控制经营成本,统筹资金管理平衡保证还贷和利润分配。

以广州东二环为例,其经营状况(2008—2016年)及预期(2017—2033年)盈利能力,如图4-16所示,第一阶段为2008—2013年,第二阶段为2013—2016年,第三阶段为2016年后。三个阶段中,养护成本为刚性支出,且可变性大,因此,必须全面做好预防性养护工作,降低可变性成本。

4.5.1.2　公路运营经营管理

公路运营经营规划完成以后,需要通过一定的方法和手段进行管理,以促进收入实现、控制成本发生和落实盈利目标。总体思路是“开源节流、增收节支”,具体采用“以点带面、点面结合”的管理方法。

1)点层级管理

是指对公路运营具体工作进行规范,使各项工作有序进行,实现公路运营经营目标。开源主要是开展多种促进收入的经营渠道,增收主要是促进主营收费收入,节流主要是节约成本支出,重点是养护成本和收费业务成本支出。重点内容主要从路产养护、路产经营的业务实施和管理中体现,具体见第4.5.2“养护规划与管理”、第4.5.3“收费业务管理”等相关章节内容。

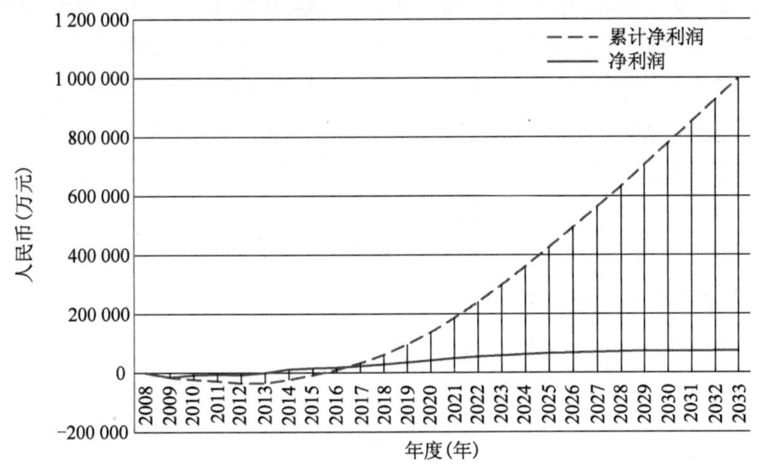

图 4-16 东二环项目经营期状况与预期盈利能力折线图

2)面层级管理

是指对公路运营相关经营情况的各预测项目,按年度进行归纳、比较、分析,主要体现为合同管理和预算管理等。

(1)合同管理

合同关系是企业生产经营活动中最重要的管理形式,规范化的合同管理制度能够在经营活动中维护企业的合法权益,防范风险,是企业治理的核心制度,也是经济手段法律化的表现。

规范化的合同管理要求企业对合同的动议、谈判、审批、订立、履行、变更、计量支付、归档等具有全面性、合理性、统一性的管理流程。具体见第 4.5.4 节“合同业务管理”。

(2)预算管理

预算管理是利用企业内部各部门、各单位的各种财务及非财务资源进行分配、考核、控制,以便有效地组织和协调其余的生产经营活动来完成既定的经营目标。经营单位预算管理通过计划与财务委员会和财务预算管理办公室两级管理架构完成。

①计划与财务预算委员会由公司经营班子和各部门经理(负责人)组成,主要负责拟定预算编制与管理的原则和目标;审定上报的年度财务预算报告;对财务预算执行情况进行监督和绩效考核。

计划与财务预算委员会组织构成,如图 4-17 所示。

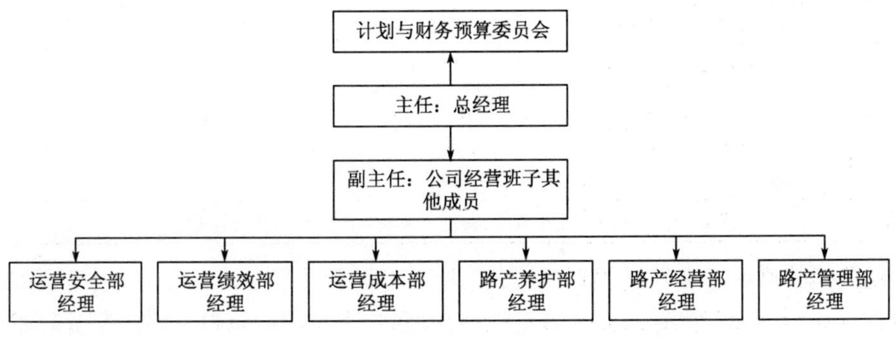

图 4-17 计划与财务预算委员会组织构成

②财务预算管理办公室由运营成本部主导，在计划与财务委员会的统一指导下，负责企业各项收支和经营成果预算的编报、执行、分析和控制工作，接受上级主管单位的检查、考核；配合上级主管单位财务预算管理办公室做好综合平衡、分析协调、控制考核等工作；按时编制财务预算报告，提交委员会审定后，上报上级主管单位、董事会审批；如实分解经董事会审批的财务预算指标，并落实到最基层责任单位；按照经董事会审批的财务预算指标和审批程序，督办财务预算的执行；及时反映财务预算执行情况，协调各部门总结分析差异原因；统筹协调各部门解决存在的问题，保障财务预算管理的综合平衡、控制调整等工作；如实做好财务预算考核具体工作，为委员会执行考核提供依据。

企业各业务部门按照职能及分工，在办公室指导下，履行如下职责：负责本部门业务涉及的财务预算项目的编制、执行、分析、控制等工作；配合办公室做好企业财务预算的综合平衡、协调、分析、控制等工作；主动配合委员会和办公室对预算计划执行情况的监督和考核。财务预算管理办公室组织构成，如图4-18所示。

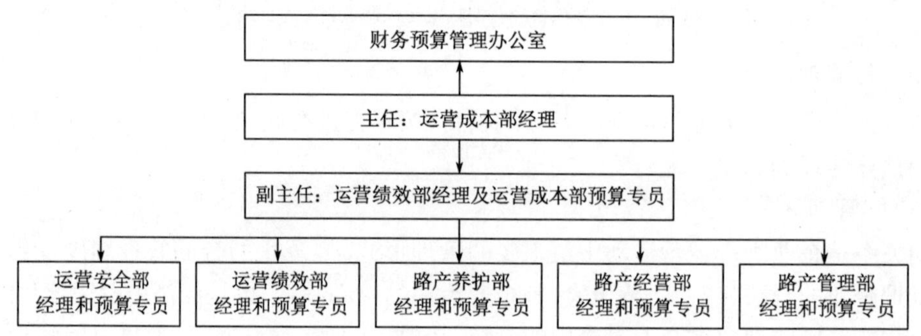

图4-18　财务预算管理办公室组织构成

③财务预算是围绕企业战略目标，对一定时期内企业的资金取得和投放、各项收入和支出、经营成果及其分配等资金运作所做的计划安排，主要包括收入（包含路费收入、其他业务收入等）、成本费用（包含维护费用、职工薪酬、经营费用等）、路产折旧、营业税金及附加、财务费用及其他支出等预算项目。

以部门架构为单位对财务预算管理责任进行分工，并对各部门负责的收入预算项目和成本费用预算项目进行控制和管理。部门管理分工，如表4-21所示。

财务预算分工　　表4-21

预算责任部门	预算责任项目分工
运营绩效部	人工成本、征管成本（其他部门指定项目除外）、其他成本的统筹管理
运营成本部	折旧成本、财务成本、税务成本的统筹管理，征管成本的发票业务、审计业务等支出管理
路产养护部	养护成本、工程成本的统筹管理，征管成本的路产保险支出管理
运营安全部	征管费用的安全设备、设施和安全生产相关的专项费用管理
路产经营部	路费收入、其他业务收入（广告、场地出租）的统筹管理，征管成本的营销及收费相关业务支出管理
路产管理部	征管费用的路政业务支出管理，其他业务收入的路产赔补偿管理

④围绕公司战略要求和发展规划目标，以业务预算、资本预算及相关定额标准和实际经营情况为基础，以经营利润为核心，充分分析经营环境，合理预测经营目标，按照上级主管单位的格式和内容要求，以财务预算报表形式编制年度财务预算。预算编制流程，如图4-19所示。

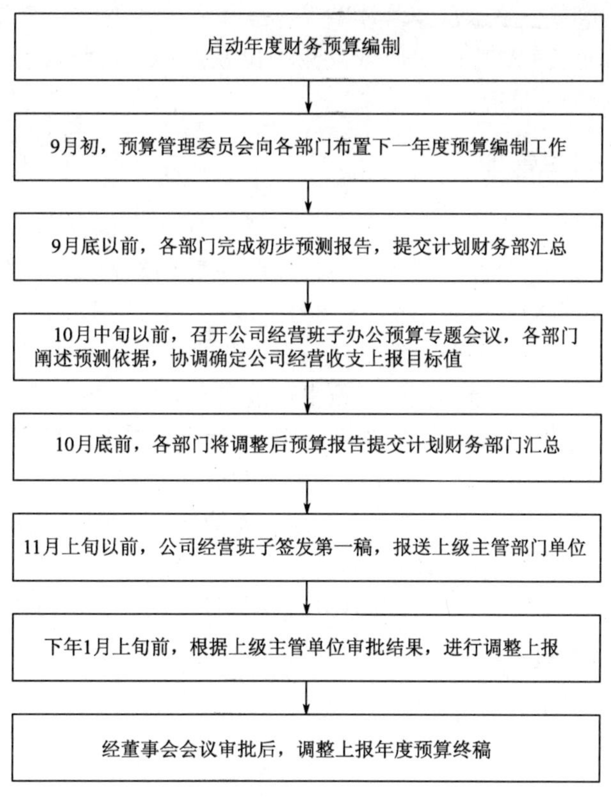

图 4-19　预算编制流程

⑤预算编制终稿确定后，各部门按照表 4-21 分工内容将年度财务预算指标层层分解，落实至最基层责任单位并严格执行。

执行部门应建立预算费用登记制度，以实现执行预算的过程控制，保证预算执行结果有据可查。预算管理办公室每季度召开一次预算执行工作例会，统筹各部门对预算执行情况进行小结，分析执行效果和原因，及时发现问题，合理管控预算执行进度，并参照预算编制内容编制报告上报委员会。按照预算计划管理系统有关规定，各部门每季度末月 25 日前在系统上填报季度计划完成情况。预算执行过程中，各部门对所承担的有关收入和费用发生过程进行控制，如确实存在客观原因导致执行比率偏差，应做好相关情况分析报告，对有关预算项目的执行过程和结果负责。若根据实际经营情况确实需要发生预算外收支的，在每年 8 月运营成本部汇总经审批的各预算外收支项目，调整当年年度财务预算报告并报备上级主管单位和股东单位。预算执行过程中需对执行比率进行控制，使其保持在合理范围内，在每个年度 12 月 15 日前，各部门应当在权责范围内完成预算计划的清算和总结，确保完成年度预算执行工作的质量和时效。

⑥预算管理制度采用考核监督机制，全程接受股东及上级主管单位、董事会的指导和考核，实行责任追究制以及绩效考核制。

4.5.1.3　经营规划调整

根据公路运营相关的建设投入规模、经营期年限、交通量预测等客观条件，编制总体经营规划与管理报告，为公路经营“点”层级管理、“线”层级管理提供指引，同时根据两级管理的反馈情况适时调整规划,保障公路运营经营效果。

“经营规划与管理报告”调整以交通量预测为出发点,更新预测剩余经营期内的经营收入、经营成本、经营利润相关情况。

4.5.2 养护规划与管理

通常情况下,路产养护技术文件包括公路养护规划与管理、公路养护与维修手册、公路养护技术规范三个部分。其中,公路养护规划与管理从管理主体视角谈养护管理,其主要内容突出养护标准和指标,突出预防性养护思维,突出养护成本控制,突出交通节能环保和创新;公路养护与维修手册是根据养护项目特点、养护规划及规范的要求,编制具体的养护操作指南和具体操作要求;公路养护技术规范是参照施工技术规范范本的格式要求编制,主要内容包括不同路产清单对养护作业的范围、材料、设备、作业要求、计量支付等作出具体规定和要求。养护手册和养护技术规范是养护单位开展养护作业的标准和依据。

编制养护规划与管理的目的是通过运营期路产养护规划的编制,提出规划期内养护质量、安全目标,建立完善的养护管理制度体系,揭示重要安全风险并制定应对机制,构建先进的养护管理平台,确立重点结构部位养护管理的操作依据,科学制定养护费用投入,为运营期养护管理工作提供决策参考和行动指南。

4.5.2.1 路产养护概念及内涵

1)路产养护概念

公路路产是指与公路运营管理相关的公路资产的总称,主要包括公路主体结构(指构成公路运营通行载体的路基、路面、桥涵、隧道等基础设施)、公路用地、公路附属设施(指为保护、养护公路和保障公路安全畅通所设置的防护、排水、绿化、管养、服务、安全、监控、通信、照明、收费等设施和设备以及专用建筑物、构筑物等)。

路产养护是指为维持公路服务质量功能和使用寿命,保障结构运营安全,对运营公路路产进行日常保洁、保养和经常性检查、维护,对路产结构物及部件开展定期质量检查、检测、评价,并对质量缺陷进行功能性恢复的过程。路产养护一般包括小修保养和专项工程(包括大中修、新改建、应急抢修工程)。

2)路产养护的目的

路产养护的目的主要包括4个方面。

(1)在公路建成投入使用后,及时发现并弥补因设计和施工等各种原因造成的公路及其附属设施的质量缺陷。

(2)通过检查、检测,建立相应数据库,为养护管理提供可参考的技术数据,并进行分析研究,及时了解并正确评价公路技术状况及服务水平,在此基础上采取小修保养、大中修及改建工程,保障公路的良好运行环境和服务功能。

(3)通过养护历史数据的统计分析,开展病害规律发展趋势的预测和判断,执行预防性管理,适时处理即将出现或已出现的各类病害,防止病害扩展,尽可能地延长公路及其附属设施的使用寿命,延缓大中修周期。

(4)合理配置和使用养护资源,最大限度保障路产结构的安全和耐久性。

3)路产养护的内容

(1)根据法律法规和交通运输部颁布的公路养护技术规范、作业规程,以及各级公路管理部门制订的有关管理办法,认真履行养护主体职责,制定具体项目养护制度。

(2)遵循"全面养护、科学管理、预防为主、防治结合"的养护工作方针,认真执行具体养护制度规定的工作内容。

(3)采取正确有效的技术措施和科学先进的养护管理办法,做好公路保洁、保养,加强预防性养护,及时维修破损的路产设施,保证公路及其沿线设施的完好,保障公路的畅通。

(4)根据现场病害的检查(测)情况,科学、合理地制定养护工作计划,准确测算养护资金的投入,适时采取小修保养或预防性养护甚至大中修手段,始终保障公路处于良好技术状况。

(5)注重提高养护科技化水平,采用新技术、新工艺、新材料和先进的养护管理方法,全面提升养护管理成效。

(6)对养护管理过程中出现的新现象、新问题积极开展科学研究,认真分析产生原因,定量、定性分析可能后果,采取科学、有效的防治措施,引入后评价机制,及时总结、改进养护工作。

(7)利用路产资产数据、路产检查检测数据、路产保养维修等数据和物联网手段开发路产养护智能管理系统,实现对路产养护信息数据的查询、追溯、分析等功能,利用智能化手段实现预防性养护目标并对病害进行精准处治。

4)养护规划的主要内容

通过编制路产养护规划,量化运营期养护质量及成本目标,规范招投标及养护施工等工作流程,揭示重要安全风险并制定应对机制,为整个运营期的养护管理工作提供决策参考和行动指南。养护规划的核心内容包括养护管理、养护资金、养护质量、养护安全、养护计划、节能与技术创新、路产养护智能管理系统等方面,尽量做到内容全面、具体,重点突出,目标明确。核心内容包括:

(1)编制和执行运营期路产养护规划,提出运营期养护总体质量标准和各时期、各专业的养护质量标准。

(2)量化养护成本指标并提出提高养护质量、降低成本支出的做法。

(3)提出全寿命周期的预防性养护目标和具体执行方法,做好重要结构、关键部位、风险范围的预防性养护和风险控制。

4.5.2.2 养护规划的编制

1)编制项目的情况

(1)项目介绍

总体介绍项目的基本情况,包括项目名称、地理位置、设计标准、主体结构类型、起止点桩号、开竣工日期、连接的重要公路干线、途经主要区域及沿线经济社会发展情况。

(2)养护环境、条件

包括址区自然环境(如气候、降水等)、初始养护环境(交、竣工验收情况)、质量缺陷的处理及规划制定当期的路产养护情况、结构技术状况等。

(3)养护特点、难点

主要介绍项目控制性工程的结构类型,重点结构、关键部件、敏感区域的技术特征及施工情况，确定养护的重点和难点。

2）养护总体规划

以全寿命周期养护和预防性养护理念为依据，以“畅（通）、（整）洁、绿（色）、美（观）、安（全）”为目标，做到科学规划、合理投入、精细养护、持续管理，保障路产运行功能的发挥。

（1）编制依据

①国家法律法规及标准规范，如《中华人民共和国公路法》、《收费公路管理条例》、《公路安全保护条例》、《公路养护技术规范》（JTG H10—2009）、《公路桥涵养护规范》（JTG H11—2004）等。

②省、部有关文件及规划等。

③其他有关文件，包括养护组织架构、养护项目设计和施工文件、竣工资料等。

（2）养护管理模式

公路养护管理是一项较为复杂的系统工程，涉及面广、技术性强、难度大，在规划期内制定合理的养护管理模式，实现项目科学、高效养护是运营单位的一项重要工作。如实践依托项目在规划期内重点探索关键结构的专业化养护机制，在养护管理层面，采用管理型养护模式，即设置专门的养护管理部门从事管理工作，精简内部人员，对口管理。在养护作业层面，对一般路产养护作业，通过公开招标选择一家（或联合体）专业养护单位实行综合养护承包模式，内容包含土建设施、绿化环保、交安设施、机电设备等养护工作；对悬索桥、斜拉桥、中引桥特殊路产的主体结构养护及专项工程的设计、施工和检测、评估等工作，通过公开招标选择一家（或联合体）专业养护单位实行综合养护总承包，即“一站式养护总承包模式”，与监理、验收单位实现养护资源共享，如图4-20所示。

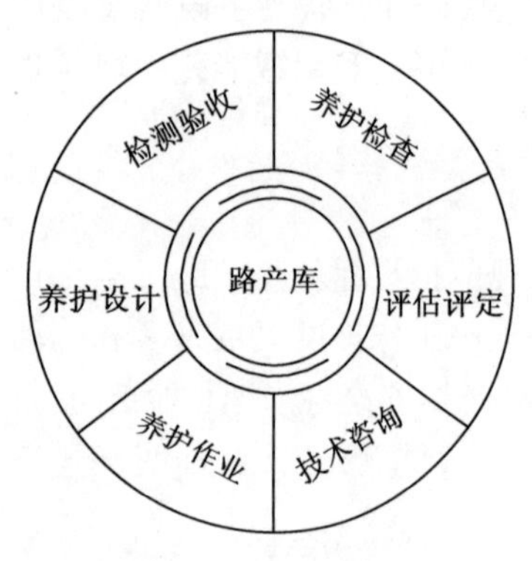

图4-20　一站式养护总承包模式

作为综合管养模式的补充，大桥需定期进行质量检测和技术状况评定，通过公开招标选择一家业绩实力突出的综合甲级检测咨询单位从事评估工作。

养护管理部门履行养护管理职能，对养护作业单位、检测单位实行合同管理，主要职责是承担养护工程计划编制，各类养护报表填报，养护工程实施过程的现场质量与安全监管、技术指导，以及养护费用的审核、计量与支付等；养护作业单位按照合同要求完成合同内约定的各类养护作业内容，保障合同期内公路技术状况满足要求，并接受养护管理部门的考核；检测单位按照合同要求完成相应定期检测，提供技术报告和维修建议，并判定检测结构物的技术状况，按“三位一体”管理要求提出综合养护决策方案。

（3）养护资金

确定规划期内养护资金的来源，每年度根据养护目标及路况指标评估评价编制养护预算计划，投入资金总额严格按照批复的年度养护预算控制。

（4）养护资源

管理单位资源和养护作业参与单位资源。其中，管理单位资源包括运营单位养护管理部门的人力资源配置，项目的应急物资储备、养护工具配置、常用的仪器设备配置及养护基地设置等；养护作业参与单位资源包括设计、施工、监理、检测等直接关联单位按照合同要求需投入的各种技术和工、料、机资源。

(5)养护质量

养护总体目标:规划期内,保持公路技术状况(MQI 及各级分项指标)≥90,同时不低于上一年底评定结果的98%。桥、涵、隧无结构性病害;路基、路面无安全性隐患;房建设施整洁,墙体无渗漏,水电气设施使用安全;绿化植物外形美观、长势良好、绿化现场整洁,无爬藤缠绕绿化苗木现象,无植物砍、损、死现象,无枝干伸入行车道影响行车安全现象,无绿化苗木枝叶影响标识标牌指示功能;机电设施和系统完好,能正常工作;交通安全设施完整无缺损现象。专项工程交工验收质量评定合格,竣工验收质量评定优良。具体指标视路段状况确定短期、中期、远期目标。

①短期质量目标(1~5 年)

a. 公路技术状况指数

路面使用性能指数 PQI≥93,其中 PCI≥91,RQI≥91;路基技术状况指数 SCI≥90;桥梁技术状况评定等级均为一类,隧道技术状况评定等级为 S,涵洞技术状况评定等级为“好”;沿线设施技术状况 TCI≥95;机电设备完好率 95% 以上。

b. 专项(大中修)工程

普通路(桥)面以预防性养护专项为主、局部中修无大修,钢桥面铺装全面保养,路(桥)面预防性养护平均使用寿命不低于 3 年;桥涵隧结构物、机电设备、钢箱梁结构仅进行预防性养护或中修;斜拉桥拉索体系、悬索桥缆索体系安排预防性养护专项维修工程,落实好抗震体系、伸缩缝、钢结构涂装等预防性管养工作。系统性专项大修工程计划分年度摊销。专项工程交工验收评分 90 分以上,竣工验收质量评分 90 分以上(优良)。

②中期规划目标(6~10 年,第一次理论大修期间)

a. 公路技术状况指数

路面使用性能指数 PQI≥91,其中 PCI≥90,RQI≥90;路基技术状况指数 SCI≥90;桥梁技术状况评定等级均为二类以上(其中一类桥占比≥90%),隧道技术状况评定等级为 S,涵洞技术状况评定等级均为“较好”以上(其中等级为“好”占比≥80%);沿线设施技术状况 TCI≥93;机电设备完好率 90% 以上。

b. 专项(大中修)工程

普通路(桥)面适时采用高性能沥青混凝土 UHPP 薄层罩面和精细固封层罩面等措施进行预防性养护,部分路段进行大修;钢桥面铺装采用 UHPP 或精细固封保护层罩面和高黏改性乳化沥青雾(固)封层预防性养护;预防性养护平均使用寿命不低于 3 年。采用渗透加固技术对桥梁等混凝土结构及混凝土路面进行预防性养护,养护设计效果不低于 5 年;桥涵结构物大修比例≤20% 且中修或预防性养护维修间隔 3 年,隧道、机电设备无大修且中修或预防性养护维修间隔 3 年;落实好斜拉桥拉索体系、悬索桥缆吊体系、抗震体系、伸缩缝、钢结构涂装等预防性管养工作。专项工程交工验收评分 90 分以上,竣工验收质量评分 90 分以上(优良)。

③远期规划目标(11~20 年,第二次理论大修期间)

a. 公路技术状况指数

路面使用性能指数 PQI≥90,其中 PCI≥88,RQI≥88;路基技术状况指数 SCI≥90;桥梁技术状况评定等级均为二类以上(其中一类桥占比≥80%),隧道技术状况评定等级为 S,涵洞技术状况评定等级均为“较好”以上(其中等级为“好”占比≥80%);沿线设施技术状况 TCI≥

91;机电设备完好率90%以上。

b. 专项(大中修)工程

11~20年内做好各项主体结构的预防性养护工作:路(桥)面采用高性能材料罩面全面实施预防性养护,并开展部分大修工程,大修比例小于50%;钢桥面铺装采用超高性能复合路面组合结构(UHPP-ME)开展大修工程1次,规划期内全面大修小于2次;开展钢结构及其涂装、缆索系统涂装、桥梁伸缩缝等特殊构件的系统性预防性养护专项。系统性专项大修工程计划分年度摊销。

路(桥)面预防性养护平均使用寿命不低于3年,桥涵结构物维修比例≤40%,个别构件进行加固维修,且中修或预防性养护维修间隔2年,隧道、机电设备全面大修一次且中修或预防性养护维修间隔2年;专项工程交工验收评分90分以上,竣工验收质量评分90分以上(优良)。

20年以后根据具体质量评估状况开展二期规划。

(6)养护安全

路产设施维护应该及时、有效,通行环境保证安全可靠。做到:

①养护管理规范,道路安全设施齐全,符合设计标准和质量要求,无安全责任事故;

②养护作业规范,无作业安全事故;无因为作业导致的交通安全责任事故;

③预防性养护措施到位,无结构安全事故;无特殊气候管理事故;

④路面洒漏清理或清障及时,无养护责任造成的交通事故。

4.5.2.3 养护管理工作

在预防性管理理论指导下,认真执行预防性养护路线。

1)预防性养护技术

预防性养护是指养护部门在公路结构良好或是发生病害的初期,为了恢复结构的力学性能或使用功能预先采用一系列符合结构功能和力学特征要求且经济有效的养护策略和维护措施,阻止病害进一步扩大或向更深层次发展,从而提高公路质量、推迟中修或大修期限、降低公路安全寿命周期的养护成本。预防性养护强调预见性、计划性、针对性和主动性,是公路全寿命周期内维持路产质量、确保结构安全,降低总体养护成本的最有效做法。

2)"三位一体"管理方法

详见第4.2.3节"'三位一体'养护管理方法"。

3)"三巡两检一控制"管理方法

详见第4.2.4节"'三巡两检一控制'安全查控手段"。

4)养护招标管理

结合养护管理模式,确定养护招标范围、招标期限、质量要求、施工单位的资质条件及业绩,设置招标领导小组及监管小组,监督指导招标实施。基本流程符合招投标有关法律法规。

5)养护合同管理

养护合同管理详见第4.5.4节"合同业务管理"。

6)养护工程设计

公路养护工程按其工程性质、复杂程度、规模大小划分为小修保养、中修、大修和改建工程等四类。各类养护工程的具体作业内容参见《公路养护技术规范》(JTG H10—2009)。养护工程设计纳入养护作业总承包一并考虑。

(1)涉及重要结构部位的小修保养工程(如缆索、钢箱梁、索塔、支座、伸缩缝、预应力锚固系统、路(桥)面铺装、隧道衬砌、排水设施等),由养护单位拟定设计方案,设计(咨询)单位复核,养护管理单位批准后实施。

(2)中修工程、大修工程和改建工程必须由具有相应业绩资质的专业设计单位设计(按原竣工图恢复的除外)。涉及复杂体系桥梁(连续刚构、悬索桥、斜拉桥)、高边坡(三级以上)、软基路段(累计处治长度≥500m)和隧道的加固维修工程应定义为涉及重大技术方案和运营安全的养护工程,或须交通行政主管部门审批的养护工程设计,必须由具有公路交通行业相应设计资质的单位承担。

(3)组织单项预算费用500万元及以上的土建养护工程、单项预算费用200万元及以上的机电设备养护工程、涉及重大技术方案和运营安全的养护工程,以及大修和改建工程的设计审查,施工图设计按审查意见完善后报上级主管单位或上级交通行政主管部门审批。

实施过程中,特殊结构或设施的专项防护方案由养护管理单位通过组织召开专家论证会的形式确定,专家论证会应邀请原设计和施工单位人员(原则上邀请项目经理或项目总工程师)参加。

7)养护工程施工

(1)养护工程实施

养护工程实施前,养护施工单位应向养护管理单位或监理单位提交小修保养或大中修(专项)工程开工报告,报告中包括小修保养总体施工组织设计或大中修(专项)工程施工组织设计,主要内容如下:

①工程概况;

②临时建设完成情况及相应的布置图;

③养护施工现场管理机构及管理框图;

④养护工程主要负责人以及拟投入的主要施工管理人员、技术人员及进场计划,主要人员必须附履历,包括其姓名、学历、职称、本项目的职务以及岗位职责等;

⑤采用的主要养护施工技术方案(附施工图纸及说明);

⑥主要工艺及工艺流程(附说明及流程图);

⑦质量保证体系及控制措施和主要人员职责;质量责任制度及相应质量奖罚办法;

⑧养护施工进度计划(适用于大中修工程,含施工计划网络图与横道图),必须注明关键线路以及相应的保证措施;

⑨工、料、机的组织和进场情况、材料试验情况;

⑩材料使用计划以及资金使用计划;

⑪配合业主信息化管理措施的实施;

⑫养护施工安全、文明施工、环境保护保证措施;

⑬针对养护工程开展的科技创新、工艺创新及合理化建议等。

开工报告经监理单位(若有)、管理单位审查同意后,养护施工单位方可进场实施养护工程。养护工程实施流程,如图4-21所示。

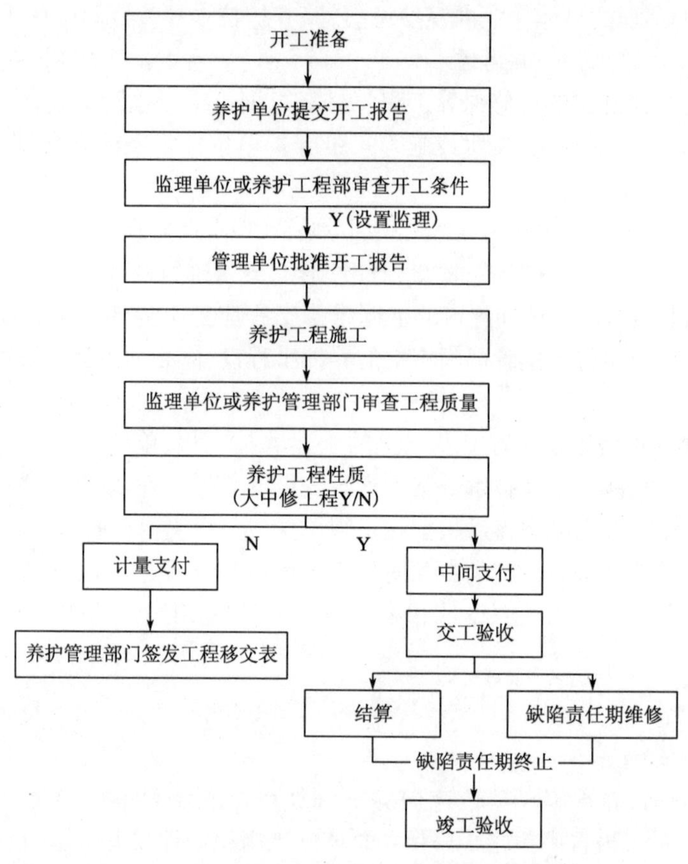

图 4-21 养护工程实施流程

(2)施工质量管理

养护工程管理工作要把工程质量放在首要位置,建立、健全质量控制体系,严格检查验收制度,提高养护工作效能。

小修保养按照公路养护技术规范等有关规定组织实施,实行检查、考核、评定、报告制度,建立各类管理台账、填写生产原始记录,严格实行成本核算。

中修、大修和改建工程严格按照有关的施工规范、标准和操作规程、综合管养招标文件技术要求进行施工。施工过程中,认真做好施工记录,建立完整、可信的技术档案,并按照"三位一体"养护管理方法将专项工程维修情况按部件每天录入路产养护智能管理系统。工程完工后,根据《公路工程竣工验收办法》的规定,组织交工验收。交工验收合格后,有竣工要求的工程尚须按照竣工验收的有关要求准备竣工验收的各类资料,并向竣工验收的主持单位提交竣工验收申请报告。竣工验收主持单位按照国家有关规定组织验收。养护工程施工质量管理流程,如图 4-22 所示。

(3)施工安全管理

①养护管理及养护作业、养护监理等单位必须建立、健全养护管理和作业安全管理机构,按目标单元原理将安全责任落实到人,到班组。

②养护作业需按规定做好养护作业安全保护措施,配备专职安全管理人员,严格按照养护相关安全规定,施工作业之前应事先办理审批程序。

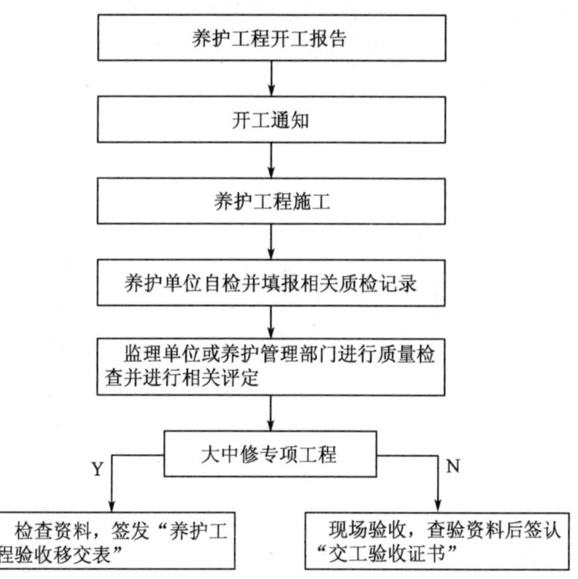

图4-22 养护工程施工质量管理流程

③养护作业施工进场流程，如图4-23所示。

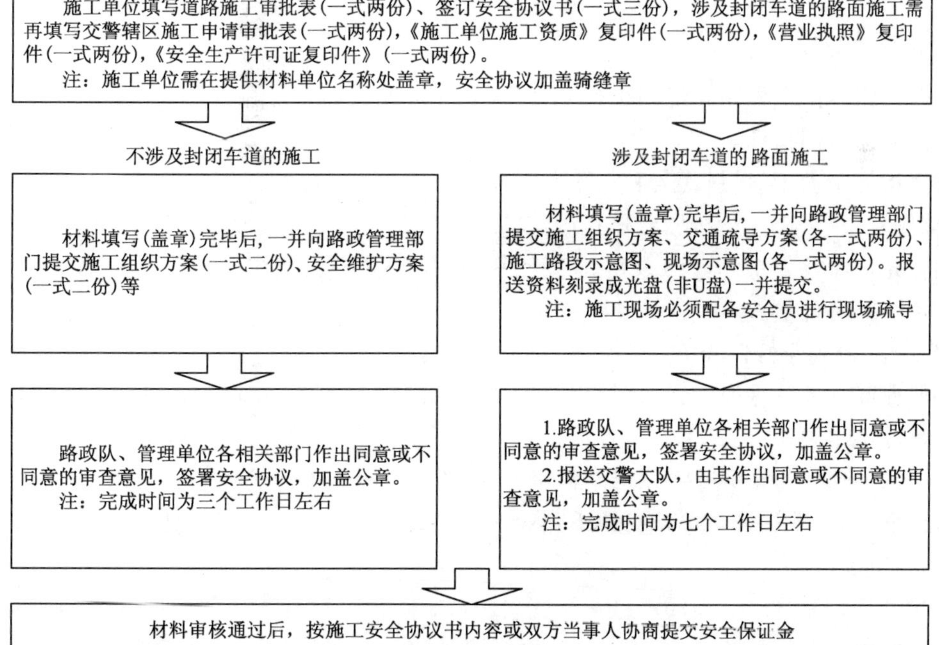

图4-23 养护作业施工进场流程图

④安全管理严格执行"三巡两检一控制"管理制度,并严格实行责任倒查和追责制度。

⑤严格执行养护施工安全技术交底制度。

⑥严格执行养护施工安全检查制度。

⑦养护施工安全管理组织、流程、责任、验收等具体要求详见相关安全管理细则。

8)养护工程监理

养护工程实施过程中,可采取养护工程监理制,以加强监管力度,改善养护工程实施效果。监理单位的选择普遍采用邀请招标或直接委托的形式。养护监理工作制度建设和具体实施程序可参照公路工程施工监理细则和监理规范执行。

9)养护工程验收

养护工程完工后,养护管理单位组织有关单位及时进行工程验收,并综合评价工程实施成果,对工程质量、施工单位和养护专项工程项目进行综合评价。包括检查施工合同的执行情况,评价工程质量是否符合技术标准及设计要求,是否满足运营要求等。对于技术复杂工程项目,应组织专业单位进入现场进行专项质量检查,并邀请有关专家组成专家组参加验收。

10)养护合同履约评价

建立养护作业单位信誉评价。从机构人员配备、技术经济实力、工程过程管理、工程(养护)质量、工期控制、协调配合与服务等方面对养护承包人的履约行为作出评价。评价等级分为"优秀"、"良好"、"合格"、"不合格"四类,按照评价结果决定养护合同的续签和终止。

4.5.2.4 养护计划的编制

1)养护指标标准

依据公路养护工程预算定额和有关收费标准,考虑道路车流量、路龄等参数,制定各清单项目单位成本费用指标。

费用指标中人工、材料代号按《公路工程预算定额》(JTG/T B06-02—2007)及附录二取定;机械代号按《公路工程机械台班费用定额》(JTG/T B06-03—2007)和省级公路工程机械台班费用补充定额及附录(若有)取定。基价是人工费、材料费、机械使用费及其他材料费、小型机具使用费的合计值。

(1)土建设施小修保养

小修保养总体管理原则,一是符合养护规范的内容和频率、养护质量评定标准、项目养护维修手册的基本要求;二是工作内容涵盖所有路产单元,频率不低于招标技术规范规定;三是满足路产部件单元每个计量周期内均需进行保洁保养、巡检和小修工作的要求,且必须满足验收质量标准;四是养护作业单位对达不到养护质量要求造成的结果负责任。

①保洁保养

逐项列出路基、路面、桥涵、隧道、交安设施、绿化环保、房建设施等三级单元所有路产(第2.3.2.2节养护技术规范,表2-6养护工程量清单)保洁、保养的工程内容、维护频率、验收标准及对应的定额标准。

实践项目保洁保养工程内容及费用指标如表4-22~表4-26所示,其他路段视实际工程情况确定。

道路保洁项目表 表 4-22

顺序号	项目	单位	代号	道路保洁
				1
1	人工	工日	1	19.6
2	路面清扫车	台班	1 258	2.42
3	2t 以内载货汽车	台班	1 370	1.84
4	8 000L 以内洒水汽车	台班	1 406	0.62
5	其他材料费	元	996	61.9
6	小型机具使用费	元	1 998	28.4
7	基价	元	1 999	4 104

注:1. 道路保洁养护成本指标单位为 1 000m · 年/车道,四车道高速公路的消耗量乘以 1.50 系数。

2. 路龄 10 年以下的高速公路,消耗量系数为 1;大于 10 年的,消耗量系数为[1 + (n - 10)/10],其中 n 为高速公路路龄。

3. 道路双向交通量在 25 000 辆以下的高速公路,消耗量系数为 1;25 000 ~ 50 000 辆的,消耗量系数乘以 1.10 系数;50 000 辆以上的,消耗量系数乘以 1.20 系数。

4. 工作频率为月平均数,具体执行按季节情况适当调整,按年合计总数计量。

桥涵内部保洁项目 表 4-23

(单位:1 000m^2 · 年)

顺序号	项目	单位	代号	特大桥内部保洁
				1
1	人工	工日	1	2.5
2	其他材料费	元	996	69
3	小型机具使用费	元	1 998	50
4	基价	元	1 999	242

房建设施保洁项目 表 4-24

(单位:1 000m^2 · 年)

顺序号	项目	单位	代号	房建保洁
				1
1	人工	工日	1	214.7
2	其他材料费	元	996	3 088
3	小型机具使用费	元	1 998	992
4	基价	元	1 999	14 643

收费车道保洁项目 表 4-25

(单位:1 车道 · 年)

顺序号	项目	单位	代号	收费车道保洁
				1
1	人工	工日	1	11.5
2	8 000L 以内洒水汽车	台班	1 406	1.26
3	其他材料费	元	996	315
4	小型机具使用费	元	1 998	252
5	基价	元	1 999	1 968

绿化保养项目　　表 4-26

（单位：1 000m² · 年）

顺序号	项　　目	单　　位	代　　号	绿化保养
				1
1	人工	工日	1	8.6
2	水	m^3	866	43.5
3	基肥	t	987	4.6
4	8 000L 以内洒水汽车	台班	1 406	0.28
5	割草机	台班	1 934	2.25
6	其他材料费	元	996	65
7	小型机具使用费	元	1 998	26.3
8	基价	元	1 999	871

Ⅰ. 路基、路面、隧道、交安设施保洁保养工作内容

a. 人工清捡道路主线及互通立交匝道路肩、边坡上遗留的垃圾杂物，1 次/周；

b. 清扫道路主线、互通立交匝道路面，以机械作业为主，人工辅助清扫路面死角，1 次/日，清洗由燃油、油漆等造成的路（桥）面污染；

c. 清扫、疏导雨后明显积水的行车道、收费广场路面；

d. 人工清理中央分隔带内垃圾杂物，2 次/月；

e. 限定时间内到达现场，人工清除影响行车安全的小型路障；

f. 人工清洗隧道内装饰板及桥梁人行检修通道，1 次/月；

g. 人工疏通桥面泄水管，清除孔中泥土、杂物，排水畅通，加固松动的排水设施（排水管、泄水管等），1 次/月；

h. 清洗桥梁混凝土护栏，去污处理或表面修复遭车辆剐蹭部分，1 次/季；

i. 经常性清洗、紧固桥梁钢护栏，1 次/月；

j. 经常性清除伸缩缝内积土、垃圾等杂物，紧固螺栓，1 次/月；

k. 清理隔离栅内侧堆放垃圾，清除表面附着攀爬植物及农作物，1 次/季；

l. 清洗交通标志污染物，1 次/月。

Ⅱ. 桥梁涵洞保洁保养工作内容

a. 定期进行钢箱梁、锚碇锚室内部除尘，1 次/季；

b. 清扫悬索桥主鞍鞍室及横梁箱室，1 次/季；

c. 钢筋混凝土箱梁内保洁，1 次/半年；

d. 涵洞洞内清理、行人洞内清洗，1 次/月。

Ⅲ. 房建设施保洁保养工作内容

i. 一般房建设施

a. 人工清扫（1 次/天）、定期清洗（1 次/周）各类建筑物楼地面，清理瓷片接缝、墙角线、地角线等；

b. 人工清理办公室、洗手间内环境卫生，倾倒垃圾、杂物，1 次/天；

c. 人工清拣广场、道路、绿化带、架空层、花基及其他公共设施内垃圾、杂物，场内清运及集

中,1 次/天;

d. 利用抹布、清洁器等擦拭建筑物门窗玻璃,1 次/天;

e. 用专业清洁剂擦拭建筑物内金属装饰物、栏杆、指示牌、果皮箱、花盆花槽、对讲系统等,1 次/周;

f. 办公楼盆栽日常养护(浇水、清除落叶等)。

ii. 收费车道

a. 人工清拣垃圾、杂物,场内清运及集中,1 次/天;

b. 人工清扫车道路面、收费岛面垃圾、杂物,垃圾场内清运及集中,1 次/天;

c. 利用抹布、清洁器等擦拭收费亭,1 次/周;

d. 用专业清洁剂擦拭收费岛附着金属装饰物、栏杆及机电设施表面,1 次/周;

e. 机械清洗收费车道,人工配合,2 次/月;

f. 收费岛摆栽日常养护(浇水、清除落叶等)。

Ⅳ. 绿化环保工程保洁保养工作内容

a. 管理中心、收费站区每周浇水(雨天除外)不少于 2 次,中央分隔带等其他位置每月浇水不少于 1 次;

b. 松土,除杂草根系,清理,1 次/季;

c. 开挖槽坑,施肥,覆土,清理现场,1 次/月;

d. 剪除乔、灌木枯树枝、条、病枝、过密枝,造型修剪,剪枝和散叶集中清理堆放,现场清理,其中土路肩防护植被 1 次/月,其他养护区域 1 次/季,不定期修剪进入行车道内以及遮拦标志的绿化树;

e. 人工清理绿化养护区域垃圾、树叶,管理中心场区每隔一天清理 1 次,其他区域按 2 次/周;

f. 人工或机械割草(含爬藤等),清理堆放,现场清理,1 次/月,雨季(6 ~ 8 月)加强为 2 次/月;

g. 调制药水、机械或人工喷药,清理现场,1 次/月,视病虫害情况增减。

h. 防风、防汛:雨季前积极预防,对树木加固,及时清除倒树断枝、疏通道路,清理扶植,5、6、7、8 月份结合实际天气情况不低于 2 次/月,如遇台风、暴雨等影响绿化效果,及时加固、清理、扶植等。

②路产巡检工作内容

逐项列出路产巡检的工作内容、巡检频率、验收标准及对应的定额标准。实践项目巡检内容及费用指标如表 4-27 ~ 表 4-31 所示,其他路段视实际工程情况确定。

Ⅰ. 路基、路面巡检工作内容

a. 人工巡查路基、路(桥)面,工具车配合,1 次/天;

b. 特殊天气(如暴雨、台风)期间,人工巡查路基、路(桥)面,工具车配合,进行必要的、不定时的夜巡查;

c. 软基路段线形监测,1 次/季度;

d. 定期检查路基工程(路肩与边坡、排水设施、防护支挡工程、路基本体等)病害,1 次/月;

e. 定期检查水泥混凝土和沥青混凝土(含隧道阻燃沥青路面、特大桥钢桥面铺装)路(桥)面病害,1 次/月。

路基路面巡检项目 表 4-27

（单位：km·年）

顺序号	项 目	单 位	代 号	路基路面巡检
				1
1	人工	工日	1	8.0
2	2t 以内载货汽车	台班	1370	4.2
3	基价	元	1999	1 272

Ⅱ.普通桥涵巡检工作内容

a.人工巡查普通桥梁，工具车配合，1 次/天；

b.人工查验涵洞汛期排水是否通畅；

c.定期按养护规范要求对普通桥涵进行经常性检查，1 次/月。

普通桥涵巡检项目 表 4-28

（单位：1 000m^2·年）

顺序号	项 目	单 位	代 号	普通桥涵巡检
				1
1	人工	工日	1	1.27
2	2t 以内载货汽车	台班	1370	1.85
3	其他材料费	元	996	80
4	小型机具使用费	元	1998	145
5	基价	元	1999	671

注：1. 四车道高速公路桥梁的消耗量乘以 0.75 系数。

2. 路龄 10 年以下的高速公路桥梁，消耗量系数为 1；大于 10 年的，消耗量系数为[1+(n-10)/10]，其中 n 为高速公路桥梁路龄。

Ⅲ.特大桥巡检工作内容

a.人工巡查特大桥，工具车配合，1 次/天；

b.定期按《养护手册》及养护规范要求对特大桥（斜拉桥、悬索桥）所有部件进行经常性系统检查，1 次/季；

c.定期对特大桥（斜拉桥、悬索桥）水中墩台及基础进行专项结构检查，1 次/半年；

d.对桥梁线型的检测，1 次/季。

特大桥巡检项目 表 4-29

（单位：1 000m^2·年）

顺序号	项 目	单 位	代 号	特大桥巡检
				1
1	人工	工日	1	1.37
2	2t 以内载货汽车	台班	1370	0.59
3	桥检车	台班	2002	0.33
4	其他材料费	元	996	100
5	小型机具使用费	元	1998	6
6	基价	元	1999	3633

Ⅳ.隧道巡检工作内容

a.人工巡查隧道,工具车配合,1 次/天;

b.定期按养护规范要求对隧道(土建结构、机电设施以及附属房屋设施)进行经常性检查,1 次/月,雨季(4～8 月)加强为 2 次/月。

隧道巡检项目 表 4-30

(单位:1 000m^2 · 年)

顺序号	项　目	单　位	代　号	隧道巡检
				1
1	人工	工日	1	2.33
2	2t 以内载货汽车	台班	1370	1.05
3	其他材料费	元	996	12
4	小型机具使用费	元	1998	205
5	基价	元	1999	550

注:1.四车道高速公路隧道的消耗量乘以 0.75 系数。

2.路龄 10 年以下的高速公路隧道,消耗量系数为 1;大于 10 年的,消耗量系数为[1 +(n - 10)/10],其中 n 为高速公路隧道路龄。

Ⅴ.绿化环保工程巡检工作内容

人工巡查各类绿化植物病虫害发生情况,绿化区域杂草(含爬藤)生长态势,有无因特殊天气(台风、暴雨等)引起绿化植物倾倒影响行车安全的情况(遇及此类情况应加强巡查频率,及时排查),有无苗木死株现象,1 次/周。

绿化巡检项目 表 4-31

(单位:1 000m^2 · 月)

顺序号	项　目	单　位	代　号	绿化巡检
				1
1	人工	工日	1	0.15
2	基价	元	1999	7

Ⅵ.机电设备保洁保养工作内容

机电设备保养和巡检成本指标涉及的养护项目繁多,且无相关的养护验收与评定标准,通常根据设备的具体状况及验收质量标准对保养保洁、巡检采取人工加辅助机具费用测算的方法。

③小修维护

工程量清单列出了养护小修工程项目框架,实际成本测算时,土建工程各专业小修承包费用根据路况指标和验收质量标准以及《公路养护工程预算编制导则》的有关规定套用省级公路养护工程预算定额测算;机电设施小修则往往采用限额控制,具体可参照土建设施小修保养成本测算。

(2)专项工程

专项工程的施工内容主要包括路产的预防性养护、大中修及新改建。专项工程根据养护规划目标,按计划和研究的加固维护及预防性设计方案对路产结构进行功能性恢复。

中修工程成本测算按照《公路养护工程预算编制导则》的有关规定套用省级公路养护工程预算定额或《公路工程预算定额》(JTG/TB 06-02—2007)。按照有关规定,大修工程成本测算参照基本建设工程考虑,此处不赘述。

(3)成本指标

①小修保养

按照项目实际情况,参考生产要素市场价格及历史年度投入,分别预测保洁保养、巡检、小修等工程的综合单价。同时考虑到经济等因素,在规划期内将成本指标按一定比例逐年适当递增。

②专项工程

按照《公路工程预算定额》(JTG/TB 06-02—2007)和省级养护工程定额标准编制专项工程清单单价,编制时应充分考虑工作效率和施工辅助设施及作业环境因素影响。

a.预防性养护

逐项列出项目规划期内计划采用的预防性养护技术估算单价,如雾封层(固封),微表处桥头跳车处治,UHPP超薄磨耗层,悬索桥吊索防腐,斜拉桥拉索PE维护,混凝土渗透加固、钢结构除锈涂装等。

b.大中修

逐项列出项目规划期内计划采用的大中修技术估算单价,如SMA路面及复合桥面铺装,防水黏结层,UHPP-ME复合桥面铺装,环氧沥青混凝土钢桥面铺装,斜拉索、吊索更换等。

③其他工程

逐项列出项目规划期内其他工程估算单价。如结构专项检测及维护费用估算价、交通安全设施日常维修及养护估算价、房建设施日常维修及养护估算价、机电设施设备检测及维修估算价等。

2)养护预算编制

(1)编制依据

按照养护工程属性的划分,规划期内养护费用主要包括小修保养、专项(大中修)工程。小修保养采用综合单价的费用包干制,费用项目相对单一;专项工程因其涉及细目较多,通常采取类同建设项目的工程量清单计价模式,项目工程量需要结合路段定检情况和结构功能退化情况来预计,相应单价综合定额、生产要素价格、工艺要求系统考虑,在此基础上确定专项工程预算造价。上述费用明确后,尚需考虑适当预留金以作不可预见之费用。

(2)编制程序

养护预算编制由养护管理单位路产养护部门对应的相关管理路产部门分别发起,由部门预算管理员具体实施,编写具体测算过程说明,部门负责人审核完毕后进入审核监督阶段。

(3)审核监督

养护预算编制完成后,由养护管理部门提交管理单位会审,按会审意见修改完毕后上报上级主管部门审批,批准后予以执行。

3)养护预算执行

(1)分工

经批准的养护计划由相关管理部门负责执行,经招标的合同由业务部门负责养护质量、安全、进度管理,路产养护部统一负责按月度计量、支付,运营成本部负责计量监督和资金拨付工作,计量支付工程严格按照合同管理有关要求执行,详见第4.5.4节“合同业务管理”。

(2)执行

在计划期限(一般设置3年为期)内完成养护招标范围内的工作内容,总体费用预算在期限内计划并执行完成,具体计划层级为三年预算计划(招标合同),再分解年度预算计划。年度计划的预算执行按季度计划分解,过程中结合实际情况进行调整,预算执行实行总体、分项费用指标双控,不得出现费用超预算计划现象。养护计划执行相关表格(略)。

(3)控制

小修保养工程费用预算执行率应控制在95%~100%,专项工程费用预算执行率应控制在90%~100%。若因实施条件与预期变化过大时,专项工程可跨年度实施,相应预算对应调整或结转。

4)质量缺陷期养护

规划期里,质量缺陷期分两阶段考虑,一是建成通车至竣工验收阶段(简称“第一阶段”)的施工质量缺陷责任期;另一阶段是竣工验收后的正式运营阶段(简称“第二阶段”)的养护质量缺陷责任期。这两个阶段的工作重点都在于合同管理,质量缺陷期内返修工程费用原则上由原承包单位负责。下面分别具体说明。

(1)第一阶段

本阶段需要彻底清除建设期遗留的各类工程质量问题,目的是掌握交工验收时遗留的工程质量问题和质量监督部门提出问题的落实处理情况,辨识、查清运营期存在的新生病害,系统、及时地组织返修工作,所有返修工作完工后由施工单位、监理和养护管理部门三方验收,程序参照建设工程项目工作流程。

本阶段建议在工程竣工验收后由接管单位牵头,会同或委托第三方专业检测部门对工程进行全面系统地检查、检测,避免质量缺陷存在。

(2)第二阶段

随着路产使用年限的增长和车流量的增加,一些为改善、修复路产设施使用功能的专项(大中修)工程陆续到来。质量缺陷期的设置明确了养护单位的责任义务(相关要求详见具体项目招标文件约定),促使其在专项工程实施前认真规划,过程中精心施工。作为职能部门,养护管理部门应对相关合同约定充分认识,督促监理单位(若有)共同加强合同管理,协调、集成、共享所有养护资源,最大限度地促进养护质量管控水平的提升。

5)专项工程养护计划

(1)路(桥)面养护专项工程

本章节主要是针对项目实际情况,对路(桥)面养护的计划实施年度、技术方案及材料性能要求进行详述。

(2)桥梁养护专项工程

结合项目实际情况,对桥梁关键结构(如缆索体系、钢结构、大位移伸缩缝、主塔及锚碇大体积混凝土等)养护的计划实施年度、技术方案及材料性能要求进行详述。具体内容参见具体项目的实施方案和养护维修手册。

(3)隧道养护专项工程

根据隧道运营状况,对易损部位(如拱顶防火涂装、沥青路面开裂、衬砌渗水等)养护的计划实施年度、技术方案及材料性能要求进行详述(按具体项目编制)。

(4)房建养护专项工程

对房建设施(如收费站棚、管理中心房建)养护的计划实施年度、技术方案及材料性能要求进行详述(按具体项目编制)。

此外,还可根据项目实际情况,对路基、绿化、交通设施、机电设备等实施专项养护,编制养护规划。

6)经营期养护计划

按照经营期养护计划的制定与执行情况,可分为两个阶段,即已执行阶段和预测阶段。

估算年度的养护成本预测需要考虑养护管理模式、养护技术、交通量、物价水平、政策影响等因素,重点是专项工程的实施规划。对于小修保养工程,适当考虑物价上涨的影响;专项工程成本预测时重点考虑路(桥)面铺装使用寿命与交通量的相关性;桥隧涵等结构物、机电设备的专项维修暂作周期性考虑。规划期内,尚需结合养护成本相关性研究的成果,修正养护成本预测数据,尤其是对桥隧涵等结构物专项维修的成本预测,具体指标视路段实际情况确定。

4.5.2.5 养护作业及要求

(1)路产保洁、保养

在规划期内分别对路基、路面、桥涵、隧道、绿化、房建设施等路产的保洁、保养范围、标准及频率的具体要求进行详述。

(2)常规性维修

在规划期内分别对路基路面、桥梁涵洞、隧道、交安设施等路产结构的常规性维修(如路基边坡防护、排水设施维护,路面开裂、坑槽修补,钢结构表面涂装维护等)范围、工作内容、维修时限及标准的具体要求进行详述。

(3)重要结构维护维修

在规划期内,结合规范要求分别对路(桥)面、缆索系统、钢结构、桥梁墩塔、支座、阻尼器及大位移伸缩缝系统等重要结构的养护检查方案、范围、频率、维修标准进行详细规划,并根据检测结果对不同程度病害制定相应的维修处治方案。

(4)设备升级及维修

规划期内机电设备维护主要包括机电设备(系统工程、交通工程、自动化技术)常规养护、突发事件应急处理及设备的升级改造,对维护频率、维护标准等具体要求进行详述。

养护作业及要求、内容参照具体项目编制的养护技术规范及养护维修手册。

4.5.2.6 重要结构安全管理

内容详见第4.5.5节“运营安全管理”中结构风险分析与管理的内容。

4.5.2.7 节能与技术创新

(1)交通节能

包括规范管理、改善道路路况条件、降低车辆排放;公路大修、老旧路面材料的再生利用;绿化工程、绿化更换和利用;公路管理和服务设施的减排控制;机电设备的报废更新和利用、公路照明及机电设备的节能控制等。根据具体工程编制具体的规划。

(2)技术创新

为使养护规划更系统地反映养护工作需求,使规划工作具有更强的预知性和可执行性,需要用哲学思维和问题导向思维,充分了解和掌握国内外先进养护技术手段、工艺的发展趋势,在实践中提炼出具有先导性的科研课题,组织专业技术人员开展养护专项技术攻关,并将有关成果纳入到养护规划的修编、完善中,用以指导规划内的养护工作。组织开展“高速公路(桥梁)高品质维护及安全运营管控技术”研究,技术研究可根据项目结构退化情况和运营特点等分为初期、中期、远期3个阶段进行规划。

列举路产养护主要技术创新内容。附录:路产性能改进与预防性养护新技术。

4.5.2.8 路产养护智能管理系统

详见第5.5节“公路路产养护智能管理系统开发”。

4.5.2.9 养护规划的修订和要求

(1)路段运营情况、政策导向等条件的变化可能导致规划与路段实际情况不符,从而降低规划的可操作性,因此,需要适时修订规划,一般设为每5年修编一次。修订的触发条件可选择为:行业的规范、标准或地方法律、法规发生变化后;养护技术水平明显提高或新的工艺得到推广后。

(2)随着公路运营时间的增长,结构功能的退化趋势将日益明显,养护工作量大、难度大、科技含量高的特点逐步凸显,要求养护管理必须具备高素质的专业人才。因此,应该根据规划涉及的重点方面培养专业管理队伍,保障规划期内管养工作的专业性、技术性和连续性。

4.5.3 收费业务管理

公路收费管理,是指道路经营单位依照审批的收费标准对使用道路的车辆收取道路通行费而进行的活动过程,是对各种收费要素进行决策、组织、协调、控制和激励等活动的总称。收费管理是收费公路运营管理工作中最基础、最重要的业务工作之一,是经营单位落实社会效益和经济效益的体现。

4.5.3.1 收费组织机构

收费管理的主体责任部门为路产经营部,下设收费站,作为收费业务的对外窗口。其组织机构,如图4-24所示。

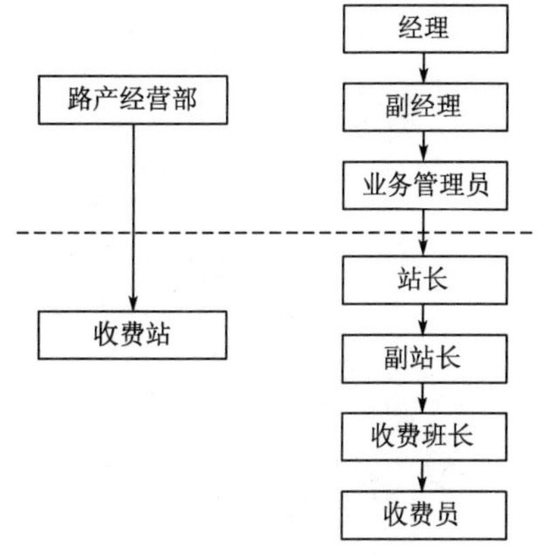

图4-24 收费业务管理组织

4.5.3.2 收费管理总则

按照“经营好公路,服务好社会”的企业宗旨,规范收费管理各项工作,确保正常收费秩序,不断提高收费服务水平,实现社会效益和经济效益的和谐统一。

(1)目的:经营好公路,服务好社会。

(2)原则:透明收费标准,规范收费行为,应免不征,应征不免。

(3)依据:《中华人民共和国公路法》,《收费公路管理条例》,地方性公路收费管理条例、办法、规范、细则,项目收费批复文件标准,内部收费管理细则。

(4)服务目标:打造五星服务品牌;顾客服务满意率不低于95%;顾客有效投诉率低于十万分之一;收费差错率低于万分之三。

(5)服务规范:包括证件、仪容仪表、标准着装、规范动作等。

4.5.3.3 现场事件管理

1)收费工作纪律

(1)收费站所有工作以不影响车道安全畅通为前提,以为驾乘人员提供优质文明服务为宗旨。

(2)收费站现场人员通过车道时,需穿着反光衣,走黄色安全线,密切关注车道来车动态,在确保人身安全的前提下通过,在栏杆抬起时严禁通过。

(3)无特殊情况,任何人员不得进入收费广场或正在工作的票亭,不得影响稽查人员和收费人员工作。

(4)收费站工作人员对进入站场施工及维护等人员进行监督。

(5)所有人员对收费站以权谋私、营私舞弊等行为皆有举报权。

2)收费现场特殊事件管理

收费现场特殊事件是指在收费过程中,出现车辆非正常缴费状态下的事件(含特殊车种)。如无卡车、冲卡车、绿通车、逆向行驶车、标识异常车辆、车主不够钱缴费等情况。管理部门、收费站、稽查工作小组等采取不定期到收费站现场检查和录像抽查的方式,重点检查是否存在内部员工与外部驾驶员利益勾结的行为。特殊事件种类如表4-32所示。

收费现场特殊事件详情 表4-32

项目	说　明	操作规范
无卡车	指出口不能提供入口复合卡(纸券)的车辆	对于无卡车首先要询问驾驶员无卡的原因及行驶路径,然后在收费系统查询车辆行驶路径,通过监控员向入口站查询车辆在入口是否取卡,再根据查询到的信息进行相应的收费
异常卡	入口非出口卡	入口非出口卡是指在入口出现的未写上一次出口信息的复合卡,系统会在电脑上显示"该卡已发出"。该复合卡不能发出,注明"该卡已发出"后单独存放,下班后交票管员处理
	入口坏卡	入口坏卡是指入口系统无法读写卡内任何信息的复合卡。该复合卡不能发出,注明"坏卡"后单独存放,下班后交票管员处理
	出口无入口信息卡	出口无入口信息卡是指在出口出现的无入口信息的卡,在电脑上显示"无入口信息"。对于出口无入口信息卡,首先要询问驾驶员入口站及行驶路径,然后在收费系统查询车辆行驶路径,再根据查询到的入口信息和行驶路径进行具体操作
	出口坏卡	出口坏卡是指出口系统无法读取卡内任何信息的复合卡,包括物理坏卡(恶意坏卡)和非物理坏卡(正常坏卡)两种; 对于出口坏卡,首先要询问驾驶员入口站及行驶路径,然后在收费系统查询车辆行驶路径,再根据查询到的入口站及行驶路径,按照"坏卡"操作收费,并根据复合卡外观损坏情况作相应处理

续上表

项目	说　明	操作规范
异常卡	出口一车多卡	出口一车多卡是指车辆携带多张复合卡的情况。将驾驶员的所有复合卡收下，然后上报监控员查询各复合卡的最近使用时间，确定哪一张是本次通行发出，再对本次通行进行收费。对其他回收的复合卡，应向驾驶员了解持有多张复合卡的原因，若属驾驶员原因未能交回复合卡且在之前未按规定交费的，应按规定补收相关路费；若属非驾驶员原因造成驾驶员持有多张复合卡的，应在回收后统一按异常回收卡补录入系统。如核实该车有冲卡逃费记录的，则追缴最远程通行费和复合卡工本费
出口逆向车	指出口刷卡缴费时发现不可到达本站路径的车辆	对于逆向车，首先要查证其真实的入口、通行路径信息，然后按照是否存在合理原因造成不可达路径的情况，分别按照相应操作进行收费
异常标识车	指漏标或误标标识点信息的车辆	(1)漏标标识点信息车辆处理； (2)误标标识点信息车辆处理
驾驶员现金不足		(1)现场处理； (2)车主返回缴纳所欠通行费的处理； (3)监控应急中心处理； (4)票款清点室处理
称重异常车	指在计重收费过程中出现异常的车辆	(1)驾乘人员对称重数据有异议； (2)计重车道无法显示计重信息； (3)发现货车有明显逃费嫌疑
绿通车	指运输鲜活农产品的车辆	(1)车辆进入“绿色通道”专用车道； (2)绿通车查验人员要对车辆三证(驾驶证、行驶证、营运证)和运输的货物品种、车货总高度、车货总宽度、车货总长、装载量、混装车进行查验和拍照取证。如不符合政策免费条件的需要求驾驶员缴纳通行费；符合政策免费条件的则进行拍照取证； (3)绿通车查验人员应做好相机的交接手续，按规定记录好《相机交接登记表》，如出现相机故障等特殊情况，查验人员要及时上报监控说明原因并做好登记； (4)绿通车查验人员在查验过程中要确保人身安全，必须穿着反光衣，特别要避免站立在车辆的正后方，时刻注意来车方向，遇有车辆失控要迅速闪避； (5)绿通车查验人员要将符合免费条件的记录在《鲜活农产品车辆免费放行统计表》，不符合免费条件的记录在《收费站打逃工作记录表》中
ETC异常	大型车误判为小型车收费、小型车误判为大型车收费、标识点出现误标现象、ETC余额不足、黑名单车辆无法扣费等	(1)当出现小型车误判为大型车收费、标识点出现误标现象导致多收通行费的情况时，使用文明用语耐心向驾驶员做好解释工作，开具《收费异常证明》(简要注明原因及多收的通行费金额)让驾驶员致电ETC服务热线申请退款(如有需要，我司可以代为申请退款)，并上报监控做好登记； (2)当出现大型车误判小型车收费，使用文明用语耐心向驾驶员做好解释工作，储值卡和记账卡均重新按正确车型手工操作扣取一次通行费，开具《收费异常证明》让驾驶员致电ETC服务热线申请退款(如有需要，收费单位可以代为申请退款)，并上报监控做好登记； (3)当出现ETC余额不足、黑名单车辆无法扣费时，使用文明用语耐心向驾驶员做好解释工作，转现金收费
逃费车	闯关(冲卡)车	识别与防范，见专项技术处理
	假冒绿通车	识别与防范，见专项技术处理
	常见计重逃费车辆	识别与防范，见专项技术处理

4.5.3.4 现场设备管理

收费现场设备管理包括车道控制器、复合卡读写器、卡箱、票据打印机、收费闭路电视、专用键盘、显示器、报警开关、雨棚信号灯、自动栏杆机、手动栏杆机、自动发卡机、车辆分离器(光栅)、数据采集处理器、控制柜和称重设备等的管理。具体见相关管理细则。

4.5.3.5 收费监督管理

包括监督对象、方式及绩效管理,如表4-33所示。

收费监督管理说明 表4-33

项　目	说　明
监督对象	内部收费类员工
监督机构	收费监督领导小组 收费监督考核工作小组
监督方式	(1)路产经营部 ①通过监控应急中心对收费现场进行监督与控制,及时发现和制止违反有关规定以及收费现场特殊事件处置的异常情况,并按程序上报给监控应急中心主任、收费站长和部门经理; ②通过稽查的工作方式,及时发现收费管理过程中不符合规定的操作规范和秩序,预防和制止违纪及贪污作弊行为; ③通过现场检查的方式,及时发现收费现场人员在收费业务方面不规范的问题,收集收费站需要协调的事项 (2)收费站 ①收费站站长利用员工座谈、站务会等方式,了解员工存在的收费业务问题或现场特殊事件处置的情况,及时整改并组织相关培训,同时将有关情况报告给营运安全部; ②收费站站长在现场值班过程中,及时发现现场收费过程中的异常情况,对其教育整改并组织相关培训,同时将有关情况报告给营运安全部; ③收费班长应以身作则,熟悉收费业务,对班员出现的问题及时教育,对本班出现的异常情况及时报告给收费站长和监控应急中心
绩效管理	岗位荐升、评优评先、薪酬升降

4.5.3.6 收费稽查管理

稽查人员稽核特殊车种和收费现场特殊事件处理,分析筛选和排查逃费车辆,提出打击冲卡逃费和假冒免费车辆的合理化建议,维护收费秩序,协助处理各种突发事件。稽查人员应协助部门不断完善收费管理方式,预防和制止违纪及贪污作弊行为,对违纪贪污作弊人员进行调查并提出处理意见,如表4-34所示。

收费稽查管理 表4-34

项　目	说　明
稽查方式与方法	现场稽查;后台稽查;抽样稽查;专项稽查;联合稽查
稽查对象	内部稽查:人员稽查、通行费稽查、卡稽查、通行费发票稽查、收费找赎金稽查、作弊稽查; 外部稽查:稽核特殊车种信息,分析排查可疑车辆信息;搜集车辆逃费信息,分析收费异常数据;调查疑似逃费行为,收集冲卡、倒换卡、计重逃费等逃费黑名单车辆资料;对入口发卡和出口超时车、相邻站点间短途车进行稽查,重点防止各种换卡、倒卡等舞弊行为;查看收费站、收费亭周围的工作秩序、检查收费设施的完好情况;配合区域联网收费运营管理中心,定期开展联合稽查

4.5.3.7 收费数据管理

运营收费数据管理由路产经营部和机电信息中心负责,路产经营部主要负责收费数据的采集、统计、分析和报送等运营收费数据管理工作;机电信息中心主要负责收费设备的维护保障和收费原始数据的传输与安全,协助路产经营部进行收费数据采集。内容包括:数据传输与安全、数据维护、数据备份。

4.5.3.8 收费票据管理

收费票据是收费业务的重要凭证,包括发票(含通行费业务、赔补偿业务)、复合卡、纸券(入口纸卡)等。

运营成本部负责发票申报、核定、核销和监督工作,与税务部门联系,以及从财务专业角度,对票据管理的安全性、合法性进行监督。路产经营部负责各收费站使用票据发放及管理的指导和监督工作,对票管员资格进行审查,指导收费站站长、票管员、收费员的工作。收费站对本站的票据管理工作负有具体管理、指导和监督职责。票款清点室负有票据保管工作及指导和监督收费员安全保管及有序使用票据的职责,并做好票据保管的“三专”和“六防”。“三专”即专人、专房、专柜管理;“六防”即防火、防盗、防潮、防鼠、防蛀、防丢失。收费员负有安全保管和有序使用票据的职责。

4.5.3.9 复合通行卡管理

复合通行卡的使用单位为票款清点室和各收费站,按“谁使用、谁保管”的原则。票款清点室负责复合通行卡的入库、保管、调拨、坏卡处理、统计等,并提出补充计划;收费站负责复合通行卡领用、发放、回收和统计,并提出调拨意见。

4.5.3.10 道路信息发报

信息发布是指经营单位利用电子可变情报板等信息发布设备及时发布实时交通状况信息,为公众提供实时道路信息的服务。信息报送是指监控应急中心应按照规定程序和时间要求向上级主管单位及相关部门报送道路运行的异常情况。

4.5.3.11 顾客投诉管理

顾客投诉是指司乘人员对运营公路的硬件设施或收费人员提供的服务措施、态度、质量和效率等不满意,向有关部门或人员反映情况,并提出处理的行为。

投诉受理工作小组受理投诉,组长由路产经营部经理担任,副组长由监控应急中心主任担任,成员由收费稽查员、监控班长组成。主要职责有3个方面:

(1)负责对投诉事件进行调查、分析与取证,全方位还原事件经过。

(2)在48小时内给予投诉方回复,直到处置完成为止。

(3)对投诉事件进行评估及处理,并采取口头、书面两种方式报告给绩效考核领导小组。

投诉处理原则包括6个方面,分别是感谢原则、倾听原则、道歉原则、满意原则、迅速原则、公正原则;投诉处理需要做到通力合作、迅速反应、满意答复、责任清晰。

4.5.3.12 免费车辆管理

免费车辆包括军、警、救护、消防、抢险、绿通车辆及节假日规定的免费车辆等，具体管理根据各省级交通主管部门统一规定执行。

4.5.3.13 通行费收入分析报告

运营单位路产经营部定期（月度）开展经营路段通行费收入分析，分析报告内容包括：

（1）收费总体情况，主要包括路费收入及同比、环比情况统计；各出、入口车流及总车流的同比、环比统计情况；近3年月份路费收入及车流变化情况等。

（2）收费情况分析，对收费、车流、车型等影响收入的具体情况及参数分析。

（3）免费车、冲卡车统计分析及逃费工作分析。

（4）超限、危化运输情况统计分析。

（5）收费运行的规律分析和管理方法。

（6）影响因素和下期收费情况预测。

4.5.3.14 主要用表格式

包括收费管理用表格式、通行费收入分析报告报表格式、运营管理报表模块格式等，具体格式（略）。

4.5.4 合同业务管理

合同关系是运营企业生产经营活动中最重要的管理形式和经济利益核心。

合同管理目的是：保障企业依法依规经营，维护企业在经营活动中的合法权益，防范合同中的法律、财务、廉政等风险；明确企业各部门在合同管理中的责任与义务；使合同的动议、谈判、审批、订立、履行、变更、计量支付、归档等管理达到规范化要求；保障日常生产经营活动所需物资（服务）的正常持续供应，降低采购成本，保证质量要求。

4.5.4.1 合同管理原则

合同管理实行公司统筹监督，职能部门经办执行的原则。生产经营合同遵循“公开、公平、公正、诚实、信用”及程序规范、内容规范、格式规范和执行规范的管理原则；租赁及采购合同管理遵循公开透明、信用和经济合理与预算管控相结合的原则。

4.5.4.2 机构职责

1）领导机构及职责

公司计划与财务预算委员会是公司合同管理的领导机构，负责公司合同管理的总体统筹与领导工作，主要负责合同管理有关的重大决策及各部门的协调工作；指导有关合同管理制度的制订和监督执行，研究审定公司合同及合同管理奖惩建议。

2）执行机构及职责

（1）各业务职能部门是合同管理主办部门，主要职责是：

①审查合同对方当事人的资质、资信和履约能力；

②根据公司授权，代表公司与合同对方当事人进行谈判，起草合同文本；

③依法办理合同的签订、变更、终止、解除手续，对所主办合同的真实性、可靠性、可行性负责；

④合同签订后全面履行合同，认真做好合同标的物的交接、验收、结算，确保标的物的质量、数量符合合同要求；建立合同履行情况台账，主动积极保障合同价款及时结清；

⑤妥善保管合同文本、变更文件、计量文件、验收文件及相关重要数据和证据材料，按时提交档案部门归档。

(2)运营绩效部是合同管理行政归口部门，其主要职责是：

①协助公司计划与财务预算委员会完成合同签订授权工作；

②协助合同主办部门办理会签手续，审查合同格式、法律条款；

③执公司公章，负责对完成会签的合同盖章生效，并对其进行建档、编号、归档管理；

④协助处理合同纠纷及受委托代理诉讼或仲裁。

(3)运营成本部是合同管理经济归口部门，其主要职责是：

①负责审核合同计划，对合同中涉及的费用内容明确归口管理部门；

②负责合同相关税务工作；

③参与合同价款审核、结算；

④执行合同价款收支业务；

⑤根据预算计划管理要求，定期组织开展合同执行情况检查。

(4)对纳入招投标范围内的事项，按照招投标管理办法的要求由路产养护部统一负责招标及相关合同的办理。

(5)运营安全部负责对合同中涉及的安全生产及维稳综治管理责任进行指导和监督。

4.5.4.3 合同分类

1)分类原则

(1)全面性。能够全面反映公司各类生产经营业务关系，无遗漏。

(2)合理性。合同分类尽量与公司业务项目及预算计划保持一致。

(3)统一性。所有合同均由运营绩效部进行备案及统一编号，同类合同尽量统一格式及内容。

2)分类及内容

公路运营公司合同一般分为工程技术类合同、资产经营类合同、物资(服务)采购类合同及综合行政类合同，具体分类如下：

(1)工程技术类合同

①与工程建设及养护直接相关的合同，具体指勘察、设计、养护、施工、监理、咨询、检测、科研等技术服务类合同；

②需要生产、交货、质保周期的机电设备采购安装等技术类合同。

(2)资产经营类合同

资产租赁是指公司作为出租人，将拥有的资产及物业部分或者全部租赁给自然人、法人或

者其他组织(以下简称“承租人”)使用,并由承租人支付租金的行为,主要包括:

①资产与物业租赁,即场区、土地、桥下空间、管线、广告位等公司资产与物业的对外租赁;

②能源(水、电、气等资源)外借;

③其他单位临时占道施工,市政、通信、电力、供水管道永久占用等。

(3)物资(服务)采购类合同

采购是指以购买、租赁、委托或雇佣等方式获取物资(服务)的行为,主要包括:

①用于办公管理及生产等方面的用品、设备及器械,如固定资产、易耗品、劳动保障、福利用品等;

②综合性的保障服务,如 IT 服务、信息化技术保障、职业健康服务等。

(4)综合行政类合同

一般指企业与上级主管单位或企业与业务管理部门签订的绩效、安全、廉政等行政合同以及企业与员工签订的劳动合同等。

4.5.4.4 合同订立

1)合同签署权限

(1)公司在年度预算范围内,结合经济业务实际需要以公司名义对外签订合同,不得以部门或个人名义对外签订合同。

(2)列入年度预算计划和未列入年度计划但经股东或董事会书面批准的经济业务合同由总经理签署或授权签署。

(3)合作公司章程规定事项的合同须经股东或董事会批准,由董事长签署或授权签署。

2)合同形式

凡涉及交易金额均以合同形式签订,不涉及金额交易以协议形式签订。合同签订原则上采用正式书面合同,对合同总价低于 5 万元且无质保期约定的一般类采购可采用简易合同形式,如表 4-35 所示。

合同形式详表 表 4-35

<table>
<tr><th rowspan="3">不涉及资金交易</th><th colspan="3">涉及资金交易</th><th rowspan="3">说　明</th></tr>
<tr><th rowspan="2">5 万元(含)以上</th><th colspan="2">5 万元以下</th></tr>
<tr><th>不能即时结清或有质保期约定</th><th>即时结清且无质保期特别约定</th></tr>
<tr><td>—</td><td colspan="2">正式书面格式化合同</td><td>—</td><td>应重点根据实质内容确定</td></tr>
<tr><td>协议</td><td>—</td><td>—</td><td>—</td><td>经协商后达成共识且不直接涉及资金交易而签订。如安全、廉政、综治、委托、合作等协议</td></tr>
<tr><td>—</td><td>—</td><td>—</td><td>简易合同</td><td>简易合同形式可以为:供货单或订购单等,详细规定标底型号、规格、数量等细节,约定交货方式与付款方式等</td></tr>
</table>

3)合同对象选择

根据合同分类及业务管理情况,明确具体内容、条件和程序。选取合同对象(合同相对方、承租人、供应商等)，主要采取以下几种方式：

(1)招标

①实施条件

a. 具体条件参照招投标管理有关规定；

b. 物资(服务)采购单项、单笔合同估算价在50万元以上的，应当采取招标方式(含公开邀请招标)采购。

②实施程序

按照招投标管理相关规定执行。

(2)竞争性谈判

①实施条件

a. 不具备招投标条件或招标条件不成熟；

b. 总价10万元(含)~50万元的物资(服务)采购，或时限要求紧迫，采取内部邀请招标方式不能满足紧急需要的，可以采取竞争性谈判的方式。

②实施程序

a. 成立谈判小组，人数为不少于3人的奇数；

b. 制定谈判文件；

c. 确定邀请参加谈判的供应商名单。从符合相应资质条件的供应商名单中确定不少于3家供应商参加谈判；

d. 谈判。谈判小组成员集中与供应商分别进行谈判，谈判小组成员不得透露与谈判有关的其他供应商的技术资料、价格和其他信息；

e. 确定候选供应商。谈判小组要求所有参加谈判的供应商在限定时间内提供最后报价，谈判小组根据谈判文件，以符合采购需求、质量和服务且价格合理的原则确定候选供应商，并按得分高低排序；

f. 确定中选供应商。根据谈判结果提出中选供应商意见，报企业启动“三重一大”程序审批。

竞争性谈判参考文件，如表4-36所示。

竞争性谈判文件内容(参考) 表4-36

序号	主要内容	基本内容
第一部分	谈判邀请	采购名称与编号、采购内容、谈判文件发售时间及地点、报价文件递交截止时间及递交地点、谈判时间及地点、联系方式等
第二部分	报价人须知	
一	总则	适用范围、定义、合格报价人的条件、报价费用
二	谈判文件	谈判文件的内容、谈判文件的澄清和修改
三	报价文件	报价文件的语言和计量单位、报价文件的组成及相关要求、报价内容填写说明、报价文件的有效期、报价文件的签署及其他规定
四	报价文件的递交	报价文件的密封及标记、报价截止时间、报价文件的补充、修改和撤回
五	谈判	公开报价、组建谈判小组、谈判、确定成交候选人、谈判过程保密
六	签订合同	成交通知、签订合同
七	保密和披露	保密、披露

续上表

序号	主 要 内 容	基 本 内 容
八	询问和质疑	报价人有权就招标事宜提出询问和质疑、无效质疑的情形及处理等
第三部分	物资(服务)内容	物资(服务)清单、参数要求
第四部分	合同文本	格式合同范本
第五部分	文件格式	报价函、法定代表人身份证明书、法定代表人授权委托书、报价一览表等

(3)合格供应商定点采购

①实施条件

单价低于2 000元,总价低于5万元且有明确预算项目的重复性、零星性的办公用品、劳保用品或食品等,采用合格供应商(内部建库)定点采购,定点采购价格不得超出正规专业网站价格。

②实施程序

按照物资(服务)申购或申领审批程序执行,在合格供应商名册中择优选择。

(4)询价

①实施条件

单价高于2 000元且总价低于10万元的固定资产或物资(服务)规格、标准统一、现货货源充足,价格变化幅度小的物资(服务),可以采用询价方式。

②实施程序

a. 根据物品的专业性,可组成专项询价小组,询价小组人数为不少于3人的奇数;

b. 确定被询价的供应商名单。询价小组从符合相应资质条件的供应商名单中确定不少于3家的供应商,并发出询价通知书让其报价;

c. 确定成交供应商。询价小组根据符合采购需求、质量和服务且价格合理(原则上不应超过网商价格)的原则,确定询价结果和成交供应商,报公司领导审批。

4)合同谈判规则

(1)合同谈判应根据规定的程序、原则及具体合同相关的法律法规、设计文件、行业定额、计价办法等进行。

(2)合同谈判原则上由公司分管副总经理主持,计划执行部门为主办部门,谈判过程由主办部门全程跟踪并安排合同谈判的时间、地点、参加单位及人员。

(3)谈判过程中,主办部门应主动与相关部门沟通。有关经济合同价款是否合理、付款结算手续等事宜应征求运营成本部意见;涉及原则性问题和重大方案、费用问题,事前应征求法律顾问、各相关部门及公司领导的意见;作出合同意向承诺前,必须得到公司经营班子的认可。

(4)主办部门按照合同编制要求和规范文本格式负责草拟合同协议文本,并根据合同谈判结果《合同谈判纪要》修改、补充完善合同内容,提交双方确认并负责合同条款的解释工作。

5)合同编制要求

包括合同条款、合同附件、合同文本。

(1)合同条款包括:各方的名称和住址;标的(合同对象、任务);数量、质量要求和技术参数;价款或酬金;履行期限、地点、方式;违约责任;解决争议的办法等。另外,合同规定各方权利和义务、合同工期、合同生效日、安全责任、质量标准、保质期限等。同时,规定合同各方名称应以法人名称填写，合同签订人须为双方法人代表或其授权人(授权人须附授权书)，经济合同还须准确附上受款方开户银行及账号、联系人、联系电话等。

(2)合同中所涉及的有关方案、图纸、工程量清单(参与谈判的有关人员签字确认)及双方洽谈会议纪要均应作为附件附于合同文本后，并应保持与合同内容的一致性。

(3)合同文本原则上参照国家有关合同范本编制，具体内容由主办部门草拟，运营绩效部、运营成本部及相关部门参与审核，由计划与财务预算委员会审定。对专业性很强的合同文本，在征得委员会同意后方可以交由对方草拟。

6)落实会签责任制

(1)合同由主办部门组织谈判并根据谈判结果负责起草，合同谈判工作原则上需公司3人以上参加，合同金额须会同运营成本部审定，内容符合《中华人民共和国合同法》及有关规定要求。

(2)合同经谈判基本达成共识后，由主办部门起草并填写好《合同、协议会签表》的有关内容，附带合同中所涉及的有关方案、图纸、工程量清单及双方洽谈会议纪要等附件形成合同呈批稿。

(3)主办部门根据图纸和实地情况、谈判结果等要求认真核对，确认无误后，交相关部门负责人会签，再呈报主管副总经理审查、经营班子会签和总经理审批。正式合同的签署由公司总经理或其授权代表签字认可方能生效。

(4)合同审批采用书面审批，审批流程详见以下合同订立审批流程图，如图4-25所示。按谁经办、谁负责，谁签字、谁负责的原则落实合同会签责任制。

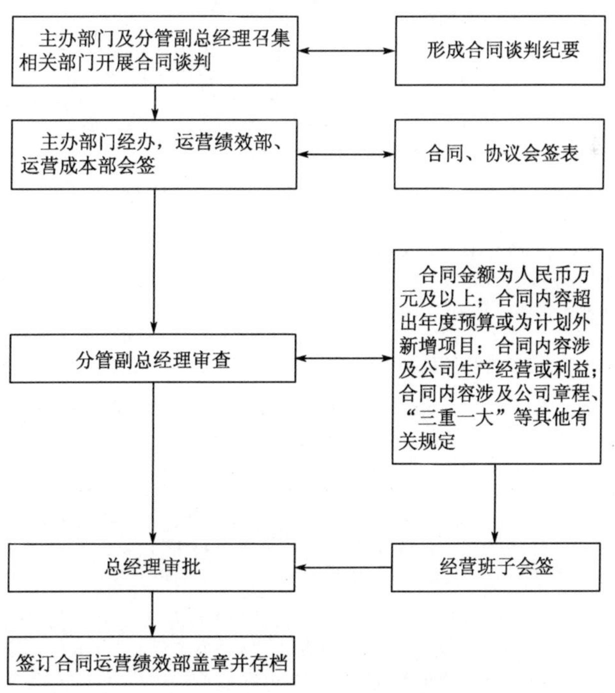

图4-25 合同订立审批流程图

(5)运营绩效部负责在总经理或其授权代表签字的合同上盖章，按照《合同档案管理执行表》予以建档编号。同时分发合同文件，交主办部门、运营成本部签收。

7)同步协议签署

工程技术类、资产经营类合同签订时,原则上应同步签订《安全生产协议》和《廉政协议》。

4.5.4.5 合同履行

一般包括:合同条件验收、合同支付、合同结算、合同变更、合同纠纷、合同解除等。

4.5.4.6 工程技术类合同管理

(1)路产养护部负责工程技术类合同的技术指导。

(2)涉及工程招投标的合同对象选择,合同订立由路产养护部统筹负责。

(3)工程技术类合同的订立、履行、计量与支付及档案管理由合同主办部门负责。

(4)工程技术类合同管理涉及合同的计量、支付、变更、结算、最终支付的具体实施流程及说明,工程技术类合同参照工程建设管理合同。

4.5.4.7 资产经营类合同管理

路产经营部是公司资产经营的归口管理部门,负责牵头统筹路产经营计划的管理工作。各业务部门负责对管理业务及其路产经营的合同管理,对租赁资产行使日常管理职能。

资产经营类合同涉及经营方式及合同审批的具体实施说明,如表4-37所示。

资产经营类合同涉及经营方式及合同审批具体实施说明 表4-37

经营方式	公开招租	对可列入经营规划,招租手续完备、具有市场竞争性的项目应以公开的方式邀请不特定的投租人参加投租,原则上公司资产出租应当采取公开招租的方式进行
	邀请招租	对无经营规划,且招租手续不完备,出租内容受限、市场竞争性不强的项目由出租单位选取或咨询不少于3家的符合特定资格条件的投租人,向其发出招租邀请书,邀请其参加投租
	协议出租	经公开招租或邀请招租,只有一个符合条件的投租人,经公司经营班子批准后,可以采取协议租赁方式,并按规定公示5个工作日无异议后方可实施
合同审批	审批权限	(1)资产与物业单次租赁的期限原则上不超过3年。需要承租人对承租物业有较大投入或前期审批和对外协调难度较大的,租期可适当延长; (2)租期不超过3年的一般性资产租赁由公司经营班子审批; (3)单次出租期限3年以上(不含3年)的物业出租项目,以及单次出租期限3年以下(含3年),但属于大宗物业出租项目须报上级主管单位审批; (4)单次租赁期限6年以上(不含6年)的物业出租项目,须报上级主管单位审批; (5)拟签订资产物业出租的期限超过在任领导班子的本届任期的,应事先征询上级主管单位的意见
	审批流程	(1)科学、充分地开展可行性研究,包括涉及安全及维稳综治的风险评估等; (2)广泛听取法律顾问或法律中介机构意见和建议; (3)承租人为非国有单位的物业出租项目,原则上应当按照有关规定组织开展资产评估工作; (4)租赁方案内容应包括:招租方式、出租资产物业的基本情况(物业明细、地点、面积、规划用途等)、出租目的、可行性、出租期限、租金标准及用途、承租条件、招租底价及底价拟订依据等; (5)召开经营班子会议,研究物业出租可行性研究报告、出租方案、法律意见书、租金评估报告等内容,计提决策后按照审批权限规定,将决策资料在15天内报上级主管单位或股东备案或审批
	标底确定	(1)资产及物业的出租底价可根据市场询价及供求情况确定,以周边相同地段,类似功能、用途参照物的物业市场出租价格作为参考依据,或者采取评估方式确定出租底价,原则上按照两者就高来确定; (2)经公开招租或邀请招租无投租人,经经营班子批准,可按不低于出租底价的90%价格重新公开招租或邀请招租; (3)对不能公开招租的资产及物业出租价格,按照有关规定,经评估后合理确定; (4)对涉及公共利益的基础设施和资源的非营利性占用,如市政水电气与管道的占用费用,不适用以上底价条款,总体应以公共利益为优先考量,并由占用单位与公司沟通协商后合法合理确定

4.5.4.8 物资(服务)类合同管理

运营绩效部负责物资(服务)采购类合同的总体计划统筹工作。各职能部门按照部门职责范围,在预算内履行物资(服务)采购计划的编制、合同执行及物资入库、出库、领用管理等工作。

物资(服务)采购类合同管理涉及合同的订立、执行等,具体实施如表4-38所示。

物资(服务)类合同涉及经营方式及合同审批具体实施说明 表4-38

<table>
<tr><td colspan="4">合同订立</td></tr>
<tr><td rowspan="3">采购计划编制</td><td>固定资产采购计划</td><td>包括单价在2 000元以上的各类办公及生产生活用品的采购计划</td><td rowspan="3">采购计划列入年度预算。采购计划应当列明:品种规格、需求数量、性能指标、使用时间,特殊物品要附上图纸或质量要求文件</td></tr>
<tr><td>办公用品采购计划</td><td>包括办公易耗品、劳保用品、后勤生活用品等采购计划</td></tr>
<tr><td>服务类采购计划</td><td>包括IT服务、信息化技术保障、职业健康服务等的采购计划</td></tr>
<tr><td rowspan="11">采购方式及流程</td><td rowspan="3">单价控制</td><td>(1)常规办公物资(服务),年均采购次数≥3次
(2)单价<500元
(3)且有明确预算项目的</td><td>按照物资(服务)申领审批程序(附件2)执行,主要由运营绩效部负责,采用向合格供应商定点定期采购的方式。在《合格供应商名册》(附件4)中择优选择</td></tr>
<tr><td>(1)非常规办公物资(服务),年均采购次数≤2次
(2)单价500(含)~2000元
(3)或未在年初预算明细中报备的</td><td>按照物资(服务)申购审批程序(附件3)由申请或使用部门会同预算归口部门落实联合采购。首先应在《合格供应商名册》(附件4)择优选择,如名册中无此供应项目,应根据总价确定供应商选择方式</td></tr>
<tr><td>固定资产(单价2 000元(含)以上)</td><td>按照以下几种总价控制的情形,通过询价、竞争性谈判、内部邀请招标、单一采购来源等方式确定供应商</td></tr>
<tr><td rowspan="5">总额控制</td><td>总价低于1万元</td><td>根据办公物资(服务)单价,按照上述单价控制的情形,走申领或申购的相关审批程序</td></tr>
<tr><td>总价1万元(含)~5万元</td><td>根据物资(服务)单价,按照上述单价控制的情形,走申购审批程序。涉及“三重一大”集体决策的事项需要公司经营班子会签。对于重复性、零星性办公用品和劳保用品,采用向合格供应商定点定期采购的方式,在《合格供应商名册》中择优选择。非常规类的,则优先采用询价方式确定供应商</td></tr>
<tr><td>总价5万元(含)~10万元,或者采购物资(服务)规格、标准统一、现货货源充足,价格变化幅度小的物资(服务)</td><td>可以采用询价方式采购</td></tr>
<tr><td>总价10万元(含)~50万元,或时限要求紧迫,采取内部邀请招标方式不能满足紧急需要的</td><td>可以采取竞争性谈判的方式采购</td></tr>
<tr><td>单项、单笔合同估算价在50万元以上</td><td>应当采取招标方式(含内部邀请招标)采购</td></tr>
<tr><td rowspan="2">其他情形</td><td colspan="2">只能从唯一供应商处采购的,或者紧急情况不能从其他供应商处采购的,或者必须保证原来采购项目一致性或者服务配套的要求,需要从原供应商处添购且添购金额不超过原合同采购金额20%的,可以采取单一来源的方式采购</td></tr>
<tr><td colspan="2">签订了采购合同的,2年内继续在同一供应商处采购型号、质量相同的物资(服务),在价格变动不超过10%的情况下,可不重复招标、谈判,经公司领导会签审批后采购</td></tr>
</table>

续上表

<table>
<tr><td colspan="3">合同订立</td></tr>
<tr><td rowspan="2">供应商管理</td><td>实行准入制度基本条件</td><td>(1)资质符合要求,具有法人资格和独立承担民事责任的能力;
(2)遵守国家法律法规,在与公司及集团的业务往来中没有违规违约记录;
(3)遵守与公司业务往来中的廉政承诺;
(4)在同行业中具有一定的规模,企业商誉好、履约能力强,具有满足合同要求的设施、设备和售后服务体系;
(5)临时供应商不纳入供应商信息库管理,根据实际需要选用推荐</td></tr>
<tr><td>职能部门负责对供应商进行管理</td><td>(1)新进供应商必须经过资质认证后才能参加投标和签订合同;
(2)每年对供应商进行评审,包括:供货质量、交货期、价格、售后服务等;
(3)建立供应商动态管理机制,评审结果报公司预算计划领导小组通过后形成合格供应商目录</td></tr>
<tr><td colspan="3">合同执行</td></tr>
<tr><td>购买申请</td><td colspan="2">由需求部门填写申购表单,交采购部门负责人审核后,交由财务部门确认采购经费来源,经公司领导审批后交采购人员。根据采购物品的单价、总价确定申购流程</td></tr>
<tr><td>实施采购</td><td colspan="2">根据中标、中选情况,或者询价结果与供应商签订供货资料(可包括合同、订购单、交货单、入库单等)。资料中应详细规定所订购货物的型号、规格、数量等细节,约定交货方式与付款方式等,由双方签字盖章。相关资料签订后,采购人员负责跟进物资(服务)的采购到货时间,确保能够按照申购部门要求的时间及时到货</td></tr>
<tr><td>物资(服务)入库</td><td colspan="2">收到供应商的物资(服务)后,采购人员要仔细检查,并组织申购部门共同参与验收,填写《物资(服务)采购验收及入库清单》确保采购的物资(服务)符合要求和技术标准。验收合格后,采购部门负责人、采购人员、仓管人员要共同办理入库手续,以此作为入账和支付依据</td></tr>
<tr><td>物资保管及出库</td><td colspan="2">物资管理人员应按物品种类、规格、等级、存放次序、分区堆码,不得混乱堆放,并按送货单序号和货单内容在物资收发存账册上进行记录,账册应做到收发一致、账货相符,必须清楚地掌握办公用品库存情况,经常整理与清扫,必要时要实行防虫等保全措施。出库时,库管员根据出库单据发放实物,同时领用部门须在相应的申领单上写明日期、领取物品名称及规格、数量、用途等项并签字后方能领用出库</td></tr>
</table>

4.5.4.9 合同档案

1)合同建档

(1)合同编号。经办部门在合同会签时必须标明合同所属分类,按照合同所属分类进行相应合同签订、履行及归档程序。正式签订后,所有合同由运营绩效部依照合同订立时间顺序编号,格式如下:

正式书面合同编号:＊＊＊合同〔 〕号;

协议编号:＊＊＊协议〔 〕号;

其他简易合同由经办部门编号存档,按年度向运营绩效部门归档。

各类编号都应具有唯一性,不允许存在断号、重号的情况,依此为序建立对应的合同目录并归档。

(2)合同数量。合同总份数不得少于4份,若合同分正副本,则正本份数一般不得少于2份,合同双方各1份。公司运营绩效部应留存正本1份,运营成本部1份,主办部门1份,合同份数可根据实际情况增加。

协议不少于3份,企业保留2份,由经办部门及运营绩效部各存档1份。

(3)合同除纸质存档外,都应有电子存档,电子合同彩色扫描保存为PDF文件格式,并建立相应目录。电子文档由主办部门在建档时一并提交运营绩效部。运营绩效部参照公文管理电子存档方式予以存档。

2)档案内容

相关管理部门应当按照“一事一档”、“一项一卷”的要求将相关材料归档。主要包括下列资料:

(1)申购单或者审批表。

(2)谈判笔录、会议记录。

(3)对方当事人的法人营业执照(或证书)等的副本复印件。

(4)对方当事人的法定代表人或合同主办人员的职务资格证明、个人身份证明、介绍信、授权委托书的原件或复印件。

(5)我方授权委托书的原件或复印件及批准文件。

(6)对方当事人的担保人的担保能力和主体资格证明资料的复印件,有关担保文件。

(7)双方签订、履行、变更索赔、解除合同的往来电报、电传、信函、电话记录等书面材料和视听资料。

(8)关于合同可行性、合法性的书面审查、会签、批准意见。

(9)评选报告、询价结果。

(10)合同正本或副本及变更、解除合同的书面协议。

(11)登记、签证、公证等文书资料。

(12)标的物的验收记录、商检证明、检验报告、鉴定结论。

(13)交接、收付标的物和款项的原始凭证复印件,如订货单、交货单、供货材料等单据。

(14)处理合同纠纷达成的协议书、调解书,依照法律程序产生的调解书、仲裁书、判决书等法律文书及其他诉讼文书。

(15)合同台账及其他与合同订立、履行、变更、解除及纠纷处理有关的资料。

(16)法律法规要求的其他相关材料。

3)合同归档

每年12月前,主办部门应清理各自负责业务合同执行情况,将该年度完成履行义务的合同(连同验收结算资料)装订成册,移交运营绩效部档案管理员,按照“一事一档”及档案管理要求归类存档。运营绩效部验收资料齐全后在《合同档案管理执行表》签字确认并归档。涉及需要保密的内容,按照保密的规定办理。

4.5.4.10 合同监督

合同谈判和实施全过程执行上级财务监督和纪律监督部门全过程监督,主要内容包括:

1)合同经办人员守则

(1)“六不准”原则:不准参加与合同对象有关可能影响公平竞争的任何活动;不准收取合同对象以任何名义给予的“中介费”、“好处费”和相关财物;不准在合同对象方报销任何应由个人支付的费用;不准与合同方交往过密;不准损害公司利益,徇私舞弊,为对方谋取不正当利益;不准未经程序私自确定与某合同对象的长期合作关系。

(2)“三必须”原则:必须遵循亲属回避原则,即为了确保公正、公平,经办人员不得与直系亲属建立合同买卖关系;必须遵循保密原则,在选择合同对象的时候,不得随意透露标底等重要的信息;必须自觉监督和质询,对合同经办人员在合同管理过程中发生的违反廉洁制度的行为,公司有权对相关人员依照公司有关规定等进行处罚直至追究其法律责任。

(3)合同管理程序中需纪检小组派人现场参加监督的,经办部门应至少提前3个工作日将相关文件材料送纪检小组。

2)合同检查的组织实施

(1)合同管理应当接受公司检查和监督,建立健全合同的监督检查制度,由运营成本部牵头、运营绩效部配合,定期或不定期地组织开展合同检查。

(2)公司纪检小组应对合同管理工作进行全程监督,对合同的履行情况进行定期检查和随机抽查,及时纠正存在的问题。

3)合同检查的主要内容

(1)合同管理制度的建立与落实情况。

(2)合同管理档案、台账建立情况。

(3)合同的签订与履行情况。

(4)合同纠纷的处理情况。

(5)合同管理人员情况。

(6)对于违反合同管理制度、造成经济损失人员的责任追究情况。

4)问题的责任追究

在合同管理中,严格执行谁牵头、经办、管理、监督、签名,谁负责的责任制,要求相关部门、相关人员做到各司其职,对有下列行为的应按有关规定对责任人和责任部门予以处理,构成犯罪的移交司法机关。

(1)违反工作程序和规定内容要求,审批、签章手续不完整,内容资料不完备的。

(2)管理不到位造成安全、质量和法律问题的。

(3)违反规定授权或超越授权范围擅自签订合同的。

(4)未按规定程序进行审查、会签,拒不改正,造成经济损失的。

(5)发生合同纠纷不及时报告、处理不及时或处理不当造成经济损失或影响的。

(6)借工作之便收受贿赂、假公济私的。

(7)采取胁迫、欺诈等违法和不正当手段洽谈和签订合同的。

(8)违反规定签订违法合同、无效合同、权利义务不对等或执行后不利于公司的合同的。

(9)承办部门未及时采取措施防范合同风险的,将追究相关部门及相关责任人的责任。

4.5.4.11 主要用表格式(略)

4.5.5 运营安全管理

运营安全管理是指公路管理机构或公路经营单位对路产本体结构及公路范围内公路使用行为和一切业务生产作业行为的安全管理或监管,运营安全管理一般包括道路安全设施的完善和管理、路产结构安全监控、养护作业安全监管、交通安全监管和救援、安全应急体系的制定演练和指挥管理等。

公路管理机构或投资经营单位依照《中华人民共和国安全生产法》、《中华人民共和国公路法》和《公路安全管理条例》的有关要求,落实安全生产的主体责任和监督责任。根据公路运营安全管理技术体系，通常情况下，运营安全的重点包括道路养护性作业和生产经营活动过程的安全管理、落实安全主体责任的以桥梁为代表的结构安全监测和管理以及交通运行环境安全监测和管理。

4.5.5.1 路产养护和经营的安全管理

“三巡两检一控制”安全查控方法的落实对路产养护和经营活动过程起到安全工作的监管作用，其中运营安全部和路产管理部按业务职能负责相关业务执行的安全监督或管理。

(1)路产养护安全管理

养护安全中涉及的人、事、物要素，见第4.5.2节“养护规划与管理”。公路管理机构和运营企业与养护作业、质量检测等养护参与单位签订安全协议，并严格落实各自主体责任及相关安全规定，具体执行参见项目养护维修手册和技术规范，并按工程管理要求落实安全规定的内容。

(2)路产经营安全管理

路产经营中主要涉及的人、事、物要素，见第2.2.4节“路产路权管理”和第4.5.3节“收费业务管理”。管理过程主要包含具体执行层面的安全监督和管理，具体规定参见相关业务的操作规程和细则。

4.5.5.2 重要结构物安全监测和管理

根据“三巡两检一控制”中“一控制”的内容和结构安全管理方法，针对重要结构、关键部位、风险区域、主要危险源开展结构安全评估，并根据评估结论提出风险防控的方法和措施。

1)风险事件等级评估

风险评估。公路重要结构物运营期内可能导致灾害的风险存在一定共性，可以总结为自然条件、蓄意袭击、意外事故和社会事件四大类。四大类风险为大部分结构物所共有，但根据结构物所处地理、气候特征和结构的差异，以及社会背景的不同，不同的结构针对同一风险事件进行分析，也会得出不同的风险等级。因此，通过适当的风险评估技术，确定风险等级，为有效的风险应对提供基于证据的信息和分析，是风险评估的目的。

风险评估分为风险识别、风险分析和风险评价3个步骤，即通过询问交流、现场观察、查阅有关记录等手段，发现、列举和描述可能影响结构物安全目标的风险要素，包括风险源、风险事件及其原因和潜在后果。再针对已辨识的风险，通过定性、半定量、定量或以上方法的组合，测定风险后果和发生的可能性，并根据方法预先设定的阈值区间，确定风险的等级，最后根据风险等级确定相应控制措施原则。

评估技术。结构物运营期风险评估准则的确定主要包括两大方面，分别为风险概率等级划分和风险损失等级划分，其中风险损失等级的划分又根据风险评估的目标，将人员安全、运营时间、管养费用3个方面的目标准则进行实际描述，可得到具体的准则，如表4-39和表4-40所示。

风险事态概率等级划分及其描述 表4-39

等级	1	2	3	4	5
文字描述	非常不可能	不可能	偶尔	可能	非常可能
年概率范围	< 0.0003	0.0003 ~ 0.003	0.003 ~ 0.03	0.03 ~ 0.3	>0.3

人员安全运营时间、管养费用损失水平分级　　表 4-40

等级	1	2	3	4	5
文字描述	无关紧要	一般的	严重的	非常严重	灾难性的
人员安全		伤 1 ~2 人	死亡 1 ~2 人 伤 10 人左右	死亡 10 人左右 或伤多人	伤亡人数众多
运营时间	<2 小时	2 ~4 小时	4 ~8 小时	8 ~24 小时	>24 小时
管养费用	<10 万	10 万 ~20 万	20 万 ~100 万	100 万 ~200 万	>200 万

评估过程中以风险概率和风险损失分别为表列和表行，形成风险评估矩阵，从而定性风险等级，如表 4-41 所示。

风险评估矩阵　　表 4-41

概率后果	1	2	3	4	5
1	可忽略	可忽略	可接受	可接受	合理控制
2	可忽略	可忽略	可接受	合理控制	严格控制
3	可接受	可接受	合理控制	严格控制	不可接受
4	可接受	合理控制	严格控制	不可接受	不可接受
5	合理控制	严格控制	不可接受	不可接受	不可接受

针对风险矩阵中提供的各级风险水平，分别制定基本的风险对策，如表 4-42 所示，在风险管理策略的确定过程中，需要按照这一基本对策为整体指导方向。

各种等级风险事态的基本风险对策　　表 4-42

等　级	风险损失描述
不可接受	无论降低风险成本有多大，都应至少把该风险降低到 ALARP 区间
严格控制	应确定降低风险措施，只要降低风险的成本与所取得的风险较低效益相比是合理的，就应执行风险降低措施
合理控制	除常规运营管理外，应对此风险事态引起高度重视，必要时可采取措施降低风险等级
可接受	整个运营期间都应对这一风险进行管理，但无须立刻采取专门的措施降低风险
可忽略	无须进一步考虑这一风险

对于合理控制的风险事态可进行专题研究；对于严格控制的风险事态必须进行专题研究[2]。

2）重要结构风险事件分析（依托实践项目）

（1）船舶撞击事件。船舶撞击事件可能造成桥梁墩台或箱梁损伤，由此引发其他一系列损失，包括其他构件损伤、运营通行影响、甚至人员伤亡，桥梁结构受损难以修复造成耐久性降低等。因此，应建立协同管理机制并充分利用内、外部资源强化通航安全管理。具体为：要求加强航标管理；协调海事、港务部门利用其已布设的 VTS 船舶通行监视系统和船舶监控系统，实时掌握桥区内船舶行驶状况，对可能撞击桥梁的船舶提前预警；建立大桥桥下通行高清视频监控系统，由监控应急中心安排专职人员巡视船舶通行状况，做到及时应急。

（2）主缆索系统的耐久性。主缆索系统包括悬索桥主缆系统和斜拉桥斜拉索系统，是缆索承重体系桥梁的主要受力构件，特别是悬索桥的主缆系统具有不可更换的特性，其运营阶段的工作状况决定了大桥的使用寿命,因此保证主缆索系统的耐久性具有非常重大的意义。

主缆索系统服役阶段的耐久性主要面临主缆、吊索、斜拉索保护层破坏导致的应力腐蚀挑战。鉴于腐蚀问题很难避免,且对主缆索体系钢丝有很大损伤,将会直接影响缆索承重桥梁的安全使用性能,需要引起足够的重视。因此,运营期内必须紧紧抓住重点,在主缆索夹、散索入锚及锚头等关键部位的防水防腐的预防性养护、监测监控工作上下足功夫。

(3)锚碇预应力耐久性。主缆通过锚碇内的预应力筋将其巨大拉力传递给锚碇,并且锚碇内预应力筋具有不易更换的特性,其运营阶段的工作状况一定程度上影响大桥的使用寿命,因此保证锚碇内预应力筋的耐久性具有重要意义。

运营周期内,悬索桥锚碇内预应力筋的耐久性主要面临应力腐蚀的威胁。目前,预应力锚固系统采取了环氧涂层、防腐油脂、湿度控制三重防腐保障体系,但要注意养护风险带来的使用性能退化对结构正常使用造成的不利影响。因此,必须紧紧抓住重点,加强对主缆散索入锚及锚头等关键部位的经常性检查,并加大日常养护的力度,利用无线检测系统检测并严格控制前锚室内的湿度。

(4)超荷载导致结构疲劳破坏。超荷载不仅局限于总载重量超出设计车辆总重,而且也包含单轴载重量超出设计的情况。长期承受超荷载车辆不但使路(桥)面铺装、伸缩装置等遭受严重的破坏,更有甚者对桥梁主体结构造成永久性的损害。

国内许多大跨缆索承重桥梁的钢箱梁都出现了疲劳开裂,尽管有其设计、施工上的诸多原因,但这些桥梁都存在比较严重的超荷载现象。经过调研,疲劳裂缝的发生部位一般会出现于重车道的轮迹带下,说明重载车辆与疲劳开裂之间存在明显的相关性。

钢箱梁出现疲劳裂纹后,其发展往往很快。疲劳裂纹的出现又降低了桥面板的刚度,缩短了钢桥面铺装的使用寿命。因此,运营期内,重点关注超荷载引起钢箱梁的疲劳开裂,应建立协同管理机制并充分利用内、外部资源强化对超限运输的治理,同时应注意加强检查,观测既有疲劳裂纹的发展趋势,必要时采取加固维修或限载措施。

(5)火灾和爆炸导致结构损毁。大型危化品车辆发生意外造成的爆炸、火灾事故或其他车辆交通事故造成的火灾,特别是危化品爆炸、具有恐怖主义倾向的蓄意袭击(如纵火、炸弹袭击)等。火灾和爆炸产生的高温及冲击将使结构遭受严重损坏,对关键部位的蓄意袭击将严重降低结构的使用性能,影响结构的安全使用状况,可能导致重大人员伤亡事故发生。

因此,运营期内必须重点关注隧道和缆索钢结构桥梁的防危化品运输泄漏、燃爆,以及重点结构部位(如锚碇、主缆索系统等)的防恐工作,发挥警民联勤、联动机制,增强对重点部位的监控、巡视,消除一切可能影响结构安全的因素,同时,制定相应应急预案和强化现场应急演练,并采取确实有效的措施加以预防。

3)风险区域分析(依托实践项目)

对特大型结构物而言,往往某一风险事态仅可能发生在结构物的某一区域,为了更为快速有效的定位风险事态发生位置,明确风险事态对结构物影响的区域特征,同时考虑风险事态应急预案制定及管养单位职能划分等,需要在空间上将结构物进行区域划分,即风险管理区域。

(1)风险管理区域划分原则

①基于桥梁构件的划分原则

从桥梁结构构件类型出发,将不同结构构件分别作为一个管理区域考虑。以桥梁构件为基础划分风险管理区域的优点在于清晰明确,缺点在于仅考虑了评估桥梁的结构属性,并未考虑评估主体风险事态以及风险事态空间差异性对风险管理区域的影响。

②基于结构材料的划分原则

从材料层面出发划分桥梁结构的风险管理区域,能够体现不同材料对风险事态场景划分的影响。不同的建筑材料和装饰材料,在风险事态作用下尤其是极端事件下的反应不同,由此引起相应的损失范围和层次也不同。基于结构材料的划分方法是对风险管理区域划分的必要补充。

③基于易损性、强健性评估结论划分原则

在结构构件强健性评估和易损性分析结论基础上,划分桥梁结构风险管理区域。该划分方法能够充分体现风险场景中的构件易损性区域特征以及结构强健性特征。对于重大极端风险事态,该原则在风险区域划分中起主导作用。

④基于风险事态类型的划分原则

综合考虑特大型桥梁风险等级最高的一个或几个风险事态的区域特征划分风险管理区域。该划分原则能够考虑评估对象的主要矛盾而适当地忽略了次要矛盾。

⑤基于管理权限的划分原则

以养护管理单位不同部门管理权限和处理能力为基础,划分桥梁的风险管理区域。风险管理区域的划分目的在于为养护管理服务,从养护管理部门的职能出发,对管养桥梁进行风险管理区域划分是有益的。

(2)大桥风险管理区域划分

根据黄埔大桥结构特点以及桥址区珠江通航、水文特征,主要选用三种原则对全桥进行风险管理区域划分:

基于易损性、强健性分析结论和桥梁构件及主要风险事态类型的划分原则,对黄埔大桥全桥、悬索桥、斜拉桥风险区域进行划分,如图 4-26 ~ 图 4-28 所示。

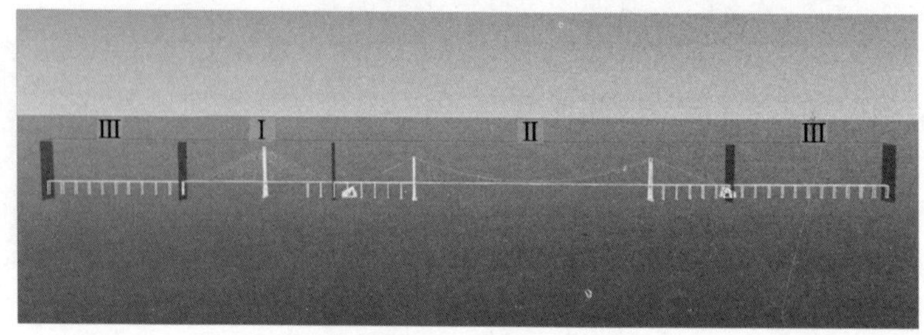

图 4-26　黄埔大桥全桥风险管理区域划分示意图

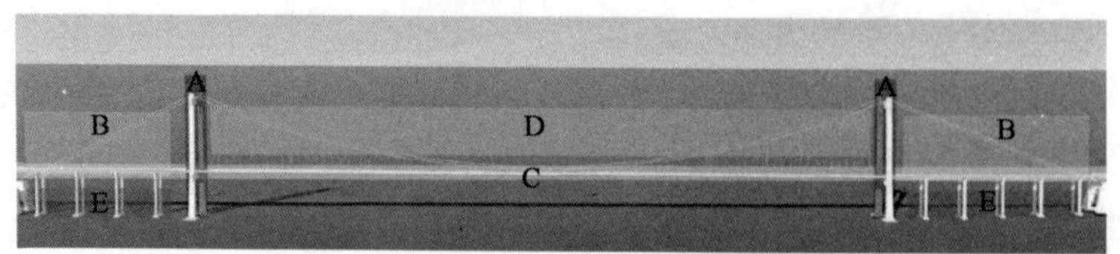

图 4-27　悬索桥风险管理区域划分示意图

以钢箱梁主梁为例,其风险区域划分,如图 4-29 所示。

基于上述划分条件,可以将大桥风险管理区域划分为三级,具体情况,如表 4-43 所示。

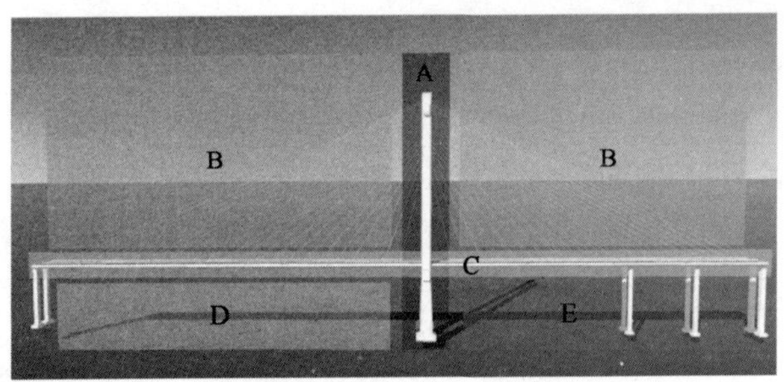

图 4-28 斜拉桥风险管理区域划分示意图

图 4-29 钢箱梁风险管理区域划分示意图

黄埔大桥风险管理区域划分表 表 4-43

一级区域编号	二级区域编号	三级区域编号	区域范围和构件
Ⅰ	Ⅰ-A		北汉桥桥塔
	Ⅰ-B		北汉桥斜拉索
	Ⅰ-C	Ⅰ-C-1	北汉桥主梁 （Ⅰ-C-1 横向包含防撞护栏至风嘴人行道段；其他三段按照三车道划分）
		Ⅰ-C-2	
		Ⅰ-C-3	
		Ⅰ-C-4	
	Ⅰ-D		北汉桥通航孔
	Ⅰ-E	Ⅰ-E-1	北汉桥南跨辅助墩和过渡墩；分区为水平距离桥墩 2m，3m，5m
		Ⅰ-E-2	
		Ⅰ-E-3	
Ⅱ	Ⅱ-A		南汉桥桥塔
	Ⅱ-B	Ⅱ-B-1	南汉桥主缆 （分段为穿过引桥主梁段、高空段）
		Ⅱ-B-2	
	Ⅱ-C	Ⅱ-C-1	南汉桥主梁 （Ⅱ-C-1 横向包含防撞护栏至风嘴人行道段；其他三段按照三车道划分）
		Ⅱ-C-2	
		Ⅱ-C-3	
		Ⅱ-C-4	
	Ⅱ-D		南汉桥吊索
	Ⅱ-E	Ⅱ-E-1	中引桥和南引桥辅助墩及过渡墩；分区为水平距离桥墩 2m，3m，5m
		Ⅱ-E-2	
		Ⅱ-E-3	

续上表

一级区域编号	二级区域编号	三级区域编号	区域范围和构件
Ⅲ	Ⅲ-A		引桥混凝土主梁
	Ⅲ-B	Ⅲ-B-1	引桥桥墩，分区为水平距离桥墩2m,3m,5m
		Ⅲ-B-2	
		Ⅲ-B-3	

通过对风险管理区域的划分，结合风险场景分析，去掉可忽略、可接受的风险事态，得到需要进行管控的关键风险区域评价，如表4-44所示。

关键风险区域总体评价表 表4-44

风险场景编号	风险场景名称	结构安全	人员安全
1	Ⅱ-B-1-C-1区火灾	对结构造成严重损伤，并因此造成其他方面的巨大损失	合理控制
2	(Ⅰ,Ⅱ)-C区 发生危化品交通事故	主要造成运营时间损失	合理控制
3	(Ⅰ,Ⅱ)-C-1区 1814kgTNT当量炸药爆炸	对结构造成明显损伤，造成较多的运营时间损失和人员伤亡，同时有较多的管养费用支出	合理控制
4	(Ⅰ,Ⅱ)-C-2区 1814kgTNT当量炸药爆炸	对结构造成明显损伤，造成很大的运营时间损失和人员伤亡，同时有较多的管养费用支出	合理控制
5	((Ⅰ,Ⅱ)-C-(3,4),Ⅲ-C)区 1814kgTNT当量炸药爆炸	对结构造成明显损伤，造成巨大的运营时间损失和人员伤亡，同时有较多的管养费用支出	合理控制
6	(Ⅰ,Ⅱ,Ⅲ)-E-1区 1814kgTNT当量炸药爆炸	对结构造成严重损伤，造成巨大的运营时间损失，同时有较多的管养费用支出	合理控制
7	Ⅱ-B-1-C-1区油罐车纵火	对结构造成严重损伤，造成巨大的运营时间损失，同时有较多的管养费用支出	合理控制

对评价等级为“不可接受”、“严格控制”、“合理控制”的风险事态制定相应的预防措施，作为降低风险等级的主要手段，如表4-45所示；同时提出应急措施和检查修复要点，以辅助完成养护管理过程，如表4-46所示。对于评价等级为“可接受”、“可忽略”的风险事态，提出相应的应急措施和检查修复要点，以简化和优化管理过程。

风险管理区域的预防措施 表4-45

区域编号	区域说明	预防措施
Ⅰ-C-1	北汉桥主梁风嘴至防撞护栏	(1)附属设施安全排查，构件保护层健康排查； (2)加固防撞护栏，防止车辆撞入； (3)桥塔处2m高度设立防爆措施； (4)斜拉索每5根设一道防火防爆设施
Ⅰ-C-2	北汉桥主梁外车道	(1)附属设施安全排查，构件保护层健康排查； (2)监测可疑车辆，建立应急预案
Ⅰ-C-3	北汉桥主梁中车道	(1)附属设施安全排查，构件保护层健康排查； (2)监测可疑车辆，建立应急预案

续上表

区域编号	区域说明	预防措施
Ⅰ-C-4	北汉桥主梁内车道	(1)附属设施安全排查,构件保护层健康排查; (2)监测可疑车辆,建立应急预案
Ⅰ-E-1	北汉桥桥墩距表面2m内	(1)附属设施安全排查,构件保护层健康排查; (2)2m距离设置防护栏
Ⅰ-E-2	北汉桥桥墩距表面2~3m	监测可疑车辆,建立应急预案
Ⅰ-E-3	北汉桥桥墩距表面3~5m	监测可疑车辆,建立应急预案
Ⅱ-B-1-C-1	南、中引桥主缆通过桥面处主梁风嘴至防撞护栏	(1)附属设施安全排查,构件保护层健康排查; (2)加固防撞护栏,防止车辆撞入; (3)对主缆设置隔热设施或涂防火材料
Ⅱ-B-1-C-2	南、中引桥主缆通过桥面处主梁外车道	(1)附属设施安全排查,构件保护层健康排查; (2)监测可疑车辆,建立应急预案
Ⅱ-B-1-C-3	南、中引桥主缆通过桥面处主梁中车道	(1)附属设施安全排查,构件保护层健康排查; (2)监测可疑车辆,建立应急预案
Ⅱ-B-1-C-4	南、中引桥主缆通过桥面处主梁内车道	(1)附属设施安全排查,构件保护层健康排查; (2)监测可疑车辆,建立应急预案
Ⅱ-C-1	南汉桥主梁风嘴至防撞护栏	(1)附属设施安全排查,构件保护层健康排查; (2)加固防撞护栏,防止车辆撞入; (3)桥塔处2m高度设立防爆措施; (4)吊索每4根设一道防火防爆设施
Ⅱ-C-2	南汉桥主梁外车道	(1)附属设施安全排查,构件保护层健康排查; (2)监测可疑车辆,建立应急预案
Ⅱ-C-3	南汉桥主梁中车道	(1)附属设施安全排查,构件保护层健康排查; (2)监测可疑车辆,建立应急预案
Ⅱ-C-4	南汉桥主梁内车道	(1)附属设施安全排查,构件保护层健康排查; (2)监测可疑车辆,建立应急预案
Ⅱ-E-1	南汉桥桥墩距表面2m内	(1)附属设施安全排查,构件保护层健康排查; (2) 2m距离设置防护栏
Ⅱ-E-2	南汉桥桥墩距表面2~3m	监测可疑车辆,建立应急预案
Ⅱ-E-3	南汉桥桥墩距表面3~5m	监测可疑车辆,建立应急预案
Ⅲ-C	引桥	(1)附属设施安全排查,构件保护层健康排查; (2)监测可疑车辆,建立应急预案
Ⅲ-E-1	引桥桥墩距表面2m内	(1)附属设施安全排查,构件保护层健康排查; (2) 2m距离设置防护栏
Ⅲ-E-2	引桥桥墩距表面2~3m	监测可疑车辆,建立应急预案
Ⅲ-E-3	引桥桥墩距表面3~5m	监测可疑车辆,建立应急预案

风险管理区域的日常检查要点　表 4-46

区域编号	区 域 说 明	检 查 要 点
Ⅰ-C-1	北汉桥主梁风嘴至防撞护栏	(1)斜拉索保护层破坏，斜拉索钢丝断裂、锈蚀； (2)防撞护栏变形或破坏； (3)铺装层、箱梁表面破损、变形； (4)桥塔表面裂缝、剥落、破损、钢筋外露
Ⅰ-C-2	北汉桥主梁外车道	(1)铺装层破损； (2)主梁表面变形、破损甚至脱落
Ⅰ-C-3	北汉桥主梁中车道	(1)铺装层破损； (2)主梁表面变形、破损甚至脱落
Ⅰ-C-4	北汉桥主梁内车道	(1)防撞护栏变形或破坏； (2)铺装层破损； (3)主梁表面变形、破损甚至脱落
Ⅰ-E-1	北汉桥桥墩距表面 2m 内	(1)混凝土保护层剥落； (2)混凝土破损、露筋甚至大面积脱落
Ⅰ-E-2	北汉桥桥墩距表面 2～3m	无
Ⅰ-E-3	北汉桥桥墩距表面 3～5m	无
Ⅱ-B-1-C-1	南、中引桥主缆通过桥面处主梁风嘴至防撞护栏	(1)主缆保护层破坏，钢丝断裂、锈蚀； (2)防撞护栏变形或破坏； (3)铺装层、箱梁表面破损、变形
Ⅱ-B-1-C-2	南、中引桥主缆通过桥面处主梁外车道	(1)铺装层破损； (2)主梁表面变形、破损甚至脱落
Ⅱ-B-1-C-3	南、中引桥主缆通过桥面处主梁中车道	(1)铺装层破损； (2)主梁表面变形、破损甚至脱落
Ⅱ-B-1-C-4	南、中引桥主缆通过桥面处主梁内车道	(1)防撞护栏变形或破坏； (2)铺装层破损； (3)主梁表面变形、破损甚至脱落
Ⅱ-C-1	南汉桥主梁风嘴至防撞护栏	(1)吊索钢丝绳保护层破坏，吊索钢丝断裂、锈； (2)防撞护栏变形或破坏； (3)铺装层、箱梁表面破损、变形； (4)桥塔表面裂缝、剥落、破损、钢筋外露
Ⅱ-C-2	南汉桥主梁外车道	(1)铺装层破损； (2)主梁表面变形、破损甚至脱落
Ⅱ-C-3	南汉桥主梁中车道	(1)铺装层破损； (2)主梁表面变形、破损甚至脱落
Ⅱ-C-4	南汉桥主梁内车道	(1)铺装层破损； (2)主梁表面变形、破损甚至脱落
Ⅱ-E-1	南汉桥桥墩距表面 2m 内	(1)混凝土保护层剥落； (2)混凝土破损、露筋甚至大面积脱落
Ⅱ-E-2	南汉桥桥墩距表面 2～3m	无

续上表

区域编号	区域说明	检查要点
Ⅱ-E-3	南汉桥桥墩距表面 3~5m	无
Ⅲ-C	引桥	(1)防撞护栏变形或破坏； (2)铺装层破损； (3)主梁表面变形、破损甚至脱落
Ⅲ-E-1	引桥桥墩距表面 2m 内	(1)混凝土保护层剥落； (2)混凝土破损、露筋甚至大面积脱落
Ⅲ-E-2	引桥桥墩距表面 2~3m	无
Ⅲ-E-3	引桥桥墩距表面 3~5m	无

4)主要危险源分析

危险源是指可能导致人身伤害或结构健康损害的根源、状态、行为或其组合。在触发因素的作用下，危险源转化为危险状态，继而转化为事故。按危险源的严重程度可分为重大危险源和一般危险源。

公路运营主要危险源包括行驶中的车辆、桥下船舶、装载有危险化学品的车辆、易燃可燃物品等。

(1)行驶中的车辆、船舶

①行驶中的车辆是造成各类路面突发事件的主体，造成的原因主要是交通事故。可能引起交通事故的原因包括人的超速驾驶、醉酒驾驶和疲劳驾驶；车辆故障；路基和路面问题以及恶劣天气等。交通事故可能造成人员伤亡和财产损失，同时影响路面交通，一旦涉及危化品车辆的交通事故，将可能引发更大的危害。

②超重车是指载重 55t 以上的车辆，超载车是指超过额定载重标准的车辆，目前我国车辆超重超载的情况比较普遍。超重超载车对路面路基的影响很明显，同时，其动载反复作用可能对钢箱梁造成疲劳破坏和裂缝、桥梁构件局部塑性变形甚至丧失稳定承载力。此外，超重车辆一旦发生交通事故，救援的难度比一般交通事故大。

③桥底一旦出现大型船舶撞击桥墩的交通事故，可能损坏桥墩进而造成桥身变形。

(2)危险化学品

运输危险物品车辆一旦因车辆故障或交通事故发生泄漏时，可能引发火灾、爆炸、中毒，造成人员伤亡、财产损失和环境污染，一旦事故发生地点位于桥面、隧道等重点部位，会严重威胁到建构筑物安全。

(3)易燃可燃物品

公路沿线和桥底因季节原因可能出现的枯草；管养中心内各部门尤其是财务和档案室内储存的资料、书籍等纸制品；办公室和寝室内的窗帘、蚊帐等都是易燃物品，一旦着火将使火势迅速蔓延，如不及时控制将会造成生命财产的巨大损失。此外，煤气房内贮存的煤气瓶在保管或操作不当时可能造成火灾甚至爆炸。

(4)电气设施

电气设备在操作不当时可能发生触电事故并造成人员伤亡，电气设备故障可能引发电气火灾。

(5)恶劣天气

影响正常运营的灾害性天气包括台风、雷电、暴雨和大雾等，可能造成的威胁是交通事故等一系列事故，影响交通顺畅，严重时甚至威胁大桥健康。

(6)人为破坏

在社会矛盾和不稳定因素的影响下，可能会出现各种恶意攻击路产设施、设备的人为破坏行为，如暴恐、纵火、偷盗等一系列恶性破坏事件有可能会造成重大伤亡和恶劣的社会影响。

5)关键部件的风险防患(依托实践项目)

充分考虑重要结构、风险区域、主要危险源等因素和风险条件，针对性提出重要结构和关键部件的风险防范措施。

(1)缆索结构的防患

①悬索桥主缆

悬索桥主缆损伤按其结构部位划分，通常有表面防腐涂装损伤、主缆缠丝损伤、主缆钢丝损伤三类。表面防腐涂装损坏是悬索桥主缆系统的常见病害，其导致的最大危害就是水分通过损伤部位进入主缆缠丝，进而引起钢丝锈蚀。主缆缠丝损坏将导致主缆截面形状难以维持，加速水分进入主缆钢丝内部引发锈蚀。当主缆钢丝出现严重锈蚀时，可能会因应力腐蚀或腐蚀疲劳断裂，造成主缆承载能力下降，影响结构安全营运。

结合建造和运营使用情况，主缆的防患重点在于表面防腐涂装，具体工作以专项检查和预防性养护措施为主、技术改造为辅。其中，专项检查以散索鞍为起点沿主缆全长进行涂装完好性检查，检查涂装的粉化、开裂、起泡、脱落、机械碰损状态，重点关注主缆边跨、中跨最低点索夹两侧、主鞍两侧部位有无进水迹象。专项检查至少每年进行一次，对于检查过程发现的损伤可以每年 11～12 月按原涂装工艺集中修复一次，同时对检修部位加强湿度监测。当主缆防腐涂装多次维修且透水情况严重时，可考虑对钢丝除锈干燥处理后重新施作防腐涂装体系或是设计施工主缆除湿体系。

②悬索桥吊索

正常使用状态下，悬索桥吊索损伤通常主要呈现为表面涂装破坏或镀锌层氧化导致水分侵蚀钢丝引发锈蚀。吊索锈蚀会影响结构的耐久性，降低其安全性能。目前，常用的防患措施有表面涂防腐漆或索体整体防腐，规划期内可分批进行整体防腐，以维持吊索良好的工作状态。

③斜拉桥拉索

正常使用状态下，斜拉索损伤通常表现为 PE 护套损伤、索体钢丝锈蚀、锚固端锈蚀等。其中，PE 护套损伤可能在护套制造、运输、施工、运营过程中产生，其导致的最大危害就是水分通过损伤部位进入索体，引起钢丝锈蚀。索体钢丝锈蚀往往在外覆 PE 护套破损后发生，在应力腐蚀和腐蚀疲劳作用下，易发生断丝进而演化为拉索断裂，酿成事故。斜拉索锚固装置很容易被水侵入，导致锚固装置腐蚀，进而导致锚头内的拉索钢丝腐蚀。规划期内，防患的重点在于索体外覆 PE 的完好性，可每年对全部斜拉索的表观进行定期检查，根据检查情况，每年 11～12 月委托专业养护单位对缺损部位进行恢复。同时，注意对比既有健康监测系统索力数据，发生异常时及时进行现场核查。

(2)锚固系统防患

对于锚固系统，规划期内，重点关注悬索桥主缆散索预应力锚固系统，该系统面临散索钢丝锈蚀以及预应力钢绞线防腐油脂失效的风险。考虑到钢结构在相对湿度小于 45% 时停止锈蚀，规划期里采取的主要防患措施是保障锚碇除湿系统正常运转，及时查找、排除除湿设备故障,更换易损件,并且根据设施运行效率和可靠性,适时升级改造或更新。

(3)钢箱梁结构防患

①防腐涂层

在先天的施工缺陷(含水、酸性腐蚀、碰撞等)和后天的运营环境因素共同叠加作用下,钢箱梁防腐涂层会发生退化、脱落,导致钢箱梁钢材本体直接暴露在大气腐蚀环境下,影响结构的耐久性。规划期内,可每年进行一次专项检查,对于检查过程发现的损伤,可以每年11~12月委托专业养护单位按原涂装工艺集中修复一次。

②钢箱梁结构

钢箱梁的闭口纵肋正交异性钢桥面板构造复杂,如果加工、焊接不当,局部构造细节设计考虑不周,同时伴随单轴荷重和交通量显著提高,特别是重车比例日益增大和严重的超载现象都将加剧钢桥面板的疲劳损伤。钢箱梁结构容易开裂的部位主要分布在顶板与U肋连接焊缝处、横隔板与U肋的交界处、U肋过焊孔处横隔板或相接焊缝处。结构裂缝发生后,会降低结构局部刚度,加速钢桥面铺装的破坏。规划期内,应采取经常检查及定期检测结合的工作方式,系统查验疲劳裂缝的数量、程度、分布情况,采取止裂、加固维修等措施,必要时采取限载或限行措施防范。

(4)桥梁和隧道火警防患

缆索、钢结构桥梁和隧道发生火灾事故时,往往具有火势蔓延快、不易控制、疏散及扑救困难、主要结构易受火损等特点。因此,必须坚持"防范胜于救灾"、"自救和救援时效是最好的安全保障"原则做好重点桥梁和隧道火警防患的积极应对措施。

①完善隧道内交通安全设施

加强对隧道火灾自动报警系统、自动喷水灭火消防系统、通风及照明系统和安全防护设施、灭火消防设施、交通安全设施的检修与维护,为隧道交通安全自救和保障快速发现险情及救援提供有效保障。

②加强对危化车辆运输的管理

建立危化运输车辆检测系统和高清视频监控系统,通过有效掌握和应用危化车辆行驶时间、路线、速度等参数,规范和管控驶入隧道和重点大桥区域的车辆,实现对危化品车辆的有效管理。

③警民联勤,有效应急

4.5.5.3 交通运行环境安全监测和管理

交通运行环境主要针对外因安全因素的监测和管理。虽然对结构物可能出现的内部安全因素及风险有了一定认识并开展了有效的预防,然而由于自然灾害、环境因素、人为原因等外部安全因素的客观存在,风险随时可能演变成为事故。因此,有效的应急救援行动是唯一可以减缓事故灾害蔓延和减轻灾害后果的有力措施。针对可能发生的重大事故,对可能出现的后果进行应急准备和应急响应且预先作出详细安排,是开展及时、有序、有效事故应急救援工作的行动指南。应急方案明确了在突发事故发生之前、发生过程中以及刚刚结束之后,谁负责做什么,何时做,和相应的策略及资源准备等。

交通运行环境安全监测和管理要充分利用周边交警、消防、急救等应急救援资源,配以路政管理,发挥警民联勤机制的积极作用。定期开展重点桥梁和隧道运营安全评估,针对桥梁和隧道运营的具体情况制定相应的应急预案,定期或不定期地开展应急演练,做到事故发生时能有效应对。日常工作中注重做好全员安全教育，及时处置各类违反安全要求的事件。

1）应急方案的构成

应急方案由事故预防和损失控制两方面构成。

（1）从事故预防的角度制定应急方案

“提高系统安全保障能力”和“将事故控制在局部”是事故预防的两个关键点。从事故预防的角度看，时刻记住“个体安全是整体安全的保障”、“自救和救援时效是最大的安全”两个原则，应急方案由技术对策和管理对策共同构成，通过采取技术措施，使结构物的整体结构具有保持安全状态的能力；通过管理协调各运营环境因素（包括人、车、自然环境）与结构的关系，实现整个系统结构的安全。从事故预防的角度制定应急方案的目标是实现“无急可用”。

（2）从损失控制的角度制定应急方案

“及时进行救援处理”和“减轻事故所造成的损失”是事故损失控制的两个关键点。从事故发生后损失控制的角度看，事先对可能发生事故后的状态和后果进行预测并制订应急措施，一旦发生异常情况能根据应急方案及时进行救援处理，最大限度地避免突发性重大事故发生，并减轻事故所造成的损失和对环境的损害，同时能及时恢复生产。从损失控制的角度制定应急方案的目标是实现“有急能用”。

2）标准化应急响应程序

（1）应急级别

公路运营按应急启动级别从高到低设定为Ⅰ级、Ⅱ级、Ⅲ级、Ⅳ级四个响应等级，如表4-47所示。

应急响应等级内容　　表4-47

应急级别	具体描述
Ⅰ级	（1）因地震、山体滑坡等自然灾害或其他原因，造成路基塌陷、桥梁毁损或形成路障，短时间难以恢复通行； （2）运输剧毒化学品、放射性车辆发生严重泄露，致使道路无法安全通行； （3）发生特大交通事故造成道路无法通行； （4）发生严重影响道路运营安全并造成人员死亡，短时间难以恢复正常工作秩序的安全事故、群体性事件、公共卫生事件等情况； （5）其他突发事件预计处置时间在24小时以上的情况
Ⅱ级	（1）运输易燃、易爆、危险品车辆发生交通事故造成道路交通中断； （2）发生特大交通事故或特大桥、隧道等敏感区域发生事故，造成道路严重堵塞的； （3）发生严重影响道路运营安全并造成人员严重伤害的安全事故、群体性事件、公共卫生事件等情形； （4）其他突发事件预计处置时间在12小时以上、24小时以内的情况
Ⅲ级	（1）出现浓雾、台风、暴雨等恶劣天气； （2）发生重大交通事故，造成交通拥堵； （3）收费站发生恶意堵车事件； （4）发生影响道路运营安全并造成人员受到伤害的安全事故、群体性事件、公共卫生事件等情形； （5）其他突发事件预计处置时间在4小时以上、12小时以内的情况
Ⅳ级	（1）当气象部门发出严重影响行车安全预警信息； （2）因车流量暴增、交通事故或路面施工造成交通拥堵； （3）发生影响道路运营安全的安全事故、群体性事件、公共事件等情形； （4）其他突发事件预计处置时间在4小时以下的情况

（2）报告程序

①事件现场人员第一时间拨打监控应急中心24小时应急值守电话，报告相关情况。

②监控应急中心初步判断响应级别，Ⅳ级响应立即报告当日值班经理，Ⅲ级及以上响应立

即报告值班领导及应急救援领导小组其他成员。

③Ⅲ级以上响应，由值班领导决定是否需要报告上级部门。

④Ⅱ级响应，值班领导须在收到现场报告后10分钟内决定向上级应急办及属地政府安监、公安等主管部门报告。

⑤Ⅰ级响应，值班领导须在收到现场报告后立即向上级应急办及属地政府安监、公安等主管部门报告。

(3)报告内容

①发生事故(或异常情况)的单位、时间、地点；

②事故(或异常情况)的简要经过、现场伤亡情况；

③事故(或异常情况)现场应急抢救处理的情况和已经采取的措施；

④事故(或异常情况)的报告单位、报告时间、报告人和联系电话；

⑤上级单位和政府部门需要了解的其他情况。

(4)响应程序，如图4-30所示。

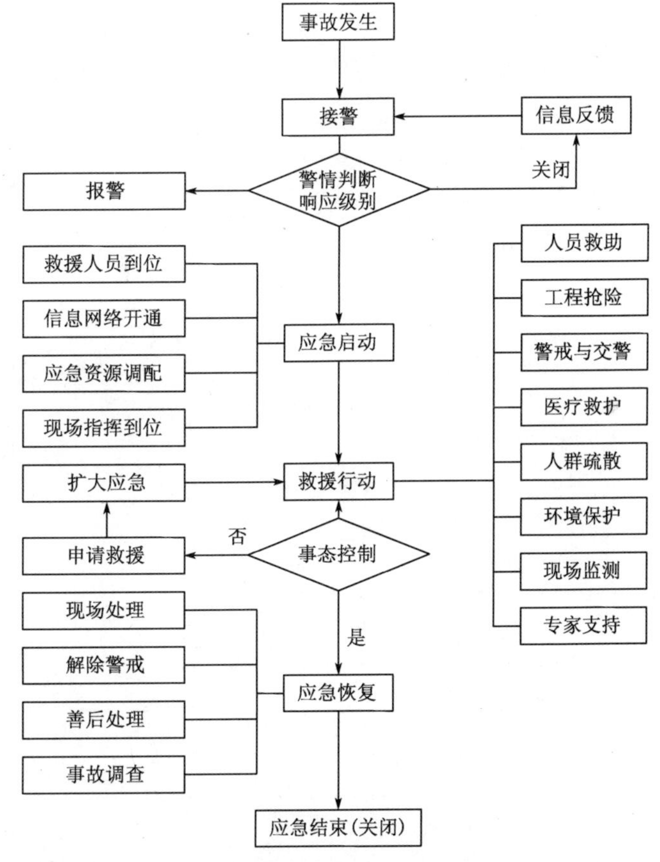

图4-30 应急响应流程图

3)风险识别与处置管理

风险类别主要包括：自然灾害(雨、风、雾、雷等)、结构事故(车辆撞击、船舶撞击以及滑坡或坍塌)、交通事故(交通障碍、一般道路交通事故、危险化学品交通事故、火灾)及人为事件(一般事件、暴恐事件、网络事件)。其应急响应分类及应到场人员，如表4-48所示。

应急响应分类对照表及应到场人员 表 4-48

风险类别	风险事件		识别条件	值班领导	值班经理	相关部门负责人	值班人员
自然灾害	雨		雨水如线，雨滴不易分辨(小到中雨)		○		○
			雨如倾盆，模糊成片(大到暴雨)	○	○	路产管理部○	○
	风		风速 10.8~13.8m/s(强风)		○		○
			风速 13.9~20.7m/s(疾风)		○	路产管理部○	○
			风速 20.8~24.4m/s(烈风)	○	○	路产管理部√	○
			风速 24.5m/s 以上(狂风)	○	○	路产管理部○	○
	雾		能见度 100~200m		○		○
			能见度 70~100m，且持续时间 5 分钟以上		○		○
			能见度 50~70m，且持续时间在 10 分钟以上		○	路产管理部○	○
			能见度 50m 以下，且持续 15 分钟以上	○	○	路产管理部√	○
结构事故	车辆撞击		斜拉桥斜拉索、悬索桥主缆或吊索桥受到撞击；广深高速公路跨线桥、广深铁路跨线桥、北引桥等主桥跨既有道路的桥墩或梁体受到撞击	√	√	路产养护部√ 路产管理部√	○
	船舶撞击		斜拉桥、悬索桥桥墩或钢箱梁受到撞击	√	√	路产养护部√ 路产管理部√	○
	火灾事故		斜拉桥、悬索桥钢桥面或龙头山隧道内火灾事故	√	√	路产养护部√ 路产管理部√	○
	滑坡或坍塌		路基、高边坡坍塌	√	√	路产养护部√	○
交通事故	交通障碍		大型路障、车辆故障、交通阻碍		○		○
	一般道路交通事故	轻微事故	一次造成轻伤 1~2 人，或者财产损失机动车事故不足 1 000 元，非机动车事故不足 200 元		○		○
		一般事故	一次造成重伤 1~2 人，或者轻伤 3 人以上，或者财产损失不足 3 万元		○	路产管理部√	○
		重大事故	一次造成死亡 1~2 人，或者重伤 3 人以上 10 人以下，或者财产损失 3 万元以上不足 6 万元	√	√	路产管理部√ 营运安全部√	○
		特大事故	一次造成死亡 3 人以上，或者重伤 11 人以上，或者死亡 1 人，同时重伤 8 人以上，或者死亡 2 人，同时重伤 5 人以上，或者财产损失 6 万元以上	√	√	路产管理部√ 营运安全部√	○
	危险化学品交通事故	一般事故	造成人员受伤或者危险化学品轻微泄漏，需临时中断事故现场交通	√	√	路产管理部√	○
		重大事故	造成人员死伤或者剧毒化学品泄漏影响周边环境；易燃、易爆危险化学品燃烧、爆炸；高速公路交通中断，需实施局部交通组织分流；事故造成水源等环境遭受一定程度污染，临近居民生活受到影响	√	√	路产管理部√ 营运安全部√ 路产养护部√	○
		特大事故	事故造成多人死伤或者剧毒化学品泄漏造成多人死亡、中毒，需疏散高速公路周边居民；易燃、易爆危险化学品燃烧、爆炸危及高速公路周边居民安全；高速公路交通中断，需实施跨区域交通组织分流；事故造成水源等环境污染严重，危及临近居民生命安全	√	√	路产管理部√ 营运安全部√ 路产养护部√	○
	火灾事故		除斜拉桥、悬索桥钢桥面或龙头山隧道以外的路(桥)面		√	路产管理部√	○

续上表

风险类别	风险事件	识别条件	值班领导	值班经理	相关部门负责人	值班人员
人为事件	一般事件	行人、非机动车辆驶入、跳桥事件		○	路产管理部√	○
	暴恐事件	炸弹袭击	○	○	路产管理部○	○
		车辆遭临近车枪击	○	○	路产管理部○	○
		主桥关键部位(缆索、锚碇)遭纵火袭击	√	√	路产管理部√ 营运安全部√ 路产养护部√	○
	网络事件	监控系统遭黑客入侵		○	机电信息中心√	○
说明:1. 记录符号:“√”需到事故现场参与救援、协调;“○”需到监控中心参与指挥、协调。 2. 表内要求为常规要求,其他部门人员按监控中心指令参与事故救援						

具体识别和管理方法包括 4 个方面。

(1)自然灾害风险事件

应急流程,如图 4-31 所示。

①雨

Ⅰ. 事故特征

暴雨天气道路泥泞,容易造成的洪涝灾害。雨水强度大,洪水出现频率高,波及范围广,来势凶猛,破坏性极大。可能造成路面积水、堵塞、桥梁被雨水冲毁或路堤被雨水冲毁,造成道路无法行走。可能给设备、设施造成重大安全隐患,造成重大财产损失,事故严重时可能出现人员伤亡等。

Ⅱ. 应急处置

i. 先行处置

由安全管理部门密切留意并及时向全公司发布气象台公布的最新气象信息,监控应急中心对路面实行 24 小时监控录像,并由监控员每半小时对全线扫查一次,以及时准确发现路面及周围环境的突发事故并迅速作出反应;其次,路政人员每班次定时进行全线路面巡查,及时发现并排除沿线事故。

在暴雨多发季节,路产养护部应加强对路面、桥梁、隧道的巡查,及时在危险路段设置警示标志,发现险情应立即采取有效措施,尽量避免和减少暴雨灾害对交通的危害,并保障路面安全畅通。

ii. 应急处置措施

a. 气象台发布暴雨信息后,安全管理部门应在暴雨来临前 24 小时向各部门、各收费站通报气象台发布的暴雨信息,要求各部门、各收费站立即采取预防措施,做好防暴雨的准备工作。如:取消员工休假外出;办公、住宿、生活等区域关紧门窗,检查排水设施,加固棚架等临时建筑物,妥善安置室外物品;检查备用发电机组等设备设施;通知户外作业人员停止作业,撤离危险地带;切断危险的室外电源;停止露天集体活动,立即疏散人员;检查道路状况,做好低洼易受淹地区及路段排水防涝工作;通知有关单位和救援力量随时投入应急救灾行动。

b. 当雨水如线,雨滴不易分辨(小到中雨)时,监控应急中心通过电子可变情报板发布警示信息:雨天路滑,请减速慢行!路政人员每班次定时进行全线路面巡查,及时发现并排除沿线事故。

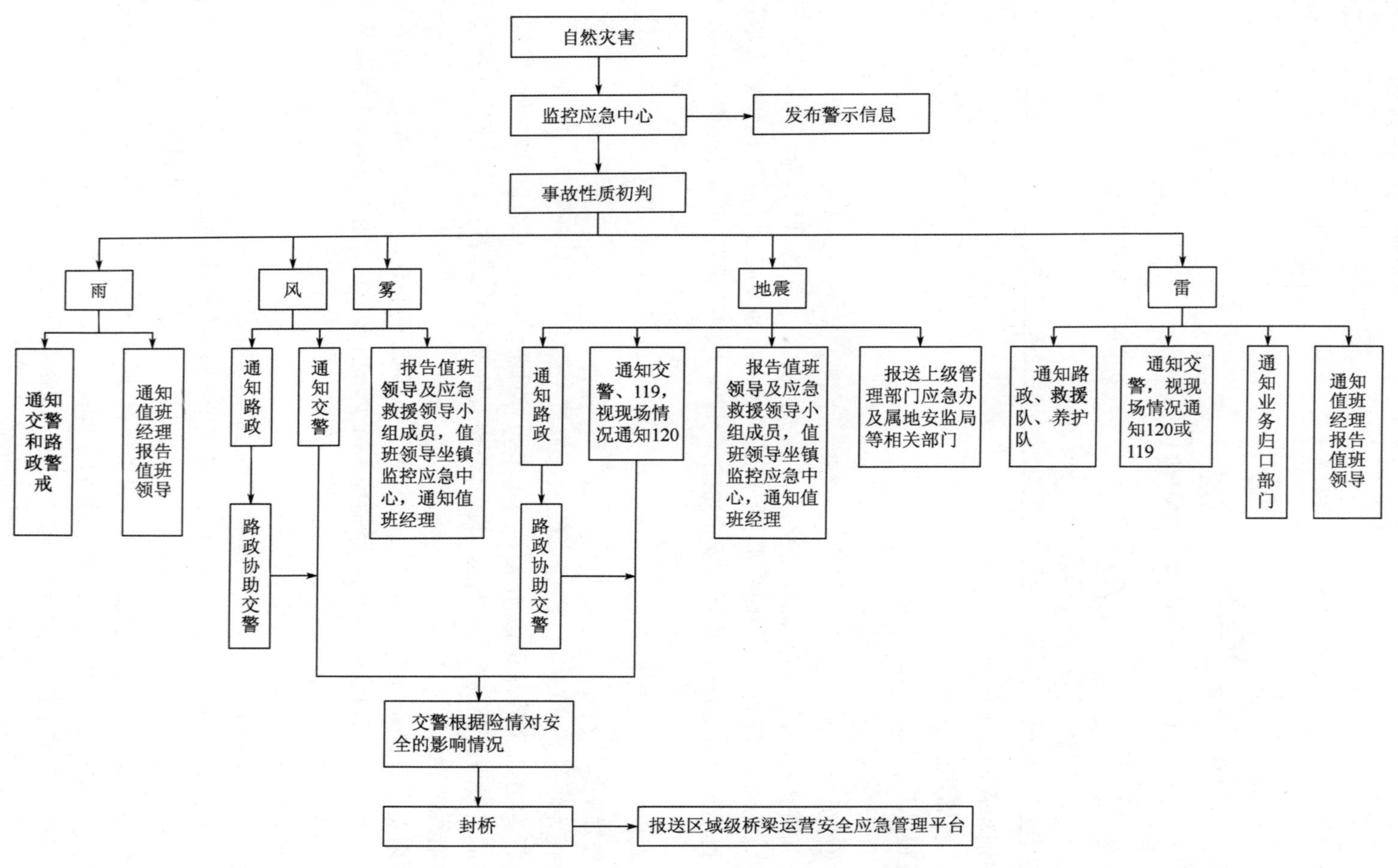

图4-31　自然灾害条件下应急响应流程图

c. 当雨如倾盆,模糊成片(大到暴雨)时,监控中心通过电子可变情报板发布警示信息:雨天路滑,请减速慢行!

d. 当特大暴雨引发道路交通事故时,事故现场人员要立即组织疏散无关人员到安全地段,并报监控中心,监控中心人员在发现或接到事故信息时,必须快速做出反应,并开展以下工作:

a)在第一时间向值班领导或值班经理报告事故发生的时间、地点、部门、事故的简要情况、伤亡人数,请示拟采取行动。根据事故严重程度和现场情况启动相应的应急响应(Ⅰ级响应、Ⅱ级响应、Ⅲ级响应),并协助指挥救援工作。

b)通知就近巡逻车辆和拯救车辆及相关人员尽快赶到突发事件现场,并视突发事件的情况,及时通报公安、交警、消防、救护等有关部门。

c)根据突发事件性质、影响程度及救援进程,及时向公司应急救援领导小组报告事故动态。

d)在高速公路入口向过往司乘人员发出事故信息,提醒注意行车安全;通过电子可变情报板向通行车辆人员发出事故、限速等信息,提醒注意行车安全或紧急停车避险。

e)暴雨天气下坡路段发生重大交通事故时要立即通知监控应急中心申请进行分流,以防二次事故发生。

②风

Ⅰ. 事故特征

台风期间,常引起建筑物及设施的破坏和倒塌,并造成车辆的倾覆、失控、无法行驶,电线杆的折断、损坏,树林的破坏。带来的强降雨,可能造成设备、设施的重大安全隐患,或造成重大财产损失、影响交通安全,事故严重时可能出现人员伤亡等。概括地说,台风具有以下几种特点:频次高、强度大、灾情重、连锁反应显著。

Ⅱ. 应急处置

i. 先行处置

由安全管理部门密切留意并及时向全公司发布气象台公布的最新气象信息,监控应急中心对路面实行24小时监控录像,并由监控员每半小时对全线扫查一次,以实现及时准确发现路面及周围环境的突发事故并迅速作出反应;其次,路政人员每班次定时进行全线路面巡查,及时发现并排除沿线事故。

在台风季节,工程养护部门应加强对路面、桥梁、隧道的巡查,及时在危险路段设置警示标志,发现险情应立即采取有效措施,尽量避免和减少台风灾害对交通的危害,并保障路面安全畅通。

当气象台发布台风紧急警报时,应立即开展以下工作:

a. 气象预报台风登陆前24小时,安全管理部门将气象台发布的台风信息通知相关部门,各部门、收费站立即采取预防措施做好防台风的准备工作,同时将情况汇报值班经理。

b. 台风登陆前4小时,值班经理以电话的形式再次告知各部门台风登陆的确切时间,并通知各部门关闭门窗。

c. 应急救援领导小组及应急救援分队成员进入应急状态,小组成员指挥各部门做好应急准备。

d. 随着台风临近,监控应急中心通知路政人员加强每班次定时进行全线路面巡查,及时发现并排除沿线事故。

e. 随着台风临近,监控应急中心通过电子可变情报板向驾车人员发布即时相关信息。

ii. 应急处置措施

a. 当恶劣天气进入第一阶段,即风力达到 6 级大风,风速 10.8 ~ 13.8m/s 时,路段限速 60km/h,监控应急中心通过电子情报板发布警示信息:桥面风大,请减速慢行!

b. 当恶劣天气进入第二阶段,即风力到达 7 级到 8 级大风,风速 13.9 ~ 20.7m/s 时,路段限速 50km/h,监控应急中心报告值班领导,通知值班经理坐镇监控应急中心指挥,路政进入应急警戒;同时通过电子可变情报板发布警示信息:桥面风大,请减速慢行!

c. 当恶劣天气进入第三阶段,即风力达到 9 级大风,风速 20.8 ~ 24.4m/s 应急响应时,路段限速 40km/h,值班领导坐镇监控应急中心指挥,监控应急中心通知路政人员就位做好封桥准备,同时通报交警和值班员;通过电子可变情报板发布警示信息:桥面风大,请减速慢行!

d. 当恶劣天气进入第四阶段,即风力达到 10 级大风,风速 24.5m/s 以上且持续超过 10 分钟应急响应时,值班领导坐镇监控应急中心指挥,协调交警实施封闭黄埔大桥,视情况封闭路段进入口匝道;同时监控应急中心通报相关联网路段及交通电台,通过电子可变情报板发布警示信息:桥面风大,路段封闭! 值班领导根据情况上报上级交通主管部门,待事件处置完毕,交通恢复正常后做好相应回复工作。

③雾

Ⅰ. 事故特征

大雾天气,能见度低,瞭望距离短,躲避危险物、障碍物及采取措施避免危害的时间短,容易造成辖区内发生较为严重的交通事故,出现车损人伤,交通严重堵塞的情形。

Ⅱ. 应急处置

i. 当能见度进入第一阶段即为 100 ~ 200m 时,提请交警部门加大巡逻力度,路政人员加强路面巡查密度,减少或停止路面施工作业,监控应急中心通过电子情报板发布警示信息:前方雾大,请减速慢行!

ii. 当能见度进入第二阶段,即在 70 ~ 100m,且持续时间 5 分钟以上时,收费站入口放行车辆为 5 辆/分钟,并严禁超限车辆驶入;提请交警部门加大巡逻力度,路政人员加强路面巡查密度;减少或停止路面施工作业;监控应急中心通过电子可变情报板发布警示信息:前方雾大,请减速慢行! 通知值班经理坐镇监控应急中心指挥,密切关注气象动态并及时报告值班领导;路政人员应分别进入大桥两侧引桥进行交通引导和警戒。

iii. 当能见度进入第三阶段,即在 50 ~ 70m,且持续时间在 10 分钟以上时,收费站入口放行车辆为 2 辆/分钟,路政巡逻车沿线巡视;值班领导坐镇监控应急中心指挥,通知路政就位做好封桥准备;监控应急中心通报交警和值班员,通过电子可变情报板发布警示信息:前方雾大,请减速慢行! 监控人员应立即通知相关人员就位做好封桥准备,同时通报交警部门。

iv. 当能见度进入第四阶段,即在 50m 以下,且持续 15 分钟以上时,值班领导必须坐镇监控应急中心指挥,并协调交警部门封闭大桥,视情况封闭道路,同时通报相关联网路段及电台,通过电子可变情报板发布警示信息:前方雾大,道路封闭! 值班领导根据情况上报上级交通主管部门,待事件处置完毕,交通恢复正常后做好相应回复工作。

Ⅲ. 注意事项

大雾天气救援必须在事故现场前方至少 150m 处开始摆放反光锥进行围蔽和警戒,并在最前方摆放并开启方向指示箭头灯。

④雷

Ⅰ.事故特征

雷电所形成的强大电流、炽热的高温、强烈的电磁辐射以及冲击波,能导致人员伤亡,引起火灾,造成建筑物、电力系统、通信系统、计算机网络的损坏,甚至造成易燃易爆物品的燃烧和爆炸。

Ⅱ.应急处置

雷击事故主要发生在春夏多雨季节,机电信息中心在雷雨季节前负责防雷安全工作,落实防雷设施的定期检测工作,雷雨后的检查和日常的维护工作。对施工区和公司管内的建筑物、给排水管路、电力线路、露天设备的避雷设施进行细致检查,特别是对处于高势的施工设备、电力设施等开展重点检查并对避雷设施的可靠性进行验证。应采用技术和质量均符合国家标准的防雷器材。

气象台发布雷雨天气的信息后,安全管理部门应密切关注信息,并通知相关部门,各部门、收费站立即采取预防措施做好防雷的准备工作,同时将情况汇报值班经理。通知户外作业人员停止作业,撤离危险地带;切断危险的室外电源;停止露天集体活动,立即疏散人员,通知有关单位和救援力量随时投入应急救援行动。

监控应急中心接到人员遭受雷击报警后,报告应急救援领导小组成员和值班领导,通知"120"、路政、值班经理和值班员。路政人员到场后,迅速组织无关人员撤离危险区域,确保人身安全。事故现场应切断电源、隔离可燃物品,防止事态扩大。疏通事故现场道路,保证救援人员及车辆行驶道路通畅。

监控应急中心接到设备遭受雷击报警后,报告应急救援领导小组成员,通知值班领导、值班经理、值班员和机电信息中心。根据险情对交通安全的影响情况,立即通知交警和路政;同时通知机电维护人员抢险,并在电子可变情报板发布警示信息。机电信息负责人接报后,必须立刻带领相关技术人员到达事故现场,初步查明事故情况、评估事故造成的危害、判断事故等级,向应急救援领导小组报告。

(2)结构事故风险事件

应急流程,如图4-32所示。

①车辆撞击、船舶撞击及火灾

Ⅰ.事故特征

过往车辆撞击、船舶撞击及桥梁隧道发生的重大火灾可能会引起桥梁隧道产生结构性破坏,严重威胁桥梁隧道结构安全。一旦发生垮塌事故会造成巨大的财产损伤,并可能导致人员伤亡及线路阻断,产生恶劣的社会影响。

Ⅱ.应急处置

i.车辆撞击

当黄埔大桥斜拉桥斜拉索、悬索桥主缆或吊索桥受到车辆撞击,广深高速公路跨线桥、广深铁路跨线桥、黄埔大桥北引桥等桥梁跨既有道路的桥墩或梁体受到撞击时,监控应急中心向值班领导报告,通知值班经理、值班员和养护部门,并根据专业指导要求通知交警、路政分流或封闭桥梁,同时通报相关联网路段及交通电台。通过电子可变情报板发布相对应的警示信息。由公司现场应急指挥小组召集养护、营运、机电等负责人组建现场应急指挥机构,安排车辆绕行、组织抢修,尽快恢复交通。值班领导视情况上报上级交通主管部门,待事件处置完毕,交通恢复正常后做好相应回复工作。

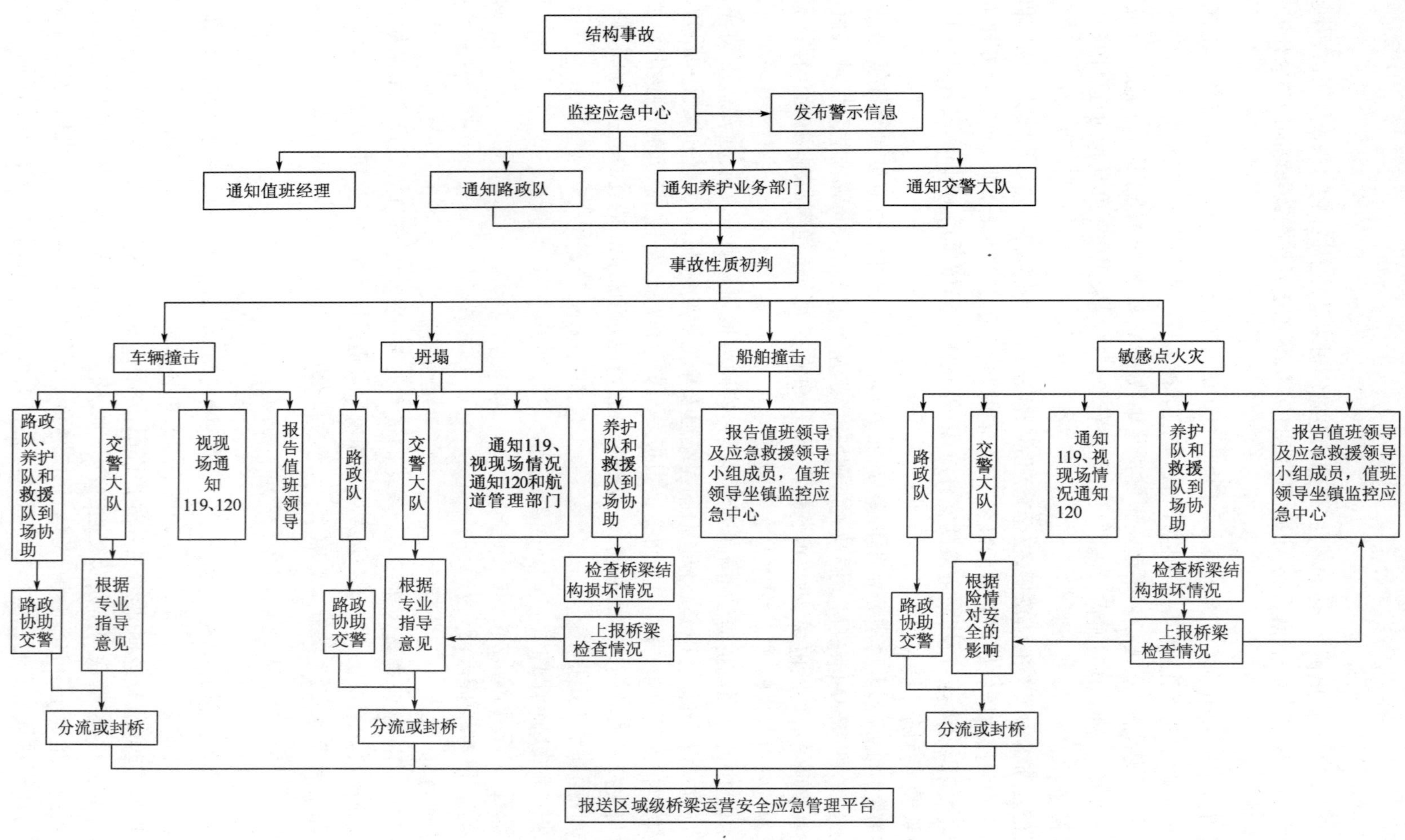

图4-32 结构事故条件下应急响应流程图

ii. 船舶撞击

当黄埔大桥斜拉桥、悬索桥桥墩或钢箱梁受到过往船舶撞击时，监控应急中心应通知值班经理、值班员和养护部门（由其视情况协调航道管理部门），同时向值班领导报告，并根据专业指导要求通知交警、路政分流或封闭桥梁。通过电子可变情报板发布相对应的警示信息。并由公司现场应急指挥小组召集养护、营运、机电等负责人组建现场应急指挥机构，安排车辆绕行、组织抢修，尽快恢复交通。值班领导视情况上报上级交通主管部门，待事件处置完毕，交通恢复正常后做好相应回复工作。

iii. 火灾

当黄埔大桥斜拉桥、悬索桥钢桥面或龙头山隧道内发生火灾而引发结构事件时，应急处置详见交通事故火灾应急处置。待事件处置完毕，路产养护部需委托有资质的检测、设计单位对撞损桥梁、隧道进行专业特殊检测和加固设计，并按照抢险程序组织有资质的施工单位进行抢险加固或修复。

②滑坡或坍塌

Ⅰ. 事故特征

i. 路基损毁多发生在每年雨季和台风季节（就广东地区而言），对靠近河流、湖塘及洼地的路基，因洪水猛涨并不断冲刷路基，易发生路基坍塌、高路堤滑坍、高边坡坍塌等损毁事故，也有可能发生高速公路主线或互通匝道大面积水淹，造成交通堵塞，人员伤亡事故。

ii. 桥梁发生事故的季节较多，桥梁（包括梁体、桥台、搭板）突然坍塌、沉陷事故等不分季节，因养护不当或自然意外事件随时可能发生；桥梁水毁或漂浮物大物体撞击桥墩发生的事故多发生在洪水期。总体而言，桥梁事故的危害是巨大而致命的，往往一发生就造成巨大的经济损失、人员伤亡，社会影响程度较大。

Ⅱ. 应急处置

i. 坍塌事故应急处置程序

a. 监控应急中心接到人员或设备报警后，报告应急救援领导小组成员，通知值班领导、值班经理、值班员和养护部门。根据险情对交通安全的影响情况，立即通知交警和路政；同时通知养护队抢险，并在电子可变情报板发布警示信息：前方坍塌，请减速慢行！

b. 路产养护部负责人接报后，必须立刻带领相关工程技术人员到达事故现场，初步查明事故情况、评估事故造成的危害、判断事故等级，向应急救援领导小组报告。

c. 根据险情，对影响交通安全的，立即通知交警和路政部门对事故路段进行临时封路。如果抢险工程量大，时间较长，对行车安全影响较大，应与交警、路政部门共同制定交通分流措施，将分流措施上报主管单位，并通知抢险施工队做好抢险准备。

d. 由应急救援领导小组指定人员成立事故应急处置协调指挥组，代表公司负责事故应急处置的组织、协调、指挥工作。协调指挥组成员应尽快赶赴事故现场，共同负责事故应急处置工作。

e. 路政人员前往现场组织抢救伤员，协助交警处理交通事故，疏解和指挥交通，并根据事故危害程度和工程抢修需要，拟订交通管制方案，经协调指挥组研究确定后组织实施。

ii. 水毁的应急处置

高速公路水毁抢险，要因地制宜取材。路基水毁（水淹）抢修方法如下：

a. 一般水毁：对路基水毁，可以分析水毁原因，按照有关养护管理的要求进行修复。如路基发生坍塌,应迅速使用已准备好的石料进行修补,如路基行车部分已泥泞难行,应将稀泥挖出,撒铺砂砾维持通车。

b. 水浪、水流冲刷:土袋、沙袋防浪,用草袋装上砂石料、黏土等(每袋只装其容量的2/3)置于路堤的迎水边坡;芦排防浪,用芦苇编成芦排置于路堤迎水边坡上,用竹条或绳索系紧压住,并用小桩订紧或用石袋压住;草席防浪,用普通草席铺于边坡上,下端坠系砂石袋,上端用绳索固定;铅丝石笼,内装石块,置于迎水坡面上。

c. 山体滑坡的应急处置

a)对多级滑坡,可采取分级治理,在每个分级出口,分别设置支挡结构物。对规模大、纵轴长的滑坡,可以在滑坡下部、中部适当部位设置抗滑挡土墙及抗滑群桩。

b)对严重威胁交通的特大型滑坡,为安全起见,必要时可在滑坡下部采取明洞方案,结合其他措施既可防止整体滑动,又可防止山坡失稳而将滑动物堆积于公路上,影响交通畅通和行车安全。

d. 挡土墙坍塌的应急处置

a)反压:在挡土墙坍塌的地方用沙包进行反压,防止挡土墙的进一步坍塌。

b)清理:对已经坍塌的挡土墙和路基土进行清除,为后续的维修工作提供方便。

c)注浆或压浆:使用在挡土墙倾斜、开裂和路基下沉的情况下,注浆以稳定墙身后土体,减少侧向土压力,同时也可以增强路基的整体性,减少路基的进一步开裂、沉降。

d)加固:在坍塌的地方设置抗滑桩,对该路基边坡进行永久加固。

(3)交通事故风险事件

应急流程,如图4-33所示。

①交通障碍

Ⅰ. 事故特征

交通障碍包括大型路障和故障车辆等。交通障碍影响路面交通,而且可能引发交通事故,并造成人员伤亡和财产损失。

Ⅱ. 应急处置

监控应急中心发现或接报路面出现交通障碍情况后,应立即通知路政、交警、拯救队和养护队协助救援,视现场情况报告值班经理。

路政值班人员到场后,一名路政员负责围蔽现场并将可以行动的人员疏散到路旁绿化带等安全地带,另一名路政员负责查看现场并立即将现场情况反馈给监控应急中心。报告内容包括事件类型、涉事车数量、车型、所载货物类型、是否发生火灾或有冒烟等疑似火灾状况、现场滞留人员数量、是否有伤亡、是否有损坏路产及漏油、洒落等情况。发现醉酒或者其他原因拒不离开的人员应报交警,同时在现场做好安全措施,等候交警处理。

交警到达现场后,路政员协助交警处理事件;若现场交通发生拥堵,路政员应立即报告监控应急中心,并协助交警疏导现场车流。

当需要车辆分流时,各收费站做好分流准备,相应片区应急救援志愿者分队集合,并前往收费站配合做好车辆分流。

事件车辆无法自行离开现场时,由救援队拖离;如有大面积的杂物洒落在地面需要保洁队协助处理的,由保洁队清理;有路产损失的,路政员应及时进行路产损失取证,包括拍照、登记当事人的车牌证件等。

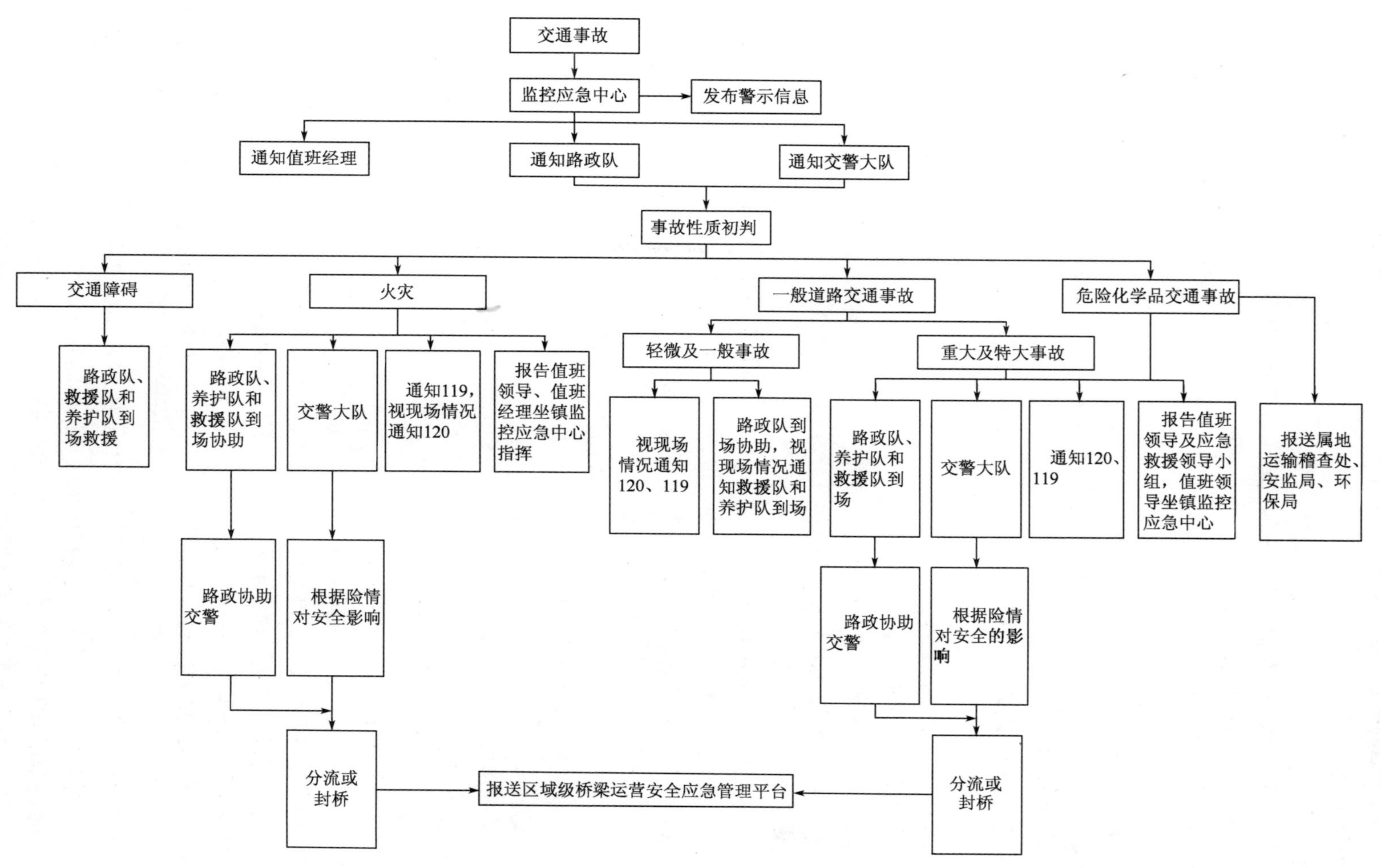

图4-33 交通事故条件下应急响应流程图

救援工作完成后，路政员回收现场所有安全警示标志，恢复正常交通。

②一般道路交通事故

Ⅰ. 事故特征

道路交通事故是指普通车辆在道路上因过错或者意外造成的人身伤亡或者财产损失的事件。随着机动车拥有量的扩大，道路交通事故日益严重。道路交通事故具有突发性强、死亡率高、损失大、易引发二次事故等特点。

Ⅱ. 应急处置

i. 事故识别条件

a. 轻微事故：一次造成轻伤1~2人，或者财产损失机动车事故不足1000元，非机动车事故不足200元的轻微事故。

b. 一般事故：一次造成重伤1~2人，或者轻伤3人以上，或者财产损失不足3万元的一般事故。

c. 重大事故：一次造成死亡1~2人，或者重伤3人以上10人以下，或者财产损失3万元以上不足6万元为重大事故。

d. 特大事故：一次造成死亡3人以上，或者重伤11人以上，或者死亡1人，同时重伤8人以上，或者死亡2人，同时重伤5人以上，或者财产损失6万元以上为特大事故。

ii. 应急程序

事故类型为轻微事故或一般事故，监控应急中心应通知交警、路政、拯救队和值班经理，并视现场情况通知"120"、"119"和养护队协助救援，同时在电子可变情报板发布警示信息：前方事故，请减速慢行！待事件处置完毕，交通恢复正常后做好相应回复工作。

当发生重大事故及特大事故时，监控应急中心应报告值班领导，同时通知交警、路政、值班经理、值班员、"120"、"119"、拯救队和养护队协助救援，同时在电子可变情报板发布警示信息：前方事故，请减速慢行！视情况上报上级交通主管单位，待事件处置完毕，交通恢复正常后做好相应回复工作。

路政人员到场后，应急处置详见交通障碍应急处置。

iii. 应急处置措施

a. 事件现场需要封闭一条车道时的处置办法

a）当白天天气状况较好时，若事件位置在直线路段，路政人员需要用反光锥在事件位置前方（来车方向，下同）设置不少于100m的缓冲区和50m的警示区；

b）若事件位置附近有较大的转弯位，且距转弯位50~200m之间时，路政人员应从转弯位前方50m处开始摆放反光锥设置警示区，缓冲区则从事件地点一直摆放反光锥到转弯位；

c）若事件位置在坡顶或下坡位，且距拱形坡顶在50~200m之间时，反光锥从上坡位距离坡顶50m处开始摆放反光锥到坡顶设置警示区，并从事件位置摆放反光锥到坡顶设置缓冲区；

d）当夜间发生突发事件时，要在警示区摆放"前方事故"、"60"限速牌，同时设置警示灯；

e）当在大雨天发生突发事件时，要将警示区延长设置为100m。

b. 事件现场需要封闭两至三条车道时的处置办法

a）在直线路段，路政人员应设置不少于50m警示区和不少于150m缓冲区，在警示区前方摆放"前方事故"、"60"限速牌；

b）当事件位置位于距在弯位50～200m之间，路政人员需在弯道前设置不得少于100m警示区，并摆放“前方事故”、“60”限速牌，缓冲区设置至转弯位；

c）若事件位置在坡顶或下坡位，且距离拱形坡顶在50～200m之间时，路政人员应从上坡位前方100m处开始摆放反光锥到坡顶设置警示区，并从事件位置摆放反光锥到坡顶设置缓冲区。在警示区前方要摆放“前方事故”、“60”限速牌。

c. 道路严重堵塞，需要全封闭道路，实施车辆分流时的处置办法

a）派一个路政班组协助交警，从需要分流出去的收费站出口匝道前一公里的主线位置开始，摆放“前方事故”、“80”限速牌，并用反光锥斜封主线，在收费站出口匝道前500m位置摆放“前面封路”、“60”限速牌，引导车辆驶入匝道分流；

b）通知入口收费站关闭车道并发布“前面封路”等管制信息。同时在入口匝道分叉处，用反光锥和导向牌斜封禁止驶入匝道；

c）两个收费站交叉进行分流，当堵塞现场的车流量得到缓解后，通知前一个分流收费站入口匝道的路政人员暂时中止分流。从而既保障车辆安全、畅通、有序地离开，又避免出现道路堵塞的现象。

d. 道路完全堵塞车辆无法通行导致现场车辆滞留，实施交通疏导的处置办法

a）开启事件位置前后两端最近的调头位，用反光锥将调头位中间段对向车道的超车道围蔽；

b）滞留车辆通过调头位经对向车道超车道行驶，并经另一端调头位驶回原车道，再按标准行驶。两端调头位应至少各安排一名交通疏导员，以维持行车秩序，交通疏导员应穿着反光衣，并站在道路中央分隔带的安全区域。

iv. 注意事项

路政车辆尽可能停在事件位置前方，反光锥离事件现场由远至近摆放，间距10m左右。

③危险化学品交通事故

Ⅰ. 事故特征

目前，行驶于黄埔大桥的车辆中，危化品车辆比重较高，主要运输的危化品类型为汽柴油等易燃易爆液体。由于危化品货物特殊的易燃、易爆、毒害、放射性等危险性，运输危险货物车辆一旦发生交通事故，会给周围的人和环境造成极大威胁。当危化品运输车辆因车辆故障或交通事故发生泄漏时，往往造成惨重的人员伤亡和巨大的经济损失，特别是由于有毒气体的大量意外泄露导致的灾难性中毒事故，以及爆炸品或易燃易爆气体、液体导致的灾难性爆炸事故等。一旦燃烧、爆炸事故发生地点位于桥面、隧道等重点部位，会严重威胁到大桥和隧道的安全。

Ⅱ. 应急处置

i. 应急处置程序

a. 一般事故

当监控应急中心发现或接报危险化学品轻微泄漏或造成人员受伤，需临时中断事故现场交通时，应首先了解危化品的种类和性质，报告值班领导，同时通知交警、路政、值班经理、“120”、“119”、拯救队和养护队进行救援，并将危化品的种类和性质信息及时报告“119”等相关部门。协助交警进行道路封闭，并在相应情报板发布警示信息：前方事故，道路封闭，请绕道行驶！

b. 重大事故

危险化学品或疑似危险化学品事故造成人员死伤或者剧毒化学品泄漏影响周边环境；易燃、易爆危险化学品燃烧、爆炸；高速公路交通中断，需实施局部交通组织分流；事故造成水源等环境一定程度污染，临近居民生活受到影响时为重大事故。

c. 特大事故

危险化学品或疑似危险化学品事故造成多人死伤或者剧毒化学品泄漏造成多人死亡、中毒，需疏散高速公路周边居民；易燃、易爆危险化学品燃烧、爆炸危及高速公路周边居民安全；高速公路交通中断，需实施跨区域交通组织分流；事故造成水源等环境污染严重，危及临近居民生命安全为特大事故。

监控应急中心应报告值班领导，同时通知交警、路政、值班经理和值班员及"120"、"119"、拯救队、养护队协助救援，并通报相关联网路段及交通电台，协助交警进行道路封闭，并在相应情报板发布警示信息：前方事故，道路封闭，请绕道行驶！值班领导将情况上报上级交通主管部门及安监部门，待事件处置完毕，交通恢复正常后做好相应回复工作。

路政员接到危化品事故通知后，应迅速前往现场，但应与事故车辆保持200m以上距离。运载不同的化学品以及在不同情况下发生火灾或中毒时，其处置方法也不同，首先都须分清化学品的类型、储量及泄漏部位等情况，若能找到危化品运输车辆的驾驶员，则立即询问危化品的种类和性质，并报告监控应急中心；若驾驶员或押运员因发生事故逃跑或已受伤入院，一时无法直接了解车内危险化学品时，可使用望远镜查看运输储罐罐壁上的电话号码，或通过车牌向危化品运输管理机构查询等方式了解车内所运输物品的类型及相应救援方式。

d. 一旦危化品为有毒或易燃易爆物质，并已经发生泄漏时，现场所有人员必须全部迅速撤离，由专业机构负责现场救援，由事故所在属地政府部门负责救援指挥。

e. 确定事故现场无危险后，应急指挥领导小组下令通知养护、路政、机电等部门的相关人员赶赴现场，初步评估事故造成的危害、判断事故等级，协调配合相关部门的工作。

ii. 应急处置措施

a. 当运输易燃、易爆、剧毒物品的车辆在黄埔大桥及沿线高速公路路段发生交通事故或者发生火灾时，在未分清易燃、易爆、剧毒等危险化学品的类型之前，应划出事故危险警戒区域，禁止无关车辆、人员进入警戒区域。同时，协助交警将事故现场内的车辆、人员尽快疏散到安全地点。

b. 运载汽油、煤油、柴油、甲醇、酒精等易燃液体的车辆突发事故时：

a）事故未引起火灾时，组织抢救事故受伤人员，禁止无关车辆、人员进入事故警戒区域，指挥后续车辆远离警戒区域行驶；

b）如有可燃液体大量漏出的，设置简易拦油堤，禁止一切明火、车辆靠近警戒区域（平坦路面设置1km警戒线，坡度路面要视情况增加安全距离）；

c）事故引起火灾时，坚持以抢救人员生命安全为第一原则，在引导、指挥人员向安全地方疏散的同时设置防火带，防止火势蔓延和扩大，在保证生命安全的前提下，由消防部门对起火现场进行扑救。对引起爆炸可能性较大的，应及时撤离所有人员，并封闭现场，必要时协助疏散附近居民。

c. 运载煤气、天然气等以燃烧爆炸为主要特征的压缩气体和液化气体车辆发生突发事故时：

a)事故未引起漏气、产生火灾时,及时抢救受伤人员脱离险境,禁止无关车辆、人员进入警戒区域,消除火灾隐患,防止发生火灾和爆炸;

b)事故引起大量气体漏出时,撤离所有人员,将后续车辆、人员截停在安全位置,禁止车辆和明火接近警戒区域,协助专业部门的救援工作;

c)事故引起火灾时,所有人员必须向安全位置疏散。

d. 运载危险化学用品、剧毒品及燃烧产生毒烟的易燃易爆品车辆发生突发事故时:

a)路政配合交警设置围蔽,禁止无关车辆、人员进入警戒区域,转移危险化学品的工作必须由特种专业部门(如消防、防化部队)实施;

b)事故产生毒气、毒烟的,应及时将有关车辆和人员疏散到上风的安全地方,将后续车辆、人员截停在安全路段。当火场有剧毒气体扩散时,及时通知消防、环保、公安等有关部门采取安全措施,必要时配合属地政府疏散附近的居民群众。

iii. 注意事项

a. 参与泄漏事故处理的人员必须正确佩戴合格的防护用品,防止救援过程中发生人员中毒事故;

b. 进入现场必须正确选择行车路线、停车位置、作战阵地;

c. 不准盲目灭火,防止引发再次爆炸;

d. 冷却时严禁向火焰喷射口射水,防止燃烧加剧;

e. 当贮罐火灾现场出现罐体振颤、啸叫、火焰由黄变白、温度急剧升高等爆炸征兆时,指挥员应果断下达紧急避险命令,参战人员应迅速撤出或隐蔽;

f. 严密监视液相流淌、气相扩散情况,防止灾情扩大;

g. 注意风向变化,适时调整部署。

④火灾

Ⅰ. 事故特征

以火灾可能发生的地点来划分,可分为路段火灾、站区(生活区)火灾和桥底火灾。火灾可能造成人员伤亡和财产损失,并影响高速公路的正常通行。同时,因为火灾发生位置、原因以及处理方法的不同,损失的大小也有很大区别。

Ⅱ. 应急处置

i. 火灾预警情况为一级、二级的处置

在斜拉桥、悬索桥钢桥面或龙头山隧道发生的火灾,危化品引发的火灾或公司范围内发生的较大火灾即启动一级或二级火灾预警。监控应急中心发现或接报灾情后,应详细询问火源性质,确定是否为危化品火灾,立即启动一级或二级应急响应预案,报告应急救援领导小组成员,通知“119”、交警、路政、拯救队、值班经理、值班员和养护部门;并视现场情况通知“120”;通知公司消防车前往现场,应急救援志愿者大队待命;养护队协助救援,协助交警进行道路封闭。若隧道发生火灾时,应立即将隧道入口通行灯设置为红色禁行,禁止车辆进入隧道,并通过隧道喊话系统通知现场人员使用隧道两侧的灭火器和消防栓进行临时救援,尽可能控制火势发展,同时开启隧道通风系统,并通过电子可变情报板发布相对应的警示信息。待事件处置完毕、交通恢复正常后做好相应回复工作。

非危化品火灾,路政员到达现场时,路政车停放应距离事故车30m。路政员到达后立即确定火灾性质,或通过询问相关人员确定火源性质,并立即将结果通报监控应急中心。非危化品火灾,可在专业消防部门到达之前,在保障自身安全的前提下,视情况利用车载或现场消防器材进行扑救,若发现火势难以有效处置,并有进一步扩大之势时,路政员应及时向监控应急中心请求援助。在专业部门到达之后,转为配合交警部门开展交通管制、安全保卫和治安管理工作。

当公司应急救援人力和物资资源无法满足应急救援需求时,值班领导应及时向上级主管单位报告,请求提供支持,并由上级主管单位根据情况进行扩大应急,届时应急救援行动指挥权交上级部门,公司负责全力配合开展救援行动。待事件处置完毕,交通恢复正常后做好相应回复工作。

ii. 除斜拉桥、悬索桥钢桥面或龙头山隧道以外的一般桥梁、道路段和办公生活区火灾应急处置

a. 主线和桥底火灾的应急处置

监控应急中心发现火灾险情或接到现场火灾报警后通知"119"、交警、路政和当日值班人员,并视现场伤亡情况通知"120"。如接到现场电话报警应详细询问火源性质,确定是否为危化品火灾。若为桥面一般火灾,可通过电话或大桥喊话系统通知现场人员使用桥面两侧干粉灭火器进行灭火,尽可能控制火势发展;若为隧道一般火灾,应立即将隧道入口通行灯设置为红色禁行,禁止车辆进入隧道,并通过隧道喊话系统通知现场人员使用隧道两侧的灭火器和消防栓进行临时救援,尽可能控制火势发展,同时开启隧道通风系统。

路政员到达现场时,如为一般火灾事故,路政车停放应距离事故车30m。路政员到达后立即确定火灾性质,或通过询问相关人员确定火源性质,并立即将结果通报监控应急中心。在专业消防部门到达之前,在保障自身安全的前提下,视情况利用车载或现场消防器材进行扑救,并在专业部门到达之后,转为配合交警部门开展交通管制、安全保卫和治安管理工作。

b. 收费站火灾应急处置

a)发现火灾后收费班长立即关闭车道电源、疏散现场人员,并通知监控应急中心,说明起火原因和火灾性质。现场人员在保障自身安全的前提下,可视情况利用站台上的灭火器对火灾进行扑救和控制;

b)监控应急中心接到报警后立即呼叫"119",并视现场情况通知"120"。关闭着火车道,并通知路政、应急救援领导小组和当日值班人员;

c)路政员到达现场后进行围蔽并维持现场秩序,禁止无防护人员进入火场救援。

c. 生活区火灾应急处置

a)办公楼和宿舍火灾

电气火灾应立即关闭电源,火灾现场人员可视情况第一时间利用各楼层配置的消防栓和灭火器进行扑救,火灾现场人员应有秩序疏散,疏散时应用水(饮水机、自来水)打湿毛巾或衣服,捂住口鼻,如周围有防毒面具应立即佩戴,并尽量压低身体快速离开火灾区域。当火势凶猛,暂时无法脱离时,应立即退入无火房间或阳台,并用水打湿毛巾或衣服,将门缝塞住。路政和保安维持现场秩序,禁止无防护人员进入火场救援。

b)厨房火灾

若火势较小,且远离煤气房、煤气阀门等重点部位时,火灾现场人员可视情况第一时间利用周围的消防栓和灭火器进行扑救;若火势较大,且火灾部位接近煤气房、煤气阀门等重点部位时,厨房、食堂等的所有人员立即撤离,并禁止任何人进入厨房周围50m范围内。

iii. 注意事项

a. 参加火灾事故应急救援行动，应急救援人员必须佩戴和使用符合要求的防护用品。严禁救援人员在没有采取防护措施的情况下盲目施救。

b. 应根据火情、火势情况选择合适的抢险救援器材。

c. 使用消防带时，不能扭曲，以免喷水量不够或因水压太大损坏消防水带。同时注意消防喷嘴不能对准人员，以免造成伤害。

d. 使用灭火器时，应把用后的灭火器带出现场，以防形成路障，同时注意不要把未使用的灭火器靠近热源，以免发生爆炸。

e. 若为轮胎起火，扑灭明火后余温较高，为防止复燃，应采用二氧化碳灭火器对着火轮胎进行降温。

f. 电气火灾应首先切断供电线路及电气设备电源。

g. 扑救电气火灾，可选用干粉灭火器、二氧化碳灭火器，不得使用水和泡沫灭火器灭火。

h. 不可使用二氧化碳灭火器直接对人体喷射，以免造成冻伤。

(4) 人为事件风险事件

应急流程，如图4-34所示。

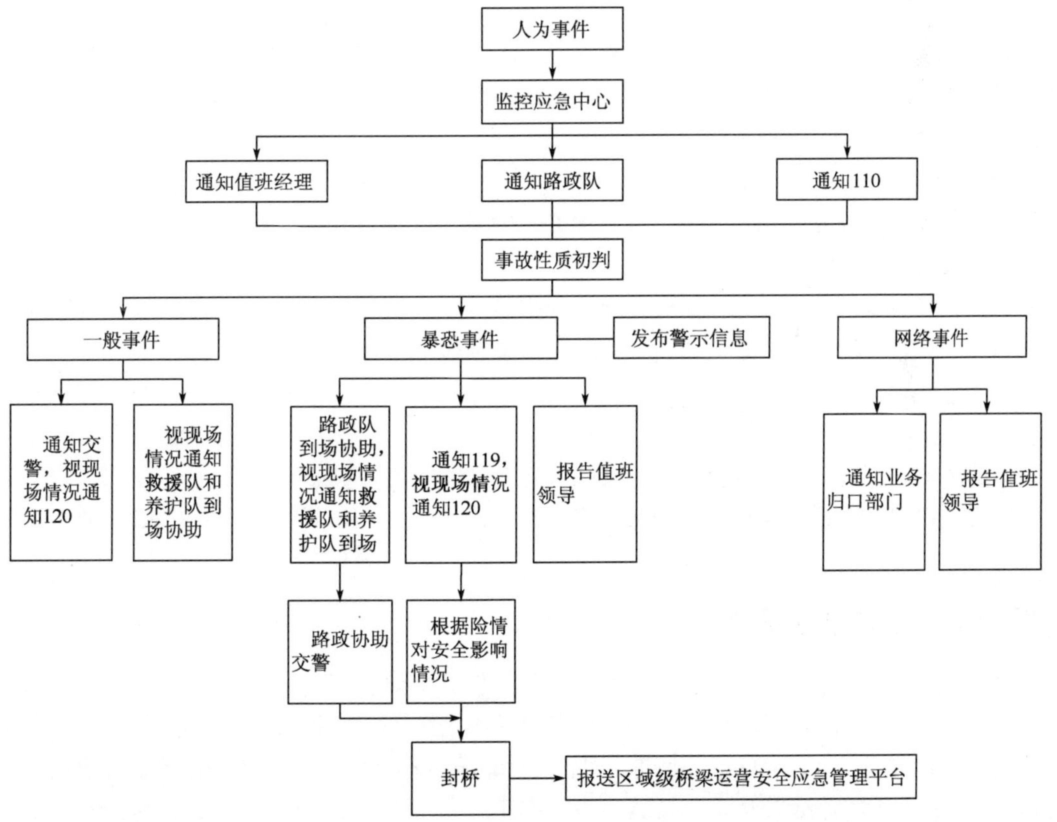

图4-34 人为事件下应急响应流程

①一般事件

当监控应急中心发现或接报行人、非机动车辆驶入时，监控应急中心应通知路政、交警，并视现场情况上报值班经理，通知“110”、拯救队和养护队协助处理，视情况通知“120”。

②暴恐事件

恐怖主义活动是全人类的公害,其暴力行为严重威胁人民的生命安全、生存发展、社会生产和生活秩序。受国际恐怖活动的影响和敌对势力的煽动,我国的民族分裂势力、极端宗教势力、暴力恐怖势力等有组织的犯罪呈现出日益猖獗之势。

a. 炸弹袭击

监控应急中心发现或接到现场报警发生炸弹袭击后,监控中心应报告值班领导,立即报送"110";同时通知"119"、交警、路政、值班经理和值班员,并视现场情况通知"120"、拯救队和养护队协助救援,同时通过电子可变情报板发布相对应的警示信息。

b. 车辆遭临近车枪击

监控中心应报告值班领导,立即报送"110";同时通知交警、路政、值班经理和值班员,并视现场情况通知"120"、拯救队和养护队协助救援,同时通过电子可变情报板发布相对应的警示信息。

c. 桥梁关键部位(缆索、锚碇)遭纵火袭击

监控中心应报告值班领导,立即报送"110";同时通知"119"、交警、路政、值班经理和值班员,并视现场情况通知拯救队和养护队协助救援,同时通过电子可变情报板发布相对应的警示信息。

路政员接到暴恐事件通知后,应迅速前往现场,在保证自身安全的前提下,应划出事故危险警戒区域,禁止无关车辆、人员进入警戒区域。同时,协助交警将事故现场内的车辆、人员尽快疏散到安全地点。

③网络事件

当发现监控系统遭黑客入侵时,监控中心应报告值班领导,立即报送"110";同时通知值班经理、值班员和机电信息部。

机电信息部负责人接报后,必须立刻带领相关技术人员到达事故现场抢修,初步查明事故情况、评估事故造成的危害、判断事故等级,向应急救援领导小组报告。

4.5.5.4 运营安全智能管理系统

公路运营期间任何违反安全管理规定的一般安全事件和启动安全应急的安全事故均纳入运营安全智能管理系统进行管理。管理系统的开发及应用见第5.6节"公路运营安全智能管理系统开发"。

4.5.6 运营绩效管理

运营绩效管理包括两方面内容,绩效考核与评价和绩效监督与评价。

绩效考核与评价包含两个层面,即内部考核评价与外部考核评价,内部考核评价是指企业在既定的战略目标下,运用特定的标准和指标,对企业及员工的工作行为及取得的工作业绩进行评估,并运用评估的结果对企业及员工将来的工作行为和工作业绩产生正面引导的过程和方法。外部考核评价主要指国检、省检和上级主管单位等外部管理单位,通过一定的标准和指标对公路运营企业或管理单位落实经营或管理主体责任效果的考核和监督评价。绩效考核与评价按照目标单元原理实施管理,是企业实现管理目标、强化员工责任意识和激发员工潜能及积极性的重要工作。

绩效监督与评价是指通过企业的绩效管理体系获取企业经营绩效和员工工作绩效数据，并通过公司层面定期组织对运营业务开展效能检查，核对绩效考核中员工绩效和部门绩效考核数据的公正性、真实性和客观性，从而强化和促进综合效能的提升。绩效监督管理的目的是从面上掌握职工的工作动态，按照点线面原理实施管理，及时纠偏，从而提升企业效能。

4.5.6.1 内部绩效考核实施

遵循公平、公正、公开及权责一致的原则，对全体员工的工作成果进行考核。

1）考核机构

根据公司人员构成及工作性质，对管理人员及生产人员进行分类考核。管理人员指职能部门中负责部门具体管理业务的职员。生产人员指直接参与生产工作的员工，公路运营企业包括收费系列人员和其他直接从事收费业务及其相关保障性业务工作的路政人员、内勤人员、业务工作组人员、工勤服务人员等。

绩效考核管理以总经理为考核领导小组组长，分别设置管理类和生产类考核小组，如图4-35所示。

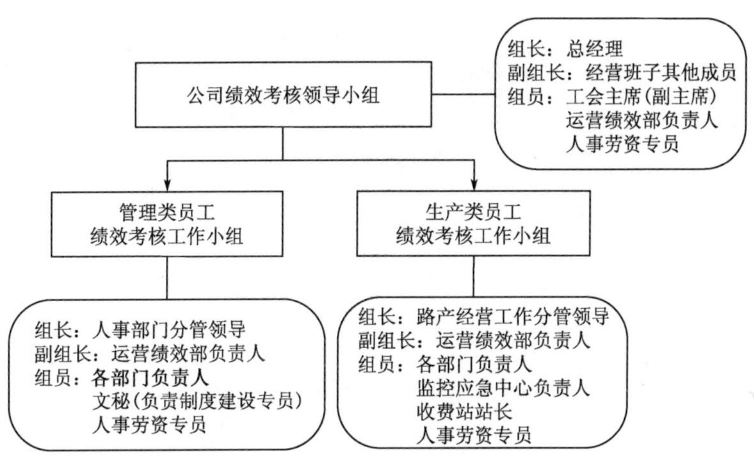

图4-35 绩效考核机构

公司绩效考核领导小组是公司绩效管理工作的决策机构。批准公司绩效管理相关管理制度和文件，对绩效工作小组上报的其他绩效管理相关事项进行审批，对绩效考核结果的应用拥有最终决定权和解释权，对考核复议申请具有最终裁决权，总经理是领导小组考核负责人。

管理类员工绩效考核工作小组负责管理系列人员考核体系构建、考核制度的制定、考核工作的组织实施，并综合协调、指导与监督各部门的考核工作，及时处理考核结果复议。

生产类员工绩效考核工作小组是绩效管理工作的辅助决策机构。负责生产系列考核体系的构建、考核制度的制定、考核工作的组织实施，并综合协调、指导与监督各部门（站）的考核工作，及时处理考核结果复议。

在考核实施过程中，运营绩效部是绩效管理工作的职能管理部门，负责指导和监督绩效考核数据的跟踪和上报，以及考核结果的管理与归档；各业务部门是绩效考核管理工作的具体实施部门，负责跟踪和上报日常考核结果、考核数据和材料，以及对绩效申诉意见提出处理建议，提供考核数据并作出解释，执行公司绩效考核领导小组的决议和意见，配合绩效管理部门开展工作,根据考核结果对全体员工开展各环节、全方位沟通,实现员工绩效和团队绩效的持续改进。

2)考核内容

员工绩效考核以工作业绩、能力水平、协作能力为导向,同时附加其他与公司荣誉和业绩直接或间接相关的行为表现,主要包括:

(1)工作业绩:任务绩效与具体职务的工作内容或任务紧密相关,是对员工本职工作完成结果的体现,主要考核其任务绩效指标的完成情况,以及对公司的归属感和所完成工作的责任感。其中,管理人员以目标考核为主,生产人员以工作完成量的定量考核为主。

(2)能力水平:工作能力分为专业技术能力与综合能力两种。主要针对人才培养、创新能力、发展潜能、执行能力、沟通协调组织能力等方面进行考核。

(3)协作能力:完成公司任务的工作态度、主人翁精神和部门之间的协调配合能力,由管理系列所有人员进行评估打分。

(4)附加分值:附加分值主要是对员工平常工作表现中的奖惩记录而设立的考核项目。

绩效综合得分 = 工作业绩得分 × $a\%$ + 工作能力得分 × $b\%$ + 协作能力 × $c\%$ + 附加分值。

其中,$(a\% + b\% + c\%) = 1$,且各分项所占比例应根据管理及生产人员岗位特点进行调节。

3)考核方式

考核每季度进行一次,年终进行综合评定。以下对管理和生产系列人员的考核项目及考核人员进行了细分。接受考核的人员及考核人员,如表4-49所示。

考核人员与考核人 表4-49

被考核人员	考核项目	考核人员
管理人员	工作业绩	中层管理人员:分管领导、领导小组 一般管理人员:部门负责人、工作小组
	能力水平	中层管理人员:分管领导、领导小组 一般管理人员:部门负责人、工作小组
	协作能力	全体管理人员互评
	附加分值	各相关部门向运营绩效部备案
生产人员	工作业绩	所属业务部门、工作小组实施统计
	工作能力	所属业务部门、工作小组实施统计
	协作能力	所属业务部门(站)人员互评
	附加分值	所属部门(站)备案

4)考核程序

(1)管理人员考核程序,如表4-50所示。

管理人员考核程序与方案 表4-50

步骤		内容	主要负责	协助配合	时间
1	填报月度工作计划	各被考核人填报工作计划和目标并备案	部门负责人和分管领导审核	运营绩效部备案并在OA公布	上月30日前完成此流程
2	考核评估	填报并提交《工作业绩评估表》、《能力水平评估表》、《协作能力评估表》中的工作内容评分	工作小组及被考核者直接上司和相关人员	绩效工作小组统筹	3、6、9、12月15日前填好《业绩评估表》、《能力水平评估表》,15~20日完成评估

续上表

步骤		内容	主要负责	协助配合	时间
3	结果汇总与审批	制定《管理人员绩效考核结果处理表》并交考核领导小组审批	工作小组—部门负责人—运营绩效部—分管领导—总经理流程进行审批	工作小组汇总并召集会议并送审	3、6、9、12 月 20 ~ 25 日完成此流程
4	季度绩效工资的计算	运营绩效部根据考核结果计算员工的绩效工资	运营绩效部	运营成本部	3、6、9、12 月 30 日前完成此流程
5	绩效面谈	针对绩效考核结果，针对有关人员进行面谈，督促绩效改进	绩效考核领导小组	绩效考核工作小组	1、4、7、10 月 10 日前完成此流程
6	年终奖及年度评先	运营绩效部将年度综合考核结果	绩效考核领导小组	运营绩效部	春节前 15 日完成此流程

(2)生产系列员工考核程序，如表 4-51 所示。

生产系列人员考核程序与方案 表 4-51

步骤		内容	主要负责	协调机构	时间
1	考核评估	执行量化考核标准，进行生产系列员工绩效考核项目加扣分信息反馈及工作量折算	所属业务部门(站)	生产类员工考核工作小组	即时考核，考核后 2 日内完成
2	协作能力测评	生产系列员工投票评分	运营绩效部	生产类员工考核工作小组	每季度最后 1 个月 28 日前完成统计
3	考核结果反馈、提请复议	填写《复议申请表》，与《反馈表》同时交给工作小组进行复查，进行复核、评定	各相关部门	生产类员工考核工作小组	收到《反馈表》后 2 日内
4	最终评审	如对复议结果仍有异议，书面申请再复议	工作小组	公司绩效考核领导小组	每季度最后 1 个月 28 日前完成统计
5	结果汇总	制定绩效考核汇总表，并交工作小组审核	所属业务部门(站)	生产类员工考核工作小组	每季度最后 1 个月 30 日前完成统计
6	结果审批	工作小组组织召开绩效考核工作会议，对考核结果进行评议、审定，并由工作小组组长审批	所属业务部门(站)—分管领导—工作小组	生产类员工考核工作小组	考核次季度第 1 个月 3 日前完成统计(节假日顺延)
7	结果公布	公布考评情况和评定结果	所属业务部门(站)	生产类员工考核工作小组	结果审批后，由各部门、站公布(2 天)
8	绩效工资的计算	运营绩效部根据考核结果计算员工的绩效工资	运营绩效部		考核次季度第 1 个月 5 日前
9	年终奖及年度评先	被考核人所在站及营运安全部将年度综合考核结果	所属业务部门(站)、运营绩效部	绩效考核领导小组	春节前 15 日

5)考核结果及应用

(1)考核分值及结果,如表4-52所示。

考核分值表 表4-52

分数段	$X \geqslant 105$	$100 \leqslant X < 105$	$95 \leqslant X < 100$	$90 \leqslant X < 95$	$85 \leqslant X < 90$	$80 \leqslant X < 85$	$70 \leqslant X < 80$	$X < 70$
等级	A+	A	B+	B	C+	C	D	E
系数	1.2	1.1	1.0	0.9	0.8	0.7	0.6	0
意义	非常优秀	优秀	满意		称职		基本称职	不称职

(2)考核结果应用如下:

①月度绩效工资计发

各被考核人考核期内的绩效工资每月按足额发放,当期绩效工资的扣减情况,在次季工资中体现。

$$月度绩效工资 = 岗位绩效工资 \times 个人绩效系数$$

②年终绩效奖

年终进行综合评定,年终考核结果为全年考核结果的算术平均数。考核结果由运营绩效部审核,工作小组审议,领导小组裁决。

$$年终奖励 = 年终奖总额 / \Sigma(岗位系数 \times 有效在岗时间 \times 综合绩效系数) \times 个人岗位系数 \times 个人有效在岗时间 \times 个人综合绩效系数$$

其中,年终奖总额为对应岗位类别的具体数额。

③员工评优评先

考核结果是公司员工评优评先的依据,原则上按照周期内考核结果排名顺序,确定优秀管理人员(先进生产者)和"岗位能手"等,考核结果也是评定先进集体的重要参考因素。

④薪酬激励

根据年度绩效结果或取得成果情况的考评条件给予工资晋升或一次性物质奖励。

⑤薪酬惩罚

根据年度绩效结果或工作失误情况的考评条件给予工资降级或奖励性工资扣除。

⑥职务升降

根据年度绩效结果的考评条件作为岗位级别升降或职务升降的依据。

6)绩效改进

(1)考核面谈

绩效考核的目的是结合工作目标计划,对员工进行监督和指导,在工作思路和绩效改进方面提供帮助。因此,考核结束后,如考核结果评定为C等(含C)或80分以下,考核者应当与被考核者进行面谈。

考核面谈为考核者与被考核者就绩效改进与能力提升所进行的沟通,应做到:

①让被考核者了解自身工作的优、缺点;

②对下一阶段工作的期望达成一致的意见;

③讨论制定双方都能接受的书面绩效改进和培训计划。

(2)考核结果管理

①考核指标和结果的修正

考核结束后绩效考核工作小组还应对受客观环境变化等因素影响较大的考核指标和考核结果进行修正。

②考核结果反馈

被考核者有权了解自己的考核结果,运营绩效部应在考核结束后五个工作日内,向被考核者通知考核结果并告知被考核者扣(加)分原因。

③考核结果归档

考核结束后考核结果作为保密资料,由运营绩效部归入员工考核档案并负责保存。

④考核结果申诉

被考核者如对考核结果有异议,首先应通过双方的沟通来解决,如不能妥善解决,被考核者可向绩效考核工作小组提出申诉,绩效考核工作小组需在接到申诉之日起十日内,对申诉者的申诉请求予以答复,如仍不能达成共识,可在十日内向公司绩效考核领导小组提出复议。公司绩效考核领导小组的裁决为最终裁决。

4.5.6.2 内部绩效监督实施

建立考核监督的目的是为了督促全体员工认真履行工作职责,规范"三巡检一控制"考评和督办办法,对存在的问题进行协调、指导与整改督办,以提高全员执行力,同时将各类检查评比结果与员工绩效考核评分挂钩,确保绩效考核工作在公正、公平的基础上有效运行。监督机制适用于公司全体员工及外包单位,基本原则包括依据明确、记载详实和公正评价三项。

1)监督机构

(1)考核监督领导小组

负责总体统筹、协调、指导和推进绩效监督工作的开展,定期牵头并参与开展监督检查,组织召开总结会议。

(2)路产管养组

主要职责是检查路产设施、路段安全、路政巡查、养护管理、路容路貌、供配电系统、桥下空间、出租场地等,包括相关内业资料。

(3)经营管理组

主要职责是检查收费管理、监控管理、收费站场、收费设备、办公区域、生活区域、后勤保障等,包括相关内业资料。

(4)监督秘书组

主要职责是推进绩效管理工作开展,指导各部门、站按绩效考核细则进行考核,建立绩效问题督办落实台账,对日常绩效考核中发现的问题予以督办整改;检查各部门、站绩效考核的真实性,是否有隐瞒等情况;对监督事件进行详细记录并确认,为考核提供事实依据;对考核范围及其对象提出绩效奖罚意见和建议;总结绩效考核监督结果,为绩效管理提出改进意见和建议。

2)监督检查

(1)检查内容

绩效考核监督的内容包括业绩监督检查和能力监督检查两方面(具体内容,略)。

①业绩监督检查

a. 管理人员:结合每个岗位的工作职责、工作内容与特点及设定的工作目标,检查完成工作的效率、能否按时完成岗位任务和公司交办的专项任务。

b. 对生产系列员工人员绩效考核监督的主要内容参照"绩效考核细则"(略)执行。

②能力监督检查

检查和监督完成工作的质量,同时对属于职业道德素养、内务状况、办公及生活等场区综合管理、涉及五星服务品牌建设等方面落实执行情况的检查监督。

(2)适用范围

《综合大检查项目及标准》适用于公司月度、季度、年度及特殊节日的综合大检查。

(3)检查方式

①综合大检查由公司考核监督工作组牵头,由运营绩效部组织,经营班子、监督组全体人员及各部门派出业务骨干参加,检查参加人员必须掌握综合大检查项目标准及检查要求。

②检查按具体业务分路产管养组和经营管理组,每组不少于4人,组长由经营班子成员分管领导担任,相应职责和检查标准,如图4-36所示。

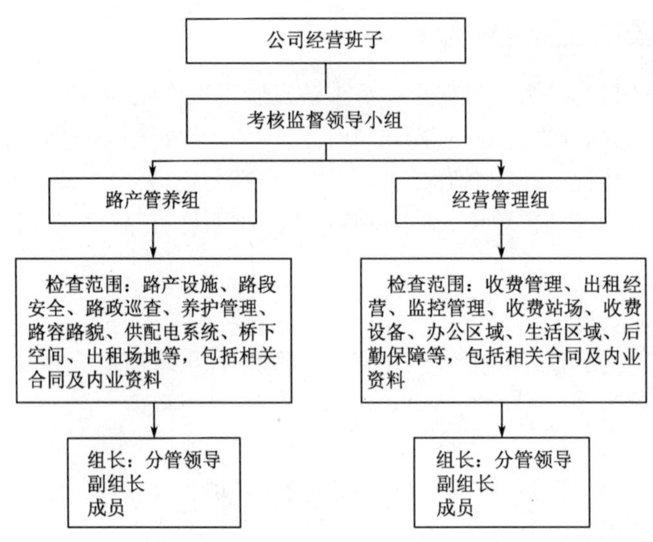

图4-36　监督检查体系

(4)检查程序

①准备

综合大检查原则上每月底开展一次,由秘书组提前沟通确定检查日期,并召集路产管养组和经营管理组于检查当日召开准备会,讨论本次检查的重点及注意事项。如遇节假日、雨季、消防、年中、年终等节点的专项检查,可合并进行并统筹安排检查时间和检查重点,避免检查重复和疏漏。

②检查

由路产管养组和经营管理组组长带队,经营班子成员参与指导,被检部门陪同检查,按照"谁任务,谁负责;谁生产,谁负责;谁分管,谁负责;谁监管,谁负责;谁检查,谁负责;谁签名,谁负责"的原则,以标准格式翔实客观记载检查情况。

③反馈

检查组须指定专人负责检查情况记录和统计，并将检查情况实时沟通、反馈至对应部门、站负责人，并督促整改。

④讨论

检查结束后当日召开小结会议，对检查情况及整改要求进行小结，研究讨论形成绩效加减分并做好分析总结，检查3日内形成意见由检查组组长签字确认。

⑤汇总

每月5日前完成《综合大检查情况汇总表》，如表4-53所示。秘书组汇总后由运营绩效部正式发文通报。

综合大检查情况汇总表 表4-53

序号	事件与内容描述	管理部门	处理情况		
			处理要求	处理期限	绩效建议
1					
……					
组长：	副组长：		成员：		检查日期：

3)监督与绩效

监督检查或者复查中发现违纪或应予以褒奖的情况，在查清事实、分清责任的基础上，依据绩效考核管理办法对直接责任人和连带责任人加减相应分数。由运营绩效部将确认的加减分情况记入月度(季度)绩效考核结果，并体现在绩效工资等人事奖惩程序。

(1)管理人员奖惩

①业绩监督奖惩

完成工作的效率及日常专项工作布置、会议要求与一般的业务检查、安全检查的加减分在季度绩效考核的“工作业绩得分”中予以实施。

②能力监督奖惩

完成工作的质量、水平及职业道德素养、内务状况、办公生活等场区综合管理、涉及五星服务品牌建设等方面行为的加减分在季度绩效考核的“工作能力得分”中予以实施。

③附加分值奖惩

在绩效考核监督工作组行使监督权力过程中，发现受到外部投诉、上级批评和督办等造成较大影响或公司予以批评、通报、警告、记过等情况时，加减分按照绩效考核管理办法直接在季度绩效考核的“附加分值”中予以加减分。

(2)生产类分值当季度扣除，收费站长及责任部门连带分值计入季度考核。

(3)连带责任

①本着分层负责的原则，确立连带责任制度。各部门要建立健全自查记录，实行自我完善、纠错制度。

②经调查属于当事人个人行为造成的只处分当事人本人，属于监管不力(虽然对下属工作有交待但没有落实和跟进处理好造成后果的，对下属违规违纪行为不过问或者过问不作处理及改进的)，由监督小组检查发现的问题，相关主管人员需负连带责任。

③责任人连带责任分 = 加减分 × 连带责任系数，连带责任系数及相关连带人，如表 4-54 所示。

责任人连带责任分详表　　表 4-54

项　　目	连带责任系数	连带责任人
业绩行为	0.2	直接业务主管
能力行为	1/直接下属人数	上一级负责人
附加分值	0.2 起	相关负责人

④核定直接下属人数按照业务考核分管的原则，由人事部门根据员工变更情况及时更新。

4）监督纪律

（1）考核监督过程中坚持公正、公平的原则，决不允许徇私舞弊，如有违犯，将被视作是严重破坏绩效管理体系的行为，一经发现、查实，将给予相关考核人扣除当季度绩效的处罚，并记入个人档案。

（2）考核监督人在考核评分时必须熟悉考核制度及相关细则，应以规定的考核项目及事实为依据，不得凭个人印象和主观臆断扣分，否则，绩效考核领导小组有权取消其考核监督人资格。

（3）在工作过程中，考核监督人应随时做好检查的详细记录和工作情况的原始记录，收集相关的数据、资料，以便成为绩效评分依据。

（4）综合检查是在各部门、收费站进行日常自检的基础上，对各部门、收费站所负责的所有业务管理的综合性监督检查，定位为公司层面行为。

（5）各部门、收费站应完善并严格落实日常自检制度，对于发现的问题应认真做好记录，及时跟进处理，规范检查用表。日常自检将作为公司综合检查的一项重要内容，对部门自检的执行情况和效果将反映在《综合检查情况汇总表》中，应坚决避免以公司综合检查替代部门、收费站日常自检。

（6）检查组应本着高度负责、严肃认真的态度，检查中加强沟通协调，受检相关负责人应积极配合，避免检查流于形式，确保检查取得实效。

（7）一旦发现问题与隐患，将进行限期整改并追查问题事件的直接责任，对造成不良后果的，应追查负责人连带责任。

4.5.6.3　外部绩效考核评价

（1）运营公司绩效考核

内部绩效考核主要为除公司经营班子以外的员工进行绩效监督考核，对公司经营班子的考核主要是上级主管单位或董事会进行。对公司经营班子的考核一定程度上体现对整个运营公司整体经营情况的考核。运营公司绩效考核评价内容及标准由考核组织单位制定。

（2）项目考核评价

对运营项目的考核评价和监督检查通过交通运输部和各省的运营道路质量检查评价进行，其中，国检、省检包括公路养护、管理、路政、收费、路网服务、应急保障、技术保障和其他等 13 个方面的内容（具体见交通运输部关于公路国检的有关文件）。

4.5.6.4 主要用表格式

运营绩效管理主要参考用表包括：

(1)管理人员月度工作目标计划表，如表4-55所示。

管理人员月度工作目标计划表 表4-55

姓名		部门		岗位	
目标计划期	年 月				
工作概要					
工作目标计划					
序号	工作计划内容		工作目标	重要性基数(10分/项)	
1	第1项工作计划				
2	第2项工作计划				
3	第3项工作计划				
4	第4项工作计划				
5	第N项工作计划				
被考核者签名	年 月 日	部门负责人/分管领导意见及签名	年 月 日		
说明	本表由被考核人填写，部门负责人/分管领导填写重要性基数并签名				

(2)管理人员工作业绩评估表，如表4-56所示。

管理人员工作业绩评估表 表4-56

姓名			部门		岗位	
考核期	年 月—— 年 月					
工作概要						
工作业绩评价						
序号	评估项目	完成情况描述	重要性基数(10分/项)	评分(100分/项)	得分	
1	第1项工作计划					
2	第2项工作计划					
3	第3项工作计划					
4	第4项工作计划					
5	第N项工作计划					
总得分 = Σ(各项得分)/Σ重要性基数×100						
被考核者签名			部门负责人/分管领导签名			
说明	1.各项实际得分=评价得分×重要性基数÷100； 2.需到运营绩效部备案					

(3)管理人员能力水平评估表，如表4-57、表4-58所示。

一般管理人员能力水平评估表 表4-57

姓名			部门		岗位	
考核期	年　月——　年　月					
考核项目	权重（%）	评估要点			评分（100分/项）	得分
知识和技能	30	基础知识、专业知识、工作经验和工作技能等				
管理能力	10	部门计划、组织、领导、协调、控制，部门内外协调				
创新能力	10	管理创新（制度建设、管理提案等）、技术创新（三新项目成果）、合理化建议被采纳数等				
自我认知能力	10	述职报告，个人发展规划，学习能力				
人际沟通能力	15	沟通耐心、虚心、认真、坦诚				
团队协作	10	与本部门同事之间的工作配合度				
职业素养	5	良好的仪表、言语、举止等				
工作作风	10	自觉遵守各项规章制度，责任心、工作主动性强，服务意识强；有严谨求实的工作态度，快速高效的工作作风				
总得分：						
简要评语：						
说明	普通管理人员由部门负责人填写					

中层管理人员能力水平评估表 表4-58

姓名			部门		岗位	
考核期	年　月——　年　月					
考核项目	权重（%）	评估要点			评分（100分/项）	得分
知识和技能	15	基础知识、专业知识、工作经验和工作技能等				
管理能力	20	部门计划、组织、领导、协调、控制，部门内外协调				
创新能力	5	管理创新（制度建设、管理提案等）、技术创新（三新项目成果）、合理化建议被采纳数等				
自我认知能力	10	述职报告，个人发展规划，学习能力				
人际沟通能力	15	沟通耐心、虚心、认真、坦诚				
团队协作	10	与本部门同事之间的工作配合度				
部属的培养	5	是否对部属的职业发展进行指导，是否支持部属参加培训并提供参考性建议，是否同部属进行绩效的面谈并帮助部属制定绩效改进计划等				
团队建设能力	5	部门文化建设、团队协作精神、员工满意度等				
职业素养	5	良好的仪表、言语、举止等				
工作作风	10	自觉遵守各项规章制度，责任心、工作主动性强，服务意识强；有严谨求实的工作态度，快速高效的工作作风				
总得分：						
简要评语：						
说明	中层管理人员由分管领导填写					

(4)管理人员协作能力评估表,如表4-59所示。

管理人员协作能力评估表 表4-59

部门	姓名	考核等级					
		非常优秀 5分	优秀 4分	满意 3分	称职 2分	基本称职 1分	不称职 0分
运营绩效部							
运营成本部							
运营安全部							
路产养护部							
路产经营部							
路产管理部							

说明:
1. 在相对应的考核级别中划"√";
2. 选票汇总后,折算为百分制;协调能力得分 = 投票得分总数/(参与投票总人数 ×4) ×100;
3. 一张票上有超过两个以上的弃权选择视为无效票

统计: 复核: 工作小组负责人:

(5)管理人员绩效考核结果处理表,如表4-60所示。

管理人员绩效考核结果处理表 表4-60

姓名		部门		岗位	
考核期	年 月—— 年 月				
工作概要					
业绩考核得分		能力考核得分		协作能力得分	
附加分值	出勤:迟到、早退次 + 旷工天 处罚:警告次 + 小过次 + 大过次 = 分 奖励:表扬次 + 小功次 + 大功次 = 分			奖励分 - 处罚分 = 分	
综合得分:工作业绩得分 ×60% + 能力水平得分 ×25% + 协作能力 ×15% + 附加分值 = 分					
绩效考核等级:□A + (X≥105) □A(100≤ X <105) □B + (95≤ X <100) □ B(90≤ X <95 分)□C + (85≤ X <90) □C(80≤ X <85 分) □ D(70≤ X <80 分) □ E(X <70)					
考核结果处理意见	岗位异动	工资系数	年终奖	评优评先	其他
	被考核者签名:				日期: 年 月 日
说明	1. 此表由部门负责人交被考核人签字确认后交还运营绩效部负责存入员工档案; 2. 如被考核人对该结果有异议,请于收到表格后三日之内,向管理人员绩效考核工作小组提出				

(6)管理人员绩效考核评定细则及相关指标说明,如表4-61所示。

管理人员绩效考核评定细则及相关指标说明 表4-61

重要性基数	工作内容相对重要程度	非常重要	较重要	重要	一般重要
	重要性基数	9 ~ 10	8 ~ 9	7 ~ 8	6 ~ 7
评分依据	等级	分值	总体表现		
	超过工作要求	100 以上	非常满意,提供的服务始终超越接受服务部门的常规标准,表现通常如下:为生产提供规范管理执行标准和服务准则。在规定时间前完成任务,完成任务的数量、质量等明显超出规定的标准,能设身处地为接受服务的部门着想,积极主动沟通,态度热情,给相关部门工作带来极大方便		
	完全达标	90 ~ 100	比较满意,提供的服务经常超越接受服务部门的常规标准,表现通常如下:严格按照规定时间要求完成任务并经常提前完成任务,经常在数量、质量上超出规定标准,能够了解接受服务的部门的要求,态度比较热情,给相关部门工作带来方便		
	基本达标	80 ~ 89	可接受,提供的服务维持或偶尔超越接受服务部门的常规标准,表现通常如下:基本上达到规定的时间、数量、质量等工作标准,不影响相关部门正常工作		
	达标	70 ~ 79	不够满意,提供的服务基本维持或偶尔未达到接受服务部门的常规要求,表现通常如下:偶有小疏漏,有时在时间、数量、质量上达不到规定的工作标准,或有时服务态度不好,有时影响相关部门正常工作		
	不达标	70 分以下	非常不满意,提供的服务显著低于接受服务部门的常规工作标准要求,表现通常如下:工作中出现大失误,或在时间、数量、质量上达不到规定的工作标准,经常突击完成任务,服务态度不好,严重影响接受服务部门的正常工作		
	各项实际得分 = 评价得分 × 重要性基数 ÷100 总得分 = Σ(各项得分)/Σ重要性基数 ×100				

续上表

<table>
<tr><td rowspan="31">水平评估</td><td>项目</td><td colspan="4">评价及说明</td></tr>
<tr><td rowspan="3">知识和技能</td><td colspan="4">要求任职者胜任本职工作，熟悉部门的工作内容和性质，具备工作所需的知识和技能，以及职位需要的工作实践经验</td></tr>
<tr><td>超过要求</td><td>完全达到要求</td><td>基本达到要求</td><td>未达到要求</td></tr>
<tr><td>90～100 分</td><td>80～89 分</td><td>70～79 分</td><td>70 分以下</td></tr>
<tr><td rowspan="3">管理能力</td><td colspan="4">要求任职者在本部门能有效地行使管理职能（计划、组织、领导、协调、控制），领导部门工作团队高效优质完成工作任务</td></tr>
<tr><td>非常强</td><td>较强</td><td>一般</td><td>较差</td></tr>
<tr><td>90～100 分</td><td>80～89 分</td><td>70～79 分</td><td>70 以下</td></tr>
<tr><td rowspan="3">创新能力</td><td colspan="4">要求任职者有较强的创新意识，能够理解和把握的发展方向，根据部门工作的性质和内容，结合实际情况，提出切合实际的新观点、新方法，如管理创新、技术创新、合理化建议等</td></tr>
<tr><td>非常强</td><td>较强</td><td>一般</td><td>较差</td></tr>
<tr><td>90～100 分</td><td>80～89 分</td><td>70～79 分</td><td>70 以下</td></tr>
<tr><td rowspan="3">自我认知能力</td><td colspan="4">对个人的职业发展有明确的计划，善于总结，扬长避短，努力进行学习和自我提高</td></tr>
<tr><td>非常强</td><td>较强</td><td>一般</td><td>较差</td></tr>
<tr><td>90～100 分</td><td>80～89 分</td><td>70～79 分</td><td>70 以下</td></tr>
<tr><td rowspan="3">人际沟通能力</td><td colspan="4">要求任职者有良好的沟通技巧和倾听技巧，善于协调和处理上下级和同事的关系，人际关系融洽</td></tr>
<tr><td>非常强</td><td>较强</td><td>一般</td><td>较差</td></tr>
<tr><td>90～100 分</td><td>80～89 分</td><td>70～79 分</td><td>70 以下</td></tr>
<tr><td rowspan="3">协作能力</td><td colspan="4">要求任职者本着“分工不分家”的原则，想问题，办事情以整体利益为出发点，有协作意识，积极支持和配合同事的工作</td></tr>
<tr><td>非常强</td><td>较强</td><td>一般</td><td>较差</td></tr>
<tr><td>90～100 分</td><td>80～89 分</td><td>70～79 分</td><td>70 以下</td></tr>
<tr><td rowspan="3">部属培养</td><td colspan="4">要求任职者关心部属的发展，能指导部属对个人职业发展进行规划。如考核期内，直属员工发生贪污舞弊等严重过错，视为领导培养教育不到位</td></tr>
<tr><td>非常强</td><td>较强</td><td>一般</td><td>较差</td></tr>
<tr><td>90～100 分</td><td>80～89 分</td><td>70～79 分</td><td>70 以下</td></tr>
<tr><td rowspan="3">团队建设能力</td><td colspan="4">要求任职者能协调部门内部的员工关系，倡导符合宗旨和部门定位的部门文化</td></tr>
<tr><td>非常强</td><td>较强</td><td>一般</td><td>较差</td></tr>
<tr><td>90～100 分</td><td>80～89 分</td><td>70～79 分</td><td>70 以下</td></tr>
<tr><td rowspan="3">职业素养</td><td colspan="4">要求任职者能以身作则，行为举止符合公司的规章制度和社会公德，具有良好的仪表，言语，举止</td></tr>
<tr><td>非常好</td><td>较好</td><td>一般</td><td>较差</td></tr>
<tr><td>90～100 分</td><td>80～89 分</td><td>70～79 分</td><td>70 以下</td></tr>
<tr><td rowspan="3">工作作风</td><td colspan="4">要求任职者自觉遵守各项规章制度，责任心、工作主动性强，服务意识强。有严谨求实的工作态度，快速高效的工作作风</td></tr>
<tr><td>非常好</td><td>较好</td><td>一般</td><td>较差</td></tr>
<tr><td>90～100 分</td><td>80～89 分</td><td>70～79 分</td><td>70 以下</td></tr>
</table>

其他用表包括:生产类员工绩效考核执行标准表、生产系列员工绩效考核项目扣分信息反馈表、生产系列员工绩效考核复议申请表、生产系列员工绩效考核加分申请表、综合大检查项目及标准等(具体格式及内容略)。

4.6 本章小结

在运营管理理论和实现原理指导下,紧紧围绕公路运营体系管理的规律,提出解决运营管理质量、安全、效能三大关键问题的管理方法。

(1)按照运营管理规模化、系统化、专业化、精准化和低成本化思维,提出集团化管理方法。集团化管理包括规模化、专业化和规模化加专业化三种组织管理形式。其中,规模性集团化管理涵盖运营业务所有管理及综合管理内容,其表现形式为撤并路段管理公司(或委托管理),成立区域性运营管理中心(或公司);专业性集团化管理亦称基本业务集团化管理,是指区域性交通管理部门或公路投资集团公司按照专业化管理模式成立若干专业管理中心或公司开展业务活动的方式。

公路运营基本业务集团化管理包括路产养护集团化、路产经营集团化、路产管理集团化。集团化管理实现了运营管理信息数据化、规模化、系统化、专业化、精准化的"五化"管理目标。

(2)按工程质量责任终身制和全寿命周期管理理念,提出实现建、养、管资源和信息共享的路产管养一体化技术。这种在"四个一体化"管养模式和养护规划思维指导下,将"三位一体"养护管理方法与"三巡两检一控制"安全查控手段有机地结合,定期对路产养护质量和运营安全状况进行综合评估、反馈,并以此为基础开展路产养护决策、执行的方法,称为路产管养一体化方法。

(3)强调公民的安全意识及个体安全与整体安全关系和自救及救援时效,是安全生产的第一要素。从本质上系统认识导致运营安全隐患的内因和外因,按照本质安全哲学思维针对性地提出保障管理方法和安全管理技术体系。

(4)运营安全是对人、事、物 3 个维度多层面要素内容及记录的管理。人是指一切与运营安全有关的主体或对象;事是指涉及和违反安全规定的一切事件和行为;物是指一切与安全有关的物质要素及费用;记录是指履行安全主体和监管两个责任主体的安全档案、执行台账和形势分析等。从"本质安全"延伸出来的"本质要素"管理方法同样适用于质量、计划、成本等专项目标的管理。

(5)提出了常态化、高质量完成运营管理目标的"以点带面"管理方法。"以点带面"是指最大程度发挥"点"的主观能动性和影响力,带动其他同位面的"点"凝聚成线,最后形成完整的"面"以达成经营目标,它体现的是"重点管理、全面保障"的管理思维。

(6)为实现公路运营治理体系和治理能力现代化的目标,以实践项目为依托,提出并细化了运营核心业务操作具体的管理方法。

本章参考文献

[1] 张少锦. 大跨度桥梁建设与养护技术[M]. 北京:人民交通出版社,2012.
[2] 黄埔大桥风险专项评估报告. 同济大学.

第5章 公路运营智能化管理

管理手段是指管理实践中，管理主体为了实现管理目标，保证管理方法落实并发挥作用而运用的具体方法和工具。围绕高品质目标建立系统的技术规范、标准及管理理论、方法是治理体系现代化的体现；利用大数据、物联网和移动互联等技术手段，将管理内容及相关信息数据化，实现高品质目标智能化管理是治理能力现代化的体现。在治理能力现代化道路上，通过具体业务系统对管理信息数据的认知、采集、识别、分析、决策是实现智能化管理的根本途径和表现。

以公路运营管理理论、方法及技术体系为基础，通过大数据、物联网和移动互联等技术手段，开发并应用运营管理信息平台与业务管理信息系统实现对管理相关信息数据的采集、分析和决策，将有效提升管理的质量和效率，为公路运营主体实现治理能力现代化提供有效保障。

明确地说：基于公路运营管理体系框架和预防性管理理论及原理，按照组织架构与目标、技术、内容的统一关系，进行智能系统的设计与开发，系统建设的目的和作用在于提高管人、管事、管物的效能。"人"为与业务完成目标绩效职责相关之主体、客体及其精神对象；"事"为系统与一切管理相关之业务及其行为的规范与标准；"物"为与业务构成相关的物质对象和费用。

5.1 公路运营信息数据的产生

随着互联网、移动互联网、物联网、云计算等新一代信息技术的应用和推广，人类产生的数据成倍增长，数据呈现出种类繁多、流动迅速、待开发价值越来越大的特点，信息数据的共享利用与集成分析也为各行业实现业务管理智能化提供可能。

大量数据的产生是计算机和网络通信技术广泛应用的必然结果，它使数据产生了两个变化：一是数据产生由企业内部向企业外部扩展；二是数据产生由计算互联向物联网扩展。这两个变化让数据产生源头成倍地增长，数据量也大幅度地快速增长。按照信息来源，公路运营数据主要由公路路产库基础数据的构建和通过业务流程产生的数据、物联技术产生的数据、移动互联产生的数据、系统分析生成的数据等五大部分构成。

(1)公路路产库基础数据的构建

根据系统性和完整性原则以及国家有关规范及技术标准，按照公路工程专业划分特定的编码规则，构建满足养护及结构安全业务管理要求的公路路产基础数据库。

(2)通过业务流程产生的数据

一般运营管理单位业务流程产生的数据包括公共网站和自动化办公、计划管理、收费管理、经营管理、路产养护、安全管理等业务系统，以上业务系统主要通过流程处理形式产生信息数据，这些数据将按规划存储于对应的管理系统中，并为业务职能部门的管理提供数据分析。

(3)通过物联技术产生的数据

公路运营过程建立了相关的管理和监测系统，这些系统包括车流量检测设备、视频监控设备、温湿度和应力应变监测设备、卫星定位设备等,这些物联网设备通过光纤或无线网络将实时采集的数据存储于相应的管理系统,将客观及时地反映公路运营的状况。

(4)通过移动互联产生的数据

在公路路产养护和路产管理过程中涉及的养护巡查和路政巡查均通过移动终端完成,其中养护巡查过程中养护单位通过手持式巡检终端APP完成日常养护巡查及病害处置的工作内容,将巡查数据实时传输至运营中心路产养护数据库;路政部门则通过移动终端APP完成路政巡查的全部工作内容,并将巡查数据实时传输并保存到运营安全智能管理系统。同时,当养护巡查、路政巡查过程中发现安全问题时,将实时传送至运营安全智能管理系统,并启动安全处置程序。

(5)通过系统分析生成的数据

通过公路路产库基础数据的构建及业务流程产生的数据、物联技术产生的数据、移动互联产生的数据,集成存储于共同的数据库,经过集成管理平台大数据分析,产生了可供智能决策的信息数据。

5.2 运营管理信息数据的集成

公路运营数据主要通过对公路路产库和结构监测数据、设备监测数据、路产经营数据、交通环境数据、自然环境数据、日常巡查数据等数据的采集,将各类公路运营管理数据聚集于公路运营大数据存储层,数据存储层将基础设施层中低层硬件设施产生的数据进行存储,构成数据仓库。

5.2.1 公路路产数据的采集

公路路产是公路运营的存在条件和经营主体开展管理的物质对象,运营管理的目的在于保证路产的耐久性、安全性和功能性的发挥,因此,路产库及其相关业务信息和条件数据采集的系统性和完整性决定了运营管理的系统性和运营目标实现的可能性。系统性和完整性有机结合的具体表现是依照规律、规范和特定的法则将完整的内容按统一的标准格式形成可以共享利用的信息数据。

1)路产数据编码原则

按照公路工程行业专业划分和概预算定额与工程管理习惯,将公路路产分为路基、路面、桥涵、隧道、交通安全设施、绿化环保、机电设备(收费、通信、监控、供配电等)、房建设施和其他路产(土地红线、养护设备、办公设备等)九部分,通过对路产进行字典化编码、数据采集及存储建立路产库。

路产字典化编码根据《公路路线标识规则和国道编号》(GB/T 917—2009)、《公路桥梁命名编号和编码规则》(GBT 11708—1989)、《国家高速公路网命名和编号规则》(JTG A03—2007)、《2010年度部级公路基础数据更新方案》、2008年交通运输部《公路养护统计报表制度》、《公路数据库编目编码规则》(JTT 132—2003)等相关规范和部颁制度,将路产(以桥梁为例)代码编码规则设计如下:

G(S/X/Y/Z)×××× ×××××× L(R/Z/K) ××× ×

该代码按"路线号+行政区代码+路线类型+顺序号+扩充码"组成,其中:第1~5位为桥梁所在的路线号；第6～11位为桥梁所在行政区划代码；第12位为路线类型；第13～15位为桥梁所在省（直辖市）管界内沿路线走向的顺序号；第16位为扩充码。

由于路线编号不等长（2位至5位不等），故桥梁编码也为不等长（13位至15位）形式，如表5-1所示。

路产（桥梁）编码格式表 表5-1

路线号（第1～5位）	行政区划代码（第6～11位）	路线类型（第12位）	顺序号（第13～15位）	扩充码（第16位）
G(S/X/Y/Z)××××	××××××	L(R/Z/K)	×××	×

编码规则：

（1）路线号

公路路线编号的首位采用字母标识符分别标识公路的行政等级，如表5-2所示。

公路路线标识符 表5-2

公路路线标识符	G	S	X	Y	Z
名称	国道	省道	县道	乡道	专用公路

高速公路主线编号由国道标识符“G”和1～4位数字编号组配而成，如G15指沈（阳）至海（口）高速公路。城市绕城环线的编号组成为：“主线编号+0+绕城环线顺序号”，如G1501指沈海高速广州绕城公路。普通公路的路线编号由“1位字母标识符+3位数字编号”组配而成，如G105指（北）京至珠（海）国道。

（2）行政区划代码

行政区划代码采用3层6位层次码结构，分别表示我国各省（自治区、直辖市、特别行政区）、市（地区、自治州、盟）、县（自治县、县级市、市辖区等），如广东省广州市黄埔区为440112。

（3）路线类型

路线类型L（R/Z/K）用以定义桥梁方位的编码。①在同一条路线编码中，当路基为整体式路基，桥墩或桥台为整体时，定义为1座桥；桥墩和桥台都为分离式独立结构时，定义为2座桥。上行路段（桩号由小至大增长方向，右幅），桥类码采用R编码；下行路段（桩号由大至小减少方向，左幅），桥类码采用L编码；②在同一条路线编码中，当路基为分离式路基，桥墩和桥台都为分离式独立结构时，定义为2座桥，桥类码采用L编码；③在主路线上的立交匝道桥，桥类码采用Z编码；④在主路线上的上跨桥（跨线桥），桥类码采用K编码。

（4）顺序号

顺序号指桥梁所在省（直辖市）管界内沿路线走向的顺序号码，桥梁顺序码采用“×××”形式，由3位数字构成，为沿路线走向由小至大顺序编码。①当路基为整体式路基，在同一桥位出现右、左幅桥梁时，桥梁顺序码采用同一数字编码，用桥类码R和L进行区分。例：在G1501高速公路的某桥位出现R008和L008桥梁顺序编码，表示在此桥位有右、左幅的桥梁，编号顺序为8；②当路基为分离式路基（上下行）时，桥梁的顺序码是按逆时针方向编号，即：先编上行（右幅）后编下行（左幅）。例：G1501高速公路为分离式路基，在某桥位出现L007（上行）和L008（下行）桥梁顺序编码，表示在此桥位有两座桥梁，编号顺序分别为7和8；③对主路线上的立交匝道桥，从小至大顺序独立编号，在同一立交出现多座匝道桥时，按对应匝道及里程顺序编号，即：匝道顺序及里程小的编为小号，如：Z001、Z002……，以此类推；④对主路线上的上跨桥(跨线桥),从小至大顺序独立编号,即:里程小的编为小号,如:K001、K002……,以此类推。

(5)扩充码

第16位"×"为扩充码,采用1位数字码,为匝道桥对应互通立交的扩充号码,未扩充前填"0",扩充时填"1~9",按互通立交对应线路里程递增。

2)路产数据库的构建原则

公路路产数据库主要根据公路工程专业和养护管理习惯划分,按具体路产的单项工程分为单位工程、分部工程、分项工程参数和分项工程位置四级单元构建公路路产数据库。通常情况下,第三级单元为分项工程参数,与工程设计及概预算定额相对应和衔接;第四级单元为养护管理的基本部件单元,即养护信息数据存储的具体位置。路产库中9个路产单元各分4级单元,每级单元分别建立路产信息卡片,每个卡片包含路产设计参数、管理信息和病害表现形式三个方面。各路产单元按照各专业及管理特点建立路产数据库。

(1)路基工程

路基子库包含主线、立交、收费站、服务区、管养基地5部分路基内容,将主线左(L)、右(R)幅、每座立交、每个服务区、收费站、管养基地,作为一级单元按顺序桩号录入;路基工程包含的路堑、路堤、排水沟、边沟、截水沟、挡土墙、坡面、砌筑防护等工程作为二级单元;将主线路基沿路线桩号以1km分隔(桥梁和隧道范围除外),立交分独立匝道,服务区、收费站、管养基地等以独立场区划分区域为三级单元;按二级分项工程内容将三级单元范围的主线车道、立交匝道以100m范围为单位,管养基地、服务区、收费站以功能区或收费车道作为四级单元。其中,一、二级路产单元录入路产卡片信息;三级路产单元录入路产结构类型、设计参数及数量卡片信息;四级路产单元录入日常养护中的病害卡片信息,如图5-1所示。

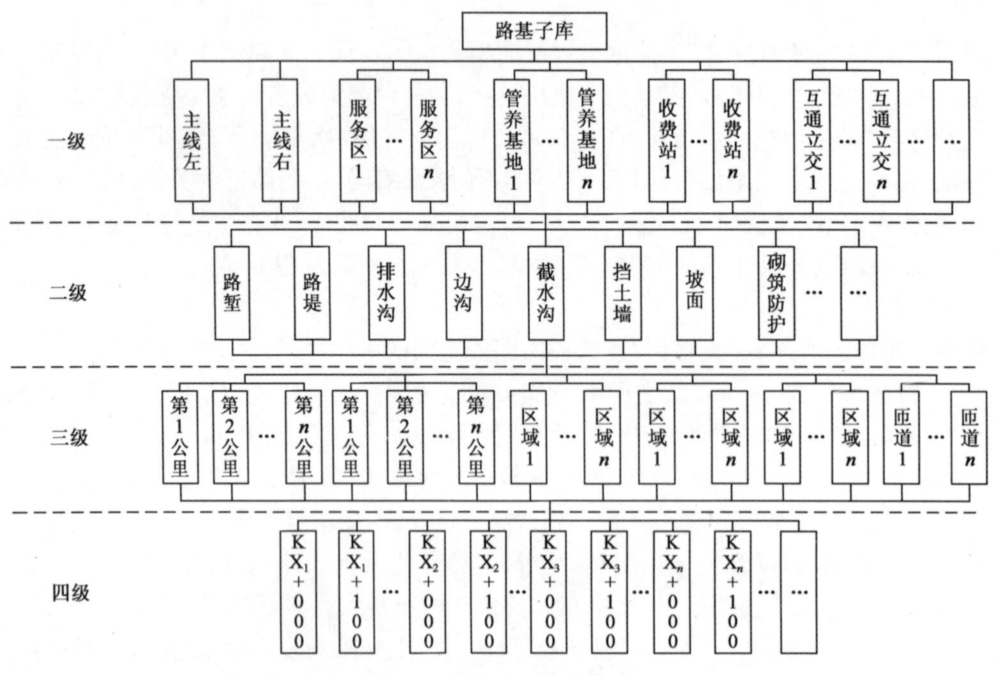

图5-1 路基工程子库结构图

(2)路面工程

路面子库一级、三级单元分类与路基工程相同;路面工程以面层、基层、底基层、垫层等作为二级单元;按二级分项工程内容将三级单元分主线每个车道、独立匝道、每 100m 范围服务区、收费站和养护基地以功能区或收费车道作为四级单元。其中,一、二级路产单元录入路产卡片信息;三级路产单元录入路产结构类型、设计参数及数量卡片信息;四级路产单元录入日常养护中的病害卡片信息。如图 5-2 所示。

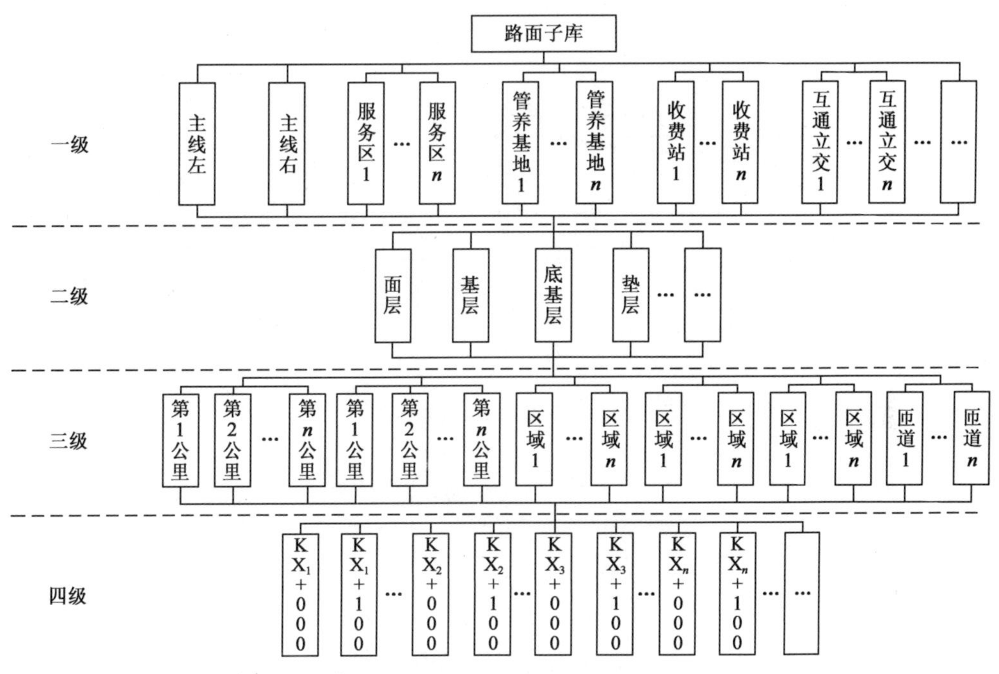

图 5-2 路面工程子库结构图

(3)桥涵工程

桥梁涵洞子库一级单元分独立桥梁、涵洞类型(箱涵、盖板涵等)、互通立交,按顺序桩号录入,其中桥梁左右线分离式桥梁以及整体式桥梁和涵洞不分左右线以独立桥梁计;二级单元分为桥梁下部结构、上部结构、桥面系和单座涵洞录入,三级单元是以二级单元分部工程划分为基础,将桥墩、桥台、主梁、缆索及洞顶、洞身、洞口等分项工程录入,四级单元以每跨桥梁将分项构件录入位置,而缆索桥梁则以索体编号、桩号将分项构件录入位置,涵洞则按具体桩号部件位置,如图 5-3 所示。其中,一、二级路产单元录入路产卡片信息;三级路产单元录入路产结构类型、设计参数及数量卡片信息;四级路产单元录入日常养护中的病害卡片信息。

(4)隧道工程

隧道子库一级单元为左(L)、右(R)洞单独隧道按桩号顺序录入;二级单元将一级单元隧道分为洞身、洞口、路面、检修道、排水设施等单位工程;三级单元将二级单元分为洞身衬砌、洞门出入口、路面、结构排水系统、检修通道等分项工程;四级单元将三级单元分项按每 100m 连续桩号将位置录入,洞门按其具体桩号录入,如图 5-4 所示。其中,一、二级路产单元录入路产卡片信息;三级路产单元录入路产结构类型、设计参数及数量卡片信息;四级路产单元录入日常养护中的病害卡片信息。

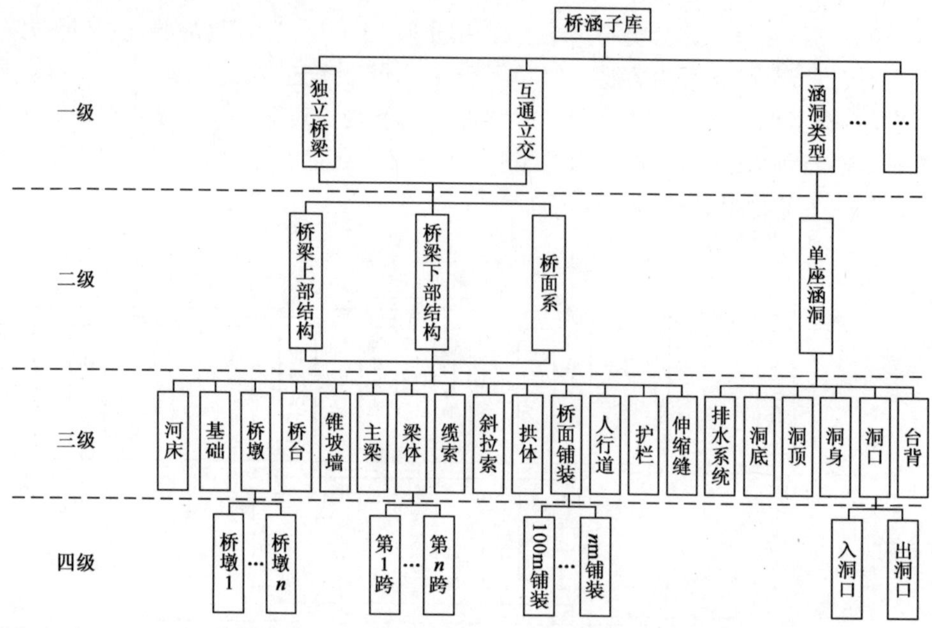

图5-3 桥涵工程子库结构图

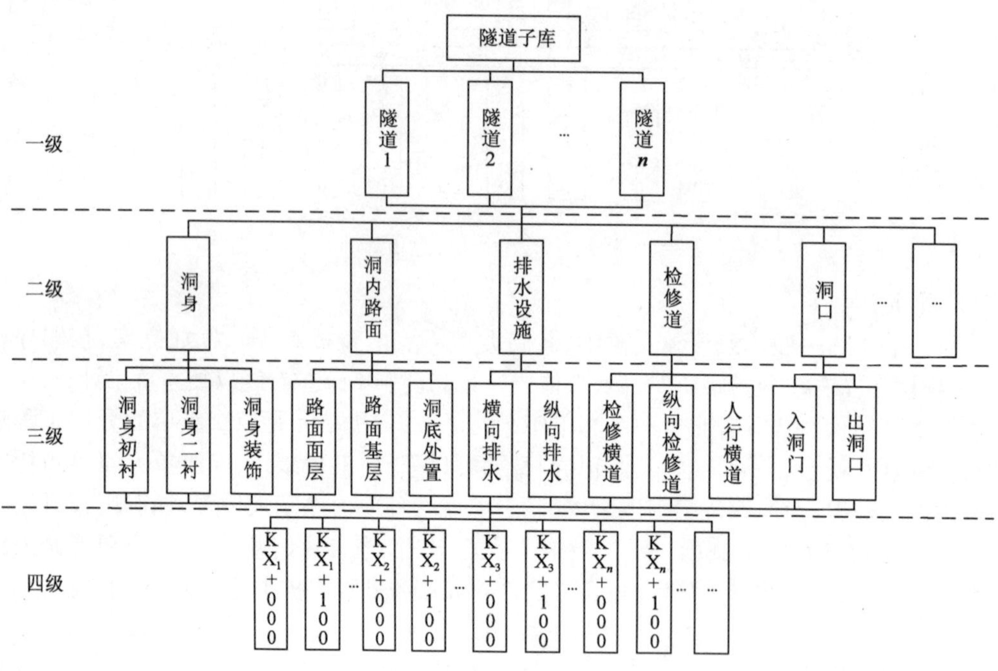

图5-4 隧道工程子库结构图

(5)交安设施

交安设施子库一级单元与路基子库基本一致,其中一级单元主线路基包含路基、桥梁、隧道连续桩号;将交安设施分为交通标志、标线、防撞栏等分项作为二级单元;三级单元主线为连续桩号;四级单元按照二级单元的特点划分,一般情况下,连续分项(如隔离网等)采用每

100m 录入，单独分项（如标志牌等）采用编号或具体桩号录入，如图 5-5 所示。其中，一、二级路产单元录入路产卡片信息；三级路产单元录入路产结构类型、设计参数及数量卡片信息；四级路产单元录入日常养护中的病害卡片信息。

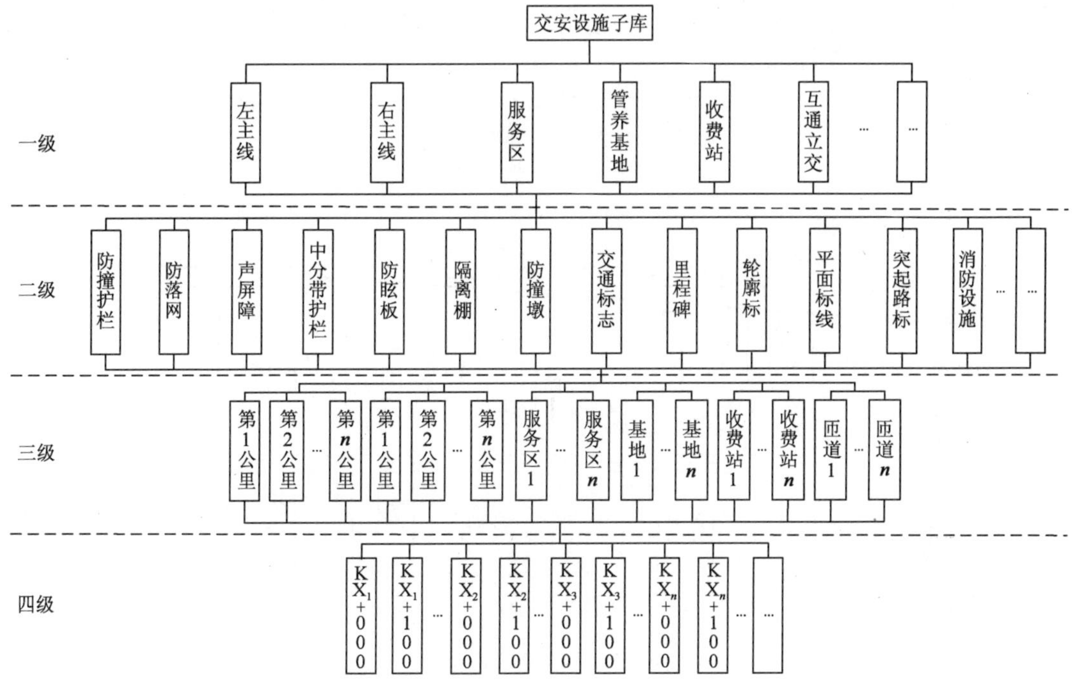

图 5-5　交安设施子库结构图

（6）绿化环保

绿化环保子库一、三级单元与交安设施子库一致；将绿化环保设施分为乔木、灌木、草坪、隔离墙、污水处理池等分项工程作为二级单元；四级单元按三级单元的管理特点采用连续段落或具体桩号录入，如图 5-6 所示。其中，一、二级单元录入路产卡片信息，三级路产单元录入具体分项设计的参数和指标卡片信息；四级路产单元录入日常养护中的病害卡片信息。

（7）房建设施

房建设施子库一级单元分服务区、收费站、管养基地、配电房，按顺序桩号录入；二级单元以单个房建结构录入；三级单元将二级单元划分为土建结构、外墙装饰、内墙装饰、给排水、供暖系统等分项录入；四级单元以三级单元分每个房间或收费车道将三级单元的分项位置录入，如图 5-7 所示。其中，一、二级路产单元录入路产卡片信息；三级路产单元录入路产结构类型、设计参数及数量卡片信息；四级路产单元录入日常养护中的病害卡片信息。（8）机电设施

机电设施子库一级单元按照机电设施类别划分为监控系统、通信系统、收费系统、供配电设施、路灯照明、隧道机电设施录入；二级单元是根据一级单元二级分类，如监控系统分为监控中心设备及软件、闭路电视监视系统等，供配电设施分供电线路、配电设备、电气设备等；三级单元是将二级单元分解为具体的单件设备；四级单元按具体设备元件的具体位置桩号录入，如图 5-8 所示。其中，一、二级路产单元录入路产卡片信息；三级路产单元录入路产结构类型、设计参数及数量卡片信息；四级路产单元录入日常养护中的病害卡片信息。

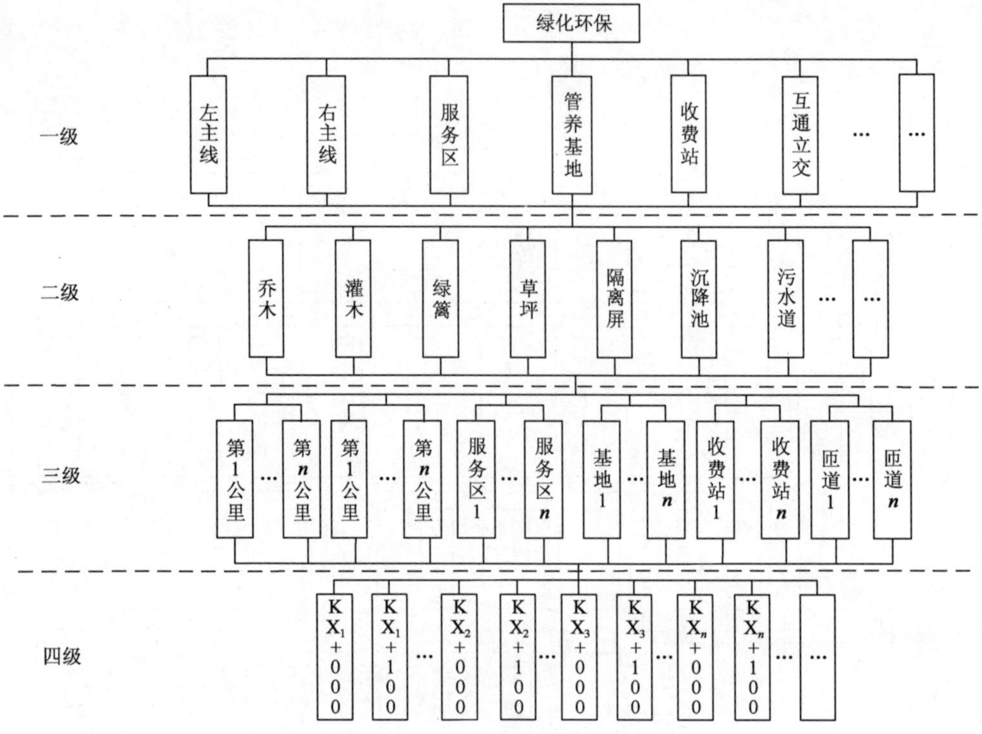

图 5-6　绿化环保子库结构图

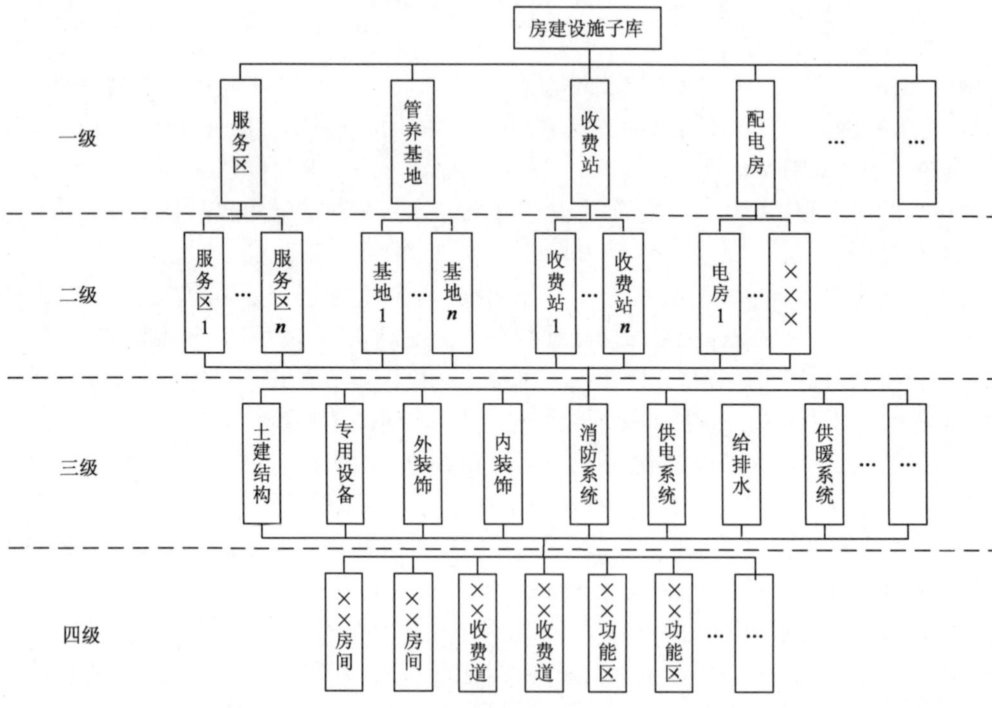

图 5-7　房建设施子库结构图

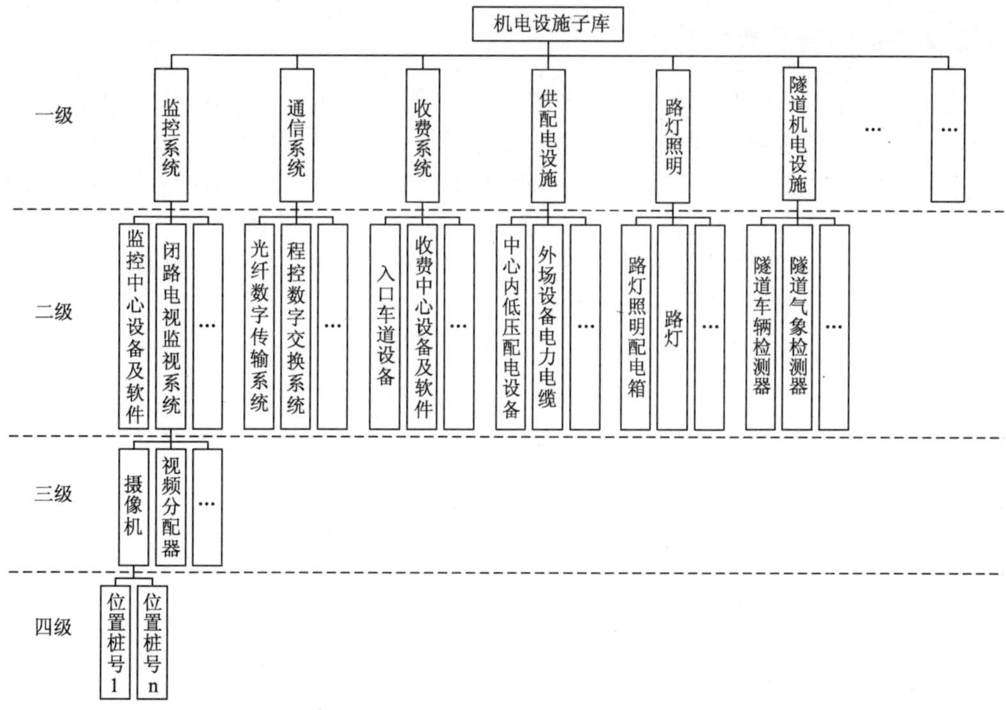

图 5-8　机电设施子库结构图

(9)其他路产

其他路产子库一级单元分为办公设备、养护设备、行政车辆、征地红线等;二级单元是将一级单元按照固定资产登记格式进行二次分解;三级单元是将二级单元按照不同型号进行分解;四级单元将具体型号资产所在位置录入,如图 5-9 所示。其中,一、二级路产单元录入路产卡片信息;三级路产单元录入路产结构类型、设计参数及数量卡片信息;四级路产单元录入日常养护中的病害卡片信息。

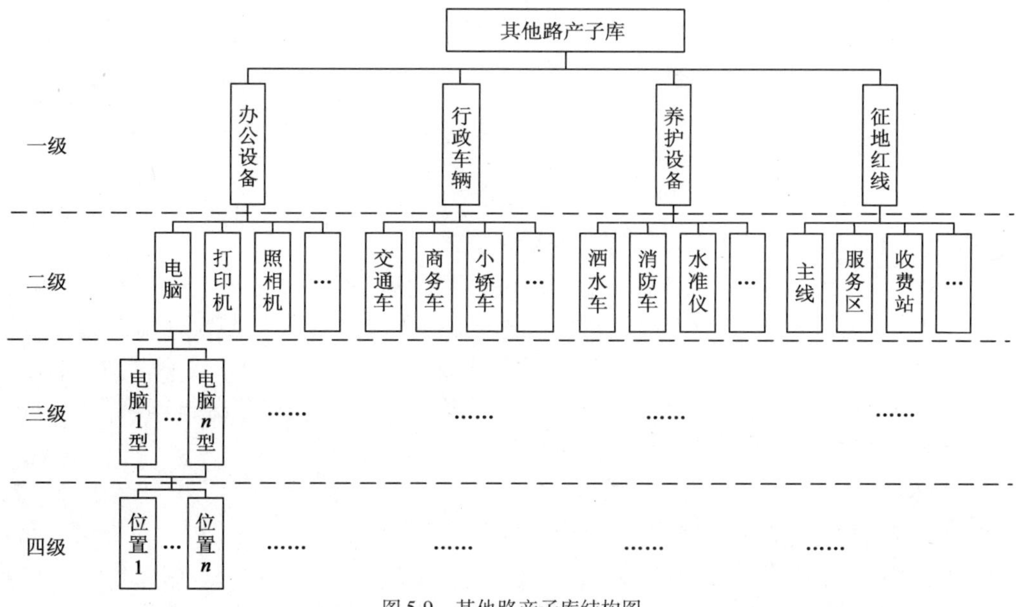

图 5-9　其他路产子库结构图

5.2.2 结构监测数据的采集

结构监测数据主要包括桥梁结构监测、隧道结构监测和防护结构监测，以桥梁结构监测为例，桥梁结构数据一般包括桥梁环境数据和桥梁结构整体性能数据两类，其中，桥梁结构整体性能数据采集主要包括桥梁环境温度与结构温度监测数据采集、桥梁结构位移变形监测数据采集、桥梁动力特性及振动水平的监测数据采集、大桥结构控制断面应力(应变)监测数据采集和拉索状态监测数据采集。桥梁结构监测数据通过前端传感器系统采集，经数据传输系统将采集数据传输至运营管理中心的结构监测数据库，并在桥梁结构监测数据库中通过相应算法进行数据分析与安全评估，如图 5-10 所示。

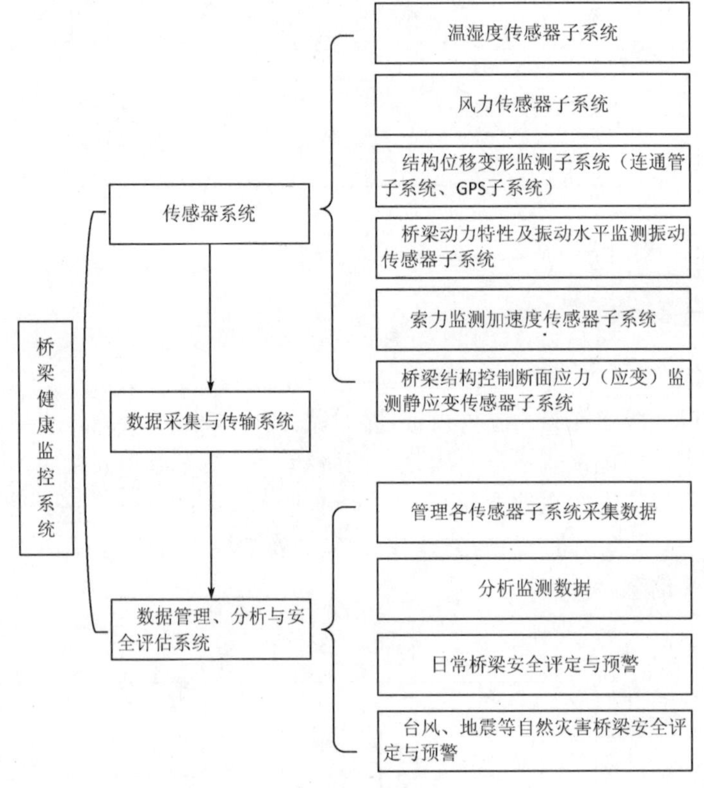

图 5-10 公路桥梁结构监测数据系统

(1)桥梁环境温度与结构温度监测数据采集

在桥梁环境监测过程中，通过对环境温度和桥梁结构关键部位温度分布状况进行监测，将监测值与设计时的理论取值进行比较，从而对桥梁在实际温度作用下与设计情况相比是偏于安全还是偏于不安全作出评价。桥梁结构温度的监测一般是采用带有温度测试功能的振弦式应变计，可准确地掌握、控制断面温度分布状况与规律，有助于正确地分析钢箱梁应力状况。大桥温度测试系统由温度计、温度测试仪、数据采集系统等组成。

(2)桥梁结构位移变形监测数据采集

桥梁结构位移变形监测主要包括桥梁基础沉降变形监测和箱梁挠度以及桥塔位移变形监测。桥梁基础不均匀沉降会引起桥梁结构产生过大的附加内力、桥梁线形的变化以及桥梁附属设施(支座、伸缩缝、栏杆等)的损坏。桥梁恒载作用下箱梁的轴线和桥塔位置是桥梁整体安全状态的重要标志。活载作用下,航道桥箱梁的挠度是评价航道桥使用功能和安全性的重要指标之一,是桥梁整体刚度的重要标志。通过对桥梁基础沉降变形的监测及航道桥箱梁挠度和桥上运行荷载的监测,可以从整体上把握桥梁的健康和安全状态。

(3)桥梁动力特性及振动水平的监测数据采集

桥梁结构动力特性和振动水平监测系统由低频测振传感器、信号线、放大器、UPS 电源和数据采集系统等组成。桥梁动力特性参数(频率、振型和阻尼等)和振动水平(振动强度和幅值)是衡量桥梁整体安全性能的指标,桥梁质量的退化会引起结构振动特性的改变,如桥梁结构刚度的降低会引起桥梁自振频率的降低,桥梁局部振型的改变可能预示着结构局部损坏等,对桥梁动力特性及振动水平的监测能够从整体上实现对桥梁结构健康状态的监测。此外,桥梁的振动水平能够部分反映桥梁的行车安全、桥梁路面状况的信息,在地震、台风、船只和车辆撞击等意外情况下可通过振动测试实时掌握桥梁的状况。

(4)大桥结构控制断面应力(应变)监测数据采集

大桥结构应力监测系统由应变计、传输线、应变测试仪、数据采集与处理系统组成。采用施工预埋应变测试元件和表面黏结的应变测试元件作为监测点的应变监测传感器,数据采集采用网络接口与计算机连接,实现对数据的采集、处理和远程控制。一般选取结构分析中的关键点为应变测试点,应考虑到结构应变值很大程度是由恒载以及温度引起的,在综合考虑此类应变大小的情况下,考虑桥塔的应变值。

(5)拉索状态监测数据采集

桥梁斜拉索和吊索是通航孔桥梁结构的关键受力杆件,对其进行受力状态和索体完好程度监测是大桥结构安全与健康状态监测的重要组成部分。监测内容一般包括索力监测和索振动监测两部分,通过对拉索状态的监测可掌握桥梁重要拉索以及典型拉索的索力及刚度情况。

5.2.3 设备监测数据的采集

设备监测是对作用于设备本身的运行状态、运行控制等设备运行数据的监测,公路机电设备监测数据一般包括公路电力设备状态数据采集、高清视频流数据采集等。

(1)电力设备数据采集

电力设备数据采集一般通过电力监控系统实现,其主要目的是提高供配电系统运行的可靠性、安全性,同时也有助于提高公路的生产及管理效益和管理自动化水平,减轻公路管理维护人员的劳动强度,降低运行维护成本。电力监控系统利用成熟的计算机技术、通信网络技术和自动控制技术,实现全线变电站、埋地变供电系统、照明系统等综合自动化监测与控制,系统采用监控管理层、通信中间层和现场设备层三层结构。

监控管理层一般设置在隧道、主桥管理所和监控中心,它主要完成对各个隧道变电所、隧道洞口箱式变电站、主桥变电所电力设备的高级应用,并与其他系统的接口连接等功能。主站从各个变电所、变电站的监控系统中获取供配电系统的实时信息,从整体上对供配电系统进行监视和控制,分析供配电系统的运行状态,对整个监控的供配电系统进行有效的控制和管理,使供配电系统处于最优的运行状态。监控管理层主要包括监控计算机、服务器、系统软件、应用软件、网络及其附属设备。

通信中间层主要指主干光纤通信网、沿线各个供电区的通信管理机、交换机及附属设备,通信中间层通过以太网交换机、光纤以太网交换机、光端机和光缆等为电力监控系统提供一个稳定、可靠、高速的通信通道,各变电所、变电站与监控中心之间的数据传输通过全线高速光纤通信网络来实现。电力监控利用通信系统提供的100M高速通信网络通道进行数据的传输与交换,电力监控数据在此通道中传输并发送到电力监控服务器及工作站进行数据处理。

现场设备层包括各个10kV变配电站、10kV变电所、箱式变电站、地埋变配电柜中设置的现场测控装置等,在变配电所及箱式变电站、低压配电柜内各安装一台现场测控装置,负责采集回路的各种数据,包括电压、电流及各开关状态等。变压器温度数据、UPS/EPS状态数据等所有的数据通过通信处理机汇总,再通过以太网上传至监控分中心。

(2)高清视频流数据采集

随着对公路运营管理、交通稽查、治安管理等不断发展的需求,以及高清视频监控技术、网络技术的不断成熟,通过公路网采集的视频信息,可以实时监控路网交通运行,及时发现事故、事件等突发问题,提高相应部门的应急反应速度和应急处置水平;通过对车辆号牌的存储、调用与分析,可为公安破案提供线索和依据,直接为国家安全和公共安全服务。公路卡口数据采集了经由不同等级公路进出城市的车辆数、车型等信息,对该类数据的挖掘分析可以从整体上估算出进出城市的车辆和客流的时空分布、规模和总量等。实现高清视频数据采集,需要进行前端高清摄像枪改造、中间传输线路和后台高清存储的建设,高清视频数据的采集相比传统的模拟视频数据具有图像清晰、抗干扰强、网络布点接入灵活等优点。高清视频采集系统拓扑结构,如图5-11所示。

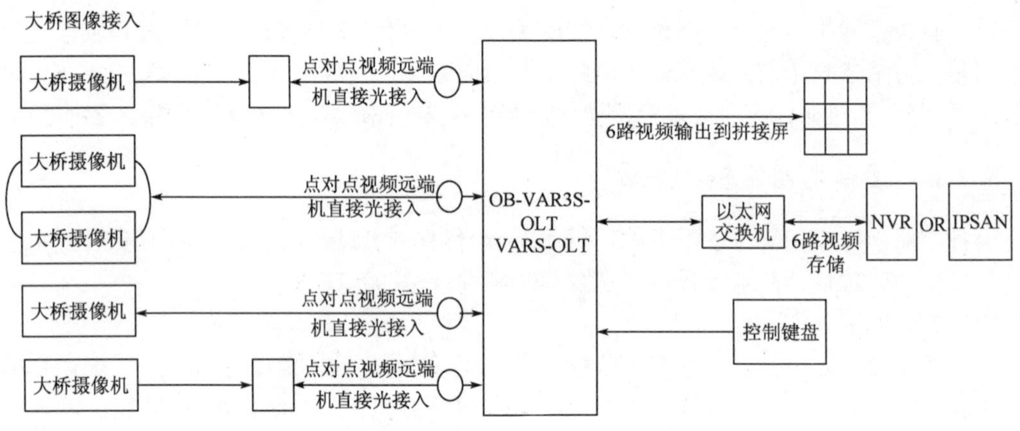

图5-11　高清视频系统拓扑结构

5.2.4　路产经营数据的采集

路产经营数据指路产经营单位在对公路的收费、交通、安全、服务等管理过程中产生的系统数据,路产经营数据通过数据采集、存储、分析和利用等数据管理过程指导路产经营管理决策,提高路产经营管理水平。

公路路产经营数据通常包括公路收费数据、公路交通数据、公路运营安全数据和公路收费服务管理数据等。

(1)公路收费数据采集

公路收费数据主要来源于公路运营路段内部收费数据库、联网路段组建的运营管理平台、拆分账公司等三方面,其中路段内收费数据库仅负责提供本路段出、入口的车流数据及拆分前的通行费数据的采集和查询,而在运营管理平台和拆分账公司的数据库可采集和查询到所有与本路段有关联的收费数据。

公路收费数据一般分为现金收入数据、非现金收入数据和免费金额数据三种,数据反映公路运营单位的主营业务收益情况。其中现金和非现金收入数据通过收费数据采集、存储和分析形成运营收费报表,而免费金额数据通过免费车流及单车值进行分析换算采集数据。通过对公路收费数据的采集、分析和利用,为公路运营管理单位进行公路收费计划管理、收费稽核管理、收费金额预测等收费管理工作提供决策依据。

(2)公路运营安全数据采集

公路运营安全数据指公路运营管理单位在公路运营安全管理过程中形成并采集的数据,通常包括公路运营安全管理系统数据和运营安全巡检数据等。

公路运营安全管理系统数据集成了公路运营安全应急事件处置流程数据、公路结构监测数据、公路环境监测数据、公路设备监测数据等,通过运营安全数据的采集、存储和分析,形成运营安全管理形势分析报告和运营安全应急事件报告,为公路运营管理单位和相关公路安全管理部门提供安全管理决策依据。

5.2.5 交通环境数据的采集

交通环境是作用于道路交通参与者的所有外界影响与力量的总和,一般包括道路状况、交通设施、地物地貌以及其他交通参与者的交通总和。通过分析公路网采集的各项数据,可为管理措施的制定提供依据和参考,为公众出行提供更高质量的服务。公路交通环境数据的采集一般包括公路交通流数据采集、公路通行车辆 GPS 数据采集等。

(1)公路交通流数据采集

公路作为连接城市之间、城乡之间陆路交通的重要纽带,是进出市域陆路交通的重要组成部分。在公路收费站,可对过往车辆本身以及行程信息等数据进行全面的采集,通过对收费站收费流水数据的分析,可以从收费时间、进站速度、收费车辆数、收费站规模、排队车辆数等因素之间的关联性考虑,合理解决可能的收费车辆积压问题,用以提高收费站的运行效率和服务水平;具备条件的地区可以布设线圈、雷达、红外线车辆检测器等设备,全天候、全方位地采集车辆的行驶速度、车辆类型和车流量等信息,结合公路网天气、事故等数据,找出事故多发地段和成因,并通过公路状态信息情报板发布提示信息,提醒车辆降速慢行,降低事故的发生率;结合收费站和高速卡口数据,可以分析节假日、工作日车流进出城市的时间和空间高峰,制定相应政策进行分流;结合 ETC 卡口和收费数据,评估车辆通行效率,大力推广不停车收费系统 ETC,进而解决车辆通过收费站的积压问题。

数据和信息采集后通过光缆和电缆,统一传送汇聚在各信息分中心,并通过实时处理将数据转化为运行管理和公众服务需要的信息,各信息分中心第一时间通过网站、出行咨询服务热线、公路情报板、广播电台、公众电子导航地图等方式将公路通行情况及时向社会发布,从而有效减少交通拥堵,实现数据采集的价值。

(2)公路通行车辆 GPS 数据采集

公路通行车辆的 GPS 数据一般通过智能化监控调度系统或平台获取通行车辆上的 GPS

车辆位置信息,将车辆实时GPS经纬度坐标、车型等信息返回统一调度平台。在公路运营安全管理中,可将车辆GPS数据集成于公路GIS平台系统,在GIS地图上清晰定位车辆位置坐标、运动轨迹,便于指挥和调度决策人员直观的进行形势判断,形成决策或资源调度。救援、养护、巡查车辆可通过GPS模块获取坐标值,用于GIS系统救援、巡查车辆实时定位及轨迹跟踪。

5.2.6 自然环境数据的采集

环境有自然环境与社会文化环境之分,自然环境是围绕生物周围的各种自然因素的总和,如大气、水、土壤矿物、太阳辐射等,公路自然环境数据的采集一般包括公路上相关气体数据采集、雨量采集、太阳光强度数据采集等气象环境数据采集。气象环境数据通常可通过两个层面获取:一是传统的气象、环境监测管理部门统计发布的报表和公路运营管理部门自行设置的气象环境采集仪器数据;二是通过互联网获取气象、环境监测站的实时数据。气象环境数据具有连续性、可预测性和区域性等特点,将气象环境数据与公路运营管理相关联,从而进行分析应用。

(1)基于气象环境数据的交通指数预测

气象条件对交通状态的影响是多方面的,天气变化对车辆本身、路面状况、驾驶员行车过程中的判断和反应以及司乘人员乘车环境等都有影响,不同的天气条件对交通状态的影响程度不同,在恶劣的天气条件下,道路交通运行条件会显著恶化。风、雨、雾等不良天气是造成公路拥堵的重要原因,以正常天气交通指数为基准,对异常天气进行分类,利用定量的描述趋势相似度方法分析交通指数模式的相似度。

(2)基于气象与环境数据的交通出行诱导

气象和环境对公路具有重大的影响作用,不良的气候条件严重影响道路车辆行驶。恶劣的天气不仅影响车辆的行驶速度,增加出行者的行程时间,降低道路通行能力,同时也容易诱发交通事故,交通大数据技术通过分析关联的气象和环境信息数据,结合历史交通流数据,分析预测公路的交通流情况和事故易发地点。

5.2.7 日常巡查数据的采集

公路日常巡查数据采集主要是通过对公路路产的电子巡查、路政巡查、养护巡查实现,电子巡查指管养单位的监控应急中心和安全监管部门利用高清视频和流媒体技术对桥梁安全风险点和危险源进行不间断巡查和监管;路政巡查指路政部门根据工作规程规定的频率不定时对现场交通安全、周边环境安全、养护作业安全等进行现场巡查,发现隐患及时排除;养护巡查指养护作业单位根据养护规范和养护手册规定的频率不定时对运营环境、养护质量、构件设施等进行现场巡查,发现隐患及时排除;通过电子巡查、路政巡查、养护巡查三者的有机结合,及时发现和掌握路段及辖区内的各类突发事件,针对性进行应急处置。

(1)电子巡查

电子巡查是利用高清视频网络技术实现公路路产巡查的一项高效、实用的技术手段,电子巡查主要包括路面监控和收费监控,路面监控的范围一般包括大桥、隧道、道路路面及桥下风险区域和主要危险源的实时信息;收费监控一般包括全线各收费站广场、票亭和车道的运营情况。通过高清视频电子巡查,将公路、桥梁重点区域的实景数据采集并实时传送到公路管养单位的监控中心和安全监管部门,有效降低了路政人员巡查频率,节约了管理成本,大大提高了安全巡查时效性和安全隐患发现率。

(2)路政巡查

路政巡查是路政管理人员根据《中华人民共和国公路法》及各省市地方公路管理条例对公路路产进行路产巡查,对桥梁、涵洞、通道及两侧边沟所有路产进行经常性检查,包括安全设施是否规范;各类管线,尤其是石油天然气管线状态是否正常;是否存在违规堆放物品、倾倒垃圾、挖砂、采石、取土及其他非法占用桥下空间的行为等。路政巡查的数据既包括路政管理人员在巡查过程中填写的《路政巡查记录表》、《违法告知书》等纸质文件数据,也包括巡查过程中使用照相机、摄像机、录音设备、路政 APP 巡查软件等通信工具或软件产生的电子数据,将这些纸质或电子数据通过不同的管理方式及技术进行采集、整理、存档,形成路政巡查纸质档案或电子档案,以备查档。

(3)养护巡查

养护巡查是由养护作业单位通过对全线公路各组成部分的日常巡查,结合定期检查及健康监测系统的监测数据建立健全的路、桥、隧状况技术档案,发现病害及时登记并查明原因,分析并制定养护对策与方案,采取有效措施进行修复或加固,消除病害根源。

根据公路路产结构特点,一般养护巡查内容分为路面的巡查、普通桥涵的巡查、隧道的巡查、大跨度桥梁的巡查以及交通安全设施的巡查等。公路养护巡查数据主要包括:公路桥梁构造物信息、构件检查项目信息、构件病害信息、构件巡查事故信息等。构造物信息具体包括构造物编码和构造物名称;构造物检查项目信息具体包括构件物信息、位置及档案信息;构件病害信息具体包括病害类型、病害大小、病害缺损程度、病害处理情况信息;巡查事故信息具体包括结构事故编码、事故名称、发生时间、伤亡人数、修复措施等信息。

在公路路产养护实践中,通过路产养护管理系统实现路产养护巡查数据的自动采集、存储及综合分析,系统建立以公路路产结构物为基础的数据库中心,利用高新技术手段集成养护 GIS 空间模型、养护系统与健康监测接口等系统的综合应用。在日常路产养护巡查过程中,利用移动终端实现了路产日常养护巡查、经常性检查数据对路产养护智能管理系统的实时上传,路产移动养护巡查技术的应用扩大了路产养护的范围,进一步提高了养护管理工程效率,提高了路产养护巡查的信息化、规范化水平。

5.2.8 信息数据的存储

通过对公路路产库和结构监测数据、设备监测数据、路产经营数据、交通环境数据、自然环境数据、日常巡查数据及业务系统流程产生的数据等信息数据的采集,将公路路产库基础数据、业务流程产生的数据、物联技术产生的数据、移动互联产生的数据、系统分析生成的数据等各类公路运营管理信息数据聚集于公路运营大数据存储层,数据存储层将基础设施层中底层硬件设施产生的数据进行存储,构成数据仓库。如路产数据库、结构监测数据库、设备监测数据库、收费经营数据库、交通环境数据库和自然环境数据库等。

数据的存储最终是为了实现数据的应用,数据存储层所有业务数据根据各业务管理要求和系统设计开发实现数据的应用,除此之外,发现、挖掘公路运营管理大数据及大数据整合带来的潜在价值,利用大数据实现公路运营企业各业务智能分析及量化管理、量化决策。数据存储架构,如图 5-12 所示。

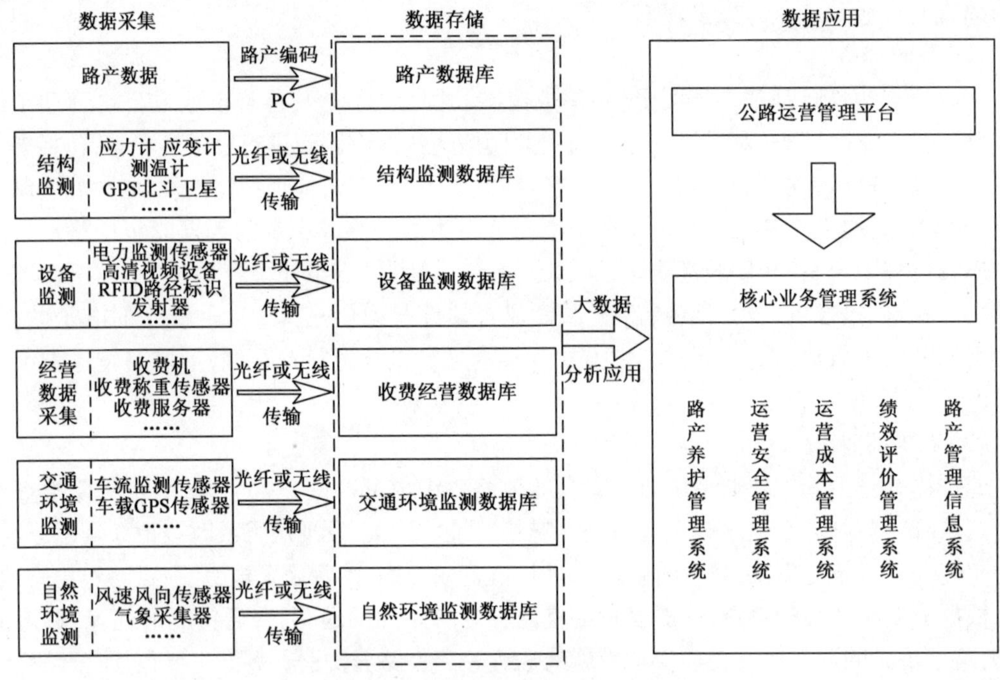

图 5-12　公路运营数据采集和存储结构

5.3　运营管理信息数据的利用

公路运营数据的利用通过信息数据的功能性体现,信息数据的功能性包括相互关联、历史追溯、统计分析、管理性共享和管理性拓展五大方面,它体现大数据管理思维,如图 5-13 所示。

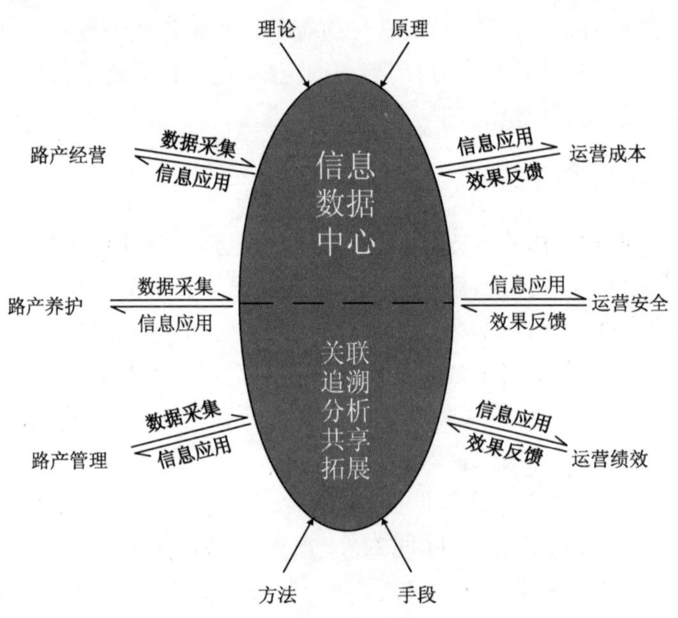

图 5-13　公路运营信息管理蝶型图

5.3.1 信息数据的相互关联功能

信息数据的相互关联功能是公路运营管理内容体系化的表现，是运营管理体系建立的基础。数据关联性是指公路路产和数据内容的一致性，管理信息内容、标准、格式的统一性和推导性，具体体现在路产养护、路产经营、路产管理等基础数据在各自目标实现管理过程中的计算方法和各类数据、参数的交叉利用和彼此验证。如对交通流数据的采集，可以关联分析收费收入，分析超限运输、危化品运输情况，分析运营安全形势，分析结构健康影响，分析养护和其他成本投入，甚至分析经济变化情况和区域性交通组织等。

公路运营管理的基础数据采集是支撑管理和服务应用的基础，管理数据和信息采集后统一传送汇聚于公路运营管理数据中心（路段中心或区域中心），通过对采集的公路运营管理数据进行综合分析和关联利用，为公路运营管理的科学化分析及决策执行提供依据。

5.3.2 信息数据的历史追溯功能

信息数据的历史追溯功能是指运营管理的基础数据根据各自规则将采集或应用的信息内容按时间排列，通过特定对象信息数据的重复及变化，寻见其演变规律，并开展管理分析、决策和责任追究。信息数据的历史追溯功能具有单一事件的针对性，是实现全寿命周期分析和开展科学规则和预防性管理的依据。例如，通过“三位一体”的养护管理，采集桥梁某一具体部件的病害检查记录和历史维修记录，可以追查到其养护检查具体时间、频率、方案的详细信息并判断养护管理是否到位、维修方案是否合理，并开展相关的管理绩效评价和结构退化研究。又如，通过对收费车流、入口车牌识别和高清卡口历史数据的分析，可以追溯逃费车、冲卡车、超重车等违法车辆的信息，以此开展合同追究和执法追究。

5.3.3 信息数据的统计分析功能

信息数据的统计分析功能是指所有管理的基础数据依据数据采集规则对信息内容按时间或特定范围的管理性需求开展数据统计和特征规律的分析，以此作为规划决策并开展预防性管理的依据。统计分析包含单一事件时间周期数据的统计分析和特定区域范围数据的统计分析，同时提供任务管理需求的数据精准查询和模糊查询。例如对桥梁某一具体部件历史的病害检查和维修记录可以统计结构病害特征、分析和判断病害的性质，以及病害发展的规律，并依据统计分析数据提出养护决策建议；而对一定区域（路段）范围内桥梁不同病害类型的统计，可以分析不同病害产生的原因，开展病害发展规划特征分析，并有针对性提出养护维修类型、标准和方案。又如通过对特定区域某一时间及收费数据和高清卡口等交通车流数据的统计，可以分析区域内公路断面车流量、车型组成比例、各出入口车流变化规律和违规车辆的情况，也可以开展交通组织疏导、路产经营营销、运营安全预防管理，为重要结构的预防性养护提供决策数据支撑。利用采集数据开展运营业务统计分析的主要内容包括运营绩效分析、路产结构状态分析、财务成本分析、车流量分析与预测、收费金额分析与预测、路产养护状况分析和安全风险分析等。

5.3.4 信息数据的管理性共享功能

信息采集产生的可利用数据为管理工作提供服务，信息数据的管理性共享功能指通过信息数据在组织内部采集、汇聚,围绕管理目标,开展规律性分析,为各业务管理决策和实施提供依据。管理性共享功能包括组织内部相同和不同业务管理的共享、组织外部的同行业和不同行业管理的共享。如对交通量的统计分析,可以为组织内部的收费经营、运营安全和路产养护等管理工作提供依据,同时也可以为组织外部的区域交通组织、区域经济发展分析提供依据。

5.3.5 信息数据的管理性拓展功能

公路运营信息数据的管理性拓展包括不同业务的横向拓展和同类业务的纵向拓展。其中,横向拓展包含系统内不同业务的关联管理和共享利用以及系统外不同业务的关联利用。系统内不同业务的关联利用包括经营数据在养护管理、安全管理系统中的利用;系统外不同业务的关联利用包括运营交通量数据在相关道路设计、交通组织、公众服务中的关联利用。从软件系统所需数据支持到物联网的建设,包括通过安全管理系统的开发拓展到交通量监测、危化运输监测、结构健康等系统硬件的建设;从业务管理信息系统开发,利用过程对流程、制度执行的自动检核,实现对流程执行主体管理业务工作的监督管理。纵向拓展包含系统内同一业务的管理内容的拓展,如通过路产养护系统建设期结构建设数据录入拓展到路产全生命周期的管理;系统内(项目)管理业务延伸到系统外(区域)同一业务的管理,如通过共同的编码原则对不同项目路产库的录入构成区域的路产数据库,通过区域内同一业务管理数据的系统集成构成区域特定业务的管理。

基于移动互联网、物联网、大数据架构的信息数据利用,集中体现在数据的相互关联、历史追溯、统计分析、管理性共享、管理性拓展五大功能实现,是智能交通的本质和核心内涵,也是综合交通体系建设的基础。

5.4 公路运营集成管理平台开发

5.4.1 平台开发的理论和技术要求

基于公路运营管理体系和预防性管理理论原理开发的管理平台,用互联网信息化手段实现路产养护、路产经营、路产管理、运营安全、运营成本、运营绩效等具体运营业务内容及方法的集成管理。集成管理系统(平台)以数据字典技术、信息单元技术、地理信息技术、大数据处理技术为支撑,按照数据字典编码规则,利用路产中心数据库和运营业务信息、物联网和移动互联网,构建系统设备资源的地理与管理信息模型。公路运营集成管理平台建设应符合相关技术要求:一是信息数据必须符合行业标准及信息化管理标准;二是符合运营管理理论原理及体系化管理的需求;三是能够实现管理信息的关联性、可追溯性、统计性和可查询性;四是可以实现项目级与区域级不同信息单元的分级与合并功能,即管理性拓展功能;五是可实现运营业务管理的智能化、精准化和高效化。运营管理平台建设模型,如图 5-14 所示。

(1)数据字典技术

数据是事实或观察的结果,是对客观事物的逻辑归纳,是用于表示客观事物的未经加工的原始素材,数据是信息的表现形式和载体,数据可以是符号、文字、数字、语音、图像和视频等。数据只有对实体行为产生影响时才有意义。

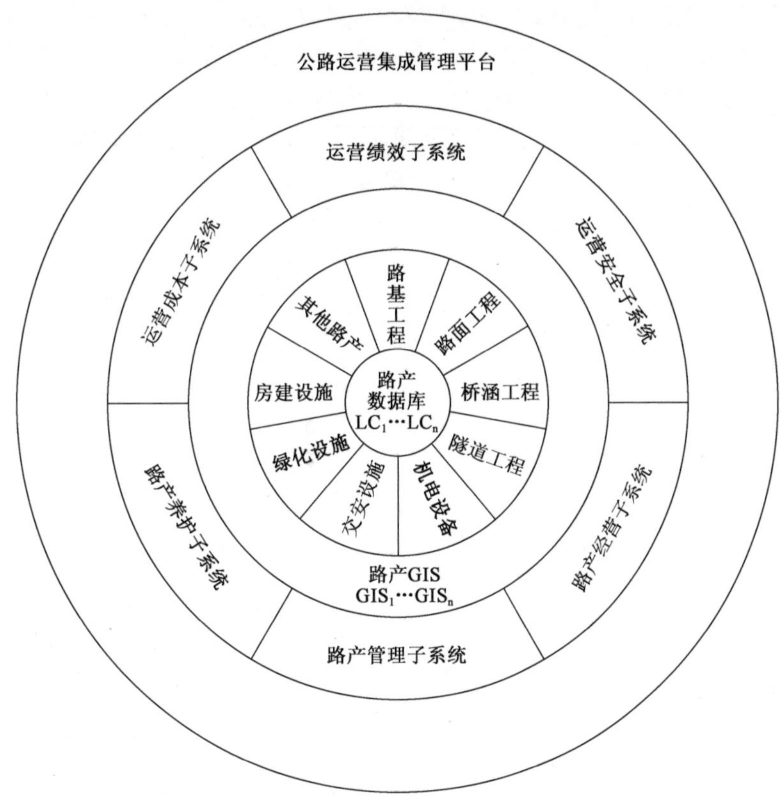

图 5-14 运营管理平台建设模型

这种按照预防性管理实现方法的数据化和字典化管理内涵，将管理的内容、程序、格式按照相关规范标准的要求和计算机语言的编码格式要求，形成可供计算机和管理系统识别的信息数据，生成可供利用的管理信息数据的技术，称为数据字典技术。在公路运营管理中，统一的数据字典是数据利用和实现信息数据管理以及关联、追溯、分析、共享、拓展五大功能的基础。

数据字典需要根据运营管理体系各专业业务不同管理单元的具体技术要求，对信息数据进行分类，建立数据的输入标准，通过数据采集并在数据库中形成和输入可供利用的数据。

公路运营管理中的数据编码采用国家或部颁编码标准或参照国家规范编制的管理数据编码，依据需求编撰成册，形成可供系统开发的数据字典。数据标准形成过程，如图 5-15 所示。

(2)信息单元技术

根据预防性管理的目标单元实现原理，将运营管理系统基本单元分解为路产养护、路产经营、路产管理、运营安全、运营成本、运营绩效六个子系统单元，如图 5-16 所示。每个子系统单元目标分解为更加具体的目标单元，例如路产养护子系统单元按管理特征进一步分解为组织管理单元、路产信息单元、路产养护单元、路产工程单元。其中每个单元目标分解为更加具

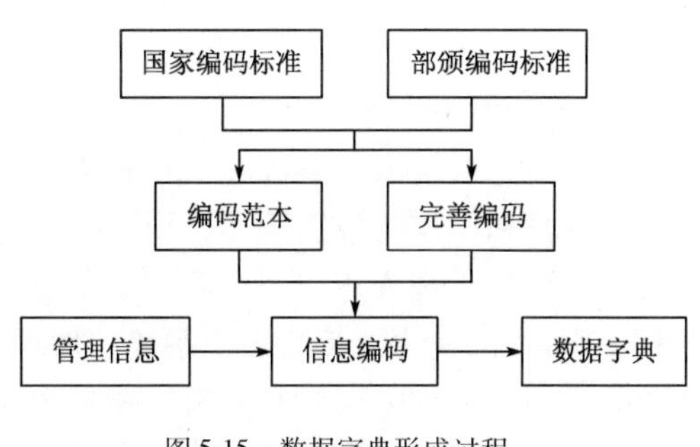

图 5-15 数据字典形成过程

体的目标单元,例如路产信息单元进一步分解为路基、路面、桥涵、隧道、交安设施、绿化环保、房建设施、机电设施及其他路产 9 个专业的路产养护和路产工程管理单元,如图 5-17 所示;路产养护单元进一步分解为养护字典、养护数据、养护检查、养护评估、养护分析 5 个内容管理单元。其中,各单元可进一步分解子单元,直至基本的目标信息结构,例如养护字典单元分解为路产编码、结构类型、路产病害、其他字典 4 个单元。这种利用信息数据手段和管理逻辑关系将管理系统目标单元层层分解为基本结构管理单元,并建立信息目标单元的等量管理方法称为信息单元技术。

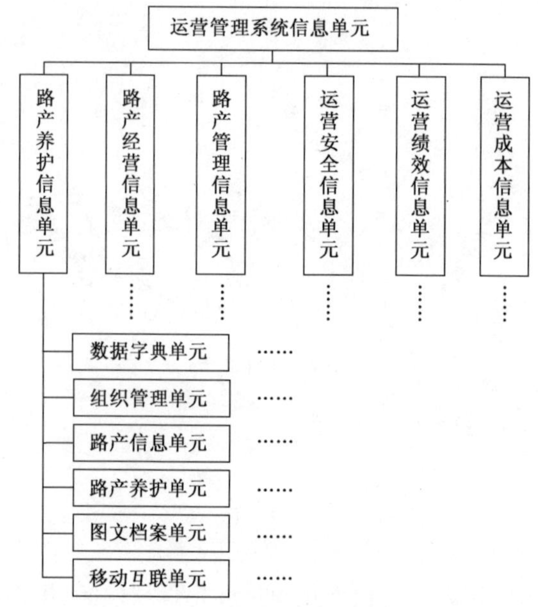

图 5-16 运营管理系统信息单元技术

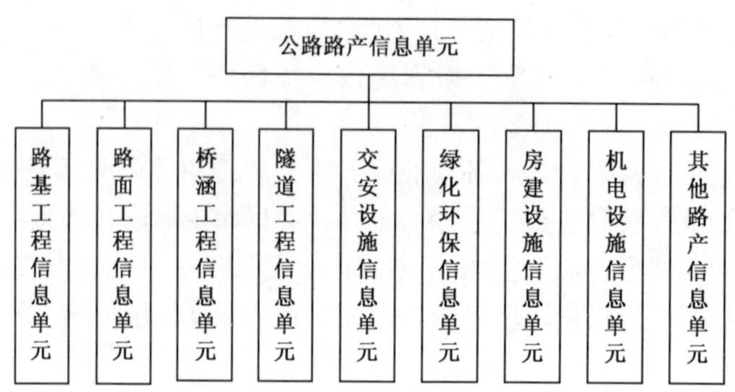

图 5-17 公路路产信息单元

(3)地理信息技术

地理信息系统(Geographic Information System,GIS)是以测绘测量为基础,以数据库作为数据储存工具和使用的数据源,以计算机编程为平台的全球空间分析即时技术。GIS 主要用于采集、存储、分析和表达空间地理信息及数据的空间信息系统,系统包括计算机软硬件系统、地理数据库系统、应用人员与组织系统。地理信息技术是指构成 GIS 的方法原理在公路运营专业业务管理系统中的嵌入和应用。随着物联网和移动互联网的应用推广,在公路运营管理中地理信息技术集中应用于路产养护管理和公路运营安全管理,并在实践中解决了大量的实际问题。GIS 技术的不断发展为公路设施管理与维护提供了强有力的技术支持,公路管理部门运用地理信息技术对公路设施进行管理,将设施的定位信息、作业状态、空间分布等纳入了管理的范畴。

地理信息技术在公路运营管理中的应用主要体现在路产养护智能管理系统、运营安全智能管理系统与管理信息数据的结合和利用,通过地理信息技术与路产库连接,通过将二维空间中路产土建构造物、机电设备、经营场区等路产信息与系统中相关数据关联起来,以便所有路产基本信息、病害信息、检测信息、维修历史等各类信息能直观表现出来,以实现全部路产、设施二维数字化以及结构部件的数字化。同时,为实现养护信息的广泛集成与表现,系统将项目二维实体模型与数据库中相应实体的属性信息(文本、图片、多媒体等)连接,不仅能够提高公路运营管理的直观性,还可为公路检查和养护决策提供信息数据。

基于地理信息技术的路产养护管理系统和运营安全管理系统所管理的数据既包括静态的空间数据和属性数据,也包括动态的物联网和移动终端采集数据。空间数据是指电子地图中包含的各类信息,如路线、桥梁、收费站点、管理部门等地理信息,通过专用软件管理和维护,以图层形式来体现;属性数据包含桥梁技术等级、路面性能、养护管理状况等公路管理业务数据,属性数据的管理一般通过公路动态里程桩号来进行;物联网和移动终端数据是指采用高清卡口、视频、移动巡查等设备及系统采集的数据,以动态数据或视频等形式体现。因此,将路产空间数据和属性数据及动态数据建立关联并在系统中显示、查询和分析是 GIS 技术在路产养护智能管理系统和运营安全智能管理系统中最主要、最基本的应用。

(4)大数据处理技术

随着互联网、物联网等信息技术的应用和推广,人类产生的数据增长迅速,数据种类繁多,数据在宽带网络中快速流动,数据的待开发价值越来越大,大数据在各行各业都有应用。大数据处理技术主要是指运用多种数据分析方法与模型对处理过的数据进行分析和研究,从中发现数据的内部关系和规律,为管理决策提供参考,大数据处理技术是信息数据利用中统计分析功能最主要的技术支撑。现阶段,交通运输业的大数据应用需求主要是通过大数据的实时分析功能来进行智能交通管理和预测分析,如对违法车辆进行追踪,提高违法车辆追踪的效率;对交通流量进行实时分析和预测,减少道路的拥堵等。然而,在本章对公路运营数据产生和采集的分析中,公路运营管理的数据利用远不止如此,因此,通过对公路运营的大数据分析并开展综合利用对促进行业管理进步将具有十分重要的现实意义。

公路运营大数据管理架构的设计需要满足业务管理的需求:一是要求能够满足数量多、来源多样、速度快、精确性不高的大数据特点,能够支持大数据的采集、存储、处理和分析;二是能够满足企业级应用在可用性、可靠性、可扩展性、容错性、安全性和保护隐私等方面的基本准则;三要能够满足用原始技术和格式来实现数据分析的基本要求。通过公路相关采集设备以及系统获取到的数据包括结构化数据及非结构化的 XML、JPG、音频、视频等数据,其中,结构化且数据量小的数据存储在结构化数据库 Mysql、Oracle、SQL server 中,结构化且数据量大的数据存储在 NOSQL(HBASE)库,而非结构化的格式数据则存储在 Hadoop(HDFS)大数据架构中。

5.4.2 平台业务系统设计原则

集成平台中业务管理系统的设计思想要按照企业管理系统(CRM)个性定制思想进行系

统的规范和抽象,建立完备的管理模型和具体的功能操作流程,认真分析各类信息源的共性与个性问题,使之找到最佳的信息资源获得途经和信息共享解决方案,为系统的集成建立基础。同时,在系统的建设过程中,还应充分考虑信息的更新与数据的发布及系统的高效与安全运行。系统设计体现以下原则:

(1)分级化原则

利用计算机自动化手段,以广泛的信息采集和高度的资源共享,提高管理单位宏观控制和综合分析能力,通过管理机构各部门明确分工和全面有效管理减少因信息不畅或管理不到位而造成的不必要损失。

(2)集成性原则

系统体现各部门管理业务的融合和信息集成,管理系统是以全线路产管理为导向的综合管理,系统集成了路产管理功能和路产巡查管理功能,一方面确保管理部门对全线管理的信息的完整性与可靠性,确保信息的凭证价值、保存价值与长远价值;另一方面确保数据被有效地积累、组织、评价、传递、共享和应用,管理系统管理价值的实现体现于各部门的各项业务活动之中,融合于员工的各项工作行为之中。

(3)实用性原则

系统结构、应用功能的设计和开发,既要符合项目框架要求,又要符合信息收集、处理、查询过程中操作人员的实际情况,充分注意设计风格的统一性、界面的友好性、操作的便捷性、查询的快捷性、功能的完善性和系统的可维护性等问题。

(4)标准化原则

系统充分利用已有的相关国家标准、地方标准、行业标准,建立统一的数据编码与规范,实现数据格式报表标准化,确保对信息的高效收集和利用。

5.4.3 集成管理平台的功能

运营集成管理平台实现的管理功能主要包括系统管理分级与集成功能、管理数据统计与查询功能和管理数据关联与追溯功能。

(1)系统管理分级与功能集成

系统的管理分级是指将系统使用的管理体系分解成多层次、分等级的系统管理级,一般呈宝塔型,同系统的管理层次相呼应;系统的集成功能是指将系统各项使用功能按功能操作层、功能模块层、功能系统层、功能平台层进行功能汇集,系统管理分级与系统的功能集成是紧密关联、相互作用于系统的两个基本属性,系统的分级管理指令由上往下逐级详细、明确,系统的集成功能由下往上逐层汇集、精简,如图 5-18 所示。

运营管理信息集成平台既是以公路路产管理为导向的路产运营管理,又是以路产养护、路产管理、路产经营等为基础的分项管理,因而运营管理信息集成平台集成了运营绩效、运营成本、运营安全、路产管理、路产经营、路产养护等公路运营管理功能,其不能独立于组织各项业务活动之外,否则难以做到主动捕获及前端控制公路路产信息的全线管理和进行公路路产的全过程集成管理。因此,公路运营管理信息集成平台应该与运营企业各部门业务有机融合、充分集成,而不是作为一个单独的、专门的系统存在。

(2)管理数据统计与查询功能

企业的数据是企业核心要素之一,公路运营企业的管理数据包括公路基础数据和公路路产运营过程中产生的公路养护数据、公路收费数据等公路运营管理数据。公路养护数据的管理功能主要是实现对路基、路面、桥涵、隧道等公路路产结构基本信息、常用的路产数据字典、病害类型字典、检查项目字典、日常养护巡查数据、经常性检查数据、定期检查数据等的统一以及标准的数据统计和查询。公路收费数据的管理功能包括对公路收费流水数据和车流量数据的统计和查询,通过对公路收费数据的管理实现公路收费数据的汇总查询和报表统计,为公路收费管理提供数据支撑。

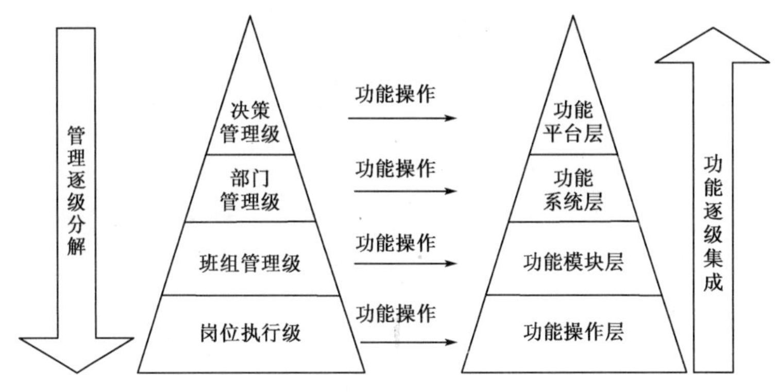

图 5-18　系统管理分级与功能集成

(3)管理数据关联与追溯功能

公路运营管理基础数据采集是支撑管理和服务应用的基石,管理数据和信息采集后统一传送汇聚于公路运营管理数据中心(路段中心或区域中心),通过关联分析采集的公路运营管理数据,可以为公路运营管理提供依据和参考,还能为公众出行提供更高质量的服务,如对公路收费站收费流水数据的分析,可以从收费时间、进站车速、收费车辆数、收费站规模、排队车辆数等因素之间的关联性考虑,合理解决可能的收费车辆积压排队问题,用以提高收费站的运行效率和服务水平;又如城市公路断面高清卡口数据,采集了经由不同等级公路进出城市的车辆数、车型等信息,对这类数据的关联分析,可以从整体上估算出进出城市的车辆和客流的时空分布、规模和总量等信息。

公路运营管理数据的追溯功能主要指通过在公路运营管理过程中对公路养护、公路安全应急等业务管理数据进行历史数据查询和分析,查找管理过程中发生问题的可能原因,并追查相应的责任。例如对公路运营车流视频信息的采集,可以实时监控公路交通运行,及时发现事故、事件等突发问题,提高相应部门的应急反应速度和应急处置水平;又如通过对车辆号牌数据的存储、调用与分析,可以为公安破案提供线索和证据,直接为国家安全和公共安全服务。

5.4.4　集成管理平台的内容

根据平台开发的理论依据和技术要求,集成管理平台包括路产库及路产 GIS 两个系统共享子模块和运营绩效、运营成本、运营安全、路产管理、路产经营、路产养护 6 个子系统,如图 5-19所示。运营集成管理平台主界面,如图 5-20 所示。

(1)路产库是以公路路产信息单元为基础数据而构建的路产数据库,路产库数据包括公路征地红线范围内的土地资产、地物资产及设备资产,与路产养护智能管理系统养护数据模块路产库相关联,与建设期的建设管理系统和档案图文信息系统链接。

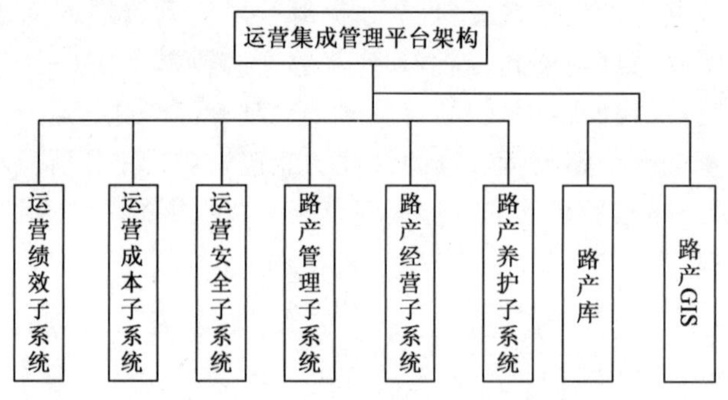

图 5-19　运营集成管理平台架构

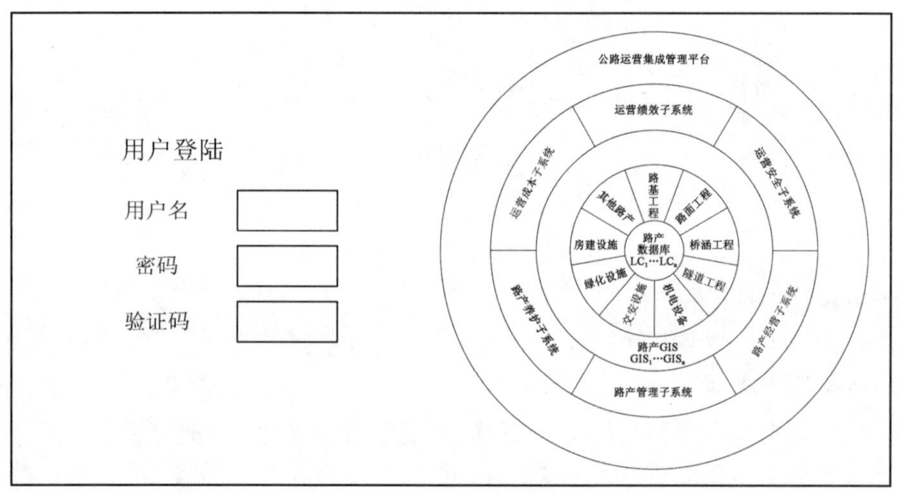

图 5-20　运营集成管理平台主界面

(2)路产 GIS 平台的设计，一是将各类路产信息按标准工程量清单顺序分类在二维或三维地图体现；二是将公路运营管理业务所需的物联网和移动互联网设备与管理数据信息在地图中体现，GIS 平台管理数据与路产养护系统中养护数据子模块内容及运营安全智能管理系统中 GIS 模块数据内容相关联。

(3)运营绩效子系统包括制度规程、综合办公、对外公开、本级绩效、上级考核、国检省检 6 个子模块。综合办公、对外公开、本级绩效、上级考核分别指综合办公系统、网站发布、本级绩效考核及上级考核管理；国检省检模块包含养护、路政、运营、财务、安全应急等国检、省检所要求的表格录入、导出与管理，相关内容与 6 个子系统对应内容相统一。

(4)运营成本子系统包括制度规程、合同管理、预算管理、财务管理、税务证照、成本体系 6 个子模块。合同管理主要是对预算计划中专项工程招投标和合同业务管理中规定内容的台账式和流程式信息管理；预算管理主要指公司五年规划与年度预算计划的编制以及年度预算计划按月度分部门的分解和信息化管理；财务管理主要指资金运作规划、资金支付财务报表、财监工作报告、财务审计报告、日常合并报表等业务的信息管理；税务证照主要指对企业经营的税收证缴、票证管理、证照年审等业务信息的台账式、流程式管理；成本体系主要指运营成本构成标准、盈利能力分析、经营风险评估等业务的信息化管理。

(5)运营安全子系统包括制度规程、环境安全、车辆监控、结构监控、设备监控、安全平台等6个子模块。其中,环境安全与高清视频系统链接、车辆监控与危化运输监管系统链接、结构监控与大桥健康监控系统链接、设备监控与电力设备监控系统链接、安全平台与公路运营安全智能管理系统链接。

(6)路产管理子系统包括制度规程、路产管理、路权维护、案件管理4个子模块。路产管理主要指采用高清视频系统和路产巡查等手段对路产库及红线范围内路产损害进行监管;路权维护主要指对路政巡查、路政许可、路损赔补偿等业务的台账式、流程式信息管理;案件管理是指对路政巡查和路补案件及档案的台账式信息管理。

(7)路产经营子系统包括制度规程、路产出租、收费稽查、收费系统4个子模块。路产出租主要指对路产出租一事一档的台账式信息化管理;收费稽查与收费监控系统链接;收费系统与公路收费管理系统链接,其内容包含车流标识、收费流水、上报收费数据的分析和运营报表等。

(8)路产养护子系统包括制度规程、健康监测、强震监测、养护系统(路产养护智能管理系统)4个子模块系统。健康监测、强震监测、养护系统3个子模块与健康监测系统、强震监测系统、公路路产养护智能管理系统链接。

在运营集成管理平台中,相对简单的管理工作,如运营成本管理的合同管理、计划管理、经营管理的报表、出租管理等均可采用流程式的管理系统,而路产养护、运营安全管理所涉及大量的数据关联和专业技术规范,要实现数据利用的五大功能,必须开发独立的管理系统,称为运营管理业务的核心管理系统。

5.5 公路路产养护智能管理系统开发

5.5.1 系统开发的理论和技术要求

公路路产养护智能管理系统开发依据预防性管理理论及目标实现的原理和方法,符合运营管理平台开发的数据字典技术、信息单元技术、地理信息技术、大数据处理技术的要求,满足养护技术规范,养护质量评定标准和“三四一体化”管养技术及一桥一档、维修闭合等养护管理要求。在路产养护智能管理系统中所涉及的路产数据库管理信息数据基本内容主要包括以下五类:

(1)基础地理数据:包括场景数据和地物数据,场景数据包括新建地形以及其他地形数据导入而得到的地形等;地物数据包括公路的点、线、面数据和路产养护状态数据等。

(2)字典数据:包括常用数据字典、路产结构字典、病害类别字典、病害评定字典、维修对策字典及其他类型字典等。

(3)文档数据:包括设计文档、检查文档、计量文档、竣工文档等。

(4)静态数据:包括静态识别数据、静态结构数据、静态经济指标数据。

(5)动态数据:包括病害数据、维护数据、巡查巡检数据等。

5.5.2 养护智能管理系统的功能

路产养护智能管理系统的建立,一是规范路产养护作业和作业管理的各项工作,依法、依规履行养护责任;二是提高养护工作效率,降低养护成本;三是及时发现和规范处置结构的早期病害,确保路产结构安全,避免路产结构发生危险;四是通过系统功能的有效发挥,分析路产结构病害的特征、规律,制订精准养护方案和经济合理的维护计划等。以日常检查、经常检查、定期检查、特殊检查和健康监测数据采集为基础,在"四个一体化"管理方法指导下开发的路产养护智能管理系统,实现了管理信息数据利用的五大功能,如表5-3所示。

路产养护智能管理系统管理功能 表5-3

关联功能	历史追溯	统计分析	管理性共享	管理性拓展
a.检查与病害维修; b.检查与评价; c.维修与计划; d.维修与统计; e.病害与统计; f.统计与分析; g.评价与分析; ……	a.检查责任; b.结构病害; c.维修方案; d.工程责任; ……	a.检查情况; b.病害情况; c.维修情况; d.事故情况; e.养护投入; ……	a.病害数据与耐久性分析; b.结构安全与运营安全; c.养护成本与运营成本; d.养护评价与运营绩效; ……	a.养护系统管理拓展工程全寿命管理; b.路产单元从项目级拓展至区域级; c.项目养护统计分析拓展至区域统计分析; ……

5.5.3 养护智能管理系统的内容

路产养护智能管理系统以公路运营管理体系中的养护子系统的内容和管理方法为基本设计依据,形成层级化、集成化、标准化的系统结构,系统结构框架包括数据字典单元、组织管理单元、路产信息单元、路产养护单元、移动互联单元、图文档案单元6个子模块,如图5-21所示。按照信息单元技术搭建的系统结构作为路产养护系统入口界面。按照GIS技术设计作为路产养护系统主界面,如图5-22所示。数据字典单元为系统的核心,是将所有养护及管理的信息内容数据化;组织管理单元为最高层,是将养护管理主体分为组织机构、角色管理、用户管理3个单元;路产信息单元层按照路产结构划分,在专业化的同时也体现了目标单元原理的应用,将整体目标化整为零,让养护管理的各项工作落实到人、明确到岗;路产养护单元层明确了各个专业项目下的养护内容,形成了标准化和可复制的养护管理结构;移动互联单元实现养护巡检及维修处理等业务流程的网上移动处理;图文信息档案使路产建设质量和养护档案实现数据化。

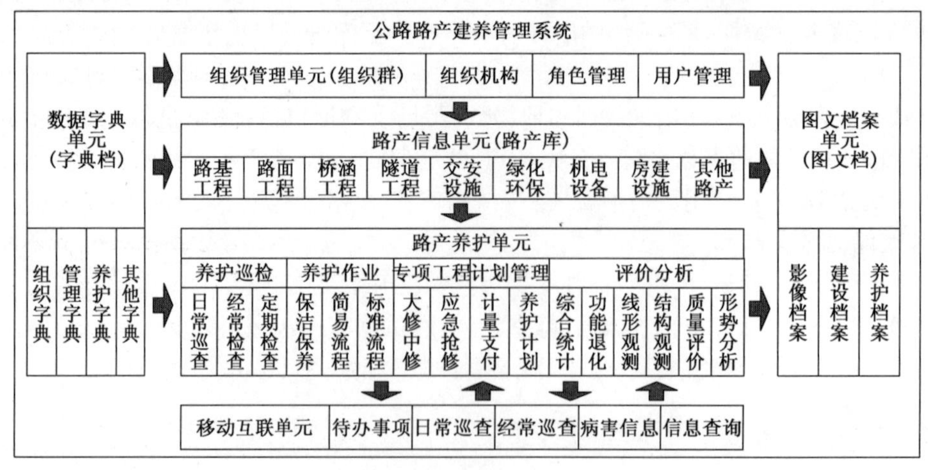

图5-21 路产养护智能管理系统结构图

图 5-22　公路路产养护智能管理系统主界面

(1)数据字典单元

数据字典单元是将养护所有相关的信息内容按照规范的编码原则数据化,其中,组织字典是将涉及养护的所有单位和法定岗位字典化,包括养护管理单位、设计单位、施工单位、监理单位等;管理字典是与养护有关的管理内容字典化,包括管理内容、流程、格式等;养护字典是按养护规范、评定标准及国检编码将养护专业信息字典化,包括 9 大路产专业的结构编码字典、部件类型字典、病害类别字典等;其他字典是指将养护事故类型、养护材料、养护设备及环境等信息内容字典化。

(2)组织管理单元模块

组织管理单元是养护管理主体按照目标单元原理将路产养护任务进行分解,并开展定部门、定岗位和定权责管理。其中,组织架构单元为养护管理的组织架构;角色管理单元是根据组织架构中的岗位设置明确对应职责;用户管理单元是将路产信息单元的路产分解到组织架构具体人员并赋予对应的管理或监管责任。同时,以路产单元的管养质量评价养护工程师的工作绩效。

(3)路产信息单元模块

路产信息单元子模块按路产结构划分,包括:路基工程、路面工程、桥涵工程、隧道工程、交安设施、绿化环保、房建设施、机电设备、其他路产 9 个专业的路产管理子单元,各子单元模块的路产养护和路产工程功能内容一致,以实现管理标准、内容、方法、格式的可复制化。

按路产信息单元建立路产管理数据库,路产库分 9 个专业模块,每个专业模块分为 4 级结构单元,每个结构单元设计统一的卡片信息,其编写规则和建立见第 5.2.1 节“公路路产数据的采集”。

(4)路产养护单元模块

路产养护单元模块是路产养护管理的核心部分、基本内容,主要包括做好养护工作所必需的养护巡检、养护作业、专项工程、计划管理、评价分析等内容,其中:

①“养护巡检”包括日常巡查、经常性检查和定期检查三方面内容。日常巡查每天以巡检

台账的形式体现，并与养护招标技术要求进行自动检对；经常性检查按规范要求以一级路产单元记录每期检查的内容，以规范表格格式体现。定期检查按养护质量评定标准的要求和格式对一级单元路产进行年检，按四级单元录入检测数据，按质量评定计算方法自动评定等级。养护巡检均采用APP(或PC端)录入巡检数据，并分别生成巡检档案资料，同步归入图文档案单元的养护档案系统中。巡检过程中发现的结构病害均通过APP录入四级单元路产中，并同步推送至养护智能管理系统PC端，通过系统管理员识别后进行"养护作业"推送流程。

②养护作业包括保洁保养、简易流程和标准流程三方面内容。保洁保养每天以台账形式记录保洁保养的位置、频次，并与养护指标、技术要求进行自动核对；简易流程是指一般性的小修工作流程，系统管理员接受巡检推送的病害信息后根据招标文件和病害损伤程度决定启动的流程，当已纳入小修保养的总价合同时采用简易流程，养护管理部门和养护单位APP接收到维修指令后开展维修，如实按规范格式通过APP记录维修信息，并自动形成维修台账；标准流程是指按工程变更的规范格式开展维修工作流程，当巡检发现的病害不属于小修保养总价合同或需要专项维修的病害时，系统管理员推送至标准流程，即按照变更工程的要求完成整个病害维修流程及相关维修记录，同时形成变更计量支付台账。

③专项工程包括大修中修和应急抢修工程，按专项合同以建设工程的基本要求进行管理，对纳入养护合同的专项工程按清单内容进行管理，包括合同签署、施工实施方案、分项工程报告审批、质量检查验收等具体内容。

④计划管理包括计量支付和养护计划。计量支付根据养护合同要求对养护小修保养及专项工程内容进行计量和支付，养护管理单位根据"养护规划与管理"及养护招投标的具体要求编制年度养护预算计划，计划执行过程(即计量支付)按月自动计算计划完成情况。

⑤评价分析将对养护数据进行全面的精准和模糊统计、查询，并对特殊路产、特殊结构功能退化和线形变化趋势建立专门的退化模型分析，对路产结构的质量状况开展不定期评价，同时，根据养护大数据每月定期开展养护形势分析报告。

(5)移动互联单元

移动互联单元与PC端共用养护数据库，是利用移动手机终端实现养护基本业务工作的操作和管理，内容见5.5.4节"养护巡检APP系统"。

(6)图文档案单元

图文档案包含视频图片、建设档案和养护档案三部分内容。图文档案采用录音、录像和图片格式，按照记事形式记录每天发生在工程项目中的主要事件，包括技术研讨、方案评审、阶段性进程、查整活动等；建设档案是指工程建设竣工档案，可以直接嵌入建设工程图文信息管理系统；养护档案则是按照养护规范、养护工程招投标及国检要求建立养护共用路产养护档案，养护档案信息数据连接来自路产养护管理系统采集和生成的信息数据。

在养护智能管理系统中使用路产地理信息(路产GIS)作为系统主界面设计。基于地理信息技术的养护字典管理信息和养护数据库开发的路产GIS功能主要服务于路产日常养护管理、应急管理和工程维修等管理。路产地理信息是根据对路产构造物的基础信息及病害信息的需求，综合运用地理信息系统和现代数据字典技术，为路产养护和安全管理提供网络化和可视化的基础信息及管理维护综合信息服务，同时为养护分析决策提供支持，实现路产养护技术操作标准化、养护巡查和结构检查便捷化、信息查询可视化及养护分析和决策科学化的养护规范化管理。

鉴于公路项目具有构造物多、结构复杂、需要检查和维护的构件数量多、范围大等特点，路产 GIS 功能模块采用将二维综合信息平台和系统相结合的方法，利用 GIS 空间查询技术对其进行管理。路产 GIS 将二维空间中大桥构造物及其他路产信息与系统中相关数据关联起来，便于路产基本信息、病害信息、检测信息、维修历史等各类信息直观地表现出来，以实现全线设备、设施二维数字化以及结构部件的数字化。同时，为实现养护信息的广泛集成与表现，路产养护智能管理系统将路产二维模型与数据库中相应实体的属性信息（文本、图片、多媒体）连接，不仅能够提高路产养护管理的直观性，还可以为管理部门的检查和养护决策提供方便。

5.5.4 养护巡检 APP 系统

养护巡检 APP 系统主界面设置待办事宜、巡查巡检、病害信息、信息查询 4 个板块，采用路产结构二维码进行信息录入，如图 5-23 所示。

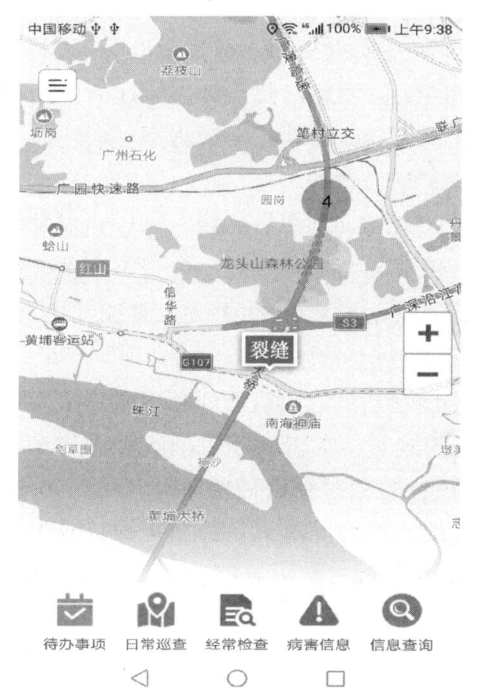

图 5-23 路产养护巡检 APP 系统界面

（1）待办事宜用于实时接收需要处理的养护工作，待办事宜分简易流程、工程流程及路赔流程。

①简易流程由养护工程师发出终极指令；

②工程流程由公司总经理发出最终指令，整个流程符合变更报告处理流程，本流程原则上在 PC 终端处理；

③路赔流程按照路政赔补偿的工作规则完成。

（2）巡查巡检用于养护和路政部门完成既定巡查的任务要求，内容分为日常巡查、经常性检查和路政巡查三方面，巡查重点必须包括关键结构、特殊部位、风险区域及重大危险源。巡查巡检满足基本功能：

①自动形成巡查路线和巡查台账；

②对巡查发现的安全问题同时推送至运营安全智能管理系统和养护智能管理系统，一般养护质量问题仅推送至养护智能管理系统；

③系统管理员收到推送信息后形成处置文件，推送至 APP 端（包括养护管理、养护作业、路政管理人员），相关责任部门及人员落实文件的闭合管理；

④按一事一档原则，自动形成事件处置台账。

（3）“病害信息”分为即时病害和历史病害，即时病害“实时”显示未处理的病害信息，按 9 个路产单元模块分别列出未处理的病害内容；而历史病害则提供所有路产病害的查询功能。

（4）信息查询提供 9 个路产模块信息卡片的所有内容查询。

（5）路产构件二维码的设计原则：路段编号 + 一级单元编号 + 二级单元编号 + 三级单元编号 +4 位码序号编号。

5.6 公路运营安全智能管理系统开发

5.6.1 系统开发的理论和技术要求

公路运营安全智能管理系统基于预防性管理理论和目标实现原理进行开发，该系统开发满足运营管理平台开发的数据字典技术、信息单元技术、地理信息技术、大数据处理技术要求，符合安全生产法、公路安全管理条例、公路路产管理条例的规定，系统思维来源于运营安全管理的具体实践经验并与本书第4.5.5节“运营安全管理”理论和内容一致。在运营安全智能管理系统中所涉及的安全是指一切违反公路本体结构及其运行条件与运行环境的安全条件和因素，具体包括非应急性安全事件和应急性安全事件。

（1）非应急性安全事件是指违反安全管理规定但并未造成事故损失或损害的事件，如一般性交通违规、路面污染、积水或障碍物、路面破损、养护作业、车辆故障未按规定摆放安全标志、高速公路上行人和不符合规定设置交通工具等。此类事件占运营安全管理事件的比例一般超过95%，但此类事件若未及时发现和处置往往会发展成应急性事件。

（2）应急性安全事件是指包括违反安全规定或不违反安全规定，但已造成事故和损害的事件，或者依据分析判断可能造成事故的大概率事件或较大损害事件。应急性安全事件按照“运营安全管理”分4大类，28种判别方法和应急措施，见第4.3.3节“运营安全管理方法”之表4-8内容。应急事件在运营安全管理中占事件总量不到5%。

公路安全智能管理系统GIS管理的数据包括空间数据和属性数据，空间数据是指电子地图中包含的各类信息，如路线、桥梁、高清摄像枪、高清卡口、救援车辆、气象监测设施等地理信息，通过专用软件管理和维护，以图层形式来体现；而属性数据包含摄像枪视频、车辆GIS数据、气象监测器数据等公路应急管理设施数据，属性数据的管理一般通过公路里程桩号来进行。因此，将路产空间数据和属性数据建立关联并在安全智能系统中显示、查询、分析是GIS技术在公路安全智能管理系统中最主要和最基本的应用。

5.6.2 安全智能管理系统的功能

公路运营安全智能管理系统以公路运营管理体系中安全子系统的内容和管理方法为基本设计依据，形成层级化、集成化、标准化的系统结构，系统结构设计遵循“规范性、友好性、经济性、扩展性、实用性、可靠性”等信息系统结构设计原则。系统基于GIS地图构建“可视、可控、可调度、可追踪、可分析”的全新安全运营指挥调度模式，按照安全应急预案中所有应急事件的分类描述，确定响应级别及处置预案，实现了特情处理的智能化调度，并将各种应急调度资源有效整合、优化调配，充分彰显了安全管理系统的强大功能。

运营安全智能管理系统实现的管理功能包括信息数据的关联功能、历史追溯功能、统计分析功能、管理性共享功能及拓展性功能。运营安全智能管理系统实现的管理功能，如表5-4所示。

运营安全智能管理系统管理功能 表 5-4

相互关联	历史追溯	统计分析	管理性共享	管理性拓展
a. 事件类型与事件级别； b. 事件级别与处置预案； c. 安全巡检与应急响应； d. 中心调度与多级联动； e. 安全监控与安全报告； f. 事件统计与事件分析； g. 安全评价与安全分析 ……	a. 事故责任； b. 巡检责任； c. 安全监管责任； d. 安全应急方案 ……	a. 事故情况统计分析； b. 事件情况统计分析； c. 事故分析报告； d. 事件总结报告； e. 安全总结报告 ……	a. 养护巡检与安全巡检； b. 结构安全与运营安全； c. 环境监测与运营安全； d. 实时路况与安全监控 ……	a. 事件监控管理拓展至运营安全管理； b. 运营安全管理从项目级拓展至区域级； c. 项目级运营安全统计分析拓展至区域级运营安全统计分析 ……

5.6.3 安全智能管理系统的内容

运营安全智能管理系统体系结构设计是从系统的模块方面对系统进行描述，具有物理和逻辑两个方面。物理体系结构设计关注部署方案的选择以及系统的工作负荷在多处理器上的分布。物理体系结构解决客户机和服务器问题，以及“黏结”客户机和服务器所需要的任何中间件问题。

体系结构设计是从系统的模块方面对系统进行描述，常见的体系结构模式有单用户体系结构、C/S 体系结构、B/S 体系结构、P2P 体系结构等，本系统体系结构采用当前主流的 B/S 体系结构。系统体系结构设计，如图 5-24 所示，基础设施层定义了本系统操作的数据源；基础数据层定义了数据存储的各种方式；数据处理层定义了支撑本系统计算查询的应用基础平台；业务、应用层定义了本系统 PC 端和移动 APP 端的人机交互界面。

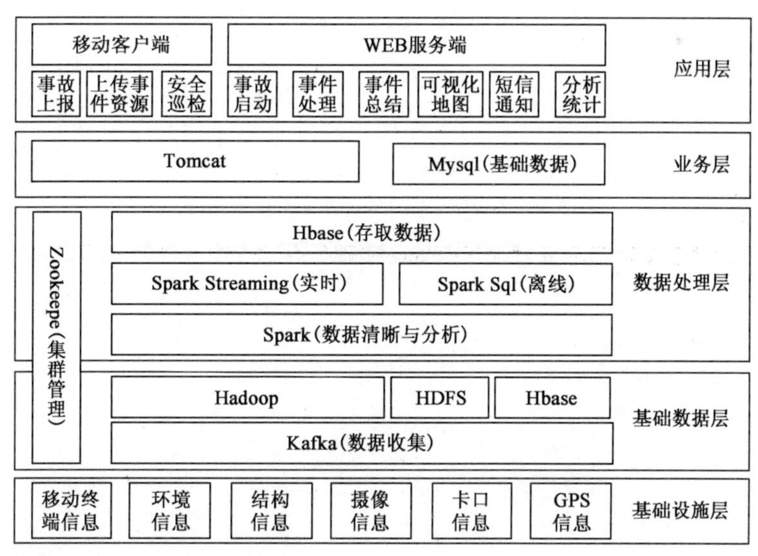

图 5-24 系统体系结构图

运营安全智能管理系统模块功能的设计立足于公路运营安全本身的业务需求，采用 WBS 分解的方法，将系统分解为功能单一的模块，并使用 Microsoft Visio 设计工具按信息单元技术的功能从属关系设计功能结构,系统主要功能模块包括基础信息、地理信息、安全巡查、安全管理、移动互联管理5个子模块单元,如图5-25所示。按照信息单元技术搭建系统结构作为运营安全智能管理系统入口界面,如图5-26所示。按照GIS技术设计运营安全智能管理系统主界面,如图5-27所示。各子单元模块分解为具体的管理内容。

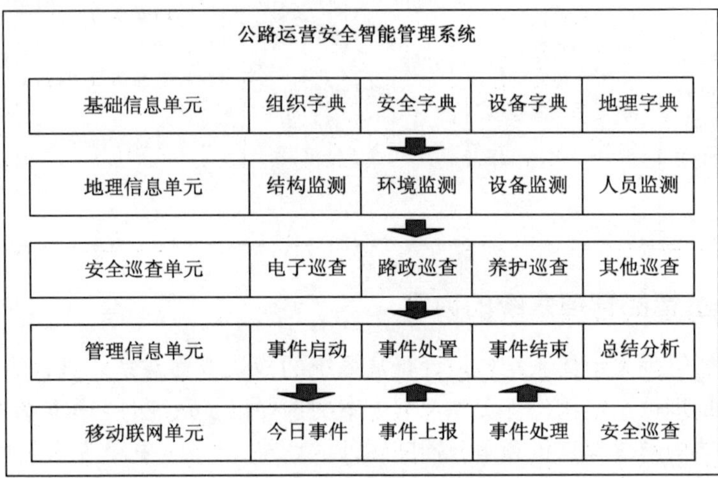

图5-25　系统功能结构设计图

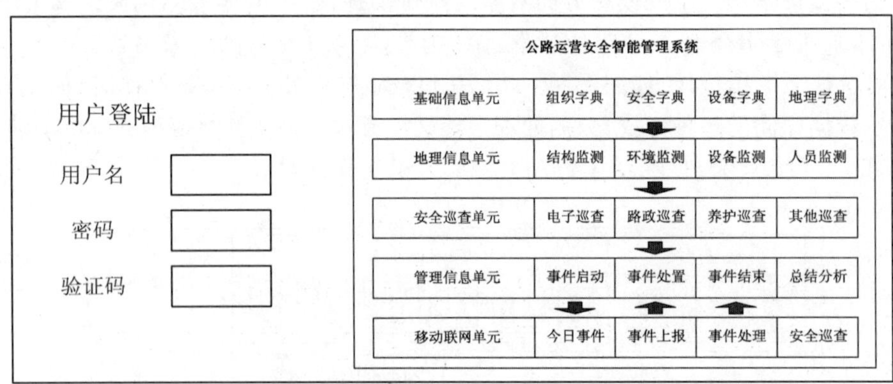

图5-26　公路运营安全智能管理系统入口界面

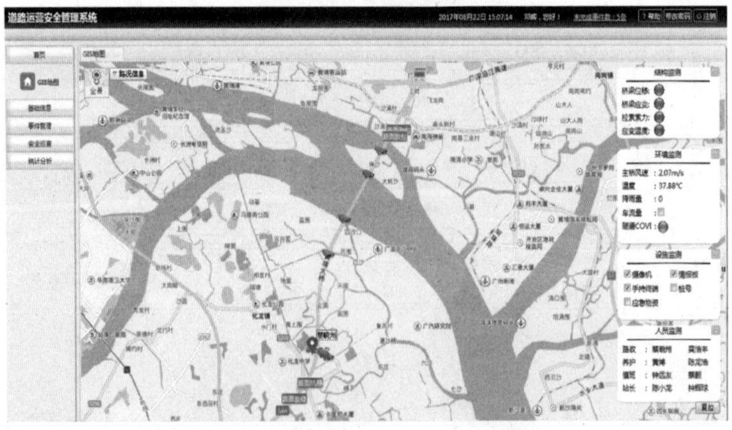

图5-27　公路运营安全智能管理系统主界面

(1)基础信息单元模块

基础信息涉及运营安全管理的机构及人员、线路位置、安全行为和安全管理设备等内容,这些信息内容按标准格式进行字典化,单元模块包括组织字典、安全字典、设备字典、地理字典等。这些基础信息包含对GIS地图及相关集成设备、设施信息管理、系统组织架构管理、系统操作人员管理和人员角色及操作权限管理。

①组织字典包括落实安全应急救援的各应急对象、专业救援的安全管理机构和落实一岗双责的业务组织机构。安全组织架构维护管理包括组织架构的新增、修改,组织架构的人员信息管理,如人员信息的新增、删除等;系统操作人员管理包括使用本系统的操作人员的新建、移除;系统人员角色及操作权限管理包括普通操作员、高级管理员、系统管理员等角色的新建、模块及数据读与写的权限控制、对人员角色赋予及权限对应管理等。

②安全字典包括第5.6.1节的非应急性安全事件和应急性安全事件的字典化,安全字典是本系统的管理核心。

③设备字典是各类事件的主要来源,也是手工录入的参考依据,将安全设备设施进行统一管理,包括对摄像机、情报板、卡口、落实安全应急数据的应急对象和专业救援及巡查车辆等重要设备的选择,并在GIS进行标注,以实时显示设备的运行数据。

④地理字典是对安全管理重要的路产和地物按照管理要求将位置桩号和卫星定位坐标进行匹配定位,为安全救援、精准救援和事件分析提供依据。

(2)地理信息单元模块

地理信息主要指建立和使用GIS安全监控管理界面,能在地图上清晰看到系统设备运行状态、结构健康情况、运行环境状况及事件发生地现场情况和事态发展情况,便于指挥和决策人员直观的进行形势判断,形成决策或资源调度。救援、养护、巡查车辆可通过GPS模块获取坐标值,用于GIS系统救援及巡查车辆实时定位及轨迹跟踪。GIS管理平台动态显示各类应急救援资源,主要包括:

①高清摄像枪:在GIS地图上点击高清摄像枪弹出小框,显示实时视频;

②情报板:在GIS地图上点击情报板显示当前情报板发布信息;

③高清卡口:点击卡口弹出卡口监控视频,在GIS地图的右侧悬挂面板展示当日所有卡口车流量统计,高清卡口用于车辆速度、行使路线和特别车辆的识别等;

④隧道信号指示灯及相关采集设备:集成显示隧道通行指示灯,隧道CO/VI,隧道风速等信息数据;

⑤桥面能见度与风速:桥面气象采集设备的采集数据显示;

⑥桥梁结构安全相关采集信息:采集主桥健康监测系统中有关信息,在GIS地图上标记"斜拉桥"、"悬索桥"的图标,通过单击图标显示每个桥段对应的重要结构数据,结构数据包括桥梁位移、箱梁应变、拉索索力,并在每个数据旁边明确显示出该数据值的正常范围区间,超过正常范围的数据值以不同颜色警示或主动系统报警提醒系统操作员采取必要应急措施;

⑦救援人员、巡查车辆信息管理:在GIS地图上获取显示现场救援人员及救援应急车辆的GPS数据,可跟踪人员、车辆运行轨迹;

⑧线路及主要结构位置信息:通过移动APP的GPS定位功能将路线的网络编号里程和设计里程与APP坐标进行匹配定位,保障安全救援的准确性。

以上所有安全救援设施的运行状态均能在GIS地图上显示,可查询当前及历史设备状态数据,并在主界面实时显示标注设备的运行状态。

(3)安全巡查单元模块

安全巡查是安全管理信息的来源,包括电子巡查、路政巡查、养护巡查(合称三巡)和其他巡查。"三巡"安全巡查主要指由监控应急中心、路产管理部和路产养护部三个部门人员按照"三巡"制度录入质量与安全巡查管理数据,系统提供应急中心软件录入和APP软件录入两种方式上传产生的数据,监控中心通过安全系统软件界面录入电子巡查数据,路产养护和管理人员通过APP系统录入现场巡查数据,所有数据在同一个数据库中按录入顺序存储,在程序界面中以流水账形式显示,可在系统提供的查询界面查询所有表单信息。另外,安全巡查单元接收其他巡查信息,包括交警和公众等传报的相关安全信息。以上所有巡查信息录入系统进入安全管理单元程序。

(4)安全管理单元模块

安全管理是依据安全巡查单元所发现的安全事件按照安全字典内容进行判定并启动、处置及总结分析的过程。安全事件管理包括事件启动、事件处置、事件结束和总结分析4个环节。

①事件启动

事件启动主要指事件发生时,由操作者根据事件启动相应级别响应安全事件,在系统中录入事件基本信息,包括事件名称、事件来源、发生路段、行驶方向、占用车道、发生桩号、拥堵距离和交通状况等。事件信息录入后由系统管理员通过系统或信息平台直接推送到手机APP和相关事件处置人员,并根据事件基本信息自动生成事件描述,最后根据事件类型、事件级别及事件处理预案,执行具体的事件处理流程,直到流程终止。

②事件处置

事件处置指由操作者根据事件处理的实际情况在本系统中录入、记录事件处理的过程信息,该步骤需要调出道路视频、事件视频、事件图片、排障资源、养护资源和所有系统能获取的事件信息,并用多个步骤显示事件处置相应的进度信息,后续步骤可结合APP的数据反馈来进行延续,事件处置进程设计为手动与自动相结合的功能。

③事件结束

事件结束主要指根据事件处置的实际情况结束该安全事件,在安全事件现场抢救、恢复及善后处理完成后,由监控应急人员进行事件结束的系统操作,系统保存事件整个过程信息,该操作标志着安全事件结束。

④总结分析

总结分析的内容包括安全事件报表、事件总结和事件分析三方面。

安全事件报表按照事件类型、发生时间、处理情况自动生成,参考报表类型包括交通事故处置情况区间报表、清障作业区间报表、故障违停车处置区间报表、障碍物处置时间区间报表、行人上桥处置区间报表、危化品处置区间报表、恶劣天气区间报表、障碍物处置区间报表、警卫任务区间报表、布控协查统计区间报表和交通管制统计区间报表。

事件总结主要指根据安全事故"五不放过原则",按规定进行调查以查明事实,调查内容包括事故原因分析及主要依据,发展过程及造成的后果分析评价;总结内容包括主要应急处置措施及有效性评价、事故责任人及其处理、查出尚未解决的问题、经验教训及建议、恢复重建建议和相关附件等信息,并自动生成书面报告。

事件分析是根据安全事件报表管理内容,对定期(可分为季度、半年、年度)运营安全数据的特征及规律进行统计和总结,分析当前阶段的运营安全形势和安全发展趋势,有针对性地采取安全防范措施和管理措施,以避免或减少可控事故的发生。

总结分析阶段形成可导出并存档的安全管理资料,形成"运营安全大数据管理台账",全面落实运营单位安全管理职责,大数据台账包括安全事件统计台账、重要事件台账、事故分析报告和安全形势分析报告。总结分析提供安全状况和安全事件统计分析的模糊查询。

(5)移动互联单元模块

移动互联是指利用移动终端 APP 设备开展安全巡查并上报发现事件和实时接收系统推送的事件,同时,现场处置人员通过 APP 实时反馈现场处置的实际情况。移动互联单元模块包括单元模块界面和单元模块内容。单元模块界面分为管理菜单和 GIS 地图两个功能区。GIS 地图功能区包括实时路况地图及安全管理有关的实时采集结构监测、环境监测、人员监测等信息;管理菜单(单元模块内容)功能区包括实时接收系统统计及实时推送事件列表、巡查发现并推报系统的事件上报、安全处置人员实时反馈现场状况的事件处理、路政和养护人员开展业务巡检工作的安全巡查等。

事件列表包括所有事件、重要事件、未结事件三部分,三类事件均提供模糊和分类查询功能。所有事件是通过移动端查询 PC 端中所有安全事件;重要事件是通过移动端查询已经开展"一事一档"处理的安全事件;未结事件是通过移动端查询尚未完成处理的安全事件。

事件上报是指安全巡查人员将巡查发现的问题按系统格式要求第一时间上报系统管理中心,由系统管理值班人员完成事件的启动和推送工作。

事件处理是指 APP 实时接收系统推送的安全事件,路政和养护人员通过 APP 提示和安全管理的职责要求对"事件列表"中"未结事件"开展相关事件的处置工作,事件处理的第一现场人员通过 APP 按规定程序和格式实时报告事件开展的情况,包括现场救援力量到达情况和救援方法及过程的图片和视频信息。

安全巡查是指路政和养护管理人员、作业人员按照各自职责和管理要求完成规定的巡查工作,APP 将准确定位巡查人员的位置信息和巡查路线。

移动终端是移动互联的关键设备,其主要功能为安全信息的推送与文字位置、照片、语音、视频等现场数据的反馈。应急救援人员个人手机安装系统提供的手机 APP 应急移动终端程序,该程序所管理的数据与监控应急中心发起的应急事件数据自动同步。

5.7 本章小结

在公路运营管理理论和技术体系的指导下,基于数据字典技术、信息单元技术、地理信息技术和大数据处理技术的具体要求,开发运营管理信息平台和各核心业务智能管理系统。系统通过统一的格式、规范的字典,对公路路产结构、结构监测、设备监测、路产经营、交通环境、自然环境、日常巡查等信息数据进行采集、存储和挖掘,利用信息数据的相互关联关系,开展管理内容和敏感事件的历史追溯和统计分析,并实现信息数据在各业务管理中的共享和从项目管理向区域性管理的拓展,将大大提升行业和专业管理效能,为公路运营实现治理能力现代化提供了坚实的技术支撑。

利用规范的数据字典将运营管理内容及其相关信息数据化,同时,开发具备识别、计算、分析、预测功能的管理系统,是实现智能化管理的基本内涵,智能化的管理系统将实现运营业务管理的内容·技术·目标的无缝衔接。系统拥有最根本的性能:

(1)有背景,具有完整理论体系支撑。

(2)有内涵,具有完整的信息数据库。

(3)有实力,具有功能多维性的拓展。

第 6 章　公路运营管理实践

6.1　实践项目概况

广州绕城公路东段(含珠江黄埔大桥,以下简称“东二环”)是经国务院常务办公会议通过、国家发展和改革委员会批准的重要建设项目。项目北起广州市黄埔区,与绕城高速北环段及广深高速公路相接,向南跨越广深高速公路、广园快速路、广深铁路、国道 107、广深沿江高速公路,在红山街菠萝庙船厂西侧跨越珠江主航道和辅航道至番禺区化龙镇,终点与广珠东线高速及广明高速公路相接,路线全长 18.694km。项目按八车道高速公路标准建设,总投资 42.42 亿元,主要结构工程包括珠江黄埔特大桥 1 座、大桥 4 座、互通立交 5 座、长隧道 1 座。项目于 2004 年 12 月开工,2008 年 12 月建成通车,2009 年 11 月按照《收费公路管理条例》相关规定由广东省物价局完成成本核算和收费标准听证后批准项目通行费收费标准,2013 年 3 月通过交通运输部组织的竣工验收。项目由广州市、香港特别行政区、广东省三个投资公司按 6:3:1 的股比合作组成项目公司,项目资本金占总投资 35%,65% 向银行贷款融资建设,项目法人为广州珠江黄埔大桥建设有限公司(以下简称:合作公司)。

项目位于广州市东南部经济产业带,是京港澳和沈海高速在广州并线的控制性工程,在国家主干线公路网及广东省、广州市区域公路网中占有重要位置。项目建设对促进广东经济发展有着重要意义,项目建成通车后,实现了原京珠高速公路在广东境内的全线贯通。

项目控制性工程为珠江黄埔特大桥,(图 6-1、图 6-2)和龙头山隧道(图 6-3)。其中,珠江黄埔特大桥全长 7 016.5m,必须通过工厂、码头、学校、公园、交通干线、高压线网和珠江主、辅航道等,大桥包括不等跨径、不对称纵坡(1% 单向坡)的跨度 383m 独塔斜拉桥;不等锚跨、不对称纵坡(1% 和 -2%)、主跨径跨 1 108m、梁宽 41.69m 的整体式钢箱梁悬索桥;采用 62.5m 跨度移动模架施工的连续梁和连续刚构桥。龙头山隧道是国内第一座双洞八车道高速公路长隧道。项目建设面临地质复杂、航道要求高、地形地物受限、交叉结构重叠、结构种类多等难题。

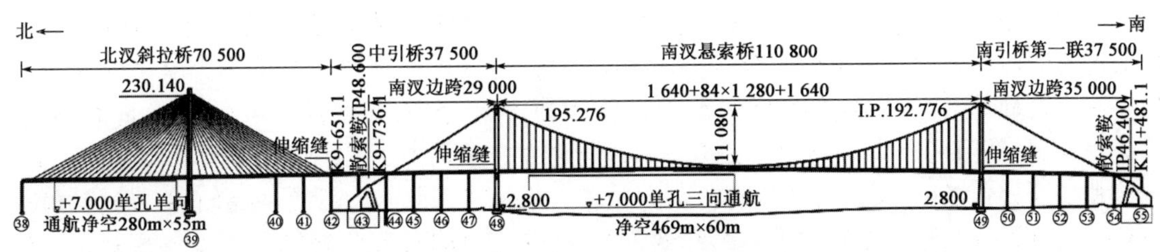

图 6-1　广州珠江黄埔大桥设计图(尺寸单位:mm)

针对复杂条件大跨度斜拉桥、悬索桥、移动模架法施工梁式桥和双洞八车道高速公路隧道等工程设计、施工、制造、控制及建设和运营管理,系统开展了复杂条件大跨度公路桥隧工程建设与管理关键技术研究和公路运营管理体系与信息集成系统研究等,研究取得了多项创新性成果,并获得4项省部级科技进步一等奖和中国土木工程詹天佑奖等。整体成果在珠江黄埔特大桥项目建设和运营中得到成功应用,并已推广至国内多项重大工程的建设与运营实践。

图6-2　广州珠江黄埔特大桥

图6-3　龙头山隧道

由于成功应用公路运营管理体系及管理理论、方法和手段,项目在运营质量、安全及成本控制各方面均取得较好的效果。2009—2015年度,国家道路及桥梁质量监督检验中心结合项目常规养护、大桥年度定期检测、长期安全监控结果认为:东二环的结构技术状况及安全性均处于良好状态,桥梁综合评定均为Ⅰ类。

6.2　运营管理体系的应用

6.2.1　组织机构管理

按照合同章程,合作公司实行董事会领导下的总经理负责制的独立公司经营管理模式。根据运营管理体系理论框架构建合作公司组织架构,对应运营管理体系的六大基本管理业务组建6个管理部门,分别是路产养护部、路产管理部、路产经营部、运营安全部、运营成本部、运营绩效部,各部门按照“一岗五责”原则对负责管理业务的计划、质量、安全、廉政和效率负责。具体业务内容包括:公司运营绩效部负责公司运营绩效管理及人力资源、党群工作、培训宣传、行政办公、后勤保障、档案管理等运营绩效工作;运营成本部负责公司运营成本管理及计划预算管理、财务管理、会计管理、票证管理、证照管理、资金管理等工作;路产经营部负责公司路产经营管理及收费管理、运营营销、交通规划、路产出租、收费站监控等工作,部门下设4个收费站,收费站采用具体业务分开、数据集中管理的收费管理模式;路产养护部负责路产养护及工程管理,具体包括所有路产的养护及工程的计划、组织、执行、结算、验收及养护施工作业承包的管理、技术总结、科研创新等工作,下设机电信息中心,具体负责收费、通信、监控三大系统及供配电设备的管养、信息化工程建设与管理、健康与安全管理系统维护等工作;路产管理部负责路权维护、路产管理、道路交通运行、安全巡查和稽查等工作,配合交警和执法部门开展交通执法和治理,部门下设置路政队,执行路政外因管理工作;运营安全部负责运营安全的监管以及公司的内保综治和消防管理工作,下设监控应急中心,具体负责收费监控、电子安全巡查、信息集成与发布、设备控制、应急指挥等工作。合作公司组织架构,如图6-4所示。

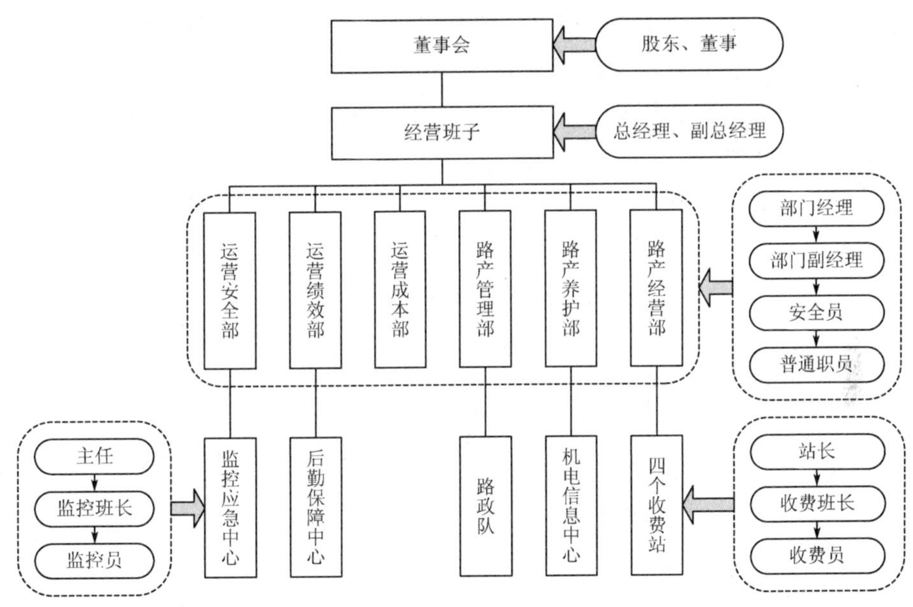

图6-4 合作公司组织架构

组织机构管理遵循"目标单元"原理,将公司经营目标和安全目标分解到各个目标单元,同时遵循"点线面"原理,通过自律、上下级他律完成管理目标。在职能设置上,采取"一岗多责"形式,将各部门及员工的岗位职责分为业务职责和安全职责,业务职责分为主要负责工作与协助性开展工作,要求各岗位人员要针对各自分工及岗位职责,加强工作计划执行力度,提高履责意识,强调以高度的责任心,认真落实岗位相关工作。在工作分工上,经营班子负责公司发展战略和各阶段经营管理目标的制订,总体统筹工作计划的实施和监督,班子成员是分管业务计划、质量、安全、廉政、效益的直接责任人;部门经理全面主持部门业务管理工作,负责部门制度和计划的编制、执行、落实和监督,对本部门业务工作的质量、安全、廉政、效益负责,部门经理是部门安全生产第一责任人。在计划管理上,遵循预防性管理理论及原理的指导,始终牢记"经营好公路、服务好社会"的宗旨意识和"常态化高质量实现目标"的责任意识,按照"重点管理,全面保障"的管理思路,直面问题和困难,从源头上进行预防预控,强调绩效考核工作的有效执行,确保了各项计划任务常态化、高质量完成。

6.2.2 战略目标管理

战略管理是决定企业长期发展方向的一系列重大管理决策和行动,包括企业战略的制定、实施、评价和控制。合作公司根据目标单元原理构建战略管理体系,将公司的总体战略分解成

4 个层次、2 条途径，循环闭合实现。首先是自上而下的战略分解，即由公司董事会批准经营班子牵头完成公司发展的总体战略，明确公司发展的方向，确定发展的重点，总体战略内容主要包括《项目经营规划与管理》、《路产养护规划与管理》，根据两个规划的要求制定公司的年度计划，由公司经营班子向下传达并督促实施；经营班子组织各部门经理，结合实际情况，共同研究制定部门季度计划，与公司年度计划匹配，实现总体计划的一次分解；部门经理组织部门成员进行部门季度计划的二次分解，制定班组的月任务，匹配部门季度计划；班组长组织班组成员共同确定成员的月任务，将责任落实到岗位、落实到人，做到人人明确自己的任务。其次是自下而上的目标闭合，即员工岗位月任务完成使得班组月任务完成，班组月任务完成保证部门季度计划完成，部门季度计划实现保证公司年度计划实现，从而全面实现战略目标。在提交任务目标结果时，上一级管理岗位负责对提高结果的“四责”内容进行验收和修正，确保满足计划目标要求，如图 6-5 所示。

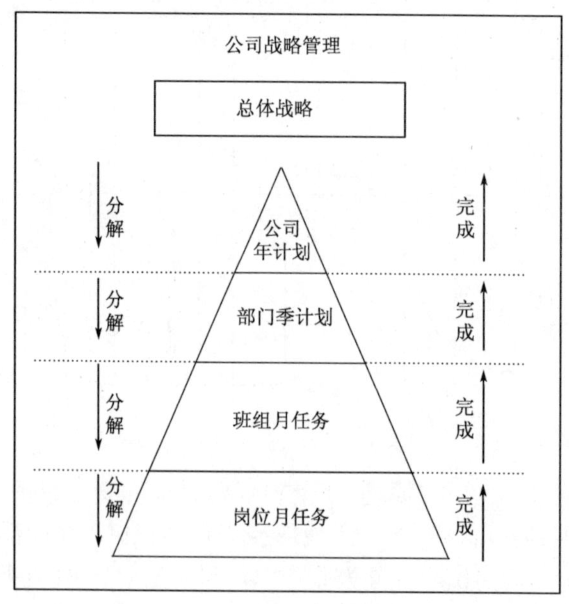

图 6-5 合作公司战略管理体系

6.2.3 绩效评价管理

绩效考核指企业在既定的战略目标下，运用特定的标准和指标，对员工的工作行为及取得的工作业绩进行评估，并运用评估的结果对员工将来的工作行为和工作业绩产生正面引导的过程和方法。绩效考核是企业实现管理目标，激发员工积极性的重要工作。

合作公司采用分层级的绩效评价体系，根据组织架构层性质设置不同类别的绩效评价方法，有条不紊地层层执行。公司经营班子是公司运营的直接指挥者，其管理效益由董事会和上级主管单位进行年度考核评价。经营班子负责考评各部门经理的管理效益，每季度考评一次；各部门经理直接负责部门内部班组组长的工作绩效考核，每月考核一次；班组长直接负责组内成员的工作绩效考核，每月考核一次，考核内容分工作绩效、能力水平、协作能力三方面，如表 4-56 ~ 表 4-59 所示。上层级对下层级考核具有监督和纠错责任，以确保考核评价的公平、合理、有效，如图 6-6 所示。

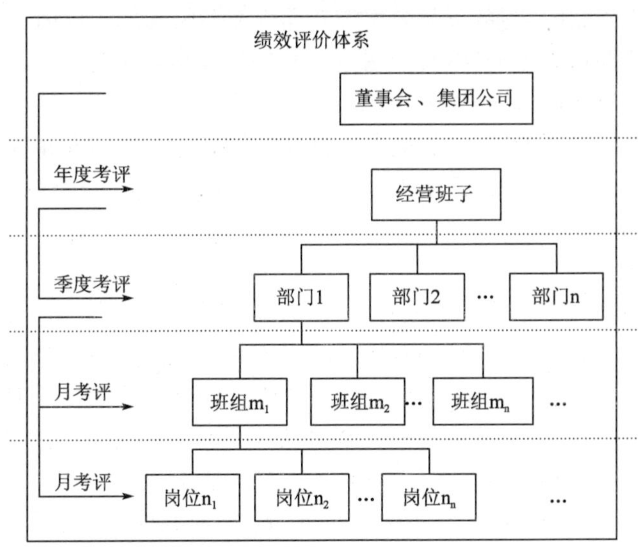

图6-6 黄埔大桥公司绩效评价体系

对一线工作岗位采用月度考评模式，有利于工作绩效的及时确认以及激励施行，提升员工的工作热情，同时工作中存在的问题能及时发现和处理，保证工作任务的完成；对部门级工作绩效采用季度考评模式，主要考虑部门工作目标是中长期目标，需要相对应的考评时段来反映客观的、真实的工作状况，以获得科学有效的评价结果；经营班子工作目标对应的是公司的长期战略规划，同样需要相对应的考评时间来获得科学有效的评价结果。与工作内容相适应的绩效考核办法不仅有利于促进工作目标的实现，也有利于激发员工的工作积极性，同时可以提升员工的自律管理意识，有利于实现公司的精英培养计划。

6.2.4 运营业务管理

合作公司始终以问题导向思维强化风险预防，应用大数据管理和系统管理手段，推行技术创新和管理创新，实现常态化高效益和高质量管理目标。在预防性管理理论指导下建立起公路运营管理体系，形成了“三位一体”的路产养护管理、“五星服务”的路产运营管理、“三巡两检一控制”运营安全管理、“五有行为”的运营绩效管理，这些具有创新特征的管理方法实现了企业精神文化与物质文化和工作“点”与“面”的无缝衔接。

(1)问题导向，落实预防

以问题导向思维强化风险预防，包括做好经营收入风险点的预防预控，重点做好敏感点交通流维护，按照“优美、安全、文明、快捷、舒适”的“五星服务”标准，落实主动服务和精准营销的具体措施；做好运营安全风险的预防预控，落实“三巡两检一控制”运营安全管理，按照“一事一档”、“五不放过”的原则落实好安全隐患的整理、汇总、告知、督办和备案的程序管理；做好路产主体结构预防性养护，全面落实“三位一体”路产养护管理和预防性养护理念，重点把控桥梁悬索桥、斜拉桥、大跨度梁桥等主体结构及路面预防性工作；抓好运营效能的预防预控，按照“有计划、有组织、有执行、有控制、有效益”的“五有行为”开展运营绩效管理，重点抓好员工作风建设，强化绩效考核和责任追究制度。

(2)量化规划，突出效益

按照目标单元管理原理分解和量化公司总体战略。通过经营期财务盈利规划和运营期路产养护规划两个核心规划的编制，量化公司经营期内业务管理的具体内容。

编制和执行经营期财务盈利规划，预测主营业务收入和各项成本支出，提出并执行提高收费收入和降低费用支出的做法。

编制和执行运营期路产养护规划，提出运营期养护总体质量标准和各时期、各专业的养护质量标准；量化养护成本指标并提出了提高养护质量、降低成本支出的做法；提出全寿命周期的预防性养护目标和具体执行方法。

(3)以点带面，突出质量

按照"点线面"管理原理，提出通过基本业务、重点任务带动全面工作质量的管理方法。按照合作公司文化建设促进工作质量的目标，以点带面的"点"一方面指"人"，即员工、一方面指"物"，即重点工作。"员工"强调精神文化，强调党工团组织在员工精神文化塑造中的主导作用，强调常态化高质量完成本职工作对全局的决定性作用；"重点工作"强调制度文化和物质文化，强调重点工作管理方法对全面质量和水平提升的带动作用。

国检带面。通过全国公路质量检查带动收费、养护、路政业务外业质量提升和内业工作的常态化规范。

联网带面。通过全省联网、全国 ETC 联网、全称重收费带动收费及安全设备、设施质量及管理系统的整体性提升。

案件带面。通过法律诉讼案件、交通安全案件、经济审计案件的研究、总结和反思，提升工作质量并管控风险。同时，对工程重点结构、关键部位、风险区域、重大危险源按照"五不放过"原则建立"一事一档"管理。

(4)创新驱动，追求持续

围绕运营管理体系框架和行业专业特点开展核心技术攻关，并始终将创新发展作为公司的核心战略。

将科学研究与生产经营有机结合的创新工作成为企业持续发展的助推器和经营效益的催化剂，通过关键技术攻关，获得一系列国家发明专利和计算机软件著作权，为战略目标的实现提供坚强保障。

将实现运营管理治理体系和治理能力现代化目标作为公司管理工作的根本追求。完成了体系标准化内容《公司治理核心制度运营管理细则》的编写，细则包括养护规划与管理、招投标管理、信息化管理、合同管理、绩效管理、收费管理、安全管理、预算计划管理、路产路权维护管理九大方面内容的执行标准。

将守法经营、良性发展、法制规矩、表里如一的企业健康与精神奋发、止于至善的员工幸福进行有机统一，并构建具体内容，使执行疏导与效果控制有机结合的管理文化成为常态化高质量完成目标的自觉行动保障，作为文化体系建设的重点去推动常态化高质量目标的实现。

6.3 集成管理系统的应用

6.3.1 公路运营集成管理平台

合作公司根据公路运营集成管理平台开发的理论和技术要求及平台的功能和内容完成了

平台的开发工作,并投入实际应用,明显地提高了执行控制能力,全面提升了各项工作管理水平和应急反应能力,运营管理集成平台开发完成后,实现了系统模块与合作公司业务部门管理的对接,如图6-7所示。

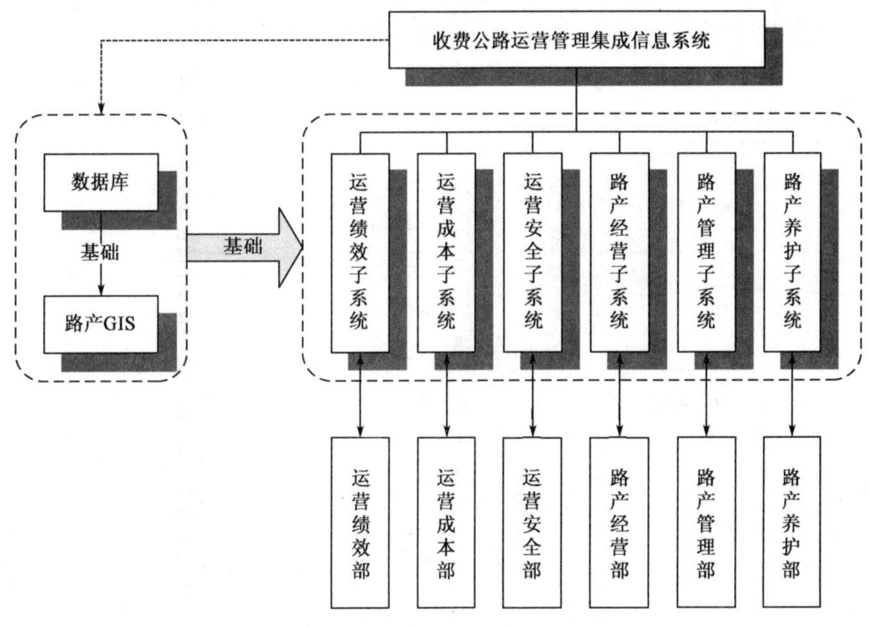

图6-7 运营管理集成系统与公司部门管理的对应关系

公路运营集成管理平台在实践中的运用主要是将6个管理部门对应6个业务子系统的管理:

(1)运营绩效部执行运营绩效子系统,子系统内容包括制度规程、综合办公、对外公开、本级绩效、上级考核、国检省检6个子模块,如图6-8所示。综合办公、对外公开、本级绩效、上级考核、国检省检分别链接企业办公系统、企业网站、内部考核模块、上级考核模块、国检省检模块。其中制度规程业务子系统建设的理论基础包括运营绩效管理所需的制度标准和实施细则等;国检省检模块按照国检省检要求的内容和格式录入、导出与管理,相关内容与6个子系统对应内容相统一。

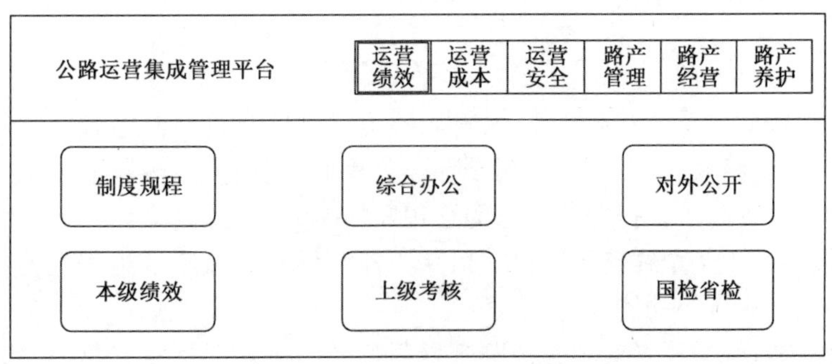

图6-8 运营绩效子系统界面

(2)运营成本部执行运营成本子系统,子系统包括制度规程、合同管理、预算管理、财务管理、税务证照、成本体系6个子模块,如图6-9所示。合同管理主要是对预算计划中专项工程招投标和合同业务管理中规定内容的台账式和流程式信息管理;预算管理主要指公司五年规划与年度预算计划的编制以及年度预算计划按月度分部门的分解和信息化管理;财务管理主要指资金运作规划、资金支付财务报表、财监工作报告、财务审计报告、日常合并报表等业务的信息管理;税务证照主要指对企业经营的税收证缴、票证管理、证照年审等业务信息的台账式、流程式管理;成本体系主要指运营成本构成标准、盈利能力分析、经营风险评估等业务的信息化管理。

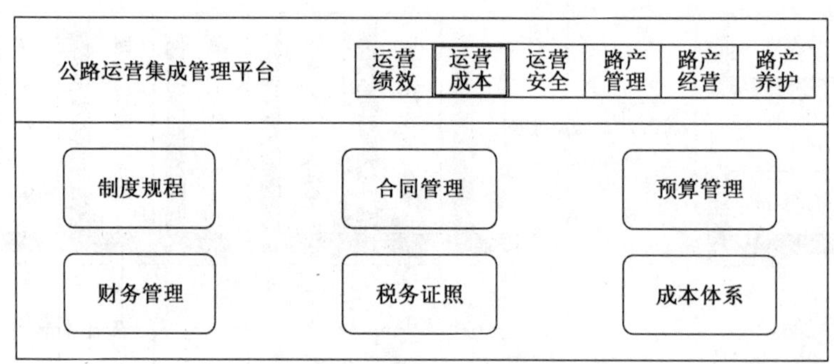

图6-9　运营成本子系统界面

(3)运营安全部执行运营安全子系统,子系统包括制度规程、环境安全、车辆监控、结构监控、设备监控、安全平台6个子模块,以上模块均为已经开发应用的系统,直接在运营管理系统中链接,如图6-10所示。其中,环境安全与高清视频系统链接、车辆监控与危化运输监管系统链接、结构监控与大桥健康监控系统链接、设备监控与电力设备监控系统链接、安全平台与公路运营安全智能管理系统链接。

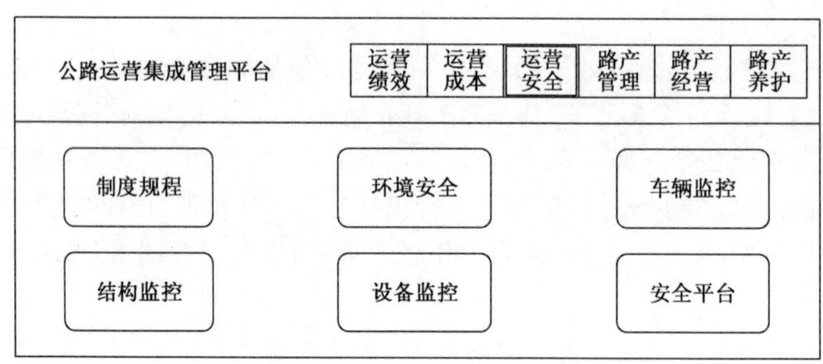

图6-10　运营安全子系统界面

其中,高清视频监控系统对大桥主桥桥面、隧道等敏感点进行高清数字化视频监控,并将高清数字视频引入到路政、收费站及公司领导办公桌面,利用高清视频监控辅助路政巡查,减轻路政巡查工作量,提高了监控应急中心的远程监控能力。

电力设备监控实现了全线路灯、隧道灯、变压器等供配电设施的远程电力控制,包括照明开关控制、设备状态查询等功能。

危化运输监控系统实现了对项目风险区域内危化品车辆的信息采集,包括车辆的运行路线、行驶速度、违规信息等,并形成相关安全分析报告和报表,为行政执法和安全管理提供数据。

大桥健康监控系统实现对大桥主体结构的健康监测，通过该系统可以查看包括大桥索塔拉力、抽湿机湿度等主体结构状态。

运营安全智能管理系统实现对应急和非应急全部五类构件的全过程管理。

(4)路产管理部执行路产管理子系统，子系统包括制度规程、路产管理、路权维护、案件管理4个子模块。路产管理主要指采用高清视频系统和路产巡查APP系统等对路产数据库中红线图及其范围内路产损害进行监管；路权维护主要指路政巡查、路政许可、路损赔补偿等业务的台账式、流程式信息管理；案件管理是指对路政巡查和路补案件及档案的台账式信息管理，如图6-11所示。

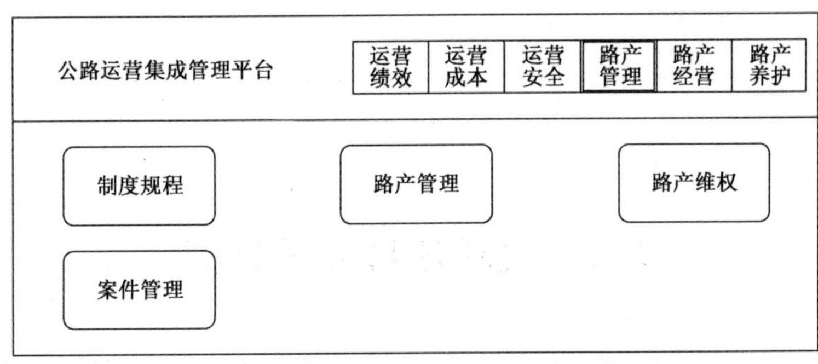

图6-11 路产管理子系统界面

(5)路产经营部执行路产经营子系统，子系统包括制度规程、路产出租、收费稽查、收费系统4个子模块，如图6-12所示。路产出租主要指对路产出租一事一档的台账式信息化管理；收费稽查与收费监控系统链接；收费系统与公路收费管理系统链接，内容包含车流标识、收费流水、上报收费数据的分析和运营报表等。

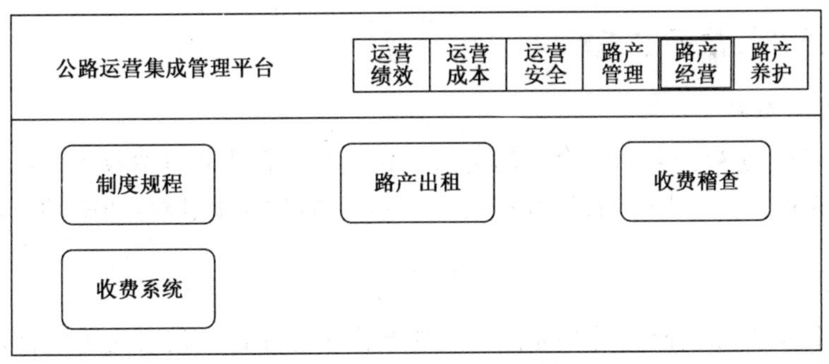

图6-12 路产经营子系统界面

(6)路产养护部执行路产养护子系统，子系统包括制度规程、健康监测、强震监测、养护系统等4个子模块系统。健康监测、强震监测、养护系统3个子模块与健康监测系统、强震监测系统、公路路产养护智能管理系统链接，如图6-13所示。

6.3.2 公路运营业务管理系统

合作公司根据公路路产养护智能管理系统开发(见第5.5节)、公路运营安全智能管理系统开发(见第5.6节)及路产管理、危化运输管理的管理要求，先后完成了公路路产养护智能管理系统、公路运营安全智能管理系统、公路路产管理系统和危化品运输监控系统的开发和投入应用。业务系统全面体现了公路运营管理理论和管理方法的精神、理论、方法和制度的一致性对管理效益强大的促进作用。

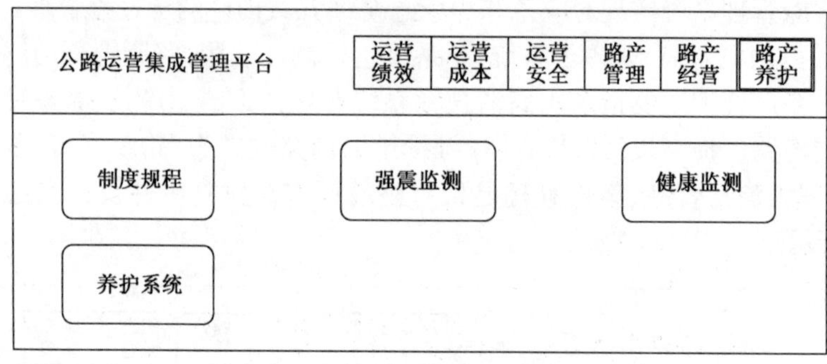

图6-13 路产养护子系统界面

6.4 实践项目成效分析

项目成效一般从经济效益开展定量分析。公路运营经济效益分析是指在特定公路建设项目建成投产运营一段时间后,对项目产生的财务、经济等方面的效益和影响进行客观全面的评价,其目的是进行公路项目的实际情况与预期目标的对照,考察项目预防性运营管理体系和集成信息平台的运用成效和预期目标的实现程度。同时,总结投资项目管理的经验,把经济分析的信息反馈到未来项目中去,改进和提高项目的管理水平和投资效益,有益于创新成果的推广。

6.4.1 经济效益评价指标

(1)平均成本率 R

直接成本率 R_Z 是指公路运营企业的直接支付成本与企业通行费收入的比例,直接支付成本是指经营企业年度实际支付的营管成本、人工成本、养护成本、财务成本和税负成本的总和。

$$R_Z = \frac{Z}{C} \tag{6-1}$$

付现成本率 R_Y 是指公路运营企业的付现成本占企业通行费收入的比例,付现成本指经营企业年度实际付现支付的营管成本、人工成本和养护成本的总和。

$$R_Y = \frac{Y}{C} \tag{6-2}$$

式中:Y——年平均付现成本;

C——年平均通行费收入;

Z——年平均直接成本。

从单个企业评判,付现成本率可以看出企业的付现成本规模及适应风险的能力,比例越低越好,说明企业充满竞争力。同行业比较,特别是与竞争对手比较可以反映企业的运营管理水平,平均成本率越高说明企业的运营管理效益越低,经营中的风险越高。

(2)年成本使用率K_Z

年成本使用率是指公路建设项目投入使用后每年实际支付的成本费用与规划核算或预算中预计的年成本费用之比,若指标结果大于1,说明实际成本费用高于预计的费用水平;反之,说明实际成本费用低于预计水平,预防性运营管理体系和集成信息平台应用效果好。用公式表示如下:

$$K_Z = \frac{Z_n}{Z_o} \tag{6-3}$$

式中:Z_n——实际每年平均支付的成本费用;

Z_o——预计每年平均支付的成本费用;

Z——代表各直接成本构成。

6.4.2 经济效益量化评价

东二环项目于2005年4月开工,2008年12月建成通车。投入使用后,运营管理上的成功带来了巨大的经济效益。统计广州地区2013—201年4年不同路段运营经济效益情况,如表6-1所示,可知广州绕城公路东段项目2013年付现成本率R_Y为15.35%,2014年为13.68%(2015年、2016年分别为11.04%、8.34%),而其他路段付现成本率R_Y均超过20%,2014年为21.78%,东二环低于平均水平8.1个百分点,即R_Y比平均水平低37.19%。

广州地区2013—2014年不同路段运营情况 表6-1

(单位:万元)

路段	通车时间	2013年			2014年		
		付现成本	通行费收入	成本率R_Y	付现成本	通行费收入	成本率R_Y
项目A	1993年	12 903.21	62 764.64	20.56%	14 311.17	64 431.34	22.21%
项目B	2001年	18 052.04	79 398.31	22.74%	19 862.25	89 917.08	22.09%
项目C	2005年	8 832.74	37 164.96	23.77%	8 732.85	40 423.65	21.60%
项目D	2006年	6 435.03	30 104.35	21.38%	7 012.96	33 478.09	20.95%
项目E东二环	2008年	5 075.98	33 063.4	15.35%	6 154.69	44 982.21	13.68%
项目F	2010年	6 890.51	26 409.77	26.09%	6 515.9	32 541.76	20.02%
项目G	2011年	5 569.78	3 235.05	172.00%	5 048.99	4 808.83	105.00%
合计		63 759.29	272 140.48	23.43%	67 638.8	310 582.96	21.78%

与2014年不同区域高速公路运营成本数据比较,如表6-2所示。从表中数据可知,广东省付现成本率R_Y高于全国平均水平2.82个百分点,而广州地区付现成本率R_Y低于全国平均水平近3.26个百分点,东二环付现成本率R_Y低于全国水平11.36个百分点,比平均水平低45.37%,2015年、2016年更是远远低于全国平均水平。

东二环2014年生产经营情况数据,如表6-3所示,通过公式6-3计算出实际成本使用率K_z,可得该项目2014年预计的直接成本费用和实际直接成本费用,如表6-4所示。表中实际成本均低于预计成本水平。这说明体系在预防性管理中应用成果显著,达到了在预防性管理理论指导下实施开源节流、增收节支的效果。

2014 年不同区域高速公路运营成本数据 表 6-2

（单位：万元）

	全国	广东省	广州地区	东二环
付现成本	8 888 157	1 112 446	67 638.8	6 154.69
通行费收入	35 494 191	3 992 232	310 583	44 982
成本率 R_Y	25.04%	27.86%	21.78%	13.68%

注：1. 表 6-1、表 6-2 数据摘自 2014 年全国收费公路统计公报、2014 年广东省收费公路统计公报和广州地区部分项目公司财务报表。

2. 付现成本包括养护成本、营管成本和人工成本。

东二环 2014 年生产经营情况数据 表 6-3

（单位：万元）

编　　号	项　　目	2014 年预算	全年实际完成数	实际完成率 K_z
1	收入	38 369.32	45 498.84	118.58%
1.1	路费收入	38 000.00	44 982.21	118.37%
1.2	其他收入	369.32	376.36	101.91%
1.3	营业外收入		140.27	
2	成本费用	36 910.31	33 438.98	90.60%
2.1	直接成本	15 645.17	12 734.18	81.39%
2.1.1	养护成本	2 501.63	2 396.55	95.80%
2.1.2	营管成本	1 578.18	1 378.18	87.33%
2.1.3	人工成本	2 422.58	2 379.97	98.24%
2.1.4	财务成本	18 355.91	17 719.58	96.53%
2.1.5	税务成本	1 297.48	1 533.85	118.22%
2.2	路产折旧	10 744.54	7 989.22	74.36%

东二环 2014 年成本使用情况 表 6-4

（单位：万元）

项　　目		计划（成本核定）	实际使用	实际使用比成本核定	实际使用率
1	经营收入	113 886	114 706	820	100.72%
2	成本费用				
2.1	直接成本	123 713	113 923	−9 790	92.09%
2.2	路产折旧				

从以上数据来看，运营管理体系成功应用给项目带来良好的经济效益。显而易见，先进理论、方法和技术手段的应用在带来实践项目良好经济效益的同时对促进社会发展和行业进步的作用也是正面的、明确的。

附录　路产性能改进与预防性养护新技术

1　路(桥)面结构保护和功能提升新技术

公路路面结构加固与预防性养护成套技术包括路面基底及表面病害的调查、检测、处置、验收的整个技术过程,本节仅介绍路(桥)面结构保护和功能提升的预防性养护新技术。

1.1　路(桥)面结构保护和功能提升新技术-超高性能路面

超高性能路面(简称 UHPP:Ultra-High Performance Pavement)是一种覆盖在路面面层,采用高分子聚合物复合交联高性能沥青(简称:高分聚合沥青,HPV BINDER)为结合料,进行开级配设计,对旧路面具备保护功能的超薄或极薄结构保护层。UHPP 采用热拌摊铺施工,具备优秀的防水、防滑、排水、降噪等功能;UHPP 结构稳定、可靠,行车舒适,是一种具有超高性能的安全环保型路面保护结构。

超高性能路面 UHPP 采用超强黏结力的改性乳化沥青;采用特制的专用技术产品高分聚合沥青:一是各构成原材料均属高分子聚合物,二是高分子材料与高性能沥青聚合反应形成复合交联结构高性能沥青,三是材料具有高模量高黏度等优异的力学性能及高温抗变形性能、优异的抗水损害抗裂抗老化性能;混合料具有优异路用性的开级配混合料,使路面具有良好的排水、抗滑、降噪性能等。

另外,UHPP 结构材料优秀的路用和耐久性能,可以有效强化对原有路面主体结构的补强和保护作用,从而达到延长主体路面使用寿命的目的。

UHPP 结构防水黏结层洒布与混合料摊铺同步进行,见附图 1-1。摊铺过程中,改性乳化沥青上升,根据乳化沥青洒布量和集料配比情况分散高度 3 ~ 5mm,并裹覆在热沥青混合料的石料四周,见附图 1-2。乳化沥青黏结层破乳, 使 UHPP 层与原路面实现充分黏结并致密防水,见附图 1-3。

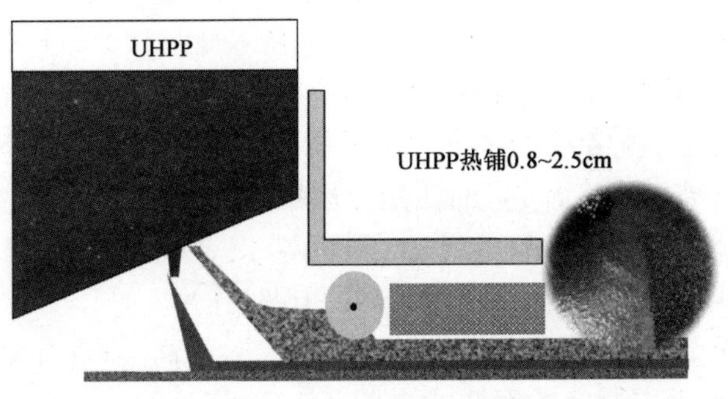

附图 1-1　防水黏结层洒布与混合料一体化施工示意图

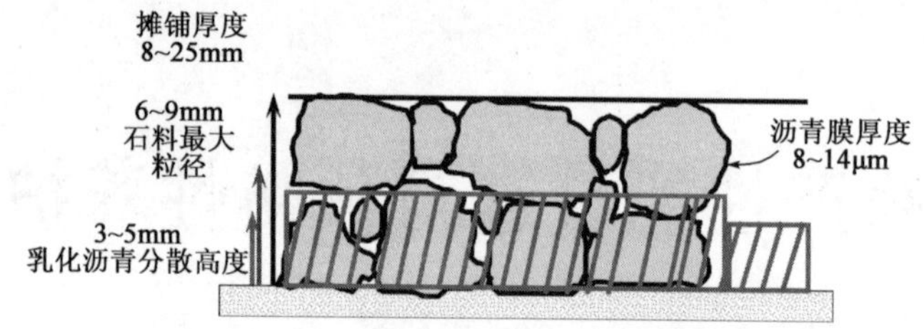

附图 1-2 改性乳化沥青分散原理示意图

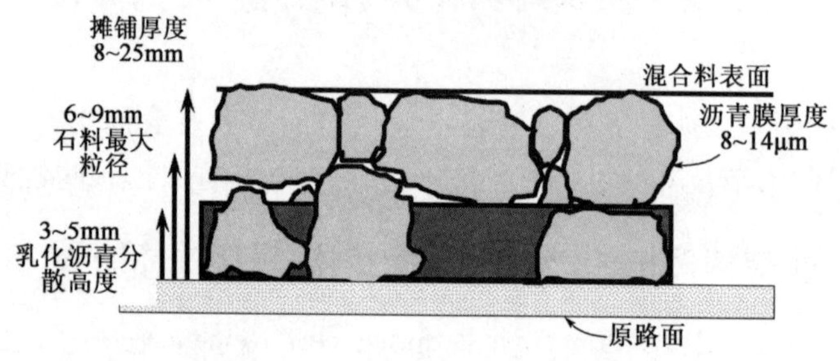

附图 1-3 防水黏结层形成原理示意图

UHPP 采用专用设备一体化摊铺、静压成型，施工方便、效率高、质量有保证，对公路和城市道路新旧沥青混凝土路面及混凝土桥面铺装均具有良好、广泛的适应性。UHPP 根据不同级配、设计厚度及使用范围分为 UHPP-1，UHPP-2，UHPP-4 系列产品。

1.2 超高性能 UHPP-2 超薄排水式路面

超高性能 UHPP-2 路面一般设计厚度 1.5 ~ 2.5cm，包括透水式路面 UHPP-2.1 和排水式路面 UHPP-2.2。其中，UHPP-2.1 路面孔隙率大于 12%，UHPP-2.2 路面孔隙率大于 18%。

超高性能 UHPP-2 是一种排水式抗滑路面，排水式高性能抗滑表层 OGFC（Open Graded Friction Course）是开级配的大空隙排水式沥青抗滑表层，具有良好的排水、防滑、降噪作用，在雨天汽车行驶时防止水漂、消除车轮带起的水雾，可以大大提升高速公路的安全和舒适性能，不但具有可靠的抗滑安全性能，还有显著的低噪和排水功能。

OGFC 在发达国家和地区大量应用。据日本相关数据统计，采用 OGFC 的路面比其他普通路面雨天可减少交通事故达 80%，因此具有优异安全性能。在日本，40% 的路面包括大部分高速公路和城市主干道采用 OGFC；美国和欧洲各国也大量应用排水面层技术。十几年前国内开始引进 OGFC 技术，现行《公路沥青路面施工技术规范》（JTG F40）也纳入了相关的技术标准。但目前推广应用不多，主要受制于两方面，其一是经济因素，价格较高；其二是技术因素，使用过程中常常发生空隙堵塞，导致积水形成坑槽破坏，严重影响路面耐久性。

超高性能 UHPP-2 排水式路面是一种采用专用超高性能的高分聚合沥青 SUPER BINDER 为结合料和超高黏改性乳化沥青进行开级配设计的排水式功能性结构层。该结构具有更加优异的排水和降噪功能以及对主体路面结构的补强和保护作用。

UHPP-2 采用专用设备一体化摊铺成型，施工方便、效率高、质量有保证，对公路和城市道路新旧沥青混凝土路面及混凝土桥面铺装均具有良好、广泛的适应性。UHPP-2 在完全满足现行规范的基础上，提出了更高和更具体的技术标准和设计施工要求。

1.2.1 UHPP-2 路面结构设计

UHPP-2 标准厚度为 2cm，其下洒布 0.8 ~ 1.2kg/m^2 超高性能改性乳化沥青 SUPER BOND，层底形成致密的防水黏结层，结构层形成开口连通孔隙系统。

1）作为新建路面、桥面排水抗滑表层

（1）可以取代常规沥青路面、桥面的上面层，作为排水抗滑低噪磨耗层，中面层以下各路面、桥面结构层按常规沥青路面技术标准控制和验收；由于 UHPP-2 洒布了高性能的防水黏结层，对下承层具有良好的防护作用，因此中面层以下可以不采用昂贵的碱性石料，可以采用花岗岩等酸性石料，以节省成本；同时，中面层混合料配合比设计时可以偏重于抗车辙性能，适当弱化防水损害性能，以提高路面结构整体路用性能。

（2）可以在新建水泥路面、桥面上加铺 UHPP-2 作为排水抗滑低噪声磨耗层。下承层按照常规水泥路面技术标准控制和验收。

2）作为旧路面、桥面的加铺层

（1）结构承载力和整体性满足荷载要求的沥青和水泥路面、桥面均可以加铺 UHPP-2，不但可有效提升抗滑安全性能，降低噪声，提高路面舒适性，而且是有效的预防性养护措施，可以延长路面的使用年限。

（2）在加铺之前，必须先行处治路面，彻底修补坑槽、拥包、龟裂、松散、大于 15mm 的车辙、大于 10mm 的错台等病害，对各类反射裂缝和接缝用热改性沥青进行灌缝。对泛油、表面磨光、麻面、轮迹带剪切形成的浅层不规则裂缝、轻微车辙和错台等可以不处理。

1.2.2 材料要求

1）集料级配要求（略）

2）超高性能改性乳化沥青

超高性能改性乳化沥青用于 UHPP-2 的防水黏结层，既要对下承层具有良好的防水防护作用，又必须具有足够的层间黏结力，同时要满足一体化洒布摊铺成型的施工要求，其技术质量指标应满足附表 1-1 要求。

超高性能改性乳化沥青技术要求 附表 1-1

指　　标	单　　位	测试方法	规范要求
赛波特黏度试验，25℃	SFs	T 0623	20 ~ 100
储藏稳定性试验，24h	%	T 0656	不大于 1.0
筛上剩余量试验，0.85mm，25℃	%	T 0652	不大于 0.05
蒸馏固含量试验	%	T 0651	65
蒸馏后石油馏分	%	ASTM D244	不大于 2.0
破乳速度	35ml，0.8%，气溶胶 OT10，%	ASTM D244	不小于 50
蒸馏残留物性能试验 Residue Property			
针入度，25℃，100g，5s，0.1mm	0.1mm	T 0604	60 ~ 150
溶解度，三氯乙烯	%	T 0607	不小于 97.5

续上表

指　　标	单　　位	测 试 方 法	规 范 要 求
延度(10℃)	cm	T 0605	不小于 50
软化点	℃	T 0606	不小于 70
弹性恢复,10℃	%	T 0662	不小于 70

注:不包括技术保密指标。

3)超高性能高分聚合沥青

UHPP-2 是开级配混合料,孔隙率 12% ~25%,因此必须采用超高性能的沥青结合料,才能保证其黏结强度和耐久性。本技术体系采用超高性能高分聚合沥青,其技术质量指标须满足附表 1-2 要求。

超高性能高分聚合沥青技术质量指标要求　　附表 1-2

指　　标	单　　位	测 试 方 法	规 范 要 求
针入度,25℃100g,5s	0.1mm	T 0604	不小于 40
软化点(环球法)	℃	T 0606	不小于 90
延度,5℃;5cm/min	cm	T 0605	不小于 25
离析,163℃,48h 软化点差	℃	T 0661	不大于 2.5
密度(15℃)	g/cm^3	T 0603	实测
闪点	℃	T 0611	不小于 230
溶解度	%	T 0607	不小于 99
动力黏度,60℃	Pa·s	T 0620	不小于 200000
运动黏度,135℃	Pa·s	T 0625	不大于 4.5
弹性恢复,25℃	%	T 0662	不小于 90
黏韧性,25℃	N·m	T 0624	不小于 20
韧性,25℃	N·m	T 0624	不小于 15
旋转薄膜加热试验/薄膜烘箱试验残留物			
质量变化	%	T 0609 或 T 0610	不大于 0.6
延度,5℃	cm	T 0605	不小于 15
针入度比,25℃	%	T 0604	不小于 75

注:不包括技术保密指标。

1.2.3　混合料配合比设计

1)UHPP-2.1 级配范围

UHPP-2.1 标准厚度为 2cm,混合料采用级配范围须满足附表 1-3 要求。

UHPP-2.1 混合料级配范围　　附表 1-3

混合料类型	通过下列筛孔(mm)质量百分率(%)								
	13.2	9.5	4.75	2.36	1.18	0.6	0.3	0.15	0.075
UHPP-2.1	100	60 ~100	22 ~36	20 ~33	10 ~25	7 ~18	6 ~14	5 ~9	3 ~7

2)UHPP-2.1 配合比设计

(1)确定混合料目标孔隙率为12%,以4.75mm为关键筛孔在级配范围内根据备料的实际情况初试级配,以5%油石比按照马歇尔试验的方法成型,拌和温度为180℃,击实温度为160℃,采用双面击实50次成型。

(2)以(5±0.3)%油石比对选定的级配按上述条件进行成型试验。

(3)测定上述三组混合料析漏损失、飞散损失和马歇尔孔隙率,相关技术指标须满足附表1-4的要求,并据此选择最优的油石比。如果在(5±0.3)%油石比范围内都无法同时满足混合料技术指标,需重新调整集料级配重新试验。

UHPP-2.1 混合料技术质量指标要求 附表1-4

检测项目	单位	技术要求	试验方法
空隙率,不小于	%	12	T 0708
油膜厚度,不小于	μm	9	计算
马歇尔稳定度,不小于	kN	5	T 0709
析漏损失,不大于	%	0.3	T 0732
肯特堡飞散损失,不大于	%	20	T 0733
车辙试验动稳定度,不小于	次/mm	5000	T 0719

(4)对选定的目标配合比和最佳油石比进行验证,确保工程施工中能满足各项指标。

(5)施工前,在热料仓取样进行生产配合比设计,级配曲线应接近目标级配,并采用目标配比的最佳油石比进行室内试验和试拌验证,确保满足技术要求后按最终确定的标准配合比进行工程施工和质量控制。最终确定的油石比必须在(5±0.3)%范围内,否则应重新进行配合比设计。

3)UHPP-2.2 级配范围

UHPP-2.2 标准厚度为2cm,混合料采用UHPP-2.2细粒式沥青混凝土,其级配范围须满足附表1-5要求。

UHPP-2.2 混合料级配范围 附表1-5

混合料类型	通过下列筛孔(mm)质量百分率(%)							
	9.5	4.75	2.36	1.18	0.6	0.3	0.15	0.075
UHPP-2.2	100	50~70	10~22	6~18	4~15	3~12	3~8	2~6

4)UHPP-2.2 配合比设计

(1)确定混合料目标孔隙率为20%,以2.36mm为关键筛孔在级配范围内根据备料的实际情况选择三组初试级配,以5%油石比按照马歇尔试验的方法成型,拌和温度为180℃,击实温度为160℃,采用双面击实50次成型,选择孔隙率接近20%的初试级配进行下一步试验。

(2)以(5±0.3)%油石比对选定的级配按上述条件进行成型试验。

(3)测定上述三组混合料析漏损失、飞散损失和马歇尔孔隙率,相关技术指标须满足附表1-6的要求,并据此选择最优的油石比。如果在(5±0.3)%油石比范围内都无法同时满足混合料技术指标,需重新调整集料级配重新试验。

UHPP-2.2 混合料技术质量指标要求

附表 1-6

检测项目	单位	技术要求	试验方法
空隙率	%	18 ~ 25	T 0708
渗水率,不小于	cm^2/s	0.04	马歇尔试件*
马歇尔稳定度,不小于	kN	5	T 0709
析漏损失,不大于	%	0.3	T 0732
肯特堡飞散损失,不大于	%	10	T 0733
车辙试验动稳定度,不小于	次/mm	5000	T 0719

(4)对选定的目标配合比和最佳油石比进行验证,确保工程施工中能满足各项指标。

(5)施工前,在热料仓取样进行生产配合比设计,级配曲线应接近目标级配,并采用目标配比的最佳油石比进行室内试验和试拌验证,确保满足技术要求后按最终确定的标准配合比进行工程施工和质量控制。最终确定的油石比必须在(5 ±0.3)%范围内,否则应重新进行配合比设计。

1.2.4 施工方法

(1)要求处治下承层验收合格,同时彻底清扫路面并去除积水后方可加铺 UHPP-2 表层。施工过程现场气温不得低于 10℃,不可雨中施工。

(2)按照最终确定的标准配合比进行生产控制。UHPP-2 比普通改性沥青混合料难于拌和,拌和温度按 175 ~185℃之间控制,但不能高于 195℃,否则应作废料处理;同时比普通改性沥青混合料延长拌和时间 5s,如果还残留有花白料,则进一步降低充盈率,不宜继续延长拌和时间,防止沥青老化。

(3)UHPP-2 采用乳化沥青洒布和混合料摊铺一体完成施工工艺,须采用专用摊铺设备完成,附图 1-4。

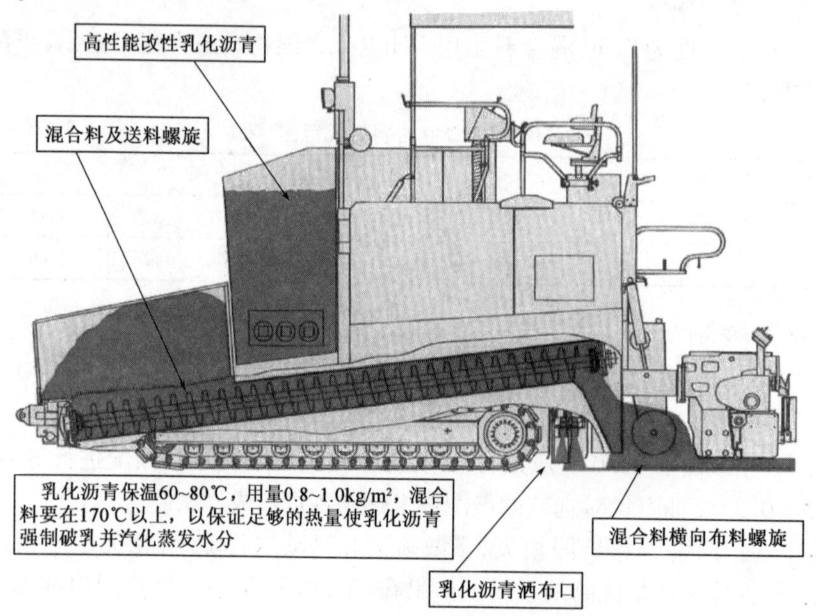

附图 1-4 防水黏结层洒布与混合料摊铺一体化施工工艺图

(4)超高性能改性乳化沥青在60～80℃的温度下喷洒，喷洒量控制在1.0～1.2kg/m²，必须精确计量，以保证洒布均匀。必要时，洒布量在现场由工程师根据具体路面情况进行调整。

(5)热沥青混合料摊铺温度控制在170℃以上，摊铺一次成型，不容许人工修补。

(6)摊铺成型后，以110～130kN(11～13t)的双光轮振动压路机紧跟压实，初压温度控制在160℃以上，静压2～3遍完成压实。压路机必须维护良好，具备可靠操作稳定性，装备有皂液水添加系统和刮板，从而防止新摊铺热沥青混合料黏在碾压辊上。压路机不能静止停留在刚刚摊铺好的热沥青混合料表面上。禁止采用胶轮压路机压实。

(7)路面温度冷却到50℃之前不能开放交通。

1.2.5 交工验收

根据UHPP-2表层特殊的路面使用性能，结合我国热沥青混凝土路面的国家验收标准，建议验收标准如下：

(1)原路面表面干燥、清洁、无浮土(尘)，其平整度和路拱度应由业主确认。

(2)沥青混合料的矿料质量及矿料级配应符合设计要求和施工技术指南的规定，沥青和乳化沥青应采用超高黏改性沥青超高性能高分聚合沥青。

(3)严格控制各种矿料和沥青用量及各种材料和沥青混合料的加热温度，沥青材料及混合料的各项指标应符合设计和施工技术指南的要求。矿料级配、沥青含量、体积性质等结果的合格率应不小于96%。

(4)拌和后的沥青混合料应均匀一致，无花白料，无粗细料分离和结团成块现象。

(5)摊铺时应严格控制摊铺厚度和平整度，避免离析，摊铺和碾压温度满足操作规程要求。

工程交工验收实测项目见附表1-7。

UHPP-2表层实测项目 附表1-7

项次	检查项目		规定值或允许偏差		检查方法和频率
			高速公路一级公路	其他公路	
1	现场空隙率(%)		≥12%		取芯后体积法T 0708测定每车道每1km取一个芯
2*	平整度	σ (mm) IRI (m/km)	1.0 2.0	2.5 4.2	平整度仪T 0932/T 0933 全线每车道 连续按每100m 计算IRI或σ
		最大间隙h (mm)	3	5	3m直尺T 0931：每200m测2处×10杆
3	排水能力		大于500mL/min		随机选点，每200m测1处
4*	抗滑	摩擦系数摆值BPN	≥55		摆式仪T 0964：每200m测1处 横向力系数测定车T 0965：全线连续
		横向力系数SFC	≥55		
		构造深度，mm	≥1.2		铺砂法T 0961：每200m测1处
5	厚度(mm)		新路面，代表值≥18，极值≥16 旧路加铺，平均值≥18		T 0912，双车道每200m测1处
6	宽度(mm)		不小于设计		T 0911，尺量：每200m测4断面
7	横坡(%)		±0.3	±0.5	水准仪：每200m测4处

注：2* 旧路加铺应考虑原路面的平整度状况，在设计时确定平整度指标。

4* UHPP-2由于沥青膜比较厚，交工验收时横向力系数常常偏小，但通车一段时间后，横向力系数会增大，加上具有大构造深度，抗滑性能优异。

1.2.6 使用和推广情况

UHPP-2 解决新旧路(桥)面普遍存在的非结构破坏之损伤、裂缝、车辙及结构老化造成使用功能下降等问题,广泛应用于:新建路面和沥青路面预防性养护;新桥面结构或改善功能和预防性养护;隧道及居住区路面防水、抗滑、降噪改善功能性结构层。

实践经验证明:UHPP-2 具有较好的安全、经济、舒适和耐久性能,其合理结构厚度为 1.5 ~ 2.5cm,并以专用设备一体化摊铺成型,施工高效快速,质量可靠度大,技术风险很低,已得到广泛应用。

UHPP-2 材料寿命超过 15 年,结构功能寿命超过 12 年,在路况较好(PCI > 80)的沥青路面上使用,可以延长路面寿命超过 10 年;在一般路面(PCI > 60)上应用,可以延长路面寿命超过 5 年。广东省在 2003 年开始试验应用,经不断改进并应用于实践项目,效果优秀。

1.3 超高性能 UHPP-1 极薄排水式路面

UHPP-1 极薄磨耗层是专利保护技术,是一种采用一档石料(粒径 2 ~ 6 mm 之间)和超高性能高分聚合沥青为结合料及超高黏改性乳化沥青黏结层进行设计的功能性结构层。超高性能 UHPP-1 路面一般设计厚度 0.8 ~ 1.5cm,结构具有优异的排水和降噪功能以及对主体路面结构的补强和保护作用。

1.3.1 UHPP-1 极薄磨耗层路面设计

UHPP-1 极薄磨耗层标准厚度为 1cm,其下洒布 0.8 ~ 1.0kg/m^2 超高黏改性乳化沥青,层底形成致密的防水黏结层,结构层形成开口连通孔隙系统。另外,混合料只采用一档粗集料和填料,不同于其他各种混合料的级配组成,具有大于 25% 的超大孔隙率。

UHPP-1 极薄磨耗层具有与 UHPP-2 极薄磨耗层相类似的结构性能,因此可以根据铺筑环境和原有路况条件以及结构厚度要求合理选择结构类型。

1.3.2 材料要求

1)集料级配要求

只用一档粗集料,粒径范围为 2 ~ 6mm 之间。

2)超高性能改性乳化沥青(同 1.2.2 材料要求 2)

3)超高性能高分聚合沥青(同 1.2.2 材料要求 3)

1.3.3 混合料配合比设计

1)级配范围

采用粒径范围为 2 ~ 6mm 之间一档粗集料,混合料含有小于 0.075 mm 的填料 5%,其中 2% 是常规硅酸盐水泥,3% 是石灰石磨细的矿粉。

2)配合比设计

混合料不需要进行矿料级配设计,按 4% 油石比为基础进行验证试验,验证试验的马歇尔击实次数50次，验证的项目和要求，见附表1-8。如果验证项目不能满足要求，可按±(0.1%～0.3%)调整油石比，也可以在3%～6%之间调整填料含量。如有必要，也可添加混合料总量的0.3%～0.5%木质素纤维。

马歇尔试验验证项目及指标要求表　　附表1-8

试验验证项目	单位	技术要求	试验方法
孔隙率	%	大于25	T 0708
析漏损失	%	小于0.3	T 0732
肯特堡飞散损失	%	小于10	T 0733
残留稳定度	%	大于85	T 0790
冻融循环残留强度比	%	大于80	T 0729

1.3.4 施工方法

(参见1.2.4)

1.3.5 交工验收

(参见1.2.5)

1.3.6 使用和推广情况

单粒径沥青碎石超薄磨耗层材料寿命超过15年，结构功能寿命超过10年，结构具有优异的排水和降噪功能以及对主体路面结构的补强和保护作用。

由于超薄磨耗层具有优秀的性价比、施工方便性和广泛适应性，2017年开始，陆续在广东省一些项目上应用，并将具有很好的推广价值。

2 超高性能路(钢桥铺装)面组合体系(UHPP-ME)

2.1 UHPP-ME组合结构设计原理

通过对钢桥面铺装破坏的病理特征及铺装结构、材料、工艺、管理中存在问题的综合分析，在钢桥面板上依次铺设组合改性环氧树脂CME(Combined Modified Epoxy)碎石连接层和超高性能路面UHPP-4(Ultra-High Performance Pavement)结构层(简称超高性能路面组合体系：UHPP-ME组合结构)的钢桥面铺装结构，与国内钢桥面铺装主要结构类型相比，具有结构功能作用明确、材料性能稳定耐久、使用性能优秀、施工及养护条件便利，经济技术指标优势明显等特点。桥面铺装完成后，在结构层上铺设开级配透水式超高性能路面UHPP-1(或UHPP-2)型磨耗层，具有很好的防水、防滑、排水、降噪作用，在雨天汽车行驶时防止水漂、消除车轮带起的水雾，具有良好的抗滑安全性能和行车舒适性能，另外，超高性能路面UHPP磨耗层可以有效强化对主体铺装结构的保护，并达到延长使用寿命的目的。钢桥面铺装结构设计，附图2-1。

2.1.1 改性环氧树脂碎石组合式连接层

钢桥面体系变形大、桥面钢板黏附能力低，铺装层破坏多来自沥青混凝土面层对桥面板变形的随从性不够，层间黏结耐久性差，进而造成铺装层与桥面钢板之间脱层与滑移而破坏，在水存在的情况下会腐蚀钢板，对桥梁耐久性和安全极为不利，长期实践证明，桥面铺装层与桥面钢板间黏结和防护问题对于整个钢桥面铺装的成功与否起着至关重要的作用。因此，与桥面钢板接触的黏结层材料的选择必须考虑不透水性、耐低温韧性、高温稳定性、抗剪强度、黏结强度、施工可操作性等基本性能。改性环氧树脂材料专用技术是一种以高性能、高稳定性环氧树脂和聚氨酯为主要结合材料的特殊三相混合的聚合物系统，其主要成分为二元杂化高分子树脂，该杂化高分子系统能够提供优越的耐高温稳定性和低温柔韧性以及极好的耐久性。改性环氧树脂使用时按一定的比例取相应的树脂组分（ParTA）和固化剂组分（ParTB）搅拌均匀即可。主要性能及指标见附表 2-1。

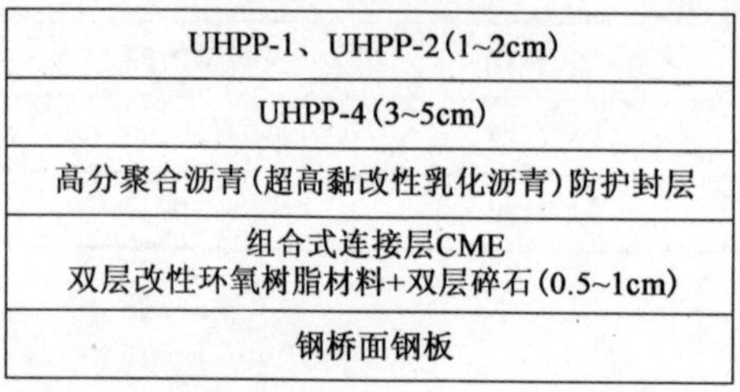

UHPP-1、UHPP-2(1~2cm)
UHPP-4(3~5cm)
高分聚合沥青(超高黏改性乳化沥青)防护封层
组合式连接层CME 双层改性环氧树脂材料+双层碎石(0.5~1cm)
钢桥面钢板

附图 2-1 钢桥面铺装 UHP-MEP 结构示意图(6~8cm)

改性环氧树脂主要性能指标 附表 2-1

性能指标	技术标准	检测方法
黏结力(与钢板)	>5MPa	ACI-503 R29
压缩强度	>40MPa	ASTM C-109
拉伸强度(23℃)	>12MPa	ASTM C-109
延伸率(23℃)	–	ASTM C-109
吸水率(最大值)	<0.1%	ASTM D570

注：不包括技术保密指标。

研究和实践证明这种聚合物对钢结构的黏结力尤为突出，同时在低温下也能保持良好的柔韧性，改性环氧树脂与 3~6mm 碎石形成厚 1cm、表面裸露集料大于 3mm 的改性环氧树脂碎石组合式连接层，可以防水、防锈，该薄层具有对钢结构的黏结力强、变形空间大、强度高、抗剪能力强的优良特点，可有效吸收铺装层和桥面板之间的相对位移，起到应力吸收层的作用，从而实现了钢桥面铺装层与桥面钢板之间良好的随从性，有效解决了大跨度钢结构桥梁大变形和黏结层与上结构层黏结的问题。试验结果见附表 2-2。

改性环氧树脂与钢板拉拔试验结果 附表 2-2

试验温度	加载速率(MPa/s)	拉拔强度(MPa)
25℃	0.1	5.40
	1.0	8.80
	(固化后保持 160℃,0.5h)	
	0.1	9.32
60℃	0.1	4.44

2.1.2 超高性能路面 UHPP-4 结构层

钢桥面铺装层在夏季炎热环境下内部温度较高，一般可以达到 60~70℃，这对钢桥面铺装层的高温稳定性是非常不利的,高温耐久性能差、材料性能老化失效是铺装结构层破坏的主要原因。因此,桥面钢铺装主结构层材料必须考虑耐高温稳定性、耐低温韧性、耐久性及良好路用力学性能和施工可操作性等基本性能,高分聚合沥青具有黏度大的特点,60℃动力黏度大于 200 000Pa·s,同时高分聚合沥青性能分级达到 PG82-22 等级,能够充分发挥高分聚合沥青碎石混合料优良的路用性能,见附表 2-3。

高分聚合沥青技术指标 附表 2-3

检测项目		技术要求
针入度(25℃,100g,5s),0.1mm		40~60
软化点 $T_{R\&B}$,℃		80mix
延度(5℃,5cm/min),cm		20mix
60℃动力黏度(kPa·s)		200mix
135℃运动黏度(Pa·s)		4.0max
弹性恢复(25℃),%		85mix
旋转薄膜加热试验(163℃,85min)	质量损失(%)	1.0max
	针入度比(%)	65mix
	延度(5℃,5cm/min),cm	15mix
沥青性能分级		PG82-22

注:不包括技术保密指标。

研究和实践证明超高性能路面 UHPP-4 混合料具有较好的高温性能、低温性能、抗水损害及抗疲劳性能,且表面粗糙、抗滑性能好,见附表 2-4。

超高性能路面 UHPP-4 混合料马歇尔试验配合比设计技术指标 附表 2-4

试验项目	单位	技术要求	试验方法
马歇尔试件尺寸	mm	ϕ101.6mm×63.5mm	T 0702
马歇尔试件击实次数		两面击实 50 次	T 0702
空隙率 VV	%	3~4	T 0705
矿料间隙率 VMA	%	不小于 17.0	T 0705
粗集料骨架间隙率 VCA_{mix}		不大于 VCA_{DRC}	T 0705
沥青饱和度 VFA	%	75~85	T 0705
稳定度	kN	不小于 6.0	T 0709
谢伦堡沥青析漏试验的结合料损失	%	不大于 0.1	T 0732
肯塔堡飞散试验的混合料损失或浸水飞散试验	%	不大于 15	T 0733

另外,为做好连接层与上结构层黏结,在改性环氧树脂碎石组合式连接层与超高性能路面 UHPP-4 结构层之间还铺设了黏结材料层,该黏结材料为超高黏改性乳化沥青或高分聚合沥青粘层油或活性环氧树脂,涂布超高黏改性乳化沥青或高分聚合沥青黏层油后紧接着铺筑超高性能路面 UHPP-4 结构层,而活性环氧树脂在沥青混合料高温作用下溶解,温度下降后能够二次固化使上下层能够充分黏结,附表 2-5。

不同黏结材料的拉拔试验结果　　附表 2-5

温度	黏层材料类型	拉拔强度(MPa)	备　注
25℃	改性乳化沥青	0.23	组合式连接层与 UHPP-4 层之间
	高分聚合沥青	1.05	组合式连接层与 UHPP-4 层之间
	活性环氧树脂	1.60	组合式连接层与 UHPP-4 层之间

2.1.3 UHPP-1 抗滑磨耗层

(见 1.2 或 1.3)

2.2 超高性能路面组合结构(UHPP-ME)施工方法

2.2.1 组合式连接层(厚 1cm)施工

组合式连接层由改性环氧树脂与 3 ~ 6mm 碎石组成,按施工顺序为两层树脂两层碎石的组合式结构。

(1)钢桥面钢板表面喷砂抛丸至 Sa2.5、除灰尘、干燥、无污染,在钢板处理后 0.5h 内施工组合式连接层。

(2)第一改性环氧树脂碎石层施工时,按规定的比例量取改性环氧树的 A、B 组分倒入清洁容器中,搅拌液体至混合均匀状态,搅拌时间应不低于 3min,将按比例混合的改性环氧树脂按设定用量 1.0 ~ 1.5kg/m^2 均匀地涂抹在钢板表面,如果施工面积大,使用规定的机械进行量取、搅拌和泼洒,工程车应装备有液压控制的带容积流量计的容积泵,随后在树脂层表面撒布 3 ~ 6mm 碎石,碎石应过量撒布,覆盖所有液态树脂直至表面看不到树脂液体。在撒好碎石的黏结层体系固化过程中,需注意防止水或其他污染物接触到黏结层,固化时间约 2h,形成第一改性环氧树脂碎石层,待固化后将第一改性环氧树脂碎石层上过量撒布的表面集料先扫开后用真空吸除或高压空气将黏结不牢的集料去除。

(3)按比例混合的改性环氧树脂按设定用量 4.0 ~ 5.0kg/m^2 均匀地涂抹在第一层,然后再立刻过量撒布 3 ~ 6mm 碎石,按同样方法去除多余集料,形成第二改性环氧树脂碎石层。

(4)在第二改性环氧树脂碎石层上涂抹或洒布作为黏结上下层结构的黏结材料(高分聚合沥青粘层油或活性环氧树脂),黏结材料层所使用的高分聚合沥青粘层油的用量为 2.0 ~ 3.0kg/m^2。

(5)当环境温度低于 10℃ 或钢桥面板上有可见的水或水汽、预报在施工后的 8h 内要下雨时不能施工。3 ~ 6mm 碎石需要水洗并烘干,所有的碎石应储存在一个干燥无尘的环境里,不受施工现场的污染,亦不受雨雪湿气的影响。

(6)组合式连接层施工必须保证新旧车道间的连接,并对接缝充分处理,杜绝水分渗透,以确保结构耐久。

改性环氧树脂碎石层施工时间 6 ~ 7h,黏结材料层施工完成后在 2 ~ 3h 内摊铺 UHPP-4 结构层,组合式连接层及黏结材料层的施工时间为 8 ~ 10h,这种薄层组合式连结层结构形成碎石、改性环氧树脂及钢板互相牢固黏结的防水防腐黏结层界面与粗糙的抗滑界面,从而使钢桥面与铺装层有良好的黏结性能并提供与上部结构层之间优秀的抗剪切抗滑移性能,同时有效防止水分下渗接触桥面板,腐蚀钢材。

2.2.2 超高性能路面 UHPP-4 结构层施工

超高性能路面 UHPP-4 采用一次摊铺施工,工艺与普通沥青玛蹄脂碎石混合料相同,但原材料控制方面,必须保证高分聚合沥青的使用性能分级达到 PG82-22,此外高分聚合沥青的 60℃动力黏度也需要达到 200 000Pa · s 的要求,同时注意:

(1)由于高分聚合沥青的黏度较大,因此在拌和及摊铺时可以适当提高施工温度,混合料的拌和温度应控制在 170 ~ 185℃之间,混合料出场温度不能低于 170℃,混合料运到现场的温度不应低于 160℃,并严格做到高温紧跟摊铺、低幅高频碾压,保证混合料的生产、摊铺、碾压各个环节的质量,同时尽量降低振动碾压对钢结构的影响。

(2)当气温低于 10℃及遇到大风、雨天不得铺筑混合料,如在 0 ~ 10℃气温下进行其他工序施工时,必须采取确保施工质量的有效措施。只要桥面板温度和露点之间相差 3℃以上,雾和高湿度不会影响施工和改性环氧树脂碎石组合式连接层的性能。

(3)高分聚合沥青宜随拌随用,若因生产或其他原因需要短时间储存时,储存时间不宜超过 24h,储存期间温降不应超过 10℃,且不得发生结合料老化、滴漏以及粗集料颗粒离析。

2.2.3 超高性能路面 UHPP-1 型磨耗层施工

(见 1.3)

2.3 超高性能路面组合结构(UHPP-ME)技术优势

(1)根据钢桥面破坏的病理特征选用了改性环氧树脂与高分聚合沥青和高粘改性沥青作为结构层材料。改性环氧树脂与钢桥的黏结力强、抗变形能力强、抗剪能力强,作为防水黏结层材料能够有效保护钢桥面,同时将 3 ~ 6mm 碎石与桥面钢板紧密黏结;超高性能路面 UHPP-4 混合料优良的高温性能、路用性能得到充分发挥;超高性能路面 UHPP-1 抗滑磨耗层具有良好的防水、排水、抗滑、降噪和抗老化性能。

(2)使用了改性环氧树脂碎石组合式连接层,第一碎石层中碎石表面 100% 被改性环氧树脂裹覆,碎石在树脂中分布均匀、镶嵌牢固,并与钢板紧密黏结,能克服现有单层碎石结构中碎石表面未能被树脂完全覆盖而产生的稳固性与黏结力不足的缺点。这种结构与钢桥面钢板的黏结力强、变形空间大、强度高、抗剪能力强,当桥面钢板在温度变化或行车荷载作用下发生变形时,黏结层可以吸收铺装层和桥面钢板之间的相对位移,起到应力吸收层的作用,从而实现了铺装层与桥面钢板之间良好的随从性,很好地克服裂缝、鼓包等病害的产生,并对钢桥面板起到防水防腐功能。另外,改性环氧树脂稳定的分子结构保障了结构的耐久性。

(3)改性环氧树脂碎石组合式连接层粗糙的上表面(构造深度达 3.0mm 以上)与超高性能路面 UHPP-4 结构层的组合能够有效抵抗车辆运行时产生的水平剪应力,防止结构层之间的滑移,保证了结构的稳定性。并且,使用了一种对组合式连接层和超高性能路面 UHPP-4 混合料都有良好黏附功能的高分聚合沥青黏结材料,使结构体系的上、下层形成整体。

(4)超高性能路面 UHPP-ME 与传统的环氧沥青混凝土桥面铺装层相比不仅具有明确的结构优点,而且造价低,不需要专用设备,有利于施工组织,并且施工速度较快,对于交通压力大的路段有明显优势,见附表 2-6。

优化环氧沥青组合结构与现有技术钢桥面结构的比较 附表 2-6

序号	铺装方案	桥面板 + 浇注式沥青混凝土 (Mastic Asphalt)	桥面板 + 沥青玛蹄脂碎石 (Stone Mastic Asphalt)	桥面板 + 环氧沥青混凝土 (Epoxy Asphalt)	桥面板 + 超高性能路面组合 (UHPP-ME)
性能	黏结性能	良	良	良	优
	随从变形能力	优	良	中	优
	动稳定度(次/mm)	1 000 ~ 2 000	6 000 ~ 7 000	10 000 以上	8 000 ~ 9 000
	疲劳性能	优	良	不评价	优
	高温稳定性	中	中	优	优
	表面摩擦系数	50 ~ 60	60 ~ 70	40 ~ 50	60 ~ 70
	耐久性	良	中	不评价	优
施工	施工难易	较难	容易	难	容易
	开放交通时间	中	短	长	短
成本	建设成本(元/m^2)	1 150 ~ 1 350	600 ~ 800	1 700 ~ 1 900	500 ~ 900
	养护难易	较难	易	难	易

2.4 使用和推广情况

2011 年初,通过开展现场病理原因的调查、试验和分析,针对性提出钢桥面铺装新型结构;2012 年 8 月,在广州珠江黄埔大桥悬索桥荷载最不利位置进行组合结构试验段施工;2 年后,均未发现表面病害,现场抽芯和拉拔试验均达到设计指标要求,证明结构力学性能稳定;2014 年秋,经总结论证后遂确定采用超高性能路面组合结构(UHPP-ME)进行全桥施工,现使用情况良好。2016 年开始,陆续在国内一些钢结构桥梁上推广使用。

从施工和养护两方面进行综合评价,超高性能路面组合结构(UHPP-ME)的施工方法简单,高温稳定性、抗疲劳开裂性、钢板变形追随性、层间黏结性能优秀,在防水、防老化方面均有保证。同时,整体结构随从变形大、整体性能好、使用寿命长、养护维修简单方便。良好的性能、明确的优点决定超高性能路面组合结构(UHPP-ME)是一种符合我国国情并具有良好应用前景的新型钢桥面铺装结构。

3 精细抗滑稳固保护层

精细抗滑稳固磨耗层是基于高性能改性乳环氧化沥青或高性能改性乳化沥青材料,利用油石同步撒布施工工艺,过量撒布 1. 18 ~ 2. 36(或 2. 36 ~ 4. 75,根据实际情况具体确定)mm 单一级配碎石,初步破乳并开始形成强度后以胶轮压路机碾压,完全破乳和固化后清除未固结的多余碎石,再洒布一层改性乳化沥青进行固封的一种具有抗滑、防水并改善路面结构的功能保护层。

3.1 原材料要求

1)底层改性乳化沥青的技术要求(附表3-1)

底层改性乳化沥青技术要求　　附表3-1

试验项目		单位	指标要求	试验方法
破乳速度		—	中裂	T 0658
筛上剩余量(1.18mm 筛)		%	≤0.1	T 0652
电荷性质		—	阳离子正电(+)	T 0653
标准黏度 $C_{25,3}$		s	8~25	T 0621
蒸发残留物含量		%	≥65	T 0651
与集料的黏附性,裹覆面积,		—	≥2/3	T 0654
蒸发残留物性质	针入度(100g,25℃,5s)	0.1mm	40~120	T 0604
	软化点(℃)	℃	—	T 0606
	延度(cm,5℃)	cm	≥20	T 0605
	溶解度(三氯乙烯)	%	≥97.5	T 0607
储存稳定性(%)	1d	%	≤1	T 0655
	5d	%	≤5	T 0658

注:不包括技术保密指标。

2)稳固层改性乳化沥青的技术要求(附表3-2)

稳固层改性乳化沥青技术要求　　附表3-2

测试项目		技术要求	试验方法
破乳速度		慢	T 0658
筛上剩留量(1.18mm),%		≤0.1	T 0652
沥青标准黏度 $C_{25,3}$(s)		12~60	T 0621
恩格拉黏度 E25		3~30	T 0622
存储稳定性(1d),%		≤1	T 0655
电荷		阳离子	T 0653
蒸发残留物性质	蒸发残留物含量	≥40	T 0651
	针入度(100g,25℃,5s)0.1mm	40~100	T 0604
	软化点,℃	≥65	T 0606
	延度 5℃,cm	≥20	T 0605
	溶解度(三氯乙烯),%	≥97.5	T 0607

3)集料要求

精细抗滑稳固保护层的集料建议采用玄武岩、辉绿岩,当地在缺乏以上石料的情况下可选择安山岩、闪长岩、片麻岩、石灰岩、花岗岩等,但集料的技术指标都必须满足要求。粒径应在3~5mm之间,其最大粒径应与处置层的厚度相同,集料应经过水洗并风干,且不含杂质,针片状含量不大于15%。集料的技术要求见附表3-3。

精细抗滑保护层用集料技术要求　　附表 3-3

指　　标	单　　位	技术要求	试验方法
洛杉矶磨耗损失	%	≤28	T 0317
坚固性	%	≤12	T 0314
针片状颗粒含量	%	≤15	T 0312
水洗法 <0.075mm 颗粒含量	%	1	T 0310
软石含量	%	3	T 0320

3.2　施工工艺流程

1)具体施工工艺流程(附图 3-1)

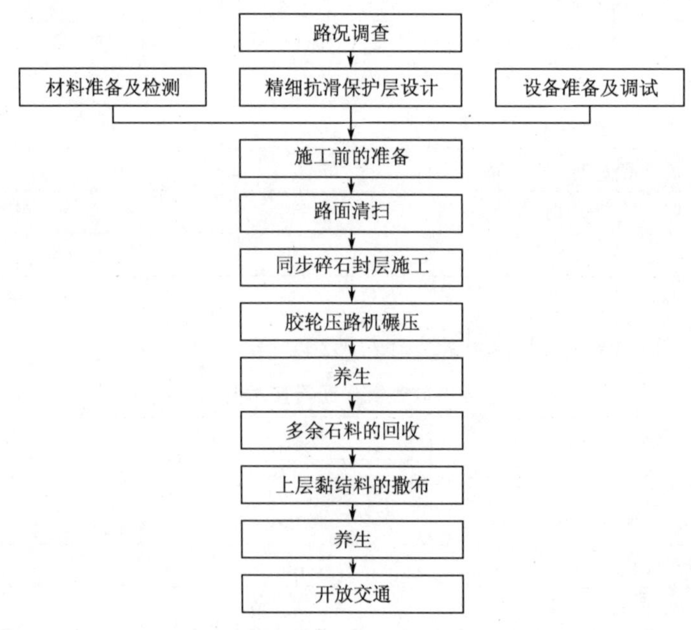

附图 3-1　施工工艺流程

2)施工注意事项

(1)施工、养生期内的气温应高于 10℃。

(2)尽量减少横接缝、纵接缝,接缝要对接合理。

(3)轮胎压路机应在高浓乳化沥青破乳前及时碾压。

(4)雨天或雨后路面潮湿时不得进行施工,大风天气不宜施工,在施工期间或养生期内有雨的不宜施工。

(5)洒布过程中应防止因温度过低,导致黏度过高造成喷嘴堵塞。

3.3　施工质量控制

精细抗滑稳固保护层的施工质量检测主要是检验沥青的洒布量和石料的撒布量,路面渗水、构造深度、摩擦系数。

(1)质量控制标准见附表3-4。

精细抗滑稳固保护层质量控制标准　　附表3-4

项　目	检查频度及单点检验评价方法	质量要求或允许偏差	试验方法
外观	随时	集料嵌挤密实,沥青洒布均匀,无花白料,接头无油包,走线顺直	目测
集料及沥青用量	每日1次逐日评定	±10%	每日施工长度的实际用量与计划用量比较,T 0982
沥青洒布温度	每车1次评定	符合规定	温度计测量
宽度	检测每个断面逐个评定	±30mm	T 0911

(2)检查验收标准见附表3-5。

精细抗滑稳固保护层检查验收标准　　附表3-5

项　目			质量要求	检测频率	方　法
表观状况			无漏洒、无流淌、色泽均匀	全线连续	目测
洒布宽度			满足设计要求	5个点/km	米尺测量
摆值Fb(BPN)			≥48	5个点/km	T 0964
构造深度(TD)	年平均降雨量	≥1 000mm	≥0.55	5个点/km	T 0961
		500~1 000mm	≥0.50		
		250~500mm	≥0.45		
渗水系数(mL/min)			≤50	5个点/km	T 0971

3.4 使用和推广情况

精细抗滑稳固保护层应用于解决旧路面沥青混凝土表层沥青自然损失和表面细小龟裂等病害问题及新旧钢桥面铺装和一般桥面普遍存在的非结构病害。

实践经验证明:精细抗滑固封保护层具有较好的安全、经济和耐久性能,其合理结构厚度为0.3~1.2cm,并以专用设备一次性成型,施工高效快速,质量可靠度大,技术风险很低,已得到广泛应用。

固封保护层材料寿命超过10年,结构寿命不小于5年,在原有路面结构完好情况下,可以较好延长路面使用寿命。从2012年开始,本结构应用于实践项目,效果优秀。

4 混凝土表层结构渗透固结病害防治技术

混凝土是由水泥作为凝胶材料,将砂、石作为集料,与水按照一定比例配合拌和胶结成整体的工程复合材料。混凝土及钢筋混凝土结构由于建造缺陷及材料、结构的自身特点,在大自然中的阳光、水分、温度场、紫外线等风化作用,以及空气中的氯离子、硫酸根离子等各种有害物质的侵蚀下,裸露(特别是开裂)的混凝土结构常常出现碳化、粉化、露筋锈蚀、破碎剥落、甚至破坏等病害,若不及时处理,将直接影响到结构物功能发挥和混凝土结构安全与使用寿命。

混凝土表层结构渗透固结防护技术是在混凝土表面发生碳化、粉化等早期病害后,使用高渗透性能的环氧树脂材料渗入混凝土表面碳化深度,在混凝土碳化或裂缝位置形成一层高强度体内环氧砂浆保护层和表面环氧涂层，同时，在环氧砂浆聚合物结构保护层上喷涂高氟原子表面防护剂。环氧砂浆聚合物通过封闭混凝土表面的孔隙和微裂纹，阻挡风化作用条件和有害物质侵蚀，遏制混凝土老化、开裂和钢筋锈蚀等现象；氟碳漆具有优秀稳定性和耐久性，对结构保护层有很好的防紫外线、防尘、防老化作用，见附图 4-1。

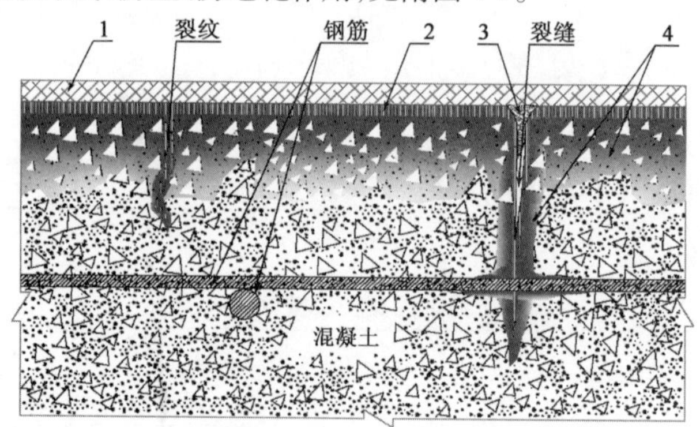

附图 4-1　混凝土表层结构渗透固结原理

1-氟碳保护层；2-环氧涂层；3-环氧填缝材料；4-环氧砂浆聚合物

4.1　结构混凝土表面病害问题

桥梁结构混凝土在使用过程需经受湿热或寒冷空气侵蚀和有害物质的腐蚀，调查研究发现，这些病害普遍存在且发展迅速，若不及时预防和处置将影响主体结构的功能发挥并进一步影响到结构运营安全，见附图 4-2。为及时遏制上述破坏的发展，保护混凝土结构，减少使用周期内的养护总成本，延长其使用寿命，研究高强度高渗透环氧材料混凝土表层结构修复技

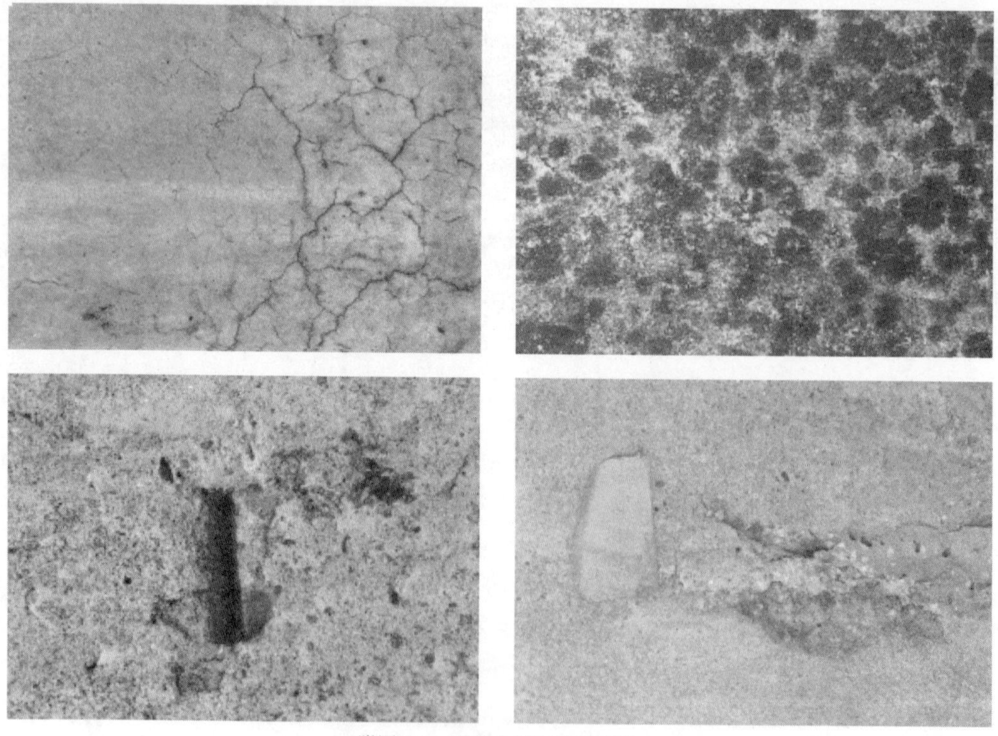

附图 4-2　混凝土早期病害情况

术,及时解决早期混凝土病害,同时进行经常性、长期性的表面保护,以最小的代价维护桥梁的运营。

4.2 混凝土结构渗透固结试验原理

4.2.1 试验原理

高强度高渗透环氧材料结构修复技术是通过涂刷高强度高渗透的环氧材料 SPE,封堵混凝土表层的毛细孔和细微裂缝,在混凝土表面及孔(缝)侧壁形成环氧砂浆聚合物结构保护层,并在裸露钢筋表面形成环氧憎水保护膜。渗透型环氧树脂溶液的固含量在 25% ~50% 之间,渗透液在混凝土内体(渗入深度范围内)的毛细孔和微裂纹内反应,形成高强度的环氧树脂砂浆保护层,该保护层强度大于 50MPa,或者比防护前的混凝土强度提高 10% 以上,能够有效遏制混凝土的碳化和粉化。

另外,在光污染和环境污染较严重地方,或对外观要求较高的城市桥梁及特大桥梁,需要在环氧砂浆聚合物结构保护层上面喷涂高氟原子氟碳表面防护剂(氟碳漆)。高氟原子氟碳表面防护剂采用完全的 CTFE 氟碳树脂作为主料,配合优质的耐候性颜料,确保其耐候性在阳光型加速老化 10 000h 后,涂膜保光率超过 80%,其工艺的重要特点是采用氟烯基单元-CF2-CFA-和烷烯基醚单元-CH2-CHOR-交替连接,氟烯基单元可从分子链两侧将烷烯基醚单元包围起来,形成氟烯基屏蔽的交替聚合物,耐候性、耐溶剂性更优良。

环氧聚合物材料强度较高,能使混凝土表层强度得到一定提升,使其提高抗裂、抗渗、抗碳化和风化性能,从而达到保护混凝土,延长其使用寿命的目的;另外,氟碳漆具有优异稳定性和耐久性,对环氧砂浆聚合物结构保护层又有很好的防紫外线、防尘、防老化作用。本技术方案主要适应范围:

(1)针对表层破坏刚开始,开裂、剥落、钢筋裸露锈蚀的现象还不严重的混凝土,属于工程预防性养护范畴。

(2)针对表层破坏达到一定程度,开裂、剥落、钢筋裸露锈蚀的现象比较严重,需要开展粘贴钢板和碳纤维等加固防护措施之前的结构表面修复。

(3)针对表层破坏达到一定程度,开裂、剥落、钢筋裸露锈蚀的现象比较严重,并已经造成混凝土结构性损害,需要开展锚喷混凝土或体外预应力等加固措施之前的结构表面修复。

高强度高渗透环氧材料混凝土结构表层修复技术利用油性环氧材料的高渗透性能,使已经碳化的混凝土形成高强度的环氧混凝土结构保护层,该保护层对原有结构及钢筋起到有效的加固和保护作用,同时有效阻隔自然环境中有害物质对混凝土的进一步损害,因此,本技术与采用环氧树脂和甲基丙烯酸脂类等化学压浆加固的原理、方法均存在明显差异,是一种新型高效的混凝土表层结构性能修复技术。

4.2.2 试验方案

选择典型的混凝土表面,先行检测其回弹强度和碳化厚度,然后采用高强高渗环氧材料 SPE(油性)涂刷 1 ~2 遍,其中一部分再涂刷一遍氟碳漆,15d 后测定混凝土表面强度和渗水性能。

本方案采用的 SPE 是溶剂型双组分改性环氧树脂材料,具有很强的渗透性能,渗透混凝土深度达3~5mm,如果混凝土表面已碳化,可以渗透整个碳化层并包裹钢筋表面;SPE所含固化物具有较高的强度,能固结封闭混凝土的毛细孔、微裂纹,在混凝土和裸露的钢筋表面形成一层能防水、盐雾、酸雨及各类油性污染物和氯离子侵蚀的环氧聚合物结构保护层,既能有效补强混凝土结构强度并防止钢筋锈蚀,又能通过表面有效保护而延长混凝土使用寿命。

高强高渗环氧材料SPE是开展结构混凝土预防性养护、早期病害处置防护及结构加固前病害处置修复的优秀材料。因此,对于混凝土病害,可以采用以下方法处理,这些方法符合力学理论和钢筋混凝土结构设计原理:裂纹小于0.3mm,可直接采用SPE材料直接防护;裂纹小于1.0mm,可以采用"SPE材料+氟碳漆"方法处置防护;涨缩裂缝大于1.0mm,可以采用"SPE材料+硅酮材料"修复防护;较严重的结构病害,可以采用"SPE材料+体外预应力结构"修复加固。

4.2.3 材料性能

1)SPE固结封闭防护剂

高强高渗环氧固结封闭防护剂SPE是一种由高分子融性材料(A组分)和环氧树脂基质(B组分)组成的具有极高渗透性能,溶剂型、双组分反应性的混凝土加固及保护专用材料,材料具有如下化学和物理特性:

(1)化学特性

A、B组分混合后,反应交联,形成不溶、不熔的热固性固化物;

无挥发性溶剂的凝胶时间为30min(25℃),固化时间为6h(25℃);

固化物抗水浸渍、抗低浓度(<5%)酸、碱、盐、氯离子的侵蚀;

固化胶膜抗紫外线性能一般,但渗入混凝土内体结构因不接触阳光,所以不受紫外线破坏。

(2)物理特性

固结封闭防护剂物理性状,附表4-1。

SPE固结封闭防护剂物理性状表 附表4-1

项　目	A、B料混合前		A、B料混合后
	A料	B料	
密度(g/m^3)	0.97	0.86	0.92(固含量≥30%)
黏度(25℃)	80cPa·s	20cPa·s	50cPa·s
颜色	微黄	淡黄	淡黄

固结封闭防护剂性能指标,附表4-2。

SPE固结封闭防护剂主要性能指标 附表4-2

性能指标	建议技术标准
固化物与混凝土黏结(25℃)	>3MPa
渗透深度	>3mm(必须大于碳化深度)
固化物抗拉强度(25℃)	>10MPa
固化物抗压强度(25℃)	>30MPa

续上表

性能指标	建议技术标准
固化物耐热性	>140℃不溶、不变形、不融化
固化物抗冻性	< -40℃,40次不开裂
固化物柔韧性	-20~70℃,循环20次不开裂
不透水性	≥0.5MPa(抗渗标号法)
固化物纵向拉力保持率	≥80%
固化物耐酸、碱性(20℃)	在10%氢氧化钙中浸泡15d无异常; 在5%盐水中浸泡15d无异常; 在3%稀酸中浸泡3d无异常。
固化物人工气候加速老化	无流淌、粉化、开裂、失重现象;外观有失光;内部物理性能无变化

2)耐候耐久氟碳涂料

耐候耐久氟碳涂料(高氟原子氟碳表面防护剂)是一种交联型高含量氟碳涂料,其为弱溶剂型常温固化氟碳涂料,涂层有优异的耐腐蚀和抗老化性能。

(1)化学特性

耐酸性10%　168h无异常;

耐碱性10%　168h无异常;

耐碳酸钠10%　6个月无异常;

耐甲醛37%　6个月无异常;

耐海水100%　9个月无异常;

耐汽油、柴油(60℃)　72d无变化。

(2)物理特性

A、B组分混合比例100:45;

A、B组分混合后(25℃)的适用时间≤5h;

喷涂后(25℃),表干时间≤1h,实干时间≤24h;

在容器中的状态搅拌后均匀、无硬块、无分色;

溶剂可溶物氟含量≥18%;

附着力1级;

抗水性168h无变化;

耐洗刷性>10 000次;

耐人工老化性(粉化)1级;

耐人工老化性(变色)2级;

耐人工老化性(失光)2级;

耐人工老化性(白色和浅色)2 500h不起泡、不脱落、不开裂;

冷热循环测试(-20~50℃;湿度0~100%;12h为一周期)十周期无异常。

4.3 施工工艺及试验结果分析

4.3.1 试验工艺及效果

1)施工工艺

(1)清除锈蚀钢筋表面和破损混凝土;

(2)用高压水清洗混凝土表面污染物,保证混凝土基面干净、整洁;

(3)混凝土充分晾干后,过量横向喷洒 SPE 防护剂使其充分渗透至混凝土碳化层并裸裹钢筋,形成环氧混凝土保护层和环氧钢筋保护层;

(4)保护层形成后(大约 5 ~ 6h),采用环氧砂浆(胶)修复破损的混凝土基面;

(5)待修补物强度形成后,第二次横向喷洒 SPE 防护剂,在混凝土表面形成环氧保护涂层;

(6)在完成两道 SPE 防护剂施工的混凝土表面上隔天喷涂氟碳漆。

2)实施效果

涂刷 SPE 防护剂和氟碳漆后,混凝土表面色泽加深,像浸泡一层油脂的湿润状态,见附图 4-3。但仔细观察和用手触摸,并未形成一层明显的膜,粗糙度没有衰减,防护剂已完全渗透进入毛细孔和微裂纹里面,并在混凝土表面、钢筋表面和裂缝开口处形成渗透深度的环氧保护层,氟碳漆则形成明显的一层白色保护膜(应用中可调色),并修复了混凝土表面一般性裂纹。

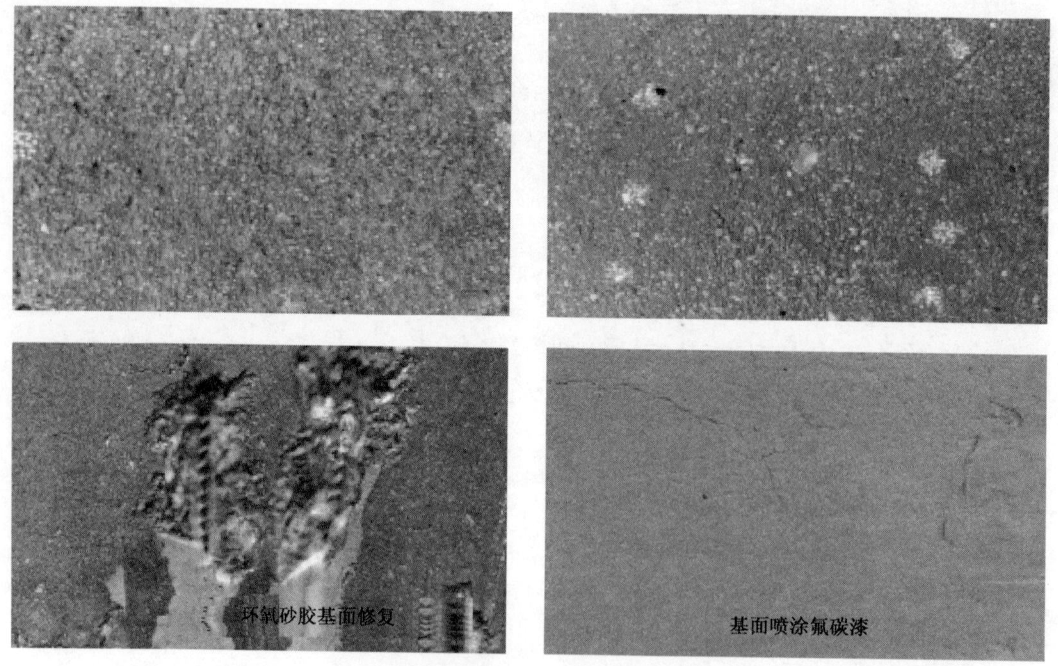

附图 4-3　混凝土早期病害附表面处理情况

试验表明,不管有无氟碳,表面洒水均无渗水现象,而作为对比的未处理的混凝土表面有明显的渗水现象。

4.3.2 检测数据分析(附表4-3)

混凝土表面回弹强度检测数据表　　附表4-3

结构部位	编号	未处理前强度(MPa)	碳化深度(mm)	碳化修正值(MPa)	SPE和氟碳漆涂刷量(g/m^2)	处治后强度(MPa)	强度提升百分率(%)
防撞栏	1	43.9 (38.7)	>6	28.6	400(SPE)+200(SPE)	46.5(46.8)	5.9(20.9)
	2				400(SPE)+300(氟碳)	46.9(47.5)	6.8(22.7)
南锚碇	1	32.6	>6	21.8	700(SPE)+300(SPE)	46.8	43.6
	2				700(SPE)+300(SPE)+300(氟碳)	41.5	27.3
	3				700(SPE)	41.5	27.3
	4				700(SPE)+300(氟碳)	41.4	27.0
南引桥桥墩	1	55.3	0	55.3	300(SPE)+150(SPE)	56.7	2.5
	2				300(SPE)+150(SPE)+300(氟碳)	55.5	0
	3				300(SPE)	54.6	-1.3
	4				300(SPE)+300(氟碳)	54.9	-0.7

注:防撞栏的括号内数据在下雨天湿润状态下检测。

4.3.3 实验效果分析

(1)防撞栏和锚碇混凝土碳化较严重,均大于规范的最大值6mm,实际强度已大幅折减;引桥桥墩的碳化很轻微,混凝土质量良好。

(2)对于混凝土强度低、碳化严重的混凝土表面,SPE渗透量大,达700g/m^2和(700+300)g/m^2,强度提升明显,超过20%,但涂刷1遍和2遍的结果差别不大。

(3)对于强度较高、碳化较严重的混凝土表面,SPE渗透量稍小,为(400+200)g/m^2,强度提升不明显,只有6%左右。但在湿润的情况下,其强度与干燥状态相当,但比未处理的湿润混凝土表面提升20%,表面防水性能较好。

(4)对于强度很高、碳化情况轻微的混凝土表面,SPE渗透量很小,为300g/m^2和(300+150)g/m^2,强度基本没有变化。

(5)氟碳漆对混凝土表面强度几乎没有影响,其主要作用是在表面形成耐候耐酸碱的防护膜,进一步防护混凝土表面受使用环境损害,而且可以改变色泽,改善结构物的外观形象。

4.4 结构病害修复和加固

当钢筋混凝土结构裂缝大于1.0mm,采用符合力学理论和钢筋混凝土结构设计原理的"SPE材料+硅酮材料"修复防护或"SPE材料+体外预应力结构"修复加固方法。

4.4.1 硅酮材料修复(略)

4.4.2 体外预应力结构加固(略)

4.5 使用和推广情况

在实践项目,通过经常性检查和定期检查,发现桥梁结构混凝土存在不同程度的碳化、老化现象，在保护层混凝土厚度不够的位置出现钢筋锈蚀并造成混凝土破涨，个别桥梁梁体关键力学部位出现裂纹等早期病害。2014—2016 年，管理单位组织开展结构病害发展规律和病理原因分析，在总结 2008 年类似防护方案现场试验成果基础上，针对性提出高分子材料渗透预防性防护和修复方法，同时开展材料调查和研发试验；2016 年 8 月，分别在珠江黄埔大桥锚碇、桥墩、防撞护栏开展现场试验，取得明显效果；2017 年开始，在实践项目全面使用，并推广至广东省部分桥梁项目。

主要词条索引

THE THEORY AND METHOD
FOR HIGHWAY OPERATION
MANAGEMENT

公路运营管理

理论与方法

ISBN 978-7-114-12984-1

责任编辑　刘永超　石　遥

封面设计　楚泰书装 MOB:13521027010

网上购书 / www.jtbook.com.cn

定价：70.00元

RJY